野﨑浩成
江平　享
[編著]

浦壁厚郎
加賀美有人
篠原孝典
白根　央
太子堂厚子
冨永喜太郎
丹羽孝一
光定洋介
[著]

銀行の
グループ経営
そのビジネスと法規制のすべて

一般社団法人**金融財政事情研究会**

は じ め に

　銀行を中核とする金融グループの経営が、再び注目を集め始めている。こうした関心の高まりには、「攻め」の側面と「守り」の側面それぞれに起因する要素がある。

　攻めの側面としては、金融審議会をはじめとして、フィンテックなど金融グループの機能拡充についての議論が高まりを見始めている点がある。インターネット事業者をはじめとして、一般事業会社の金融業務への進出が加速している一方、銀行を中核とする金融グループはいまだに厳しく業務範囲が制限されている。アメリカにおいては、ファインダー業務と呼ばれるEコマース事業が銀行グループにも認められているのに対し、わが国においては厳しい制約を受けている状況が続いている。このため、金融グループのあり方について、他の業界との関係においても見直す必要が高まってきているのである。事実、2016年の銀行法改正の動きなど具体的な動きが出てきている。

　守りの側面も、金融グループの業務拡充に端を発している。リーマンショックに象徴される世界的金融危機の原因を、こうした金融グループの業務拡充の果てにある規模の拡大、業務の複雑性の拡大、相互連関性の増大、経営のグローバル化などに求める傾向が強まっているためである。TBTF（大きすぎてつぶせない）あるいはTCTF（複雑すぎてつぶせない）などといったモラルハザードにつながる問題意識の高まりから、システミック・リスクにつながりうる巨大金融機関の秩序立った破綻処理が、金融システムのマクロ的な健全性の中心になっている。こうした観点から、金融グループのガバナンス、監督、規制が新たな枠組みの構築に向けて動いているのである。

　本書は、銀行を中心とする金融グループの経営についての、実務、法務等のプロフェッショナルな執筆陣による知見の集大成である。歴史的な流れを鳥瞰しつつ、今後の進展を見極めるうえでのヒントを見出していただければ幸甚である。

■ 編著者・著者紹介 ■

【編著者】

野﨑　浩成（のざき　ひろなり）

京都文教大学総合社会学部教授。1986年、慶應義塾大学経済学部卒業。1991年、エール大学経営大学院修了。博士（政策研究、千葉商科大学）。シティグループ証券マネジングディレクターなどを経て2015年4月より現職。近著に『トップアナリストがナビする金融のしくみと理論』（同文舘出版）など著書多数。日経アナリストランキング1位（銀行、11年連続）、インスティテューショナルインベスター誌1位（銀行、10年連続）。2015年、金融審議会専門委員。［執筆担当：第1章、第4章、第5章］

江平　享（えひら　あきら）

森・濱田松本法律事務所　パートナー弁護士、ニューヨーク州弁護士、公認不正検査士。1996年、東京大学法学部卒業。2007年、コロンビア大学ロースクール卒業。2002年、弁護士登録。1996〜1998年、日本長期信用銀行。2007〜2008年、ロンドンのAllen & Overy。2012年1〜12月、金融庁検査局総務課専門検査官。著書に『続Q&Aそこが知りたいこれからの金融モニタリング』（金融財政事情研究会、2015年）、『七訂版　銀行員のためのコンプライアンスガイド』（第二地方銀行協会、2015年）などがある。［執筆担当：第2章1、2、第6章5、第7章5、第8章5、第9章5］

【著者】(50音順)

浦壁　厚郎（うらかべ　あつお）

野村総合研究所　上級研究員。2004年、慶應義塾大学大学院商学研究科修士課程修了、野村総合研究所入社。コンサルティング事業本部を経て、2014年より現職。投資戦略評価、年金コンサルティング、資産運用に関する調査に従事。共訳書に『資産運用の本質：ファクター投資への体系的アプローチ』（A. Ang 著、坂口雄作他監訳、金融財政事情研究会、2016年）など。［執筆担当：第8章（5以外）］

加賀美有人（かがみ　あると）

森・濱田松本法律事務所　弁護士、ニューヨーク州弁護士。2001年、京都大学法学部卒業。2010年、カリフォルニア大学バークレー校ロースクール卒業。2002年、弁護士登録。2010～2011年、ニューヨークのBingham McCutchen（現 Morgan Lewis）。2011～2013年、日系メーカーの英国現地法人に出向。著書に『Global Practice Guides Merger Control 2016』（Chambers & Partners、2016年）などがある。［執筆担当：第2章6、7、10］

篠原　孝典（しのはら　たかのり）

森・濱田松本法律事務所　弁護士。2000年、東京大学法学部卒業。2008年、大宮法科大学院修了。2009年、弁護士登録。2000～2006年、アメリカンファミリー生命保険会社。2011～2013年、金融庁総務企画局企画課調査室専門官。著書に『七訂版　銀行員のためのコンプライアンスガイド』（第二地方銀行協会、2015年）、『条文から分かる民法改正の要点と企業法務への影響』（中央経済社、2015年）などがある。［執筆担当：第2章3～5］

白根　央（しらね　ひろし）

森・濱田松本法律事務所　弁護士。2007年、東京大学法学部卒業。2009年、東京大学法科大学院修了。2010年、弁護士登録。著書に『七訂版　銀行員のためのコンプライアンスガイド』（第二地方銀行協会、2015年）、『管理者のためのコンプライアンス〔改訂第5版〕』（全国地方銀行協会、2014年）などがある。［執筆担当：第2章7～9］

太子堂厚子 （たいしどう　あつこ）

森・濱田松本法律事務所　パートナー弁護士。1999年、東京大学法学部卒業。2001年、弁護士登録。著書に『Q&A監査等委員会設置会社の実務』（商事法務、2016年）、『株主提案と委任状勧誘〔第2版〕』（商事法務、2015年）、『新・会社法実務問題シリーズ／10　内部統制―会社法と金融商品取引法―』（中央経済社、2009年）などがある。[執筆担当：第3章]

冨永喜太郎 （とみなが　よしたろう）

森・濱田松本法律事務所　弁護士。2011年、慶應義塾大学法学部法律学科卒業。2013年、東京大学法科大学院修了。2014年、弁護士登録。[執筆担当：第6章5、第7章5、第8章5、第9章5]

丹羽　孝一 （にわ　こういち）

SMBC日興証券 株式調査部　シニアアナリスト。2000年、九州大学大学院修了。国際証券（現・三菱UFJモルガン・スタンレー証券）入社。みずほ証券を経て、現職。[執筆担当：第6章（5以外）、第7章（5以外）]

光定　洋介 （みつさだ　ようすけ）

あすかコーポレイトアドバイザリー取締役ファウンディングパートナー、産業能率大学教授、早稲田大学ファイナンス研究センター招聘研究員。早稲田大学大学院首席修了、東京工業大学博士（学術）Ph.D.。都長銀、外資系運用会社などで株式運用やPE投資に従事した後、2005年より、あすかバリューアップファンドを立ち上げた。運用経験25年以上。[執筆担当：第9章（5以外）]

目 次

第 1 章 │ 銀行を中心とする金融グループの現在、過去、未来

1 世界と日本におけるグループ経営の歴史 ………………………………… 2
  (1) 規制と金融機関経営の変化 …………………………………………… 2
  (2) アメリカの銀行グループ経営の規制と変遷 ………………………… 3
  (3) 欧州の銀行グループ経営の規制と変遷 ……………………………… 11
  (4) 日本の銀行グループ経営の規制と変遷 ……………………………… 14

2 日本の金融グループ俯瞰図 …………………………………………………… 22
  (1) メガバンクの概要・リスク管理 ……………………………………… 22
  (2) メガバンクのガバナンス構造の違い ………………………………… 59
  (3) メガバンク以外の主な銀行グループ ………………………………… 61

3 3メガ、有力地銀グループの収益構成 ……………………………………… 74
  (1) メガバンクの収益構成 ………………………………………………… 74
  (2) その他のグループ収益構成 …………………………………………… 77

4 グループ経営の評価 …………………………………………………………… 82
  (1) グループ経営の合理性 ………………………………………………… 82
  (2) グループ経営の問題点 ………………………………………………… 91
  (3) 市場からの視点 ………………………………………………………… 99

5 これからのわが国における規制・監督とグループ経営 ………………… 102
  (1) わが国と主要諸国との差異 …………………………………………… 102
  (2) 規制と監督の展望 ……………………………………………………… 104
  (3) グループ経営の展望 …………………………………………………… 108

第 2 章 │ 日本の銀行グループ規制

1 銀行のグループ規制に関連する法律 ……………………………………… 112

目　次　v

(1) 全 体 像 ……………………………………………………… 112

(2) 銀 行 法 ……………………………………………………… 113

(3) 会 社 法 ……………………………………………………… 115

(4) 金融商品取引法・保険業法その他の業法 ……………………… 115

(5) 独占禁止法 …………………………………………………… 117

2 銀行法の目的と体系 ……………………………………………… 118

(1) 銀行法の目的 ………………………………………………… 118

(2) 銀行法の体系 ………………………………………………… 120

3 銀行および銀行業の定義と参入規制 …………………………… 123

(1) 銀行および銀行業の定義 …………………………………… 123

(2) 参入規制 ……………………………………………………… 127

4 銀行の業務範囲 …………………………………………………… 134

(1) 銀行の業務範囲規制の沿革 ………………………………… 134

(2) 固有業務 ……………………………………………………… 135

(3) 付随業務 ……………………………………………………… 152

(4) 他業証券業務 ………………………………………………… 156

(5) 法定他業 ……………………………………………………… 158

5 子会社規制 ………………………………………………………… 162

(1) 銀行法における「子会社」「子法人等」「関連法人等」………… 162

(2) 銀行の子会社規制の沿革 …………………………………… 167

(3) 子会社の業務範囲 …………………………………………… 171

(4) 子法人等・関連法人等に対する子会社規制の適用 …………… 178

(5) 外国の会社に対する子会社規制の適用 …………………… 179

(6) 従属業務と金融関連業務 …………………………………… 182

6 出資制限 …………………………………………………………… 194

(1) 銀行法に基づく議決権取得・保有制限 …………………… 194

(2) 独占禁止法に基づく議決権取得・保有制限 ……………… 199

7 業務に関する規制 ………………………………………………… 205

(1) アームズ・レングス・ルール ……………………………… 205

vi

⑵ 利益相反管理態勢 …………………………………………… 214

⑶ 大口信用供与等規制 ………………………………………… 222

⑷ 優越的地位の濫用 …………………………………………… 229

8 銀行代理業・外国銀行代理業 …………………………………… 237

⑴ 銀行代理業 …………………………………………………… 237

⑵ 外国銀行代理業務 …………………………………………… 246

9 株主規制 …………………………………………………………… 253

⑴ 規制の概要 …………………………………………………… 253

⑵ 銀行議決権大量保有者 ……………………………………… 253

⑶ 銀行主要株主 ………………………………………………… 256

⑷ 銀行持株会社 ………………………………………………… 262

10 再　編 …………………………………………………………… 269

⑴ 再編の背景 …………………………………………………… 269

⑵ 再編の法的手続 ……………………………………………… 269

⑶ 主要な結合事例と独占禁止法上の問題点 ………………… 273

第3章 銀行グループのコーポレート・ガバナンス

1 銀行の機関設計 …………………………………………………… 283

2 銀行の役員に対する規律 ………………………………………… 285

⑴ 適　格　性 …………………………………………………… 285

⑵ 兼職規制 ……………………………………………………… 290

⑶ 信用供与 ……………………………………………………… 291

3 内部統制システム ………………………………………………… 293

⑴ 会社法における内部統制システムに関する立法化の経緯 ……… 294

⑵ 会社法における内部統制システムの規制の内容 ………… 295

⑶ 財務報告に係る内部統制との関係 ………………………… 310

⑷ 金融検査マニュアルにおける内部管理態勢との関係 …… 311

4 グループガバナンス ……………………………………………… 313

目　次　vii

(1) 会社法上の親会社の子会社管理の責任 ……………………… 313

(2) 金融規制 ……………………………………………………… 317

5 2つのコード ……………………………………………………… 328

(1) 成長戦略としてのコーポレート・ガバナンス ……………… 328

(2) コーポレートガバナンス・コード ………………………… 330

(3) 日本版スチュワードシップ・コード ……………………… 338

(4) 2つのコードの関係 ………………………………………… 342

第 4 章 │ グローバル金融規制とグループ経営

1 グローバル金融規制の流れを鳥瞰する ……………………… 346

(1) 3つの潮流 …………………………………………………… 346

(2) 規制のグローバル化 ………………………………………… 347

(3) 規制目的の多様化 …………………………………………… 349

(4) グループベースでの監督 …………………………………… 350

2 グローバル規制の全体像1──ミクロプルーデンス ……… 352

(1) ミクロプルーデンスとしてのバーゼルⅢ ………………… 352

(2) バーゼルⅢの検討事項 ……………………………………… 356

3 グローバル規制の全体像2──マクロプルーデンス ……… 361

(1) G-SIFIsの認定 ……………………………………………… 361

(2) システミックリスクに対する予防的措置 ………………… 362

(3) システミックリスクを回避する破綻処理の戦略 ………… 364

(4) 巨大金融グループの破綻処理の潮流 ……………………… 366

第 5 章 │ 銀　行

1 事業構造 ………………………………………………………… 370

(1) 銀行の概要 …………………………………………………… 370

(2) 銀行の分類 …………………………………………………… 374

viii

2　銀行の沿革 ··· 386

（1）　銀行の生い立ち ·· 386

（2）　銀行数の推移 ·· 387

（3）　株式時価総額が語る銀行の歴史 ························ 390

3　市場規模と遷移 ··· 395

（1）　プレーヤーの全貌 ······································ 395

（2）　市場シェア ·· 396

4　主要プレーヤーとその成長力 ······························ 402

（1）　これまでの利益回復はマイナス面の削減 ················· 402

（2）　利益成長の阻害要因 ···································· 405

（3）　今後の成長ドライバー ·································· 408

5　法規制と監督 ··· 411

（1）　法規制および銀行監督の歴史 ··························· 411

（2）　自由化への進展 ·· 411

（3）　預金保険制度からみる銀行監督の進展 ··················· 415

6　銀行の業務と機能 ··· 420

（1）　店頭を中心とした基本業務 ····························· 420

（2）　本部を中心とした業務 ·································· 421

（3）　銀行業務の経済学的機能1——情報の非対称性の解消 ·········· 422

（4）　銀行業務の経済学的機能2——信用創造 ····················· 424

（5）　銀行業務の経済学的機能3——流動性転換機能 ················ 425

（6）　金融構造の変革への銀行の役割 ·························· 426

7　親・兄弟会社とのシナジー ································· 429

（1）　グループ内連携の意義 ·································· 429

（2）　メガバンク別の戦略 ···································· 429

8　将来展望と課題 ··· 433

（1）　グループ運営の課題 ···································· 433

（2）　グループ運営への期待 ·································· 434

目　次　ix

第 6 章　証券会社

1　事業構造 ………………………………………………………………… 438

2　主要プレーヤーと業績動向 …………………………………………… 439

　(1)　証券業界の小史 ……………………………………………………… 439

　(2)　業界シェア …………………………………………………………… 440

　(3)　業績動向 ……………………………………………………………… 440

3　個人向け証券ビジネス（リテール部門）…………………………… 444

4　法人向け証券ビジネス（ホールセール部門）……………………… 448

　(1)　ホールセール部門の収益動向 …………………………………… 448

　(2)　狭義の投資銀行業務（グローバル投資銀行）の市場動向 ………… 451

　(3)　市場部門（グローバルマーケッツ）の動向 …………………… 452

5　法規制と監督 …………………………………………………………… 454

　(1)　法　規　制 …………………………………………………………… 454

　(2)　監　　　督 …………………………………………………………… 461

6　証券会社の展望と課題 ………………………………………………… 463

第 7 章　ノンバンク

1　事業構造 ………………………………………………………………… 468

2　ノンバンクの概要 ……………………………………………………… 469

　(1)　定　　義 ……………………………………………………………… 469

　(2)　主要プレーヤー ……………………………………………………… 469

　(3)　業績と株式市場での位置づけ …………………………………… 472

3　個人向け金融サービス事業 …………………………………………… 475

　(1)　販売信用 ……………………………………………………………… 476

　(2)　消費者金融 …………………………………………………………… 478

4　企業向け金融サービス事業 …………………………………………… 481

5　法規制と監督…………………………………………………………… 485

| (1) | リース会社 | 485 |

(1) リース会社 …………………………………………………… 485

(2) クレジットカード会社 ……………………………………… 488

(3) 消費者金融 …………………………………………………… 490

6　ノンバンクビジネスの展望 ……………………………………… 494

第8章 | 投資運用・助言会社

1　事業構造 …………………………………………………………… 498

(1) 資産運用会社の事業と専門能力 …………………………… 498

(2) 投資顧問とは ………………………………………………… 499

(3) 投資信託とは ………………………………………………… 499

(4) 運用戦略と運用商品 ………………………………………… 500

2　業態の沿革 ………………………………………………………… 503

(1) 黎明期～1980年代 …………………………………………… 503

(2) 1990年代の規制緩和 ………………………………………… 505

(3) 銀行系資産運用会社の変遷 ………………………………… 509

3　市場規模と遷移 …………………………………………………… 515

(1) プレーヤーの全貌 …………………………………………… 515

(2) 市場規模の推移 ……………………………………………… 516

(3) 資金フローと時価変動の推移 ……………………………… 518

4　主要プレーヤーとその成長力 …………………………………… 521

(1) リテール・ビジネスと機関投資家ビジネスの特性 ……… 521

(2) 今後の成長ドライバー ……………………………………… 524

5　法規制と監督 ……………………………………………………… 526

(1) 投資運用会社 ………………………………………………… 526

(2) 投資助言会社 ………………………………………………… 529

6　業務の解説 ………………………………………………………… 532

(1) 資産運用会社の業務 ………………………………………… 532

(2) 主要部門の概要 ……………………………………………… 532

(3) 事業別・部門別のコスト分析 ……………………………… 533

目　次　xi

7　親・兄弟会社とのシナジー ……………………………………… 535

　(1)　公募投信販売のチャネル特性 ………………………………… 535

　(2)　販社のフィービジネス化がもたらす影響 …………………… 537

　(3)　金融法人の有価証券運用の外部委託ニーズ ………………… 539

8　将来展望と課題 …………………………………………………… 541

第 9 章 │ （自己勘定）投資・ファンド運営

1　事業構造 …………………………………………………………… 544

　(1)　ベンチャーキャピタル ………………………………………… 544

　(2)　地域再生ファンド ……………………………………………… 545

　(3)　バイアウトファンド …………………………………………… 546

2　業態の沿革 ………………………………………………………… 549

　(1)　ベンチャーキャピタル ………………………………………… 549

　(2)　地域再生ファンド ……………………………………………… 551

　(3)　バイアウトファンド …………………………………………… 552

3　市場規模と遷移 …………………………………………………… 556

　(1)　ベンチャーキャピタル ………………………………………… 556

　(2)　地域再生ファンド ……………………………………………… 556

　(3)　バイアウトファンド …………………………………………… 557

4　主要プレーヤーとその成長力 …………………………………… 558

　(1)　ベンチャーキャピタル ………………………………………… 558

　(2)　地域再生ファンド ……………………………………………… 559

　(3)　バイアウトファンド …………………………………………… 562

5　法規制と監督 ……………………………………………………… 564

　(1)　ベンチャーキャピタル ………………………………………… 564

　(2)　ファンド運営・投資 …………………………………………… 567

6　業務の解説 ………………………………………………………… 574

　(1)　ベンチャーキャピタル ………………………………………… 574

xii

（2） 地域再生ファンド ………………………………………… 574

（3） バイアウトファンド ……………………………………… 575

7 親・兄弟会社とのシナジー ………………………………… 576

（1） ベンチャーキャピタル …………………………………… 576

（2） 地域再生ファンド ………………………………………… 577

（3） バイアウトファンド ……………………………………… 578

8 将来展望と課題 …………………………………………… 579

（1） ベンチャーキャピタル …………………………………… 579

（2） 地域再生ファンド ………………………………………… 581

（3） バイアウトファンド ……………………………………… 582

事項索引 ……………………………………………………… 584

銀行を中心とする金融グループの現在、過去、未来

世界と日本におけるグループ経営の歴史

(1) 規制と金融機関経営の変化

　1999年、その後の銀行経営を大きく転換させる規制改革がアメリカで実施された。当時のクリントン大統領がグラム・リーチ・ブライリー法に署名し70年間にわたる銀証分離政策に風穴を開けたのである。以降、アメリカ国内ばかりでなく、全世界的に銀行を中心とする金融グループの形成が急速に進んだ。その当時は金融規制の緩和が新たな経済価値を創出し、金融グループの機能充実が金融機関のみならず、法人や個人などあらゆるユーザーに対しても大きな便益をもたらすものとして期待が高まっていった。

　しかし、それから10年も経たずして大手金融機関であったリーマンブラザーズが経営破綻し、世界的な金融危機が金融市場のみならず世界の人々の生活を一変させた。1999年からちょうど10年後の2009年4月、ロンドンで行われたG20サミットにおいて、グローバル金融規制改革の大号砲が放たれ、金融緩和は急速に逆流を始めた。一昔前までは「規制改革」といえば自由化であったが、いまでは規制強化を意味するようになった。

　銀行を中心とする金融グループの経営環境は、こうした国内外の情勢変化によりいとも簡単に変わってしまう。本節においては、今後の金融グループの展望を語る前段階として、銀行のグループ経営の流れを規制や再編などの経緯から分析、整理する（図表1－1）。

　日本の金融業界におけるグループ経営についてその規制、制度、戦略的合理性を俯瞰するためには、日本だけではなく世界の主要地域における銀行グループ経営の規制・監督の変化や現状についてみていく必要がある。そのうえで、わが国における銀行グループの制度や経営の展望を示していきたい。

　以下、アメリカや欧州の法規制・監督ならびにグループ経営の状況を簡単

図表1-1 主要地域における銀行グループ規制の変遷

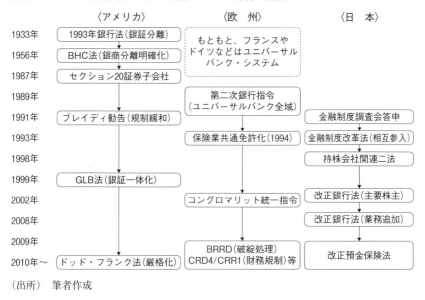

(出所) 筆者作成

に解説するところから始めたい。全体的な主要地域の規制の遷移については図表1-1にまとめてある。なお、わが国における法的な観点からの詳細な解説は第2章、第3章で行う。

(2) アメリカの銀行グループ経営の規制と変遷

① 規制と監督の変遷

2つの節目

アメリカにおける銀行規制の歴史には、2つの大きな変節点が存在している。最初の変節点は、冒頭に登場した1999年成立のグラム・リーチ・ブライリー法（Gramm-Leach-Bliley Act、以下「GLB法」という）である。そして2つ目の変節点は記憶に新しく、いまだに一部ルールづくりが途上にある2010年のドッド・フランク・ウォール街改革・消費者保護法（Dodd-Frank Wall

第1章 銀行を中心とする金融グループの現在、過去、未来 3

Street Reform and Consumer Protection Act、以下「ドッド・フランク法」という）である。

グラス・スティーガル法の時代

まずは、GLB法以前の規制動向からみてみよう。世界恐慌後のアメリカで成立した1933年銀行法は、その第16条、第20条、第21条、第32条により定められた銀行と証券の垣根を設けた条文により特徴づけられている。これが、同法の2人の法案提出議員からネーミングされたグラス・スティーガル法が銀行と証券の業際を厳しく禁じることで知られるゆえんである。厳密には、同法第16条および第21条が銀行本体における証券業務を、そして第20条および第32条が銀行の主として証券業務に従事する子会社および関連会社の保有を禁止していた。この「主として」という表現が後述する銀行による証券業務進出のきっかけを与える。

なお、やや細密な説明を加えると、グラス・スティーガル法以前においても1864年国法銀行法により国法銀行に限定列挙により認められる業務には証券業務が含まれていなかったが、州法銀行などは連邦法による制約を受けなかったため、あらためて同法の成立により銀行全体に対して厳格な業際が規定されたものである。

しかし、銀行あるいはその子会社ではなく、銀行持株会社（当時の定義は銀行の過半数の議決権を有する会社）を通じた証券業務についても規制の網にかける必要があり、1956年に成立した銀行持株会社法（BHC法）では、銀行の議決権の25％超を所有するか当該銀行の取締役の過半数を選任する支配力を有する会社を銀行持株会社（BHC）として、BHCの業務範囲を「銀行業務および銀行業務に密接に関連する業務」に限定した。これにより、銀行と証券会社との「銀証」分離と、一般事業会社とのいわゆる「銀商」分離が徹底されることとなった。

銀行による証券業への浸透

1987年には、グラス・スティーガル法第20条に抵触しない子会社の設立が連邦準備銀行（FRB）により認められることとなった。いわゆる「セクション20子会社」である。既述のとおり、同法第20条では主として証券業務に従

事する子会社、関連会社の保有を禁止していたため、証券業務を主としない業務内容にとどめることを前提とした子会社である。具体的な制限条件としては、銀行本体で取扱いが認められていない非適格証券に関連する収入が総収入の5％（その後1989年に10％、1996年に25％へ緩和）以内となっており、当時は主にMBS（住宅ローンなどの不動産担保証券）やCP（コマーシャルペーパー）が取引対象であった。

　金融商品のイノベーションも進むなか、規制緩和への風は強まっていき、1980年代以降には毎年のようにグラス・スティーガル法改正あるいはこれに類する法案が提出されたが、証券業界団体の反対などさまざまな理由から廃案となった。そのなかで注目されたのが、わが国の銀行監督ならびに預金保険制度にも影響を与えた1991年連邦預金保険公社改善法（FDICIA = Federal Deposit Insurance Corporation Improvement Act of 1991）の根拠となったブレイディ財務長官報告「金融システムの現代化：より安全で競争的な銀行のための勧告」である。同報告のなかには、後のGLB法における金融持株会社（FHC）のもととなる「金融サービス持株会社（FSHC = Financial Services Holding Company）」や、一般事業会社と銀行の併営を想定した「多角持株会社（DHC = Diversified Holding Company）」などの構想が含まれていたことは、きわめて興味深い。

GLB法の成立

　このような環境のなか、主要銀行による証券会社の買収などが浮上し、GLB法に至る環境が政治的にも金融業界的にも整ってきた。1999年11月にクリントン大統領が署名し発効したGLB法は、主として以下の3項目の骨子から構成されている。

(ⅰ)　グラス・スティーガル法第20条（銀行による主として証券業務に従事する子会社等の保有禁止）および第32条（銀行と証券会社の役員兼任の禁止）の廃止

(ⅱ)　金融持株会社（FHC）制度の設立と証券子会社、保険子会社等の保有。FHCの条件（十分な資本充実度と良好な経営状態）

(ⅲ)　FRBによる金融持株会社の包括的な監督

※このほかにも、顧客情報の保護などを含む細目が盛り込まれている。

BHCからFHCへの移行要件として求められる「十分な資本充実度と良好な経営状態」とは、傘下のすべての預金取扱金融機関の自己資本比率が優良（well capitalized、具体的にはTier 1比率が6％以上で自己資本比率が10％以上）であること、傘下のすべての預金取扱金融機関の経営状態が良好（well managed、CAMEL評定[1]で5段階中の上位2ランク）であること、そして地域再投資法（CRA、Community Reinvestment Act）に基づく検査結果[2]が良好（Satisfactory）以上であることが充足されていることを示す。

FHCの業務範囲および新規事業の認可については、次項で詳しく述べるが、地域再投資法の施行により銀行、証券、保険の業務を1つのグループで網羅できることとなった。このため、同法成立前にシティコープとトラベラーズグループの再編がすんでいたシティグループが全体の収益の20％程度の収入を計上する保険事業からの撤退を避けることができた。

GLB法成立により、金融機関の大規模再編が加速した。銀行と証券などその他の金融業態の垣根がなくなることは、新たな金融商品の開発や銀証協働によるビジネスモデルへとつながり顧客利便性も向上した。

しかし、一方でリーマンショックに至る世界的金融危機は、GLB法の成立がなければどうなっていたかわからない。GLB法に代表される規制緩和の揺り戻しが、ドッド・フランク法であった。

ドッド・フランク法

2009年、オバマ大統領は「合衆国の金融規制システムの全面的オーバーホール、大恐慌後の改革以来みられなかった規模での変換」を提案し、金融改革に向けた制度設計が議会における追加、修正を経て約1年を経過した2010年7月にドッド・フランク法として成立した。ドッド・フランク法の目的は、「金融機関の資本やリスク管理態勢に係る規制強化」「金融業における

1　CAMEL評定とは、金融当局（FRB、OCC、FDIC、州当局）による銀行格付評定で、自己資本の充実（Capital）、資産の質（Asset quality）、経営管理（Management）、収益性（Earning）、流動性（Liquidity）の頭文字を意味する。
2　地域再投資法は、地域における低所得者層への融資などを含む貢献を求めるもので、その態勢や実績に基づき、4段階の検査結果が出される。

消費者保護の強化」「金融システムの安定化」「監督の仕組みの再構築」「デリバティブ取引の取引所への集中」などの５項目に集約できる。

　ドッド・フランク法のボルカー条項により業務範囲が制限されることとなった主な項目は、以下のとおりである。なお、以下にあげた業務制限の例外とされる取引は、公共債等の自己勘定取引、引受け・マーケットメイク業務に関連した金融取引、ヘッジ取引、顧客の代理としての取引、ベンチャー向け投資会社出資、信託サービスに関連する取引、外国銀行による域外での自己勘定取引、僅少投資などである。

(i)　証券、デリバティブ、商品先物、それらの証券や契約のオプション等の自己勘定取引（いわゆるプロップ・トレーディング）

(ii)　ヘッジファンドやプライベートエクイティファンド、パートナーシップ、その他の持分の取得ならびにスポンサーシップ

　また、金融機関の大規模化を抑止するため、大規模再編に対する歯止めのためのルールづくりが行われた。預金取扱金融機関ならびにFRBの監督下に置かれるノンバンク金融会社は、合併や買収により連結ベースの負債（リスクアセットから資本をネットした額）が前年末における対象金融機関の負債の10％を超える場合は、当該再編は禁止されることとなった。

　このほか、証券化業務を行う際に売却する資産等のリスクの一部を継続保有するいわゆるリテンション・ルールの導入、スワップ取引の清算機関・取引所への集中義務ならびにスワップ取引業者の登録義務など銀行実務に直接影響を及ぼす細かなルールが決められた。

②　FHCの業務範囲ならびに新事業の認可

業務範囲規制の現状

　本項ではアメリカにおける銀行グループの業務範囲に関する法定根拠、そして規定されていない業務への参入についての手続について簡単に触れておく。

BHCの業務範囲

　FHCの業務範囲について述べる前に、BHCの業務範囲を確認する必要が

ある。BHCの業務範囲は、BHC法第4条第(c)項第8号により、銀行業務、および銀行業務に密接に関連する業務までとされており、いずれも限定列挙されている。もちろん、銀行業務には預金受入れ、貸出、為替などの業務が含まれている。一方で、銀行業務に密接に関連する業務には、不動産鑑定や信用調査などの与信関連業務、リース事業、信託業務、公共債の引受けなどが含まれる。

FHCの業務範囲に関する根拠条文

FHCの業務範囲は、BHC法第4条第(k)項に基づき、本源的金融業務、本源的金融業務に付随する業務、金融業務を補完する業務の3つの構成要素から成り立っている。また、付随業務や補完的業務の細目や認可申請については、「金融持株会社の適格要件・手続に関する規則（CFRパート225～レギュレーションY　サブパートI）」のセクション225.85～225.89に規定されている。

本源的金融業務

本源的金融業務には、BHCの業務範囲が含まれるほか、投資助言業務、証券引受およびマーケットメイク業務、保険の引受ならびに販売、マーチャント・バンキング業務などが列挙されている。

なお、マーチャント・バンキング業務にはベンチャー企業などへの投資が、保有比率に制限なく認められている（日常的経営関与がないこと、原則投資期間は10年として延長は個別に認可すること、投資限度はTier 1資本の原則30％以内とすること、当該会社証券のクロスマーケティングを行わないことなどの条件が付されている）。

付随業務

次に、FHCの付随業務（financial in nature or incidental to a financial activity）である。前出レギュレーションYサブパートIのセクション225.86において限定列挙されている業務は次の(a)～(e)の項目に分けられており、「(a)銀行業務に密接に関連する業務」には証券取引所持分の保有など7項目、「(b)海外の銀行業務として通常業務」にはコンサルティング業務など3類型、「(c)BHC法第4条第(k)(4)項で認められている業務」「(d)金融に付随する業務」ではファインダー業務、「(e)BHC法第4条第(k)(5)項で認められてい

る業務」などが規定されている。このうち(d)金融に付随する業務における
ファインダー業務については、財やサービスの売り手と買い手を集めて取引
成立をお膳立てする業務の定義や範囲が記述されている。この業務が、アメ
リカの銀行が子会社を通じてインターネット上のショッピングモールなどE
コマースのスポンサーを行ううえでの根拠となっている。

　こうした付随業務などで列挙されていない業務をFRBに対して申請し認
可されるための手続をセクション225.88で規定されている。この規定に基づ
くと、(a)セクション225.86で列挙されていない業務の申請が可能であるこ
と、(b)申請する業務内容が付随業務に該当するなどの情報提供、(c)財務長官
との協議と（必要に応じ）パブリックコメントを行った後で60日以内に対応
決定、といった流れとなっている。また、既存の付随業務に該当するかどう
かの判断についても文書での照会に対し45日以内に回答が約束されている。

補完的業務

　最後に、FHCの補完的業務（complementary to a financial activity）であ
る。これについては、付随業務と異なり限定列挙ではなくセクション225.89
の手続に基づく個別認可となっている。

　まず、(a)項に基づき、FRBによる事前認可が求められている。認可申請
書には、申請業務の内容のほか、グループ全体のビジネスへの影響度、リス
ク、利益相反などのマイナス面、公衆への便益などについて盛り込むことが
必要とされている。

　この申請に基づき、(b)項で述べられているFRBによる検討となる。FRB
は、当該業務が金融業務に補完的といえるか、金融システムに対し著しい影
響を及ぼすリスクがないか、マイナス面以上に公衆への便益が期待できる
か、の3点につき検討を行い、(c)FRBの決定となる。

　2015年末現在、補完的業務の認可はJPモルガンやシティグループなど13
のFHCによるコモディティ関連業務のみにとどまっている。

③　グループ形成とその変貌

　アメリカにおいても、金融グループ形成は銀行を中核としている場合が多

い。Dafna Avrahamほか（2012）によれば、BHC法の改正やFHC設立により、銀行を中核とするグループ形成は、業務の複雑性と規模の両方が急速に増大する傾向が顕著となっている。大型再編は２つに大別できる。１つは銀行同士の地域再編、もう１つは他業態との機能再編である。もちろん、この２つの組合せも存在する。

　前者に関しては、1927年マクファーデン法により、１つの銀行が州をまたいで業務を行うことに重大な制約が課されていた。しかし、すでに述べた1956年BHC法ならびに、その後の州単位における規制緩和、1994年リーグル・ニール州際支店銀行業務効率化法などを経て、持株会社を頂点とした州を超えた地域再編が加速した。これが「スーパーリージョナルバンク」の誕生である。1998年にはネーションズバンクがバンカメリカ（バンク・オブ・アメリカの親会社）を買収し、バンク・オブ・アメリカとなった。なお、バンク・オブ・アメリカはその後金融危機で危機に瀕していたメリルリンチを買収し、地域再編後に機能再編を果たした。同じ1998年、ノーウエストがウェルズ・ファーゴを買収し、ウェルズ・ファーゴとなった。その後も2000年のファースト・ユニオンによるワコビア買収など全米を網羅する巨大再編が世紀末を挟んで続出した。

　機能再編の代名詞は、1998年におけるトラベラーズグループとシティコープの大再編である。トラベラーズは、ソロモンブラザーズを買収したばかりであり、銀行・証券・保険を横断する巨大金融コングロマリットの誕生となった。しかしその後、収益性やクロスセルによる利益相反の問題などを背景に、保険引受業務はメットライフへ、資産運用会社はレッグメイソンへ売却され、さらに金融危機後のリストラでリテール証券部門であるスミスバーニーをモルガン・スタンレーへ売却した。JPモルガンは、スーパーリージョナルバンクの雄となったバンクワンコーポレーションの買収により、マネーセンターバンクの地位を確固たるものとしたほか、ケミカルバンクによる買収を経たチェースマンハッタンを買収、その後金融危機で経営困難となった投資銀行ベアスターンズを買収し、こちらもアメリカを代表する巨大金融コングロマリットとなった。

(3) 欧州の銀行グループ経営の規制と変遷

① 規制と監督の変遷

　欧州は銀行、保険、証券を網羅するユニバーサルバンク・システムが古くから導入されてきた歴史があるため、アメリカや日本のように紆余曲折を経て金融グループ化を可能とする規制の枠組みの変更の必要性をもっていなかった。

　ユニバーサルバンクの発祥はドイツとされている。EU統合のなかで、こうしたドイツのユニバーサルバンクの仕組みをEU域内で共有化するため、1989年、「第二次銀行指令」により各国があまねくこの仕組みを取り入れるための法整備が行われた。

　また、従来は各国が異なる基準により各国ごとに保険業の免許を与えていたため、EU域内においても各国での業務展開に個別の許認可が求められていた。しかし1994年には、EU域内における保険会社の免許が共通化された。これを機に、保険会社の域内におけるM&Aが加速した。

　1999年には、「金融サービス行動計画」に基づき、EU域内各国はユニバーサルバンクの規制や監督の調和のために法制度や監督方針の整備に取り組んだ。

　一方で、金融システムの安定と金融危機時の顧客保護を図るため、業態別に健全性の監督・規制を統一することを目的とした各種指令に基づき各国が法制度の整備を行ったが、業態を横断する金融グループ全体の健全性を確保するための新たな枠組みが必要となり、金融コングロマリットに対する規制や監督の基準を定めた金融コングロマリット統一指令が2002年に出された。

　リーマンショック後の規制強化の動きは、業務範囲規制がきわめて緩かった欧州でも急速に進んだ。2012年には当時のフィンランド中央銀行総裁リーカネンを中心としたハイレベルのレポートが取りまとめられた。これが「リーカネンレポート」である。このレポートにより、預金取扱金融機関が

自己勘定取引やヘッジファンドへの関与を行わない方針が勧告され、これを
もとに欧州委員会が2014年1月、「EU銀行セクターの構造改革」が公表さ
れた。すでにフランスをはじめとする各国において、これらの方針に基づく
法整備が行われた。

イギリスにおいてもオックスフォード大学のヴィッカーズを委員長とする
委員会が「ヴィッカーズレポート」を2012年に発表し、決済や預金取扱業務
と自己勘定投資などのハイリスク業務との分離、いわゆる「リングフェンシ
ング」を勧告した。これにより、2016年に法制化され、2019年施行の運びと
なった。

②　現状の業務範囲等の認可

EUではもともと金融業態間の業務制限が少なく、また、持株会社の業務
範囲についても特段の制限はなかった。

事業会社への持分についても、わが国における5％ルールのような絶対的
制限がない。ただし、銀行が事業会社に10％以上の議決権を保有する場合、
当該1社に対するエクスポージャーが自己資本の15％超となる、あるいは事
業会社向け持分の合計が自己資本の60％超となる場合、当該超過分の保有禁
止あるいはリスクウェイト1250％の適用が求められている。

これは、わが国の独占禁止法の目的であるような銀行の産業支配に対する
制限はなく、銀行の健全性確保の観点からのみ規制が設けられていることを
示している。

事業会社の銀行保有制限もないが、適格性により10％までとすることもで
きるとされている。

余談ではあるが、イギリスでは、2012年金融サービス法に基づき、金融当
局の監督対象範囲が拡大された。具体的には、預金取扱金融機関を保有する
事業体である「認可金融機関（QPU = Qualifying Parent Undertaking）」まで
規制・監督の範囲を拡大したものである。これにより、一定条件のもとで、
金融行為機構（FCA = Financial Conduct Authority）や健全性機構（PRA =
Prudential Regulation Authority）がQPUに対して改善命令を発出できる。

③ グループ形成とその変貌

　ユニバーサルバンク・システムの背景もあり、銀行と保険の統合である「バンカシュランス」あるいは総合金融業を表す「アルフィナンツ」を目指した再編が相次いだ。

　まず欧州大陸の主な動きを取り上げよう。1997年には、オランダにおいて保険を柱としていたINGがベルギーのBBL（Bank Brussels Lambert）を買収したほか、1998年には、同じくベネルクス圏においてオランダのフォルティスがベルギー最大の銀行ジェネラールバンクを買収するなど、保険を中核とする総合金融グループによる銀行の買収が目立った。ドーバー海峡を越えた再編も起こった。フランスのソシエテジェネラルが1997年にイギリスの名門マーチャントバンクであるハンブロスを買収した。さらに、2001年はドイツにおいて保険の雄であるアリアンツが三大銀行の一角であるドレスナーを買収した。

　次に英国内はどうか。1986年に国際的な証券業の名門ジェームス・ケーペルを買収したHSBCは銀行、証券、資産運用を主な機能軸としながらグローバル展開をした。HSBCの世界戦略は主に銀行のフランチャイズを各地域に築く方針が貫かれ、その方法論は買収方式（例としてはフランスのCCF、現在のフランスHSBC）、合弁方式（例としては香港エジプト銀行として現地資本との共同出資でスタートし現在はエジプトHSBC）、オーガニック方式（日本など）と地域特性に応じてグローバルなネットワークを拡大した。2000年になると、イギリスでロイズTSBがスコティッシュ・ウイドウズを買収し、銀行による保険の取込みが始まった。同年には小が大を吸収するといわれたRBSによるナットウエストの買収もあった。

　こうしたかたちで欧州の主要な金融グループには、ドイツ銀行、アリアンツ、BNPパリバ、HSBC、ING、RBS、バークレイズ、クレディアグリコール、ソシエテジェネラルなどが名を連ねることとなった。

　しかし、金融危機などを背景に公的管理化、破綻や解体が相次いだ。象徴的なのがフォルティスである。リーマンショックから程なく、フォルティス

は国有化を介しながら解体された。まず同社がRBSやサンタンデールなど
と買収したABNアムロのオランダ部門とともにベネルクス三国政府による
国有化されその後ABNアムロに統合された。また、フォルティスのベネル
クスにおけるアセットマネジメント部門はBNPパリバに継承、残された保
険部門はアジアスに改称された。

⑷　日本の銀行グループ経営の規制と変遷

①　規制と監督の変遷

自由化初期

　わが国における金融規制の枠組みは、発展過程においておおむねアメリカ
と似た進展をみてきた。元来、銀行、証券、保険などの主要金融業務には厳
格な業際制限が課せられていたほか、銀行業態のなかにおいても、長短金融
分離などの細かな種別分離規制が長きにわたり保持されてきた。こうした保
護色が強く重層的な規制に変化が現れるようになったのが、金利自由化が始
まる1980年前後である。

　その後1990年代前半までの自由化の流れについては、第5章において銀行
の自由化の進展過程を詳解しているので参照されたい。ここでは、グループ
経営の着眼点から新たな業務への展開についてわが国の規制・監督の主たる
流れについて説明する。

業態別相互参入

　金融業態間における業際規制緩和の源流は、1991年6月の金融制度調査会
による答申「新しい金融制度について」にさかのぼる。このなかで、銀行・
証券・保険の間の相互参入について、業態別子会社を通じた新規業務への取
組みが適当との見解が示された。

　これを受けて1993年4月、金融制度改革法が成立し、銀行・保険・証券の
各業態を親会社として、異業種を営む子会社を設立することによる新規業種
への参入が可能となった。なお、この時には持株会社方式は時期尚早との判

断が下された。

銀行持株会社解禁

金融持株会社に向けた動きは、1995年3月に閣議決定された「規制緩和推進計画」のなかで盛り込まれたほか、同年末に公正取引委員会の「独占禁止法第4章問題研究会」からも、持株会社禁止規制（同法第9条の基本規定）を緩和させるべき旨の報告が行われた。さらに、翌1996年12月における「経済構造の変革と創造のためのプログラム」の閣議決定を経て、1997年6月に出された金融制度調査会による答申「我が国金融システムの改革について」において具体的な方向性が示された。

その内容には、兄弟会社より持株会社による経営管理のほうが、リスクの波及やガバナンスの点から優れている点が指摘されていた。

また同時に、銀行がセーフティネットで守られている点をふまえ、当該持株会社には一般事業会社を保有することは適当ではないとされている。これを受け、1998年3月、持株会社関連二法が施行され、銀行持株会社が解禁された。これに加え、同年12月には「金融システム改革法」が施行され、親子会社形態の銀行等のグループの業務範囲についての規制整備がなされたほか、その一環として銀行と子会社との合算での一般事業会社への持分についても5％を上限とすることが明記された。

事業会社による銀行業進出

一方で、事業会社による銀行業への進出のニーズが高まり、事業会社が銀行を保有することについての検討が1997〜1999年の金融危機のなかで開始された。

2000年12月には金融審議会第一部会報告「銀行業等における主要株主に関するルール整備および新たなビジネスモデルと規制緩和等について」のなかで、異業種による銀行業参入の動きを積極的に評価すべきとする一方、新規での銀行設立ならびに既存の銀行の株式取得などの際における厳正なチェックの必要性が指摘された。同時に、企業会計基準に準じて20％以上の持分を銀行に対して取得する場合を「主要株主」と位置づけ、さらに50％超の保有に関して銀行経営の健全性確保のための特段の措置を求める必要性を求めた。

この報告に沿って2002年4月に改正銀行法が施行され、銀行の総株主の議決権の20％以上の保有者を「銀行主要株主」として規制対象としたほか、銀行主要株主が50％超の保有の場合は、銀行経営の健全性確保のための改善計画の提出を求める権限を金融当局に与えた。これを受けて、楽天などのインターネット事業者やソニーやセブン＆アイ・ホールディングスなどの一般事業会社による銀行設立や買収などの動きが加速した。

業務範囲の拡大

　2007年12月における金融審議会第二部会報告「銀行・保険会社グループの業務範囲規制のあり方等について」では、銀行が手がけることのできる新規業務が検討された。この報告のなかで、銀行や保険会社あるいはそのグループ会社が行える業務の判断については、「親近性」「リスクの同質性」「リスクの波及の程度」の3つの視点が示され、新規に認める業務に対する判断を行う目安と位置づけられた。また、新規業務の認可は、個別申請による認可は見送られ、従来の限定列挙による方式が推奨された。

　この結果、2008年12月に施行された改正銀行法により、これまで列挙されていた銀行業務等に新たに以下の業務が加えられた。

・銀行本体の新規業務……商品デリバティブ、排出権取引、排出権価格を対象とするデリバティブ取引など
・銀行の子会社の新規業務……イスラム金融、リース会社による中古物件販売など
・銀行持株会社の子会社の範囲の特例[3]……銀行持株会社傘下の子会社（つまり銀行の兄弟会社）が商品現物取引を行うこと

②　現状の銀行グループ監督と業務範囲等の認可

金融グループに対する規制

　銀行持株会社を頂点とする金融グループをベースに、根拠法令や規制の枠

3　「特例子会社対象業務」を営む会社を子会社とする場合は、その子銀行の業務の健全かつ適切な運営を確保するため、必要な措置を講じなければならないとされた（銀行法第52条の23の2第4項）。

組みについて簡単に整理したい。銀行持株会社は銀行を子会社とする独占禁止法上の持株会社であり、他の持株会社と同様に、「国内の子会社の株式取得価額の合計額の当該会社の総資産の額に対する割合が100分の50を超える会社」（独占禁止法第9条）と定義づけされている。

　一方で銀行法上での取扱いとしては、業務、組織、財務、行為などが定められている。

　第一に、金融機関の主要株主として参入する際には認可が必要とされ、銀行持株会社の業務範囲は「子会社の経営管理およびこれに附帯する業務」とされている。その子会社の業務範囲は、銀行および銀行の子会社とほぼ同様であるが、前段で述べた「特例子会社対象業務」（現状は商品現別取引を指す）を営む持株特定子会社を子会社として保有することが追加的に認められている。また、買収などにより業務範囲外の業務を営む事業会社を抱える外国金融機関を保有する場合においては、認可を前提として5年間の保有が認められている。この場合、5年経過後は1年ごとの承認が必要となる。

　第二に、持株会社と子銀行など他の会社の取締役の兼職については認可制とされている。これは子会社の経営の健全性を確保する観点から兼職が適切かをチェックする意味合いがある。

　第三に、財務上の健全性確保の観点から、銀行と同様に大口信用供与規制（大口融資規制）、自己資本比率規制、株式等議決権の取得制限などが連結ベースで課せられている。なお、銀行連結ベースとの差異としては議決権保有制限がある。銀行およびその子会社合算での議決権の保有は5％までとされているが、銀行持株会社グループ合算ベースでは15％までとされている。

　これらに加え、利益相反管理体制の整備やディスクロージャー義務なども求められている。

金融グループに対する監督

　わが国では、業態別子会社による金融業界内における相互参入に加え、銀行持株会社解禁を機に金融グループのコングロマリット化が進んだ。海外においてもユニバーサルバンク・システムが浸透していた欧州や、GLB法により多角化が進むアメリカなどでもこの傾向が強まっていた。金融コング

第1章　銀行を中心とする金融グループの現在、過去、未来　17

ロマリットという言葉については、各国により規制・監督上の定義がある場合、ない場合それぞれあるが、世界的に共通する認識としては、「銀行・保険・証券のうち2つ以上の業務を営む金融グループ」という言い方ができる。事業体の組織形態としては、持株会社であるか否かは関係なく、同一グループのなかに複数の金融機能を抱えていることがポイントである。

こうしたなか、バーゼル銀行監督委員会（BCBS = Basel Committee on Banking Supervision）、証券監督者国際機構（IOSCO = International Organization of Securities Commissions）、および保険監督者国際機構（IAIS = International Association of Insurance Supervisors）による共同公表文書「金融コングロマリットの監督」が発表された。このなかには、自己資本の充実度や経営陣の適格性、監督者間の情報交換などについてのアイデアが盛り込まれているものの、現在のような包括的な監督のガイダンスを提供するものではなかった。しかし、コングロマリット化を強める金融業界にあって、金融グループへの監督の枠組みの基礎を提案するものとなった。

わが国では2004年11月、金融庁監督局に金融コングロマリットの監督に関する総合調整・企画立案を所管する「コングロマリット室」が設けられた。

さらに、2005年6月には「金融コングロマリット監督指針」が発表され、多機能化する金融グループに対する監督の方針として現在に至っている。本指針では、金融コングロマリットを「金融持株会社グループ」「事実上の持株会社グループ」「金融機関親会社グループ」「外国持株会社等グループ」の4つの類型として定義し、この指針に基づく監督対象としている。金融持株会社グループとはその言葉の印象どおり、メガバンクのグループなどを指しており、事実上の持株会社グループとは金融機関以外の会社を親会社とする2つ以上の金融業態を子会社とするグループを指している。

この指針においては、「経営管理」「財務の健全性」「業務の適切性」の3つの着眼点が与えられており、経営管理の視点からはガバナンス全体について、財務の健全性の視点からは自己資本の適切性やリスク管理態勢について、業務の適切性の視点からは法令遵守、危機管理、顧客の利益保護などについてチェックされることとなっている。さらに、前出の国際的なペーパー

や金融安定化フォーラム（FSF = Financial Stability Forum、金融安定化理事会（FSB）の前身）における議論を通じて確認された海外当局との情報交換や連携について方針が示されている。

グループの業務範囲に関する規制の枠組み

銀行などの金融業態を含むグループに係る業務範囲について、わが国の仕組みを一口で説明するのはやさしくない。なぜならば、もっぱら業としていたものが銀行や保険などか、非金融事業かにより実質的業務範囲が著しく異なるためである。

出発点が銀行の場合、グループの頂点が銀行持株会社であれ、銀行であれ、その業務範囲は銀行法で限定的に列挙される業務にとどまる。このため、たとえばアメリカのFHCの業務範囲の項で述べたような付随業務として認められている「ファインダー業務」の一環としてのネット上のモールに代表されるEコマースを業とする子会社を保有することはできない。

この一方で、ソニーやセブン＆アイ・ホールディングス、楽天などの一般事業会社が銀行業に進出する場合は、銀行法上の取扱いについて「主要株主規制」が拠り所となるため、主要株主としての適格性、（銀行に対する持分が過半となる場合は）経営の健全性に係る行政上の措置などをクリアすれば、既存の一般事業の制約を受けない。つまり、当該事業会社の業務範囲は、銀行法上の限定列挙される業務の制約を受けないこととなる。

この実質的業務範囲に係る「非対称性」の点については、今後の規制・監督上の展望とあわせて後に取り上げよう。

③　グループ形成とその変貌

日本の金融再編は、1997年以降の金融危機の時代に急激に加速した。特に初期段階においては銀行間の大型再編が目立った。この背景には、3つの要因が存在していた。第一に、1997年の三洋証券、山一證券、北海道拓殖銀行、1998年における日本長期信用銀行と日本債券信用銀行など、相次ぐ主要金融機関の破綻により、経営基盤の強化が大手銀行にとって喫緊の課題となったことである。第二に、1998年における持株会社制度の解禁により、大

第1章　銀行を中心とする金融グループの現在、過去、未来　19

型再編がしやすい制度設計の手当が行われた点である。そして、第三に配当可能利益確保のための会計上のニーズである。

　特に3点目の理由については、解説が必要であろう。まず、銀行が無配となった場合にはいくつかのルートでレピュテーショナル・リスクが顕在化してしまう点である。無配を余儀なくされた銀行は、不良銀行のレッテルを貼られかねない緊張感があり、預金流出リスクを目の当たりにしていた銀行経営陣は配当の実施が重要命題であった。また、無配となった場合は優先出資証券などの資本性証券の利払いが困難となるため、契約上はデフォルトではなくとも市場からは利払いの停止は厳しい見方をされる懸念があった。銀行法のもとでは、利益準備金と資本準備金の総額が資本金に到達するまでは利益配当等による剰余金流出額の2割を利益準備金に積み立てることが求められているのに対し、持株会社に関しては一般事業会社同様に資本準備金総額が資本金の4分の1の水準に到達するまで、剰余金流出額の1割を利益準備金に積み立てればよいとされており、持株会社化をすることによる会計上の柔軟性の拡大も、持株会社設立を伴った再編の誘因となった。

　こうした金融再編の状況は、欧米金融機関の前向きな再編とは趣を異とする。やはり、金融危機が金融制度改革の風を受けながら主要金融機関グループ形成を促したとみてもよいのではないか。

　結果的には2000年にみずほフィナンシャルグループの前身となるみずほホールディングスが、富士銀行、第一勧業銀行、日本興業銀行を束ねる持株会社として発足、2001年にさくら銀行と住友銀行の合併により誕生した三井住友銀行を中核とする三井住友フィナンシャルグループが2002年に設立され、2001年に東京三菱銀行、三菱信託銀行、日本信託銀行を傘下に置く持株会社として設立された三菱東京フィナンシャル・グループと同じ年に三和銀行、東海銀行、東洋信託銀行の再編により誕生したUFJホールディングスが2005年に合併し、それまでの4メガバンク体制から3メガバンク体制へと移行した[4]。

4　大手銀行の再編の歴史については第5章図表5－5に示す。

一方、メガバンクグループのほかにも、2002年に大和銀行を中核とする大和銀ホールディングスにあさひ銀行が合流し、りそなホールディングスとなったほか、中央三井信託銀行を中核とする三井トラストホールディングスと住友信託銀行の経営統合により2011年、三井住友トラスト・ホールディングスが発足した。

　以上のとおり、再編のドライバーは銀行間の統合であったが、これと並行してグループ内における証券業務や消費者金融などの異業態ビジネスの強化も行われた。みずほフィナンシャルグループにおいては、みずほ証券はみずほを形成した3つの銀行の証券子会社をコアとしながら、みずほインベスターズ証券（旧勧角証券）、新光証券との経営統合により機能の厚みを増した。三菱UFJフィナンシャル・グループにおいては銀行の証券子会社と国際証券との統合、その後のUFJつばさ証券の合流により三菱UFJ証券に、そしてリーマンショック後におけるモルガン・スタンレーとの戦略的提携により、三菱UFJモルガン・スタンレー証券とモルガン・スタンレー三菱UFJ証券への持分を有する証券中間持株会社である三菱UFJ証券ホールディングスを傘下にもつ。三井住友フィナンシャルグループは、従来のリテール向け三井住友フレンド証券に加え、シティグループから日興コーディアル証券と日興シティグループ証券の一部ホールセール業務を買い取り、SMBC日興証券が加わることとなった。そのほかにもさまざまな金融機能をグループに取り込んで金融コングロマリットとしての色彩をより強くしたメガバンクであるが、その詳細については、次節において詳解する。

日本の金融グループ俯瞰図

(1) メガバンクの概要・リスク管理

① みずほフィナンシャルグループ

グループ形成の経緯

　本格的な公的資金注入が大手行の大半に実施されたのが1999年3月であるが、その年の暮れに第一勧業銀行、富士銀行、日本興業銀行が経営統合を決定した。翌2000年9月には、持株会社みずほホールディングスがこれら3行の株式移転方式にて設立され、10月には興銀証券、第一勧業証券、富士証券が合併しみずほ証券が、第一勧業富士信託銀行と興銀信託銀行が合併しみずほ信託銀行がそれぞれ誕生した。これらの動きが現在のみずほフィナンシャルグループの原形をつくった。その後2002年4月には3行を会社分割および合併により、ミドル・リテール顧客を対象とするみずほ銀行とホールセール・ビジネスを扱うみずほコーポレート銀行に組織再編した。

　次の大きな組織再編が2003年3月に実施された。第一に、みずほホールディングスが2003年1月に新設されたみずほフィナンシャルグループの子会社となり、中間持株会社となった。中間持株会社化により、不良債権処理等の損失による資本毀損に由来する銀行子会社の減損処理が、頂点持株会社の配当可能利益に影響するリスクが大幅に低減された。この体制は2005年に銀行がみずほフィナンシャルグループの直接保有となるまで続いた。第二に、証券会社の再編である。みずほインベスターズ証券（旧勧角証券）がみずほ銀行の子会社となり、みずほ証券（その後2009年には新光証券と合併）がみずほコーポレート銀行の子会社となった。顧客セグメントやビジネス特性にあわせた組織の切り分けを実施した珍しいケースである。第三に、みずほ信託

銀行とみずほアセット信託銀行（旧安田信託銀行）が合併し、現在のみずほ信託銀行となった。

　グループ範囲の拡充としては、他のメガバンクが消費者金融ビジネスをグループに取り込む一方で、消費者金融専業ビジネスとは一線を画す経営方針もあり、みずほフィナンシャルグループはオリエントコーポレーションを持分法適用のグループ会社として取り込んだ。

　最後の大きな組織再編は2013年における「One MIZUHO」の形成である。2013年1月、みずほ証券とみずほインベスターズ証券は合併し、同年3月にはみずほフィナンシャルグループの直接子会社となった。同年7月には、みずほ銀行とみずほコーポレート銀行が合併した。

　なお、みずほフィナンシャルグループは2014年6月からガバナンス体制を変更し、メガバンクとしては初めて委員会設置会社へ移行した。

グループの概要

　グループ形成の経緯で述べたとおり、みずほフィナンシャルグループが現状の組織体制となるまでの経過では非常に多くかつ大規模な組織再編が繰り返された。その結果、現在の姿は至ってシンプルなグループ構造となっている。銀行、信託、証券の主要3社が直接持株会社のもとにぶら下がり、100％の保有割合となっている。

　商業銀行業務に関しては、かつてミドル・リテールとホールセールを分離独立した運営となっていたが、2013年7月以降はみずほ銀行に一本化されている。また、証券会社もこの動きと連動し、みずほ証券に業務が統合された。

　3つの主要ビジネスのほかには、資産運用会社としてみずほ投信投資顧問と新光投信を連結子会社、第一生命保険との合弁事業であるDIAMアセットマネジメントを持分法適用会社として抱える。2015年3月の会社発表では、資産運用ビジネスを銀行、信託、証券に続く4本目の柱として組織再編する方針を打ち出した。具体的には、みずほ信託銀行の資産運用部門、みずほ投信投資顧問、新光投信の統合を検討するほか、DIAMアセットマネジメントの統合に関しても第一生命保険と協議する方向とのことである。

　クレジットカードは、地方銀行などがカードブランドとして活用している

第1章　銀行を中心とする金融グループの現在、過去、未来　23

ユーシーカードグループを束ねるユーシーカードを連結子会社としてグループに置いている。さらに、流通系クレジットカード大手であるクレディセゾンとも協働事業を行っており、将来的にクレディセゾンがグループへと合流する可能性も否定はできない。割賦ならびにカード事業における大手の一角をなすオリエントコーポレーションは、2010年に持分法適用会社としてグループに加わった。2004年における包括的提携以降、みずほとの関係は緊密であり、すでに経営陣がみずほ銀行から送り出されるなどグループ色が濃厚となっている。今後連結子会社となるかどうかに関しては、もう一方の主要株主である伊藤忠商事との関係もふまえる必要があるほか、上場会社であることもあり、予断はもてない。

リース会社に関しては、みずほ再編の源流である3つの銀行ごとにグループ会社を有しており、それがいまに至っている。旧富士銀行系の芙蓉総合リース、旧第一勧業銀行系の東京センチュリーリース[5]、旧日本興業銀行系の興銀リースの3社が並存している。しかし、他の銀行グループとは異なり、持分法適用などの連結範囲には含まれていない。

図表1-2にグループ概要図を示しているが、この図にない会社を含め、その他のグループ会社は、他の銀行グループとおおむね同様の編成となっている。重複を避けるため、以下の業務説明に関しては、他の銀行グループでの説明は割愛する。

事業投資（みずほの場合はみずほキャピタル）は、中堅中小企業の取引先で株式が店頭公開ないし上場されていない会社の株式等の取得を行うものであるが、未公開株式の取得そのものが目的ではなく、株式公開の準備やそれに伴う社内インフラ整備などのアドバイザリー業務を主に担っている。銀行は、成長ステージにある中小企業やベンチャー企業などから得られる収益に限度がある。こうした企業への貸出は、その企業が見事に飛躍しても元本と利息を上回る収益を生まない。しかし、未公開株式への投資は、成長の果実を制限なく享受することを可能にする。

5　もともとは第一銀行および伊藤忠商事系のセンチュリーリースと日本勧業銀行系の東京リースが2009年に合併して誕生したものである。

図表1-2 みずほフィナンシャルグループの全体像（2015年12月末現在）

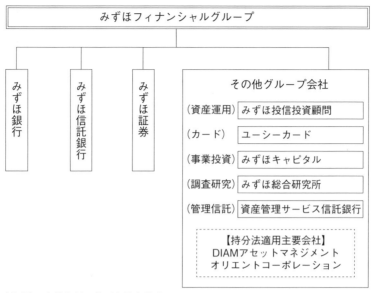

（出所） 会社資料に基づき筆者作成

　調査研究を行うシンクタンク（みずほの場合はみずほ総合研究所）は、グループ内の銀行や他の事業体の内部的なリサーチのためのビジネス、各グループ会社の取引先から受託するビジネス、官公庁や地方自治体などから受託するビジネスなど多様多彩な業務を行っている。

　保証会社（みずほの場合はみずほ信用保証とみずほトラスト保証）は、グループ内の銀行が実行する住宅ローンを主たる保証対象とした業務を行っている。主な収益源は、住宅ローン等の実行時に借り手から徴収する保証料のほか、銀行からも毎年残高に応じた保証料（いわゆる「内枠保証料」）である。新生銀行のようにグループ保証会社を有さず、無保証での住宅ローンを提供する銀行もあるが、大宗の銀行はグループ保証会社による保証を前提に住宅ローンやその他消費者ローンを実行している。その主たる合理性は、延滞や貸倒れにおける回収業務を保証会社が行うことで、銀行営業店の業務効率を落とさないように設計されている。

第1章　銀行を中心とする金融グループの現在、過去、未来

最後にファクタリング子会社（みずほの場合はみずほファクター）である。ファクタリングとは、企業の売掛債権を譲り受けることにより、企業の売掛金回収リスクを低減するほか、資金回収の負担を効率化する利便性を提供する業務である。また、貿易取引における信用状開設に係る負担軽減などの国際ファクタリングなども業務に含まれる。個人には縁遠いビジネスに感じられるが、日常的にもスポーツクラブの会費などさまざまな代金回収業務を担っている。

管理会計上の構造

みずほフィナンシャルグループは、グループ連結をベースとした部門別の管理システムを設けており、このフレームワークに応じたリスクや予算の配賦、パフォーマンスの管理などを行っている。部門別の収益動向などは次項で取り扱うので、ここでは部門別の内容などを解説する。

まず、連結グループは4つの柱である銀行、信託、証券ならびに資産運用会社とそれ以外に分けられる。特に4つの柱に関しては図表1－3にあるとおり、10のユニットに区分される。このうち、8つは顧客取引を主体とする「対顧ユニット」、それ以外が「市場ユニット」と「アセットマネジメントユニット」に分かれる。

市場ユニットは、金利・為替・株価などの市場における取引を行う部門であり、銀行勘定およびトレーディング勘定におけるディーリングなどが主体となる。アセットマネジメントユニットは、同グループが第4の柱に掲げる資産運用ビジネスに携わる部門であり、信託銀行のなかの資産運用業務や資産運用会社のビジネスが含まれる。

最もユニット数が多いのが対顧ユニットである。個人ユニットは、マスリテール顧客や富裕層、準富裕層などを対象とするビジネスを行う部門であり、個人ローンや投信・保険などの金融商品の販売などが注力分野である。リテールバンキングユニットは、中小企業が主たる顧客である。中小企業を相手にした法人取引とその会社のオーナーの個人取引を一体化して取り組む、「法個ビジネス（法人個人一体化ビジネス）」あるいは「法リモデル（法人リテール一体化モデル）」が注力分野である。この取引階層とセグメント上で

26

図表 1 - 3　みずほフィナンシャルグループの部門別管理（2015年12月末現在）

[大分類]	[中分類]	[小分類]
対顧ユニット	国内対顧	個人ユニット
		リテールバンキングユニット
		大企業法人ユニット
		事業法人ユニット
		投資銀行ユニット
		トランザクションユニット
		金融・公共法人ユニット
	海外対顧	国際ユニット
市場ユニット		
アセットマネジメントユニット		
銀行・信託・証券以外の連結		

（出所）　会社資料に基づき筆者作成

　近接しているのが、事業法人ユニットである。このユニットも中堅中小企業を対象としているが、おおむね売上高で年商50億円前後がリテールバンキングユニットと事業法人ユニットの境界となる。その上のセグメントである大企業を対象とする大企業法人ユニットとあわせ 3 つのユニットが規模別で企業取引を担っている。

　投資銀行ユニットは、ストラクチャードファイナンス、ローンシンジケーションなどの市場型間接金融をはじめM&Aなど主に大企業法人ユニットと協働した業務がメインとなる。トランザクションユニットはグローバルな取引においてはトレードファイナンスやグローバルキャッシュマネジメントサービス、外為取引、電子決済などのトランザクショナル・バンキングを

第 1 章　銀行を中心とする金融グループの現在、過去、未来　27

所管する。金融・公共法人ユニットは、保険会社などの金融法人、政府系団体、地方公共団体などの取引を行う。最後に、国際ユニットは近年最も成長が著しい海外ビジネスを担当しており、同グループが掲げるコアバンクとしての取引を目指す「スーパー30」や「スーパー50」に指定される主要グローバル企業にターゲットを絞ったビジネスの拡充にフォーカスしている。

このようなユニット制の目的は、営業推進などの活動がいきおい法的エンティティごとになりがちな傾向となるのを排除し、セグメントごとに各エンティティを横断的に横串を入れることで、One MIZUHOとしてグループの総合的な金融サービスの提供を行うことをねらいとしたものである。

財務的な貢献

社内的には前述の10ユニットによる部門別管理を行っているが、対外的な計数の公表では6つの対顧客部門のユニット（個人、リテールバンキング、大企業法人、事業法人、金融・公共法人、国際）と市場ユニット等に再構成したうえで行われている。2015年3月期における各ユニットの業務純益の実績は図表1−4のとおりである。

明らかに、大企業法人ユニットと国際ユニットの2部門が際立っており、

図表1−4　みずほフィナンシャルグループの部門別業務純益（2015年3月期）

	業務純益（十億円）	構成比（％）
個人ユニット	46.7	5
リテールバンキングユニット	20.6	2
大企業法人ユニット	264.0	30
事業法人ユニット	121.0	14
金融・公共法人ユニット	47.4	5
国際ユニット	244.7	28
市場ユニット等	67.5	8
銀信証以外	65.0	7
グループ計	876.9	100

（出所）　会社資料に基づき筆者作成

この2つの部門で過半の業務純益に寄与している。

　個人や中小企業取引は全体として経費率が高いビジネスであることが1つの要因であるが、それ以上に現状の金融環境がこうした部門間のパフォーマンス格差につながっているものと推察できる。特に、短期金利がゼロ近傍にある状況においては、個人預金の市場調達対比での優位性が失われるため、預金を吸収することによる経済的ベネフィットを表す「預金スプレッド収益」が消失してしまうことが特に個人ユニットの収益性の低下を招くことが容易に想像できる。

統合的リスク管理の状況

　金融グループは、業務の規模拡大、業務内容の多様化、そして事業体の増加によってリスク管理の重要性と管理の難易度が増大する傾向にある。金融監督的にもこうした認識は強く、業容のレベルに基づきリスク管理の要求水準も高くなる。さらに、近年においてはG-SIBs（グローバルなシステム上、重要な銀行。95頁参照）向けのリスク管理上の追加的な経営上の負担も増える傾向が強まっている。一方で、リスク管理の手法に関しては金融グループ間の差異は大きくなく、リスク管理上の組織対応やルールもおおむね同様の対応となっている。

　みずほフィナンシャルグループにおいても、グループ全体としての統合的リスク管理、個別リスクの管理、グループ会社個々における統合的リスク管理ならびに個別リスク管理に際立った特徴はない。

　グループ全体のリスク管理の責任を担うのが、リスク管理グループ長であるグループCRO（Group Chief Risk Officer）である。グループCROはリスク管理委員会を委員長として指揮するほか、必要に応じて、取締役会、監査委員会、経営会議等へのレポーティングを行う。こうしたリスク管理の運営を行うにあたっては、各グループ会社からの定期的あるいは臨時的な報告がもととなっている。

　図表1−5は、リスク管理の組織的な態勢を俯瞰した組織図である。持株会社は、銀行・信託・証券の主要3社を含む主要グループ会社からリスク管理の状況等について報告を受けるほか、リスク管理に係る各種申請を受ける

図表1-5　みずほフィナンシャルグループのグループ・リスク管理態勢

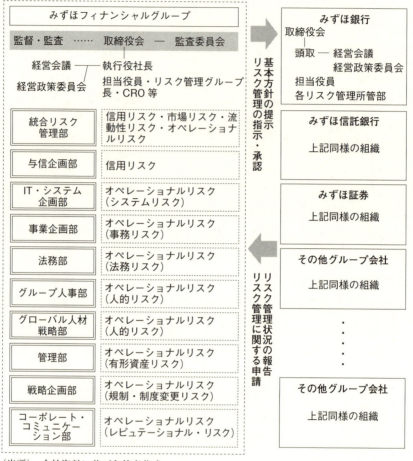

（出所）　会社資料に基づき筆者作成

こととなっている。同時に、持株会社は主要グループ会社に対してリスク管理に関する適時適切な指示を行うこととしている。

　リスクの種類は、信用リスク、市場リスク、流動性リスク、オペレーショナルリスクに大別される。信用リスクは、貸出をはじめとする与信行為のほか、金融機関などとのデリバティブ取引を含む各種市場取引の契約履行に係るリスクが網羅されている。市場リスクは、金利、外国為替レート、株価、

商品価格など多様な金融商品の価格変動リスク等が対象となる。流動性リスクは、通貨ごとの資金繰りに関連したリスクが対象となる。最後に、オペレーショナルリスクは、上記3つのリスクで網羅されないさまざまなリスクが対象となる。システム障害や事務的な取引ミスなど取引処理上のリスク、国内外の法令に抵触する法務リスク、スキャンダルなどによるレピュテーショナル・リスクなど種類は幅広い。持株会社ならびに各グループ会社はこうした個別リスクと個別リスクの集積である全体リスクに対して、リスク許容限度の設定、リスク（キャピタル）の部門別・会社別配賦、日々のモニタリング、環境変化等に対する機動的対応などの管理責任を負っている。

こうしたリスク管理態勢の保持は、主要グループ会社においても同様に整備されている。したがって、持株会社から配賦されたリスクキャピタルに基づき、各社が業務運営を行い、その結果を定期的あるいは必要に応じて持株会社へ報告する仕組みとなっている。持株会社は、グループ全体のリスクが、規制上の資本などの一定範囲内にとどまるようリスクの制御に努めることとされている。なお、リスクキャピタルの状況などは、各社のリスク管理委員会、経営会議、取締役会への報告を経て、持株会社へと報告される。

また、リスク管理は平時の想定ばかりでなく、急激な金利の変化や株式市場の暴落、厳しい経済状態の悪化など複数のリスクシナリオのもとでストレステストが実施されるようにルールづけされている。

次にリスクアペタイト・フレームワーク（RAF）である。リスクアペタイト・フレームワークとは、バーゼル銀行監督委員会からも報告が示されているリスクテイクに関する銀行経営陣の理解や評価、戦略への反映を適正に進めるための方法論の提案である。みずほフィナンシャルグループにおいても、顧客への対応などグループとして取り組むべき戦略やこれらに伴うリスクの存在を明確に整理したうえで、戦略・施策の方針策定、資源配分・収益計画の決定、それらの運営状況の検証を行うものとしている。そのうえで、事業戦略、財務戦略、リスク管理の一体運営を通じたリスク・リターンの最適化を行っている。

最後に、業務執行の監督にあたる取締役会の体制に関しては、みずほフィ

第1章　銀行を中心とする金融グループの現在、過去、未来　31

ナンシャルグループが他のグループに先駆けて委員会設置会社を導入したため、1つの特色がみられる。取締役会の組織であるリスク委員会は、ほかの委員会と同様に社外取締役（非執行取締役）または外部専門家により構成されている。同委員会は、取締役会に対してリスクの視点からガバナンスに関する決定および遂行状況の監督に際し助言を行う諮問機関として、設置されている。2015年12月末現在は、リスク委員会の委員長は高橋秀行氏、委員は川北英隆氏と小林いずみ氏が選任されているが、川北氏と小林氏は外部専門家である。

グループとしての特色

ガバナンス体制の特徴は次節で議論するため、ここでは組織構造上の特色についてフォーカスしてみていきたい。みずほフィナンシャルグループのグループ構造の特徴は、細密なユニット別の部門管理と持株会社を巻き込んだ主要3事業を網羅した横串を入れた仕組みである。

メガバンクに限らず、多くの銀行において対顧客部門と市場部門を大別するところは共通している。しかし、みずほは対顧客部門を9つものユニットに分けている。特に、法人取引に関しては、中小零細企業を対象としたリテールバンキングユニット、中堅中小企業を対象とした事業法人ユニット、大企業を対象とした大企業法人ユニット、金融機関や公共事業体ならびに公共団体を対象とした金融・公共法人ユニットと4つのユニットに切り分けている。これに加えて、機能軸に関しても投資銀行ユニットやトランザクションユニットを別途設けるなど顧客セグメント軸と機能軸それぞれにきめ細かい部門別管理を敷いている。

こうした特徴は、たとえば金融法人や公共法人等に対する歴史的なパイプの太さなどから来るものと考えられる。当グループの源流には、日本興業銀行がある。同行は、他の長期信用銀行と同様に、個人預金よりも金融債を資金調達源とする特徴があり、地域金融機関や預金取扱金融機関以外の金融法人が金融債の投資家となっていたこともあり、多様な金融業務でつながりを有していた。また、東京都をはじめとする地方公共団体の指定金融機関として公共関係取引を抱えていた富士銀行や第一勧業銀行もこうした地域との緊

密性が強みの1つであった。こうした歴史的背景が現状の組織特性にも表れているのではないか。

機能別ユニットに関しても同様である。銀行と証券会社の両方に在籍する役職員を抱える人事制度を「ダブルハット」という。銀行の帽子と証券会社の帽子をあわせて被っているという意味である。みずほコーポレート銀行とみずほ証券を兼務するダブルハット職員が多数いたことは、メガバンクのなかでも顕著な特色として知られていた。現在も、みずほ銀行とみずほ証券を兼務する役職員は少なくない。最近の組織再編とOne MIZUHOのブランディングにより、この体制への意識はさらに強められた。一方で、シンジケートローン市場におけるみずほ銀行のアレンジャー実績は特に国内においては目覚ましい。投資銀行業務は主に証券会社が担う業務であるが、当グループにおいては、銀行と証券会社を一気通貫させた事業領域としての意識が高いため、機能軸としてこの部門を独立ユニットとして組織化したものと考えられる。

One MIZUHOとしての独立エンティティ間の協働への意識の高さは、組織運営のほか日常的な業務運営にも反映されている。組織運営的には、持株会社における執行役員としての兼務執行役員として、銀行・証券・信託のなかで各ユニットの最も主導的立場を担うエンティティの執行役員がこれを兼務する。また、異なるエンティティ間の意思疎通の緊密化と、それぞれの持ち場の経営課題などを現場レベルにおいても共有化するために、中間管理職レベルの意見交換の場を頻繁に設けている。現場の持ち場を離れてコミュニケーションを行う「オフサイト・ミーティング」などはその一例である。

② 三菱UFJフィナンシャル・グループ

グループ形成の経緯

大型の銀行再編の先駆けとなったのが、1996年における三菱銀行と東京銀行の合併である。優良な財務体質を有する三菱銀行と海外に強力なネットワークを擁する東京銀行の合併は、きわめて信用度と競争力が高い銀行の誕生と評価された。その後の度重なる金融危機の局面では、預金減少に瀕した

他行を横目に東京三菱銀行は着実に預金残高を伸ばすなど、優良行としての
ブランド力を発揮した。

　その後、2000年には東京三菱銀行、三菱信託銀行、日本信託銀行（2001
年には両信託銀行が合併し三菱信託銀行に）が、三菱東京フィナンシャル・
グループを持株会社として経営統合した。同じ2000年に、三和銀行、東海
銀行、東洋信託銀行が、UFJホールディングスを持株会社として経営統合
し、その後2002年に三和銀行と東海銀行は合併しUFJ銀行に、東洋信託銀
行は社名変更しUFJ信託銀行となった。

　2002年10月、竹中金融担当大臣の指揮のもと金融再生プログラムがスター
トし、大手銀行は多額の損失処理を2003年3月期に迫られた。その直後に
UFJホールディングスは信託部門の売却を住友信託銀行（当時）と合意した
後、これを白紙撤回し三菱東京フィナンシャル・グループとの経営統合で合
意した。経営統合の合意後も三井住友フィナンシャルグループによる経営統
合の申入れなどの紆余曲折を経たが、2004年8月には経営統合の基本合意を
締結し、翌2005年10月に三菱UFJフィナンシャル・グループが誕生した。
傘下の銀行に関しても、信託銀行の合併は持株会社の統合と同時に実施さ
れ、商業銀行の合併は2006年1月に行われ現在に至っている。

　銀行以外のグループ機能についても、銀行の統合と並行して再編が進ん
だ。2002年には、国際証券と東京三菱証券ほか2社が合併し、三菱証券が
誕生した。同年、つばさ証券とUFJキャピタルマーケッツ証券が合併し、
UFJつばさ証券となった。その後、2005年の持株会社の統合とあわせ、三菱
証券とUFJつばさ証券が統合し、三菱UFJ証券となった。2008年のリーマ
ンショック後に、モルガン・スタンレーへの出資を行った三菱UFJフィナ
ンシャル・グループは、日本国内における証券事業の共同化を決め、2010年
に中間持株会社となる三菱UFJ証券ホールディングスを設立し、三菱UFJ
モルガン・スタンレー証券の60％の持分とモルガン・スタンレー三菱UFJ
証券の持分49％を保有する形態へ移行し、現在に至っている。

　ノンバンク事業への進出も早かった。2004年にアコムへの出資を決定し、
2008年には追加出資により同社を持分法適用会社としてグループに取り込ん

だ。一方で、三和銀行と親密な関係にあった日本信販を2004年にUFJホールディングスが連結子会社化し、2005年にUFJカードとの合併を機にUFJニコスに社名変更、2007年にディーシーカードとの合併により現在の社名である三菱UFJニコスとなった。同社は2008年に株式交換により三菱UFJフィナンシャル・グループの完全子会社となった（その後農林中央金庫が一部出資し同行の持分法適用会社ともなっている）。

海外の事業も積極的にグループに取り込んだ。2008年にユニオンバンカル・コーポレーションを完全子会社化（現在のMUFGユニオンバンク）したほか同年にモルガン・スタンレーを持分法適用会社とした。2013年には、タイの大手アユタヤ銀行を買収し子会社化した。

グループの概要

大型合併を繰り返し、わが国のトップバンクとなった三菱UFJフィナンシャル・グループは、規模、機能軸、地域軸のいずれをとっても国内において他の金融機関が比肩しえない充実度を有している。以下、グループの概要について国内、海外の順に解説する。

グループの中核をなすのが国内最大の三菱東京UFJ銀行で、他のグループ会社のプロダクトやサービスのクロスセルを行ううえでの対象顧客基盤を提供する。同行は東日本に強みを有する旧三菱銀行、中日本のトップバンクであった旧東海銀行、西日本に競争力のある旧三和銀行を源流とするため、国内におけるネットワークの稠密さは鮮明である。信託部門についても、三井住友信託銀行とトップを競う三菱UFJ信託銀行が機能軸の厚みを維持している。

証券部門に関しては、長期信用銀行、農林中央金庫に続いて都市銀行が相次いで証券子会社設立による証券業務参入を果たすなか、三菱フィナンシャル・グループの源流となる三菱銀行や三和銀行をはじめ各構成銀行も他の例にもれず証券子会社を設立した。しかし、メガバンク中最も早く相応の事業規模を有する既存の証券会社を、グループに加えたのが三菱UFJフィナンシャル・グループである。すなわち従来三菱グループと緊密な関係にあった日興証券が、シティグループとの提携に踏み切り日興ソロモンスミスバー

第1章 銀行を中心とする金融グループの現在、過去、未来 35

ニーを合弁事業として立ち上げたのをきっかけに、東京三菱銀行は独自の証券部門の強化を急ぎ、野村證券から国際証券の持分を譲り受けた。その後、国際証券やその他の証券子会社を統合してできた三菱UFJ証券は、モルガン・スタンレーとの事業再編の末、前項で解説した三菱UFJ証券ホールディングスの傘下に収まる三菱UFJモルガン・スタンレー証券ならびにモルガン・スタンレー三菱UFJ証券へとあらためて再編された。この2つの証券会社は、投資銀行部門など一部の業務に関しては統合されているものの、調査部門やキャッシュビジネスなどは個々の主体が競合するかたちでビジネスを有しており、非効率との指摘もある。しかし、日米それぞれの当局へのレポーティングをはじめとする制約から、2つの証券会社をあえて統合せずに併存させている。

　以下、銀行・信託・証券の主要3事業以外のグループ会社について順次解説していく。

　資産運用部門は、年金の運用や運用資産の管理に長けた三菱UFJ信託銀行のほか、複数の運用会社をグループに抱えていた。このうち、2015年には三菱UFJ投信と国際投信が合併し、三菱UFJ国際投信となった。これに加えMU投資顧問も主要運用会社として現有している。国際的な運用ビジネスの展開も当グループの特徴の1つである。三菱UFJ信託銀行は、2009年にイギリスのAberdeen Asset Management、2011年にはオーストラリアのAMP Capital Holdingsへの出資をそれぞれ決め、持分法適用会社としている。

　ノンバンク業務も多彩である。前述のとおり、信販大手の日本信販を旧UFJホールディングスが連結子会社化した後、三菱UFJフィナンシャル・グループが株式交換により完全子会社化した。その後、農林中央金庫がカードビジネスの提携と出資を行い、一部持分を保有することとなった。カードに関しては、ジャックスと日本航空から持分を取得したジャルカードも持分法適用会社としてグループに属している。消費者金融専業ビジネスへの食指を動かした時期も銀行グループのなかでは早かった。過払利息返還請求に苦しむアコムとの提携を2004年に手がけ、2008年には増資の引受けにより持分

36

法適用会社化したのは前項で述べたとおりである。将来的にアコムを連結子会社化するかどうかについては、アコムの経営者兼主要株主グループを形成する木下氏のグループが鍵を握る。

リースに関しては、持分法適用会社として三菱UFJリースをグループに擁する。同社は三菱グループが設立したダイヤモンドリースと、東海銀行系のセントラルリースを祖とするUFJセントラルリースの2007年における合併により誕生した。これとは別に東京銀行系の東銀リースをグループ会社として抱えている。

銀行が提供する消費者ローンに対する保証については、住宅ローンに関しては三菱UFJ住宅ローン保証が一手に引き受けるほか、消費者ローンに関しては従来のMUFGニコスからアコムへ変更しアコムを無担保ローンの保証会社へと統一する方向性を打ち出した。アコムについては、三菱UFJフィナンシャル・グループの親密地域金融機関のカードローンビジネスへの提携により強いサポートを行う意思表示であると考えられる。

そのほかの国内グループ会社については、ファクタリングを担う三菱UFJファクター、事業投資を行う三菱UFJキャピタル、シンクタンクの三菱UFJリサーチ＆コンサルティングなどがある。それぞれの業務内容はみずほフィナンシャルグループのグループ概要（23頁参照）を参照されたい。

海外におけるビジネスのフランチャイズは、メガバンク中で最も大きい。アメリカにおいては、アメリカ国内の金融規制強化の動きもあり、中間持株会社の設立を行った。そのうえでアメリカ国内における銀行業務とユニオンバンクの業務を束ねることで、ユニオンバンクの預金吸収能力のメリットをグループとして享受する体制を構築した。MUFGユニオンバンクは、アメリカにおける邦銀の現地法人ビジネスの成功例として評価されている。

アジアにおける戦略展開も目覚ましい。アユタヤ銀行（通称Krungsri）の持分75％をGEキャピタルおよび市場から取得し、現地規制が厳しく買収がむずかしいアセアンの銀行の連結子会社化に成功した。タイにおいては、「シングル・プレゼンス・ルール」の存在により、三菱東京UFJ銀行のバンコク支店と買収されたアユタヤ銀行の並存が認められないため、両者の統合

第1章　銀行を中心とする金融グループの現在、過去、未来　37

図表1-6　三菱UFJフィナンシャル・グループの全体像（2015年12月末現在）

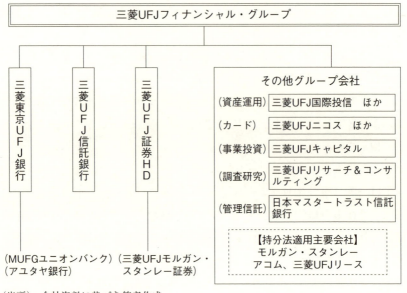

（出所）　会社資料に基づき筆者作成

が行われた。

　このように、海外における買収を伴う事業の拡大は、ユニオンバンクにおける成功を糧としながら、個人預金の獲得というバンキング業務の基本を掌握しながら進められている（図表1-6）。

　管理会計上の構造

　部門別の経営管理の方法に関しては、メガバンク間で大きな差異はみられない。当グループにおいても、グループ連結ベースでの部門別管理を行っている。しかし、10に及ぶユニットに分けているみずほフィナンシャルグループに対して、当グループは5つの事業本部による部門別管理がとられている。

　国内における個人取引に関しては、リテール事業本部が所管する。後述するMUFGユニオンバンクやアユタヤ銀行などはリテール取引も相応の規模で展開しているが、海外の拠点における個人取引は国際事業本部に含まれる。その意味で、当グループの部門別管理はグローバルな人格別セグメント

管理ではなく、地域軸をもとに行っていることが理解できる。

　国内に本拠を置く法人取引に関しては、規模の大小を問わず法人事業本部が一手に担っている。みずほフィナンシャルグループが法人取引を３つの部門に細分化しているのと比べて至ってシンプルである。

　海外事業は国際事業本部が所管しており、海外におけるグループ銀行に関してもこの事業本部がカバーをしている。以前はユニオンバンクを独立した事業部門としていたが、法的エンティティによらずより網羅的に海外事業をみる態勢に整備された。2014年に買収したアユタヤ銀行に関しては、経過措置的に国際事業本部から独立した部門別計数を開示しているが、今後は国際事業本部に一体化するものとみられる。

　受託財産事業本部は、資産運用の受託や管理などのグループ事業のほか、信託部門が担う証券代行業務なども所管している。グループ会社の統合などをふまえ、運用力と効率性向上、そこから連なる受託競争力の強化を目指している。

　最後に市場事業本部である。当部門は他の金融グループと同様に、金利や

図表１－７　三菱ＵＦＪフィナンシャル・グループの
　　　　　部門別管理（2015年12月末現在）

連結事業本部

リテール事業本部

法人事業本部

国際事業本部

受託財産事業本部

市場事業本部

（出所）　会社資料に基づき筆者
　　　　作成

第１章　銀行を中心とする金融グループの現在、過去、未来　39

為替をはじめとする市場価格の変化からの収益機会の拡大に取り組んでいる。特に、当グループは「セールス＆トレーディング」の拡充を目標に置いている。セールス＆トレーディングとは、主として金利、有価証券、為替、デリバティブなどを対象として売買を行い、大口個人や法人、機関投資家などを顧客として抱えながら、収益を稼ぐ取引を総称している。たとえば、取引量が多くないローカル通貨などのマーケットメイク（売値や買値の提示を行い市場における流動性を高める取引）を積極的に行うことで、他のプレーヤーに対する競争力を獲得することもある（図表1－7）。

財務的な貢献

図表1－8において、上述した部門別の連結営業純益の比較を行っている。営業純益は、他のグループにおける連結業務純益におおむね合致した指標で経費などを勘案したうえでの儲けを示している。

5つの事業本部別の計数のほかに、アユタヤ銀行とその他がある。すでに述べたとおり、アユタヤ銀行は事業本部とは別立てで開示されているが、今後は事業部門と計数開示を一致させるため、国際事業本部に業績が反映されるものとみられる。「その他」に関しては、各部門間のトランスファープライシングの調整部分や、経営管理に係るコスト（資本調達などの規制対応に係

図表1－8　三菱UFJフィナンシャル・グループの部門別営業純益（2015年3月期）

	営業純益（十億円）	構成比（％）
リテール	347.1	18
法人	517.1	27
国際	471.9	24
受託財産	70.1	4
市場	418.1	22
アユタヤ銀行	116.6	4
その他	－265.5	
グループ計	1,675.4	100

（出所）　会社資料に基づき筆者作成

るコストなど）が含まれる。

　5つの部門の比較において最大の貢献は法人事業本部の27％であるが、ア
ユタヤ銀行を国際事業本部に含めると30％となり、国際事業本部が稼ぎ頭と
なる。今後も国際分野は利益成長の伸びしろと考えられているため、貢献度
はさらに増す可能性は高い。

　なお、全体を俯瞰すると、受託財産を除く4つの部門間の差は大きくな
く、おおむね2割から3割前後の利益貢献となっているのがわかる。

統合的リスク管理の状況

　みずほフィナンシャルグループのリスク管理の項目でも述べたとおり、メ
ガバンクはG-SIBsとして国内ばかりでなく国際的な厳しい監視を受けてい
る。損失吸収力の追加的な要求をはじめとする経営上の負担も増えている。
なかでも三菱UFJフィナンシャル・グループは、G-SIBsのなかでも他の2
メガバンクグループより高いランクのG-SIBs上のカテゴリーに含まれてい
るため、自己資本等の所要水準がほかよりも高い。

　こうした金融システム上の重要性の差については、大きくないレベルで存
在するものの、リスク管理の仕組みや手法に関しては金融グループ間の差異
は小さい。三菱UFJフィナンシャル・グループにおいても、グループ全体
としての総合的リスク管理、リスク種別に応じた管理、グループ会社個々に
おけるリスク管理などに際立った特徴はない。

　グループ全体のリスク管理の組織立ても、名称の違いこそあれ大きな違
いはない。リスク全体を統括するリスク統括部（三菱UFJ信託銀行の場合、
名称は「経営管理部」）を中心にリスク管理の運営を行うのは、グループ全体
を統括する持株会社であっても銀行や信託などの傘下組織においても同様で
ある。またリスク統括部署のほか、リスクの種別により、信用リスクは融資
企画部、オペレーショナルリスクに関しては、コンプライアンス統括部、事
務・システム企画部、法務部、人事部、総務部、コーポレート・コミュニ
ケーション部などが類型に応じて所管している。1点特徴的な部分を補足す
ると、いわゆる株式の持合いにより保有している「政策保有株式」に関して
は、株価変動リスクという市場リスクはあるものの、所管する部署は融資企

第1章　銀行を中心とする金融グループの現在、過去、未来　41

画部となっている。これは政策保有株式が貸出取引など法人取引の延長線上から派生したものであることが背景とみられる。ただし、市場リスクを所管するリスク統括部においても、もちろん株価変動リスクは網羅されている。

このように、持株会社のリスク管理のための組織対応とほぼ連動したかたちで、銀行をはじめとするグループ会社内におけるリスク管理組織ができており、各グループ会社からの定期的あるいは臨時的な報告が持株会社にあがってくる。

こうした報告などに基づき、持株会社のCROはリスク管理委員会を委員長として指揮するほか、必要に応じて、経営会議等へのレポーティングを行う。また、リスク管理委員会のほかにも、リスクの内容に応じて投融資委員会、グループ与信管理委員会が経営会議の傘下組織として対応することとなっている。

図表1-9は、当グループのリスク管理の組織的な態勢を俯瞰した組織図である。持株会社は、銀行・信託・証券の主要3社を含む主要グループ会社からリスク管理の状況等について報告を受け、グループ会社に対して基本方針の策定、指導、助言を行う。

持株会社の取締役会の傘下には、任意の委員会組織としてリスク委員会が設置されている。リスク委員会は、独立社外取締役、社外専門委員を構成員とし、グループ全体のリスク管理全般に関する諸事項を審議し、取締役会に提言・報告を行うこととされている。リスク委員会は2013年に設置されたが、2015年6月より指名委員会等設置会社に移行してからも、その位置づけに変更はない。

リスク管理の基本的な仕組みについては、「割当資本制度」「ストレステスト」「トップリスク管理」を採用している。

割当資本とは、業務、戦略、収益等の諸計画をふまえて、業務上発生しうるさまざまな種類のリスクによる潜在的損失額を計測したうえで資本に換算、事業本部別、子会社別、リスク種類別などで設定される資本の額をいう。いわば、リスクの予算である。

ストレステストは、経営環境を分析し期間3年程度の予防的なシナリオを

42

図表1-9 三菱UFJフィナンシャル・グループのグループ・リスク管理態勢

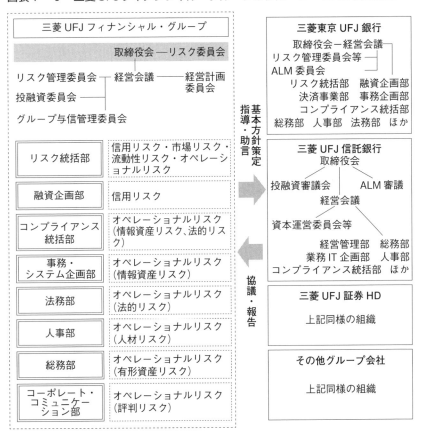

(出所) 会社資料に基づき筆者作成

策定したうえで、想定されるストレスのもとでの規制資本および(内部モデルに基づく)経済資本ベースでの自己資本の十分性を検証するものである。資本に対するストレスに加え、資金繰りに関しても同様に流動性ストレステストを実施している。

当グループの特徴的な点としては、トップリスク管理が機動的に行われている点である。金利情勢、株価情勢、商品価格情勢などさまざまなリスクシナリオを設定し、そうした状況が顕在化したときに発生しうる損失の内容を

第1章 銀行を中心とする金融グループの現在、過去、未来 43

リスク事象とする。各リスク事象の影響度と可能性に基づき、その重要度を判定する仕組みである。これをふまえ、今後約1年間で最も注意すべきリスク事象をトップリスクとし、トップリスクを包括的にカバーした「リスクマップ」を作成することで、予防型リスク管理を行っている。グループ全体ならびに主要子会社は、このトップリスクをふまえ、必要な対策を講じてリスクをコントロールすることが求められる。当グループの開示情報によれば、2015年3月のリスク管理委員会で議論され取締役会に報告された主要トップリスクの例として、「長期金利上昇による損失拡大のリスク」があげられている。メディア等で「三菱UFJが金利上昇を懸念」などという活字が躍る場合があるが、おそらくトップリスク管理をふまえた報道と考えられる。

　最後に、リスクアペタイト・フレームワークである。すでにこの考え方についてはみずほフィナンシャルグループの節で説明（31頁参照）してあるので、ここでは当グループのリスク管理関係の開示情報に基づき、重要なエッセンスのみを述べる。当グループはこのフレームワークに基づき、グループ事業戦略をふまえROEなどをはじめとする財務計画を達成するための「リスクアペタイト」（進んで引き受けようとするリスクの種類と量）を明確化し、経営管理やリスク管理を行うものとしている。

　筆者が経営陣から受けた印象では、このフレームワークは、当局によるお仕着せ的なものではなく、積極的にこの仕組みを活用し、経営計画の透明性向上、収益機会の追求、リスクの適切なコントロールを同時実現した経営に役立てているというものであった。当グループの具体的なプロセスとしては、(i)経営計画策定上の前提条件の確認（マクロシナリオ予想など）、(ii)経営計画案の策定（経営ビジョン実現に向けた、事業戦略・財務計画・リスクアペタイトからなる経営計画案）、(iii)リスクアペタイトの検証（ストレステストに基づく評価）、(iv)経営計画の決議、(v)実績モニタリング、(vi)リスクアペタイトの見直し、などとなっている。

グループとしての特色

　わが国金融機関のなかでも、グローバル展開の実績が大きい点からも地域

的な網羅性が高く、機能軸としても銀行・信託・証券の主要3事業はもとより、資産運用、クレジットカード、消費者金融専業、リースなど各分野で強みをもつ競争力の高い金融機関である。

メガバンクはあまねく連結部門制を敷いているが、連結事業本部制を最も早く導入したのは三菱UFJフィナンシャル・グループである。個人、法人、国際、市場、受託財産という簡潔な部門制である点も1つの特徴といえる。

しかし、以上のようなポイントのいくつかについて今後のグループ運営の展開も含めてより深く議論したい。

第一に、グローバルな証券業務についてである。モルガン・スタンレーの2割強の議決権保有により、世界有数の名門投資銀行を持分法として連結対象としているが、この関係こそが当グループのグループ戦略上の特徴でもある。この関係により、海外における証券業務についてはモルガン・スタンレーへの依存を深めているといえる。にもかかわらず持分の2割以外の収益が連結上流出することを甘受しているのである。この点に関して、モルガン・スタンレーへの持分を抜本的に引き上げるあるいは逆に持分を処分する可能性があるかという問いに関しては、低いと考えるのが妥当であろう。1つには、モルガン・スタンレーの有するグローバルな投資銀行業務はきわめて競争力が高く、この協働を通じるメリットは大きいため、提携解消は事業戦略にマイナスである。一方で、同社への持分を大幅に引き上げた場合においては、会計上の連結子会社とならない範囲においても、アメリカ国内法であるSOX法（The Sarbanes-Oxley Act 2002）上の経営維持上の責任を負うリスクが出てくる。このため、外見的には中途半端にみえるモルガン・スタンレーとの関係は現在がより現実的に望ましいと考えられる。

第二に、グローバルを意識した経営体制である。持株会社の経営会議には、2つのアドバイザリーボードを設けている。アドバイザリーボードとグローバル・アドバイザリーボードである。前者に関しては、組織外の知見をガバナンスや経営戦略に生かすねらいとして、委員会設置会社となる以前の組織立てとしての色彩が濃かったように思われる。一方で、後者に関して

第1章　銀行を中心とする金融グループの現在、過去、未来　45

は、海外の政府当局の要職を務めた人材を取り込んでおり、グローバルな戦略展開を行うにあたっての規制リスクや政治的なリスクをコントロールするための道具立てと評価することもできるのではないか。なお、グローバル・アドバイザリーボードのメンバーは以下のとおりである。

【三菱UFJフィナンシャル・グループのグローバル・アドバイザリーボード（2015年7月現在）】

John C. Dugan：コヴィングトン＆バーリング法律事務所パートナー、元米国財務省通貨監督庁長官

Lord James Sassoon：ジャーディン・マセソン・ホールディングス取締役、元英国財務省商務大臣

Dr. Victor K Fung：香港馮氏集団（ファン・グループ）会長、前国際商業会議所名誉会長

Simon S. C. Tay：シンガポール国際問題研究所所長、元シンガポール国会議員

John V. Roos：前駐日米国大使

Dr. Gertrude Tumpel-Gugerell：オーストリア連邦鉄道HD監査役、元欧州中央銀行役員会専任理事

③　三井住友フィナンシャルグループ

グループ形成の経緯

　他のメガバンクが早期から持株会社をグループ形態として選択する一方で、持株会社設立を伴わない銀行合併を行ったのが三井住友銀行である。1999年3月の公的資金一斉注入以来メガバンクを形成する大再編ブームとなったが、同社もこうした大再編の一角を占めた。2001年、さくら銀行と住友銀行が合併し三井住友銀行となった。先に経営統合を果たしたみずほフィナンシャルグループが持株会社のもとでの3行体制を続けるなか、統合効果の早期実現を目指した合併は市場からも賞賛の声があがった。特にシステム統合に関しては、早い段階から統一化するITシステムベンダー（日本電気）を決定し、統合効果を早期に実現すべく迅速にシステム完全統合を果たした。

その後、会計上ならびに組織再編上のメリットなどから2002年には持株会社を発足させ、他のメガバンクグループ同様に、持株会社を中心とする金融グループの体制へと移行した。このグループの歴史を語るうえで外せないのが、わかしお銀行との「逆さ合併」である。2003年3月、三井住友銀行は救済の末子会社としていたわかしお銀行と合併した。しかし、合併の存続会社はわかしお銀行としたのである。こうした異例の再編を実施したのは、当時の合併会計を最大限活用しようと考えたものである。その当時、企業結合会計の主流は持分法である。消滅会社の合併時に、資本金ならびに資本準備金を用いて資産の評価損を吸収したうえで新会社へ承継することができる。このため、株式市況の悪化で保有株式の含み損を抱えていた銀行は、減損リスク等を抱えながらの決算運営を迫られていた。この逆さ合併により、三井住友銀行の株式等の有価証券の取得原価は大幅に引き下げられ、株式等の評価損は大幅に解消した。現在においても、三井住友フィナンシャルグループが連結ベースで抱える株式の取得原価は低いが、このわかしお銀行との合併が功を奏したことは明らかである。

　当グループでもう1つ波乱万丈な歴史を構成しているのが、大和証券との離別と日興証券との出会いである。四大証券の一角であった山一證券が1997年に倒産して以降、証券業界は経営基盤強化に急がざるをえなかった。大和証券も例外ではなく、当時の住友銀行との連携を選択し、ホールセール向けのビジネスを住友銀行の子会社である住友キャピタル証券と統合し、大和証券エスビーキャピタル・マーケッツを合弁事業として立ち上げた。同社は三井住友銀行の誕生によりさくら証券の合流を得て大和証券SMBCとなった。しかし、2009年における証券事業再編の経営方針の対立から、この合弁事業が解消され長年にわたる両社の友好関係にピリオドが打たれることとなった。一方で、三井住友フィナンシャルグループは、シティグループから日興コーディアル証券の全株と日興シティグループ証券の一部事業譲渡を受けて、現在のSMBC日興証券をグループ化するのに成功した。

　ノンバンク事業への参入も活発に行われた。2004年には三井住友フィナンシャルグループとの業務提携を機にプロミスは当グループの持分法適用会

第1章　銀行を中心とする金融グループの現在、過去、未来　47

社となった。これが消費者金融専業ビジネスへの手がかりとなった。その後、2011年末におけるTOBにより、プロミスは当グループの連結子会社となった。その後はSMBCコンシューマーファイナンスと社名変更し、銀行グループとしての位置づけが明確化した。クレジットカードビジネスに関しても、積極性が現れた。2007年には再建中のダイエーからダイエーOMCを買収し、その後セントラルファイナンスやクォークとの統合を経て、社名変更しセディナとして完全子会社とした。三井住友カードに関してはモバイルクレジットカードの流通をきっかけにNTTドコモとの資本提携を行い、同社は中間持株会社である三井住友カード＆クレジットの傘下で一部NTTドコモに持分を握られながら、三井住友フィナンシャルグループの中核カード会社となった。

グループの概要

かつては、他のメガバンクに比べ機能軸が弱いと評価されてきた側面もあったが、買収戦略によりグループの機能面においても引けをとらないグループとなった。まず、各グループがグループ戦略の柱とする主要3事業からみてみよう。

商業銀行である三井住友銀行は、グループ戦略の支柱であり持株会社とともにグループ全体の戦略を策定、遂行する立場にある。57頁のグループの特色でも取り上げるが、証券機能を持株会社ではなく商業銀行に従属させている点も他のグループにはない特徴である。

証券機能に関しては、他のメガバンクグループが強い競争力をもつ証券会社をグループ内に完全子会社として擁していたのに対し、当グループは2009年まで大和証券との合弁事業と中堅リテール証券であるSMBCフレンド証券を有するに限られていた。しかし、シティグループからの買収により、現在のSMBC日興証券を完全子会社としてグループ化することに成功した。買収当初は、海外における証券ビジネスに十分な機能を備えていない課題もあり、シティグループとの提携により凌いできた部分もあった。しかし、海外拠点の強化が着実に進み、グローバルビジネスを含め証券部門の機能に厚みが備わってきた。2013年には、三井住友フィナンシャルグループおよび三

井住友銀行が他のメガバンクに続き、アメリカで金融持株会社（FHC）の
ライセンスを取得した。これによりアメリカ国内における証券業務について
もビジネスの拡大が可能となった。なお、SMBCフレンド証券は顧客層が
異なるといった理由から、SMBC日興証券との統合は当面ないもようであ
る。

　一方で、引き続き他のメガバンクに比べ明らかに機能に弱みをもつのが信
託部門である。2013年に、フランスのソシエテジェネラルが日本法人として
経営していたソシエテジェネラル信託銀行を買収し、SMBC信託銀行とし
て三井住友銀行の完全子会社とした。この買収以前からも証券化ビジネスな
どの基礎的信託業務は行っていたが、この買収により不動産仲介機能（取扱
拠点は限定されるが）を備えることができた。ただし、同信託銀行はプライ
ベートバンキング的な色彩が強いため、他の大手信託銀行が競争力を有する
資産運用やその管理、多くの営業店で取扱いが可能な不動産仲介業務、その
他証券代行をはじめとする業務については、機能の充実度で劣位にあること
は確かであろう。しかし、信託という機能はきわめて有用性が高いため、当
グループの顧客基盤を背景として信託機能をより高めていく可能性は期待で
きる。さらに、シティグループから買収したシティバンク銀行をSMBC信
託銀行に統合し、「プレスティア事業部門」として富裕層ビジネスのプラッ
トフォームにしている。

　ノンバンクビジネスへの取組みは、他のメガバンク以上に積極的であっ
た。消費者金融専業ビジネスに関しては、三菱UFJフィナンシャル・グ
ループによるアコムへの出資とほぼ相前後して三井住友銀行もプロミスへ
の出資を決めた。その後2011年にTOBにより当グループの完全子会社とな
り、2012年に株式交換により持株会社の直接完全子会社となった。現在は
SMBCコンシューマーファイナンスに社名変更しているが、プロミスブラ
ンドは生かしている。なお、地域金融機関がカードローンなどを行うにあ
たり、同社が信用保証を提供するビジネスがあるが、社名変更は有効に働い
ているようだ。ローン契約のなかで信用保証を行う社名が含まれるが、消
費者金融専業会社のイメージが銀行顧客にとって必ずしもよくないため、

第1章　銀行を中心とする金融グループの現在、過去、未来　49

「SMBC」という銀行名を冠した保証会社のほうが取引しやすいという効果も期待できるためである。

　クレジットカードについては、従前から三井住友カードが有力グループ会社として存在していたが、2007年にオーエムシーカードとセントラルファイナンスにそれぞれ出資し、その後2009年における両社の合併によりセディナが誕生、2010年には当グループの連結子会社となり、翌2011年には株式交換により完全子会社となった。現在は中間持株会社であるSMFGカード＆クレジットが、三井住友カードとセディナを子会社としてぶら下げるかたちとなっている。今後の不安材料としては、イオングループが旧ダイエー店舗にもイオン色を強めていくなかで、オーエムシーカードの顧客基盤の一角が守られるかがある。しかし、当グループは、消費者金融専業の大手と、銀行系ならびに流通系有力クレジットカードビジネスを抱えている意味で、ノンバンクビジネスにおける競争力はメガバンクでも強いと評価できる。

図表１－10　三井住友フィナンシャルグループの全体像（2015年12月末現在）

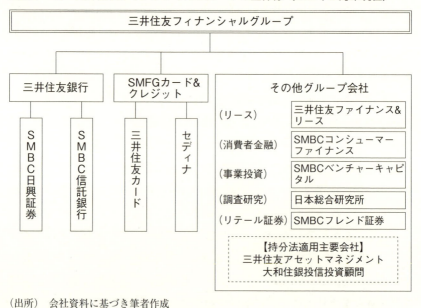

（出所）　会社資料に基づき筆者作成

50

リース事業の業容拡大にも積極的である。2007年に住商リースと三井住友銀リースの合併により誕生した三井住友ファイナンス＆リースは、2012年にロイヤルバンク・オブ・スコットランドグループから航空機リース事業を、三井住友銀行および住友商事と共同で買収、SMBC Aviation Capitalとして子会社化した。アメリカ国内における鉄道車両リース事業などのM&A案件にも名前があがるなど、リース事業のグローバル展開は今後も続く見通しである。2015年末には、アメリカのゼネラル・エレクトリック社の日本におけるリース事業の買収を決め、事業の拡充は続いている。

以上、主要3事業および個人・法人向けノンバンク事業を加えた4つが三井住友フィナンシャルグループの基幹事業といえよう。このほか、事業投資はSMBCベンチャーキャピタル、シンクタンクとしては日本総合研究所、資産運用会社としては合弁事業（持分法適用会社）として三井住友アセットマネジメント、大和住銀投信投資顧問を有する（図表1－10）。

管理会計上の構造

事業部門別の運営としては、基本的には法的エンティティをベースとしたグループ管理の構造となっている。銀行およびその他のグループ会社といったかたちでの事業管理を主体として運営を行う一方で、管理会計ベースでのディスクロージャーのなかでは、単体ベースから連結への計数の組換えが行われている。このため、連結ベースにおける開示計数においては顧客別部門とグループ会社との重複もあるなど注意が必要である。この点は次項の具体的計数の部分で詳しく説明する。

銀行およびその他のグループ会社というエンティティベースでの経営管理は、みずほフィナンシャルグループや三菱UFJフィナンシャル・グループが連結ベースでの顧客・地域・機能別セグメントをベースとした管理手法を用いているのとは趣が異なる。

収益の大宗を稼ぎ出す銀行事業は、他のグループでいうところの対顧部門に該当するマーケティング部門と市場営業部門に大別される。さらにマーケティング部門は、ホールセール部門、リテール部門、国際部門に分かれる。

以前は、個人を対象とした個人部門、中小企業を対象とした法人部門、そ

第1章　銀行を中心とする金融グループの現在、過去、未来　51

図表 1 −11　三井住友フィナンシャルグループの部門別管理
　　　　　　（2015年12月末現在）

[大分類]　　　　　　　　　　　　　　　[小分類]

マーケティング部門	ホールセール部門
	リテール部門
	国際部門

市場営業部門

主要グループ会社事業	SMBC日興証券
	三井住友ファイナンス＆リース
	コンシューマーファイナンス・カード

その他グループ会社

（出所）　会社資料に基づき筆者作成

して大企業を対象とした企業金融部門の3つの国内部門が存在していたが、
2014年4月における大規模な機構改正からセグメントの組換えとこれによる
シンプル化が行われた（図表1 −11）。

　ホールセール部門は大企業ならびに中堅中小企業など法人取引の大宗がカ
バーされる。しかし、一部の法人取引はリテール部門に組み込まれている。
したがって、リテール部門は、個人取引はもちろんのこと、一部中小企業等
の法人取引が含まれている。

　一見わかりにくいかもしれないが、これは中小企業を中心とするオーナー
企業の企業取引と経営陣兼企業オーナーとの個人取引を一体化するための営
業体制の再構築によるものである。以前は、中小企業取引も支店内の法人営
業部が担当していたため、社長個人の取引が置き去りにされるケースもあっ
たが、社長との個人取引と法人取引を一体化させることで、こうした取りこ
ぼしを防ぐねらいがある。いまや、メガバンクに限らず地方銀行に至るまで
社長個人と企業取引を一体化させる法個ビジネスあるいは法リモデルが一般

52

的となっているが、2014年に三井住友銀行（ならびにグループ全体）が行った組織の大改革は特に目立ったものである。

国際部門に関しては、機構改正から大きな変化はないものの、トランザクショナル・バンキングなど貿易や決済系ビジネスの強化が機構改正のなかでも反映されている。

そのほかのグループビジネスに係る管理上の運営に関しては、次項の計数面であわせて解説する。

財務的な貢献

部門別計数の開示は、三井住友銀行単体の部門別と三井住友フィナンシャルグループ連結の部門別という2本建てで行われている。図表1－12はグループ連結ベースでの計数をまとめたものである。なお、会社側は「その他グループ会社等」という内訳項目は示していないが、計数の比較が容易となるように合計の計数から開示されている主体別計数を差し引いた数字をこの項目に計上した。

図表1－12　三井住友フィナンシャルグループの部門別業務純益（2015年3月期）

	業務純益（十億円）	構成比（％）
ホールセール部門	428.4	33
リテール部門	105.0	8
国際部門	366.9	28
市場営業部門	344.1	26
SMBC日興証券	100.5	8
三井住友ファイナンス＆リース	80.5	6
コンシューマーファイナンス・カード	212.3	16
その他グループ会社等	－327.2	－25
グループ計	1,310.5	100

（注）　ホールセール部門にSMBC日興証券、リテール部門にノンバンク等の利益貢献が含まれているためダブルカウントとなっている。「その他グループ会社等」にはこの調整が含まれているため大きなマイナスとなっている。
（出所）　会社資料に基づき筆者作成

第1章　銀行を中心とする金融グループの現在、過去、未来　53

法的エンティティを中心とした経営管理に関しては、前項で触れた。この
ため、連結ベースでの部門別開示は、三井住友銀行（および海外現地法人な
ど）の計数が下地となる。これに、関連する主要グループ会社の計数がホー
ルセール部門、リテール部門、国際部門、市場営業部門に振り分けられて連
結計数が算定されるかたちとなっている。

　したがって、たとえばSMBC日興証券の投資銀行業務などはホールセー
ル部門に組み込まれるため、表中の「ホールセール部門」と「SMBC日興
証券」の間にダブルカウントされる部分が生じている。リテール部門とコン
シューマーファイナンスなどのグループ会社との間でも同様の重複がある。
このため、会社が開示している「ホールセール部門」「リテール部門」「国
際部門」「市場営業部門」「SMBC日興証券」「三井住友ファイナンス＆リー
ス」「コンシューマーファイナンス・カード」を足し上げると連結業務純益
の合計額を超過することとなる。このため、図表1-12は新たに「その他グ
ループ会社等」という項目を逆算により設けた。

　計数全体を俯瞰すると、主要4部門においてはリテール部門の割合が小さ
いほかは、ホールセール部門、国際部門、市場営業部門がおおむね拮抗して
いるのがわかる。また、グループ会社に関しては、コンシューマーファイナ
ンス・カードが目立っているが、これは貸倒れを反映する前である点に起因
しているものと思われる。

統合的リスク管理の状況

　三井住友フィナンシャルグループのリスク管理体制は、みずほフィナン
シャルグループや三菱UFJフィナンシャル・グループとおおむね同様の
ルールやプロセスに基づくものとなっている。したがって、グループ全体の
リスク管理の組織も、名称の違い以外大きな差はない。

　グループのリスク管理は、統合リスク管理規程に基づき戦略目標および業
態に応じ管理すべきリスクの大きさ・所在・種類を特定したうえで、リスク
特性に適合した管理が実施されている。その基本原則について触れると以下
のとおりとなっている。第一に「連結ベース管理」ではグループ全体に所
在する各種リスクを、法令等に抵触しない範囲で、業務内容と重要性に応じ

て連結ベースで管理することとしている。第二に「計量化に基づく管理」では、管理すべきリスクについて計量化範囲を特定し、各リスクの特性に応じた定量的管理を行うとしている。第三に「業務戦略との整合性確保」では、リスク管理と業務戦略が整合性あるものとすべきとしている。第四に「牽制体制」では、リスク管理体制を業務に対してけん制が働くように整備するとされている。第五に「緊急時や重大な事態に備えた対応」では、リスク顕在化による経営・財務へ重大な影響を及ぼす事態・シナリオ等を想定し必要な対応を行うこととしている。最後に「態勢の監査」では、監査部門がリスク管理態勢の検証を行うとしている。

　組織としては、リスク統括部が企画部とともにグループ全体のすべての種類のリスクについて網羅的、体系的な管理を行っている。リスク統括部のほか、リスクの種別により、オペレーショナルリスクに関しては総務部とIT企画部がそれぞれリスクの種類（前者は事務リスク、後者はシステムリスク）に応じて所管する。こうした態勢は銀行においてもおおむねミラー的な組織立てとなっているが、銀行においては総合的なリスク管理をリスク統括部と経営企画部が担い、個別リスクに関しては投融資企画部（信用リスク）、リスク統括部（市場リスク、流動性リスク、オペレーショナルリスク）、事務統括部（事務リスク）、システム統括部（システムリスク）その他所管部があたる。なお、投融資企画部とリスク統括部はともに各業務部門から独立したリスク管理部門を形成している。

　グループとしてのリスク管理の流れとしては、グループ経営会議が「グループ全体のリスク管理の基本方針」を決裁のうえ、取締役会の承認を得る。グループ経営会議、担当役員、リスク管理担当部署等は、その基本方針に基づいてリスク管理を行う。傘下のグループ各社においても、この基本方針をふまえリスク管理を行う。持株会社は、グループ会社に対して基本方針を示すとともに、指導・助言ならびにモニタリングを行う。また、グループ各社からは適時適切に報告を求める。

　銀行においては、特に信用リスク・市場リスク・流動性リスクに関して、経営会議において、経営会議役員と関連部長から構成される「信用リスク会

図表1−13 三井住友フィナンシャルグループのグループ・リスク管理態勢

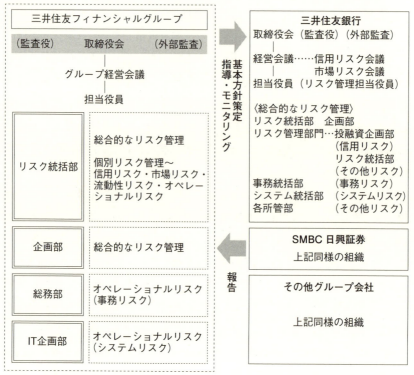

(出所) 会社資料に基づき筆者作成

議」「市場リスク会議」を開催し、リスク管理に関する業務執行上の意思決定体制の強化を図っている（図表1−13）。

　リスク管理の基本的な仕組みについても他のグループと同様で、リスク資本に基づく定量的管理を行うと同時にストレステストによる検証が行われる。リスク資本については、一般的な計測方法である最大損失額（VaR = Value at Risk）をベースに算定する。信用や市場リスクは、期中におけるリスク資本の最大値を、業務計画をベースとしながらも一定のストレス状況等を勘案してリスク資本極度として定め、オペレーショナルリスクもリスク資本の割当てを行い、グループ全体のリスク資本が自己資本の範囲内となるよう上限管理を行っている。流動性リスクについては、資金ギャップ（調達と

運用の期間等のミスマッチ）に対する上限値の設定等の枠組みで管理している。

　ストレステストについては、市場混乱等のストレスイベント顕在化の経営・財務への影響等をあらかじめ分析・把握するため、中期経営計画や年度ごとの業務計画の策定等に際して、世界的景気減速、金利急騰等のシナリオを設定しストレステストを実施、グループベースでの財務影響を分析している。そのうえで、ストレスイベント顕在化時の対応例をあらかじめ準備している。

　最後に、リスクアペタイト・フレームワークである。「株主価値の永続的な増大」を目指すために、収益拡大のためにとるリスクの種類や量（リスクアペタイト）を見極め、その範囲内でリスクをとりつつ、リスクに見合ったリターンを確保していくことを目的に、リスクアペタイト・フレームワークが構築されている。さらに基本的考え方や具体例を記載したリスクアペタイト・ステートメントを制定し、社内で共有されている。

　リスクアペタイトについては、リスクアペタイト指標により定量化されている。リスクアペタイト指標には、経営目標、財務目標ならびに業務計画と整合的になるよう、リスクテイク施策やポートフォリオ計画をふまえ、期初にグループ経営会議および取締役会で決定される。そのモニタリングは常に行われ、目標とする水準から乖離、あるいはリミットに抵触した場合、必要に応じて業務計画の見直し等を検討する枠組みとなっている。

グループとしての特色

　構造的な特徴としては、みずほフィナンシャルグループが持株会社を中心とする構造特性を有しているのに対し、三井住友フィナンシャルグループは銀行を中心としてグループ戦略も含めた戦略策定を行っている点にある。また、部門管理の項目においても述べたとおり、連結の部門管理を併用しながらも基本は法的エンティティ別での事業部門の管理を行っている点もある。ただし、これは各グループ会社がばらばらに業務を行っているということを意味していない。あくまでグループ経営会議における事業戦略の調整をふまえながら協働を行っている。

　また、持株会社における組織が非常にシンプルにできている点も特徴であ

る。たとえば、他のメガバンクグループのリスク管理の組織図を参照すると、個別リスクに対応した部署が当グループに比べ格段に多いことからも類推できるだろう。

　もう1つの特徴は、証券会社や信託銀行の組織内における構成である。他のグループにおいては、証券会社や信託銀行は持株会社に直接あるいは中間持株会社（三菱UFJ証券ホールディングス）を介して保有されるかたちとなっている。一方、三井住友フィナンシャルグループは、SMBC日興証券とSMBC信託銀行を持株会社に直接ぶら下げるのではなく、三井住友銀行の子会社となっている。SMBC信託銀行は規模的に小さいこと、商業銀行ビジネスとの親和性などが理由として考えられる。SMBC日興証券については、技術的な側面としてシティグループからの買収手法が背景として考えられる。この買収はキャッシュにより行われたため、持株会社ではなく銀行が資金を供出することが最も効率的と考えられたものとみられる。また、銀行との協働をより緊密に行えるとの判断もあったのではないか。しかし、将来的にはこうした保有構造も見直される可能性があるのではないかと考えられる。

　もう1つのグループ戦略的な特徴は、過去における買収の歴史から確認できる。ノンバンクの買収戦略のなかで、SMBCコンシューマーファイナンスとセディナは株式交換などにより完全子会社化を果たした。結果的にはこれにより両社の株式は上場廃止となり、親子上場というガバナンス上問題視されることもなくなった。同時に、少数株主への利益流出もなくなるため、グループ全体としての価値極大化のための戦略を立てやすくなったといえよう。こうした完全子会社化による経営のシンプルかつ効率性向上は当グループの特色といえるのではないか。

⑵ メガバンクのガバナンス構造の違い

① ガバナンスに係る組織の違い

メガバンクのガバナンス構造の違いは興味深い。みずほフィナンシャルグループは2014年、メガバンクで初めて委員会設置会社（2015年会社法改正により指名委員会等設置会社に）となった。続く2015年、今度は三菱UFJフィナンシャル・グループが指名委員会等設置会社となった。一方で、三井住友フィナンシャルグループは従来どおり、監査役会設置会社としてのガバナンス体制となっており、会社法によらず任意の委員会として社外取締役を過半数として構成される指名委員会と報酬委員会を設けている（2015年末現在）。

みずほフィナンシャルグループは、システム障害や反社会的勢力に係る問題事案などガバナンス体制の脆弱さが指摘されるなかで、こうした逆境をバネとして堅強なガバナンス体制構築に努めた。指名委員会および報酬委員会に社内取締役を置かず、監査委員会に実務にたけた非執行の社内取締役を設ける周到さは、ガバナンスに対する真摯な向き合い方の1つの表れといえる。

三菱UFJフィナンシャル・グループは、従来、各種委員会を任意で設置するほか、外部の知見とモニタリングを導入する観点から、アドバイザリーボードと海外の外部専門家によるグローバル・アドバイザリーボードを設置していた。しかし、政策的なガバナンス強化の方向性に共鳴し、2015年からは指名委員会等設置会社にガバナンス体制を転換した。従来の2つのアドバイザリーボードは引き続き経営会議の外部からの知見のインプットチャネルとして機能させていく方針である。

三井住友フィナンシャルグループは、これまでのところ指名委員会等設置会社への転換はないが、2015年からも社外取締役の増枠などを含めガバナンスへの意識は高い。ただし、今後コーポレートガバナンス体制としての比較衡量を行い、ガバナンス体制を見直す可能性は否定できないだろう。

図表1−14 コーポレートガバナンス体制の比較（2015年7月現在）

	みずほフィナンシャルグループ	三菱UFJフィナンシャル・グループ	三井住友フィナンシャルグループ
持株会社の形態	指名委員会等設置会社	指名委員会等設置会社	監査役会設置会社
代表者（持株会社と銀行）の兼務	なし	兼務	なし
取締役会構成	社外6名、社内7名（うち2名非執行）	社外6名、社内11名（うち3名非執行）	社外5名、社内8名 ※監査役：社外3名、社内3名
委員会の構成 ※三井住友は任意委員会	指名委員会（社外4名、社内0名） 報酬委員会（社外3名、社内0名） 監査委員会（社外3、社内非執行2名）	指名委員会（注）（社外5名、社内1名） 報酬委員会（社外5名、社内1名） 監査委員会（社外3、社内非執行2名）	指名委員会（社外5名、社内3名） 報酬委員会（社外5名、社内3名）
執行役員の持株会社と子会社の兼務 ※三井住友は取締役	持株会社専任は18名中3名 兼務者のうち銀行14名、証券2名 ※うち証券・銀行の重複兼務1名	持株会社専任は17名中1名 兼務者のうち銀行13名、信託2名、証券1名	持株会社専任は8名中1名 ※上記8名は社内取締役を指す

（注）　正式名称は指名ガバナンス委員会。
（出所）　各社会社資料に基づき筆者作成

②　持株会社と主要子会社の経営陣の兼務

　図表1−14は、メガバンク3グループのコーポレートガバナンス体制の違いを表にまとめたものである。そのなかで、持株会社と主要子会社との代表者の兼務や、経営陣の兼務の状況についても比較している。

　3社のなかで、持株会社の代表者（代表執行役社長）と銀行の代表者（頭取）を兼務しているのは、三菱UFJフィナンシャル・グループのみである。

みずほフィナンシャルグループにおいては、2013年までは兼務があったが、ガバナンス改革の一環として2014年より持株会社と子会社の代表者の兼務体制をやめた。

　経営管理を行う持株会社と、業務執行の管理を行われる対象となる銀行等の代表者が同一人物であることは、利益相反などの問題をきたしかねないとの批判もある。しかし、三菱UFJフィナンシャル・グループに関しては、最大の顧客基盤を有する三菱東京UFJ銀行へのグループ会社の機能のクロスセルを円滑に行うために、頭取と持株会社社長との兼務は有効と考えた結果であると思われる。

　しかし、一方でメガバンクはいずれも、銀行グループというよりは金融コングロマリットとしての色彩が濃厚となってきており、今後この傾向はさらに強まる可能性は高い。その意味で、持株会社と銀行との相互のガバナンスの問題を別としても、双方の代表者を1名で担うことは負担が重すぎるのではないか。2015年時点の兼務代表者である平野信行氏のようなスーパーマンは世の中には多くない。

　持株会社のマネジメントは、個別事業戦略や個別の営業事案へのエネルギーの投入よりもむしろ、グループ全体の経営戦略、経営資源の配分、買収戦略を含めた資本政策、グループへの管理監督により多くの時間と能力を割くべきであると思われる。

(3)　メガバンク以外の主な銀行グループ

①　りそなホールディングス

グループ形成の経緯・概要

　りそなホールディングスは、ミドル・リテールマーケットにおける商業銀行および信託業務に特化したわが国を代表するリテールバンクである。りそなホールディングスは紆余曲折の末に発足し、大規模な公的資金投入により「準国有化」と評された苦難の歴史がある。しかし、こうした困難を克服し

たからこそ、他の銀行グループにはない発想力や強固なガバナンス構造など
を手に入れることができたといえる。

あさひ銀行が東海銀行および三和銀行との経営統合から離脱を表明したの
が、2000年6月である。それ以降株価の急落などもあり、新たな再編の模索
を行った結果、大和銀行との経営統合を決めた。2001年12月に大和銀行が近
畿大阪銀行、奈良銀行などとともに大和銀ホールディングスを持株会社とす
るグループを発足させたが、あさひ銀行も2002年3月に株式交換により同社
に合流した。その後、持株会社のりそなホールディングスへの商号変更、大
和銀行とあさひ銀行の合併によりそな銀行の発足などを経て、りそな銀
行、埼玉りそな銀行、近畿大阪銀行を子会社とする現在のグループのかたち
へと改組された。

2003年5月には繰延税金資産の資産性をめぐる会計上の処理から自己資本
が大幅に毀損され、預金保険法第102条の1号措置に基づく約2兆円もの公
的資金注入が6月に実施された。その後、経営陣が刷新され、東日本旅客鉄
道副社長であった細谷英二氏を会長に迎えたほか、6名もの社外取締役を選
任した。これにより社外取締役は取締役会の過半を占めることとなった。同
時に邦銀初の委員会設置会社となり、外部の知見の取込み、第三者による
チェック機能の強化、意思決定スピードの向上などコーポレートガバナンス
改革の先駆けとなる大規模改編を行った。

細谷氏は、銀行業界に関する知見が乏しいにもかかわらず多くの変革を矢
継ぎ早に手がけた結果、当初は社内的な軋轢もあったという。しかし、「銀
行員の常識は世間の非常識」というメッセージに象徴されるように、銀行業
界の外からやって来たからこそ感じる事業再構築の必要に基づき、細谷氏の
リーダーシップのもと大改革をやり遂げた。これが、ピークで3兆円を超え
ていた公的資金を2015年6月に完済できた礎となった。

グループ構造のリストラも、コスト構造改革の一環として行われた。これ
により2003年3月末に46社あった関連会社は、2015年3月末現在で15社(持
分法適用を加えても16社)と大幅に整理統合された。この結果、グループ構
造は非常にシンプルとなった。メガバンクなどとは一線を画し、証券会社や

62

資産運用会社をもっていない。しかし、地域における密着度や独自性を意識し、銀行に関しては3行体制を続けている。

りそな銀行は埼玉を除く全国的なネットワークをもっている。また、信託機能を持ち合わせており、兄弟銀行へのサービス提供にも注力している。埼玉りそな銀行は埼玉県という肥沃な地盤に根を張りこの地域での優位性を生かしている。近畿大阪銀行は、関西においてりそな銀行と地域的なオーバーラップはあるものの、顧客層の重複が少なく、企業規模のきわめて小さい取引先にもきめ細やかなサービスができるなどのメリットがあるため別組織として独立させている。

銀行以外のグループ会社もリテールバンキングに根ざしたものである。住宅ローン等の保証は、りそな保証、大和ギャランティ、近畿大阪信用保証がそれぞれ担っている。クレジットカードは、あさひカード、大和銀カード、大阪カードサービスを前身とするりそなカードがあり、業務提携しているクレディセゾンとの関係から「りそなカード《セゾン》」を主力とする。また、ベンチャー投資はりそな事業投資、シンクタンクとしてはりそな総合研

図表1－15　りそなホールディングスのグループ全体像

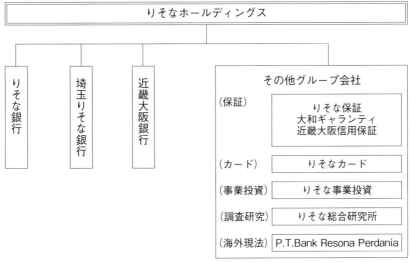

（出所）　会社資料に基づき筆者作成

究所を抱えている。

　異彩を放つのがインドネシアの銀行現法 P.T.Bank Resona Perdania（りそなプルダニア銀行）である。国内基準行である当グループにあっては違和感を覚える人もいるのではないか。しかし、そもそも国際基準行とは、海外において支店をもつことが要件である。現地法人は要件とはならない。同社は、大和銀行が香港の東亜銀行などと設立した合弁銀行である。中小企業のアセアン進出が当たり前となるなか、こうした機能は残すことが得策と判断されたものと考えられる。なお、静岡銀行もりそなプルダニア銀行に資本参加している（図表1 −15）。

管理会計上の構造と財務的貢献

　事業の部門別管理は、至ってシンプルである。個人を対象とするコンシューマー部門、法人を対象とするコーポレート部門、そして市場取引を所管する市場部門の3部門のみである。

　メガバンクのように信託機能をもちながら、機能別部門として独立させていないのは、信託業務が通常の商業銀行業務に溶け込んでいるからである。遺言信託などはコンシューマー部門が対象となるほか、近年力を注いでいる事業承継に係る管理信託などはコーポレート部門が対象となる。

　収益構成としては、コーポレート部門が半分近くは占め、コンシューマー部門、市場部門等と続く。リテールバンクでありながら、コンシューマー部門がやや小さい貢献にみえてしまうのは、すでにメガバンクの部分で触れたとおり、低金利により個人預金の経済的利益である預金スプレッド収益が確

図表1−16　りそなホールディングスの部門別業務純益（2015年3月期）

	業務純益（十億円）	構成比（％）
コンシューマー部門	86.7	31
コーポレート部門	126.4	45
市場部門その他	65.1	23
合計	278.2	100

（出所）　会社資料に基づき筆者作成

保できていないためである（図表1−16）。

ガバナンスおよびグループとしての特色

わが国銀行業界で最初に委員会設置会社（現在の指名委員会等設置会社）を導入し、積極的に社外取締役を招いた点は、公的資金注入に伴う改革の必要性があったとはいえ、現在に至ってもコーポレートガバナンスの強い会社としての高い評価を受けている背景となっている。

このような外部の目が、経営に対する監視ばかりではなく、多くの助言となり多くの改革をもたらした。事務プロセスや店舗レイアウトの改革は、製造業からもたらされる知見を真摯に銀行ビジネスに取り込んだ結果である。こうした新しい変革や挑戦は、現在でも多くの地方銀行などが参考としている取組みである。

グループとしての特色は、商業銀行と信託銀行が併営されている点である。メガバンクグループも信託銀行を中核ビジネスの1つとしてとらえてはいるが、りそな銀行の信託併営はメガバンクと差別化にもなっている。

メガバンクの場合、最大の顧客基盤は商業銀行が有している。このため、信託業務のサービスは他のグループ会社からのクロスセルにすぎない。各メガバンクは知恵を絞り、銀行と信託の協働に力を注いでいるが、やはり組織というのは壁がある。これに対し、りそな銀行は信託機能を抱えた主体としては、メガバンク以上に顧客との直接の接点があるといえる。このため、筆者がりそな銀行からしばしば感じられるのが「マーケット・イン」の構想力である。クロスセルを行う場合は、顧客メリットがありそうな商品やサービスを提供する「プロダクト・アウト」の態様が避けられない。しかし、多くの顧客に常に接しているりそな銀行の場合は、顧客ニーズを汲み取り、それを商品アイデアにつなげるマーケット・インが容易に可能となる。

最後に、複数の銀行を持株会社のもとで抱える組織構造についてである。人によっては、効率性を高めるために銀行の合併を進めたほうがよいのではないかという指摘もあるだろう。これに対する現状維持の合理性の根拠を2点取り上げよう。1つは、今後の地域再編への布石である。地方銀行との経営統合を考えるうえで、持株会社のプラットフォームを維持することは合理

的である。もう1つは、埼玉りそな銀行が抱える事情である。古くは埼玉銀行が、埼玉や都内多摩地区において強力な競争力を有していた。このため、埼玉銀行に対して地元の愛着は浅くない。埼玉りそな銀行を埼玉銀行と重ねてみている取引先も多いようである。これらの背景から、現状のグループ体制が大幅に再編される可能性は高くはないのではないか。

②　三井住友トラスト・ホールディングス

グループ形成の経緯・概要

三井住友トラスト・ホールディングスは、日本最大の三井住友信託銀行を中心とする金融グループである。2011年に中央三井信託銀行をメインとする中央三井トラスト・ホールディングスと住友信託銀行が経営統合して発足したグループであるが、それぞれの歴史は対照的である。

中央三井信託銀行は、2000年に三井信託銀行と中央信託銀行が合併して発足した。この経営統合もまた大再編ブームのなかでの出来事であった。その後2002年、他の金融グループ同様に、配当可能利益などの会計上のメリットや組織改編などを背景として中央三井トラスト・ホールディングスの前身となる三井トラスト・ホールディングス（2007年に中央三井トラスト・ホールディングスに改称）を発足させ、中央三井信託銀行と三井アセット信託銀行（その後中央三井アセット信託銀行に改称）を傘下に収めるかたちとなった。

こうした大再編から離れた立場にあったのが、住友信託銀行である。住友信託銀行は、UFJ信託銀行の買収について合意を取り付けたにもかかわらず、三菱東京フィナンシャル・グループとUFJホールディングスの経営統合により、結果的には引き続き再編の流れの外にいた。

流れを変えたのが、中央三井グループとの経営統合である。2011年4月、中央三井トラスト・ホールディングスを三井住友トラスト・ホールディングスに改称させると同時に、住友信託銀行が株式交換によりこの持株会社の傘下に入った。経営統合の効果を高めるため、翌2012年4月には住友信託銀行と中央三井信託銀行、ならびに中央三井アセット信託銀行が合併し、三井住友信託銀行となった。

同グループは、メガバンクグループから独立した金融グループとして、得意分野の延長線上で買収などにより事業の拡大を進めた。こうしたグループ事業の拡大は大きく3つに分けられる。

　第一には、得意とする不動産ビジネスからの派生である。2005年に当時の住友信託銀行が買収したファーストクレジットは中小零細企業向けの不動産担保ローンなどを主力ビジネスとしていた。これにライフ住宅ローン（2007年に買収）の事業を合流させ、2010年住信不動産ローン＆ファイナンス（2012年に三井住友トラスト・ローン＆ファイナンスに改称）を発足させた。このほか、不動産仲介に強い三井住友トラスト不動産は、すみしん不動産と中央三井信不動産の合併により誕生したが、銀行本体が大規模な不動産仲介を得意とする一方、同社は小型案件まで幅広く不動産仲介を行っているため、銀行と同社が車の両輪となり不動産ビジネスを進めている。

　第二に、資産運用ビジネスである。年金等の運用のほか、グループ会社で

図表1－17　三井住友トラスト・ホールディングスのグループ概要

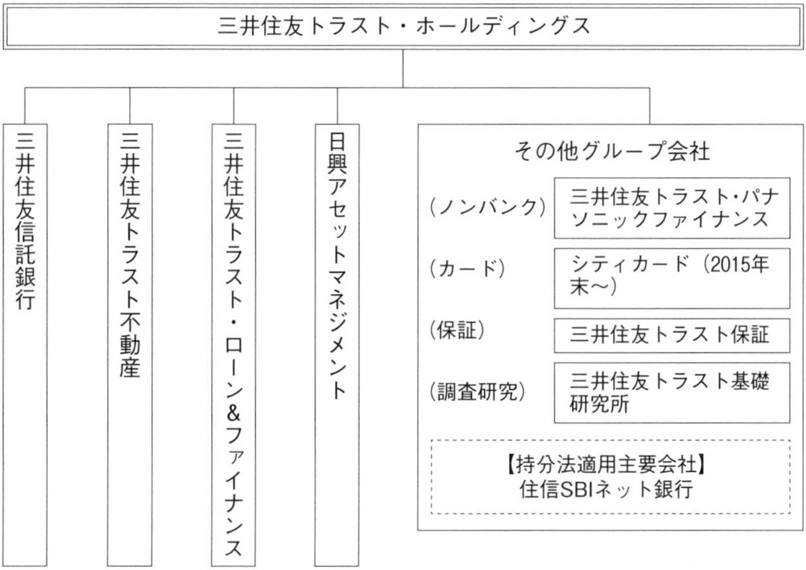

（出所）　会社資料に基づき筆者作成

は投資信託などのプロダクトを提供している。2009年には、シティグループから日興アセットマネジメントを買収し、投資信託をはじめとする資産運用ビジネスの厚みが格段に増した。さらに、近年においては横浜銀行やゆうちょ銀行などと資産運用の合弁事業をスタートしている。

第三が、リテールビジネスである。当グループとしては初の本格的なネットバンキングビジネスである「住信SBIネット銀行」を、SBIホールディングスとともに2007年に立ち上げた。一般に新銀行の立ち上げは黒字化に相当の時間を要するが、同社はわずか2年で黒字化に成功し現在では利益規模も100億円規模にまで到達した。SBI証券などとのクロスセルによる顧客の取込みのほか、住宅ローンを効率的に低金利で提供するモデルにより急成長を遂げた。2015年には、シティグループからシティカードジャパンの買収を行い、ダイナーズクラブ・ブランドを新たに手に入れた（図表1−17）。

第四に証券代行ビジネスである。電子化や効率化の流れにより、証券代行ビジネスも再編の波が押し寄せた。2006年に当時の中央三井信託銀行は東京証券代行を100％子会社化、従来グループ会社として保有していた日本証券代行とともにグループに取り込まれた。住友信託銀行と日本証券代行との合弁事業として発足した日本TAソリューション（現在の三井住友TAソリューション）、みずほ信託銀行との合弁事業である日本株主データサービスなどとともに、銀行本体の証券代行ビジネスを含めた事業の顧客開拓と合理化・IT化を進めている。

管理会計上の構造と財務的貢献

三井住友トラスト・ホールディングスの事業別部門管理は、商業銀行業務を中心とするリテール事業とホールセール事業、信託の本来業務を主とする証券代行事業、不動産事業ならびに受託事業、市場取引を所管するマーケット事業という分類となっている。

リテール事業は個人取引が対象、ホールセール事業は主に法人取引である。なお、信託銀行は一般の商業銀行と比べ支店網が少ないため、中小企業取引は多くない。

証券代行事業は、上場企業の株主管理業務であるが、当グループのシェア

図表1−18　三井住友トラスト・ホールディングスの部門別業務純益
　　　　　（2015年3月期）

	業務純益（十億円）	構成比（％）
リテール事業	28.8	9
ホールセール事業	110.2	35
証券代行事業	16.4	5
不動産事業	22.4	7
受託事業	50.5	16
マーケット事業	86.1	27
その他	2.0	1
合計	316.7	100

（出所）　会社資料に基づき筆者作成

は上場企業受託社数ならびに管理株主数ともに4割強となっている（三井住友信託銀行、東京証券代行、日本証券代行）。

　不動産事業は、当グループが最も注力する分野の1つである。不動産事業の中心は不動産仲介であり、競争相手は他の信託銀行のほか不動産会社である。規模の大きい案件は三井住友信託銀行、小さい案件は主に三井住友トラスト不動産が担当する。

　受託事業は、銀行における年金などの運用の受託ならびに運用管理業務と、グループ会社である日興アセットマネジメントと三井住友トラストアセットマネジメントによる投資信託等の運用業務である。コンサルティング機能に強みをもち運用資産残高は順調に増加し、2015年にはグループ全体で80兆円を超えた。

　事業別の業務純益の中身をみると、ホールセール事業が大きくこれにマーケット事業が続く。他のグループ同様にリテール事業の貢献度が低く、低金利の影響を受けているものと考えられる（図表1−18）。

ガバナンスおよびグループとしての特色

　三井住友トラスト・ホールディングスのガバナンスの構造は、監査役会設

第1章　銀行を中心とする金融グループの現在、過去、未来　69

置会社の形態をとっている。しかし、社外からの監督・監視の力を強めるため、委員会設置会社に準じた組織立てを2015年から取り入れた。

　具体的には、取締役会の諮問機関として（会社法上ではなく任意の）指名・報酬委員会と監査委員会を新設した。取締役会としては社外取締役の比率を原則3分の1以上とするほか、新設された2つの委員会に関しては原則として社外取締役がそれぞれ過半を選任する方針を決めた。それぞれの委員会は、会社法上の各種委員会の機能に準じた事項が諮問される。

　グループとしての特徴は、信託ビジネスという競争力の高い分野に立脚したフランチャイズの拡充にある。鍵となる注力分野は不動産、資産運用、リテールである。三井住友信託銀行におけるこうした事業の衛星的な役割として、重要なグループ会社を抱えている構造は、このグループ形成の特色といえよう。

　不動産に関しては、仲介機能として三井住友トラスト不動産、与信機能として三井住友トラスト・ローン＆ファイナンスがそれぞれ銀行の周辺を固める。

　資産運用では、日興アセットマネジメントと三井住友トラストアセットマネジメントが運用ビジネスの厚みを増しているほか、銀行本体で販売が好調なファンドラップなどの商品を念頭に置きながら他の金融機関との合弁事業にも乗り出している。既述の横浜銀行との資産運用会社「スカイオーシャン・アセットマネジメント」を2015年に発足させた。この会社は運用をグループ会社に委託するなどして運用効率を上げながらも、横浜銀行の顧客に特別なプロダクトとしてコアラップなどを提供する。このビジネスモデルは、他の金融機関にも拡張できるものである。

　リテールに関しては、マス向けのネットビジネスとして住信SBIネット銀行、2015年末からはハイネットワース（富裕層ないし準富裕層）向けとしてシティカードが脇を固めている。

　財務的な特徴は、手数料収益比率の高さである。預金と貸出を基本とする商業銀行業務は資金利益の割合が高くなる傾向にあるが、信託事業の大半は手数料につながる。結果として連結業務粗利益に占める手数料の割合は、地

方銀行で1割前後、大手銀行で2割強に対して、三井住友トラスト・ホールディングスは4割程度となっている。

③　ふくおかフィナンシャルグループ

グループ形成の経緯・概要

　最後に地方銀行のグループ戦略として、ふくおかフィナンシャルグループを取り上げる。このグループに注目する理由は、持株会社をプラットフォームとして活用しながら地域再編を行ってきた歴史からである。

　ふくおかフィナンシャルグループは、2006年に福岡銀行が熊本ファミリー銀行（現在の熊本銀行）を統合するスキームとして持株会社方式を採用し設立されたものである。2007年には、親和銀行が九州銀行を吸収する過程で設立した九州親和ホールディングスとの経営統合を決めた。

　経営統合の方法としては、九州親和ホールディングスが保有する親和銀行株式を金銭対価でふくおかフィナンシャルグループに売却するかたちで行われた。なお、九州親和グループはその後清算された。

　この相次ぐ再編により、福岡県、長崎県、熊本県にまたがる九州最大の地方銀行グループが誕生し、さらに十八銀行との統合も発表され、地盤固めが進んでいる。

　グループとしての構造は、地方銀行の持株会社方式での再編の典型的なかたちとなっている。2016年3月現在、持株会社のもとに、中核となる福岡銀行、親和銀行、熊本銀行という3つの銀行がぶら下がる。また、その他の周辺業務のグループ会社は中心的な役割をもつ福岡銀行のもとにつけている。

　銀行以外のグループ会社は多くない。ふくおか証券は、地場証券である前田証券を2004年に傘下に組み入れ、2012年に完全子会社化したものである。FFGカードは、VJAメンバーシップを有しVISAカードを発行している。最後にふくぎん保証であるが、これは他行と同様に銀行による住宅ローン等の信用保証業務を請け負っている（図表1−19）。

管理会計上の構造と財務的貢献

　ふくおかフィナンシャルグループは、開示されている資料に基づく限り事

業部門別の内部管理がみえてこない。基本は、3つの銀行ごとの経営管理に基づくものと思われる。

　図表1-20は、当グループの2015年3月期における主要業績である。銀行合算の業務純益の8割近くを福岡銀行が稼いでいる。また当期利益に関して

図表1-19　ふくおかフィナンシャルグループのグループ全体像

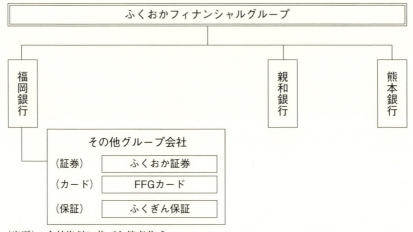

(出所)　会社資料に基づき筆者作成

図表1-20　ふくおかフィナンシャルグループの業績（2015年3月期、十億円）

	福岡銀行	親和銀行	熊本銀行	3行合算	連結	連結－3行合算
業務粗利益	124.5	29.4	20.3	174.2	185.7	11.5
うち資金利益	106.8	24.6	18.2	149.6	148.5	－1.1
うち役務取引利益	14.8	4.3	1.8	20.9	28.3	7.4
うちその他業務利益	2.9	0.5	0.3	3.7	8.9	5.2
経費	65.8	20.4	13.6	99.8	120.5	20.7
業務純益	58.7	9.0	6.7	74.4	65.3	－9.1
(3行内シェア)	78.9%	12.1%	9.0%			
当期利益	36.3	3.6	8.0	47.9	36.6	－11.3
(3行内シェア)	75.8%	7.5%	16.7%			

(出所)　会社資料に基づき筆者作成

も全体の75％以上が福岡銀行の貢献によるものである。

　グループ連結と銀行単体の逆転も、持株会社形態の地方銀行グループでは
よくみられる現象である。資金利益が逆転している点は、持株会社の資金
（資本）調達コストなどに起因している可能性があるほか、本業収益ベース
である業務純益においても持株会社の経費負担が効いている。

ガバナンスおよびグループとしての特色

　ふくおかフィナンシャルグループのコーポレートガバナンスの構造は、ほ
とんどの地方銀行と同様に、監査役設置会社の形態を採用している。2015年
7月現在では、取締役14名のうち社外取締役は2名にとどまっている。

　グループにおける経営管理に関しても、持株会社にグループ経営会議が取
締役会のもとに置かれ、グループ全体の事業戦略やリスク管理の基本方針を
策定し、これに応じて子銀行各社が当該方針にのっとった経営に取り組む方
式となっている。リスク管理に関してはグループリスク管理委員会が、シス
テムリスク等に関してはグループIT特別委員会がグループ全体の経営状態
を把握し、協議・報告することとしている。

　グループの特色は、地方銀行の特徴である、各地域の特性を尊重した組織
運営である。このため、効率性に重きを置いた傘下銀行の合併をとらず、お
おむね再編前の銀行のままに維持されている。地方銀行は地元における密着
度が強く、同じ九州とはいえ地域ごとのビジネス特性やカルチャーも大きく
異なることから、持株会社を中心とした過度に中央集権的な組織運営より
も、各エンティティに独自性をもたせた組織のあり方が選ばれている。

　2014年に経営統合を発表した横浜銀行と東日本銀行、そして鹿児島銀行と
肥後銀行は、それぞれ持株会社に各銀行がぶら下がるかたちでの再編を表明
したが、地域特性を無視し軋轢を生じることによる経営統合の負の側面を排
除する意図が感じられる。

3 メガ、有力地銀グループの収益構成

(1) メガバンクの収益構成

① 業務粗利益の構成の変化

　銀行の収益構造は、過去20年間で大きな変貌を遂げた。図表1－21は、メガバンクの業務粗利益における資金利益のシェアを歴史的に表したものである。1990年代前半ではおおむね8割前後の貢献をしていた資金利益だが、ここ数年は6割前後まで低下した。金利低下と貸出競争激化による利鞘縮小に加え、国内貸出残高の伸び悩みにより、国内資金利益が減少したことが主因である。

　同時に、投信や保険などの金融商品販売による個人部門の手数料収益増加、海外ビジネス拡大による法人ならびに国際部門の手数料収益の増加によ

図表1－21　業務粗利益に占める資金利益の割合（銀行部門単体合算）

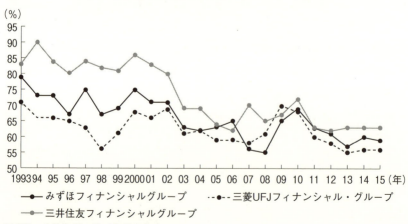

（出所）　会社資料に基づき筆者作成

り、役務取引等利益が着実に増加したことがもうひとつの要因である。また、年度にもよるが、長期金利の趨勢的な低下によって、国債売買損益の増加によるその他業務利益増加もいま1つの要因である。

この変化からもわかるとおり、歴史的に最も重みのあった国内における預貸業務による資金利益は行き詰まり、新たな収益機会に活路を見出すほか成長を追求する道がなくなった。経営統合による国内銀行業務の規模拡大では利益成長の道が限定され、国内外におけるM&Aを通じた収益機会の拡大を急速に手がけたメガバンクグループの戦略展開は理解できる。

② 効率性の変化

経営統合の経過のなかで、コスト競争力を強化することがかなったのであろうか。図表1−22は、経費率、つまり経費を業務粗利益で除した比率の変化を示したものである。したがって、この指標は数値が低いほど効率性が高いことを表す。グローバルな大規模銀行のレベルは、おおむね50％台となっており、日本のメガバンクの水準はグローバル並みの効率性レベルを維持しているとみてよい。

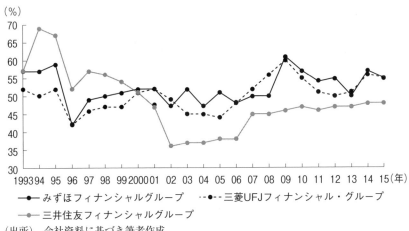

図表1−22 経費率の変化

(出所) 会社資料に基づき筆者作成

グループ間の比較では、三井住友フィナンシャルグループの効率性の高さが際立っている。他の2グループについてはおおむね大きな差はなく、また遷移状況も同様の動きとなっている。

長期的には、1997～2003年の金融危機の局面において、公的資金注入による経営健全化計画の存在もあり、リストラが進んだのが観察できる。しかし、みずほフィナンシャルグループと三菱UFJフィナンシャル・グループに関しては2008年以降に一時的に経費率が上昇した。これは、経営統合に伴うシステム統合によるコスト増加が一因とみられる。

2000年前後に始まった再編ブームが、効率性向上に寄与したようにも考えられる。しかし、それが統合効果によるものなのか、公的資金による規律づけによるものなのかは判別がむずかしい。

③　連単差の変化

先に述べたとおり、伝統的な国内商業銀行業務の収益貢献が低下する一方、メガバンクはM&Aなどによる新規業務を通じた収益機会の追求に取り組んできた。これを数値的に示したのが、図表1-23である。

連結当期利益と銀行部門単体の当期利益との比較を行う方法もあるが、ここではあえて業務粗利益レベルで比較を行った。理由は、当期利益には特殊要因が含まれることが多く、純粋なグループ会社の貢献を推定するのがむずかしいためである。たとえば、2011年に三菱UFJフィナンシャル・グループがモルガン・スタンレーを連結対象とした際に、多額の負ののれんを計上した。この効果が連結当期利益を2,900億円以上押し上げた。また、子銀行が保有する親持株会社株の減損処理が単体レベルで発生した場合、連結調整の過程で連単差を拡大させる。

業務粗利益においても連結調整の影響がまったくないわけではないが、真水に近い連結貢献が観察できる。

図表1-23が示すとおり、連単差比率はほぼ一貫して上昇を続けている。特にモルガン・スタンレーの収益改善や証券子会社の業績好調などもあり三菱UFJフィナンシャル・グループの近年における上昇率が大きいのがわか

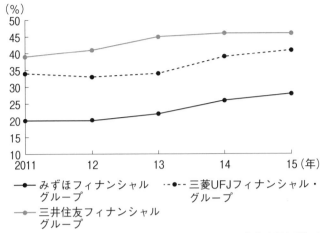

図表1-23 連単差比率の変化（業務粗利益レベル）

（注）　連単差比率＝（連結業務粗利益－銀行部門単体業務粗利益）／連結業務粗利益
（出所）　会社資料に基づき筆者作成

る。

(2) その他のグループ収益構成

① りそなと三井住友トラスト

　前節で紹介したとおり、信託銀行を中心とした業務特性上、手数料の収益寄与が顕著に大きいのが三井住友トラスト・ホールディングスである。図表1-24は、2015年3月期における業務粗利益における手数料収益の割合である。手数料の定義は、役務取扱等利益と信託報酬を合計したものである。

　大手他行は20％台であるが、三井住友トラスト・ホールディングスは40％台と大きな差がある。

　では、この収益構成が過年度においていかに変化してきたかを図表1-25および図表1-26で確認しよう。

　りそなホールディングスの過去10年間における業務粗利益構成比を図表

図表 1 − 24　手数料比率の大手行比較（銀行部門単体、2015年 3 月期）

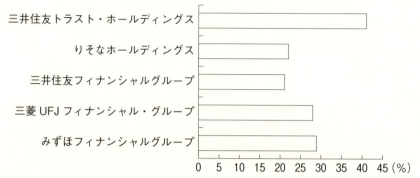

（出所）　会社資料に基づき筆者作成

図表 1 − 25　りそなホールディングスの業務粗利益構成比の遷移

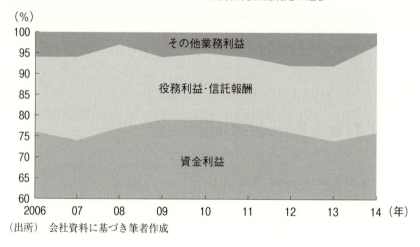

（出所）　会社資料に基づき筆者作成

1 − 25に示した。メガバンクの資金利益シェアが趨勢的に低下してきたのに対し、りそなホールディングスの資金利益の貢献はおおむね70％台で安定している。そのほか、手数料収益（役務利益および信託報酬）の割合はここ数年で上昇し、その分その他業務利益の割合が低下した。これは債券売却益等の収益水準が落ち着いている一方で投信などの個人向け金融商品販売に注力した結果とみられる。

図表 1 − 26は、三井住友トラスト・ホールディングスの業務粗利益の構成

図表1−26　三井住友トラスト・ホールディングスの業務粗利益構成比の遷移

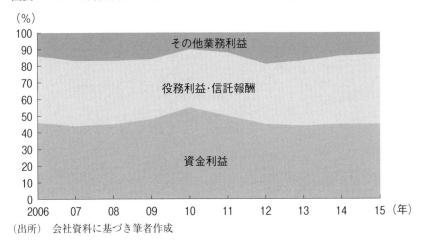

(出所)　会社資料に基づき筆者作成

遷移である。資金利益の貢献度は、他の多くの銀行に比べて一貫して低いことが確認できる。さらに、近年における手数料収益の構成が拡大基調にあることも明らかである。株式市場復調を含め受託運用資産が増加傾向にあることなどから、信託報酬が回復したこと、個人向け投資やラップの販売が好調であることが背景とみられる。これに同社が注力する不動産仲介の改善が進めば、こうした傾向は強まるものと考えられる。

②　有力地銀グループの収益構成

次に主たる地方銀行（グループ）の収益構成を検証しよう。図表1−27は、資金利益の貢献度の遷移状況である。構成比の分母となる業務粗利益に関しては、国債売買に伴う損益などが組み込まれる債券関係損益を控除した修正業務粗利益としている。これは、大手銀行に比べ債券関係損益の影響が大きい年度があったため、銀行によっては資金利益を業務粗利益で単純に除すると100％を大幅に超過する年が発生する。こうした影響を排除するための調整である。

横浜銀行の75％程度が最も依存度が低く、また横浜銀行の資金利益の比率は低下傾向が続いている。その他の銀行は8〜9割程度のレンジで安定的に

図表1-27　修正業務粗利益に占める資金利益の変化

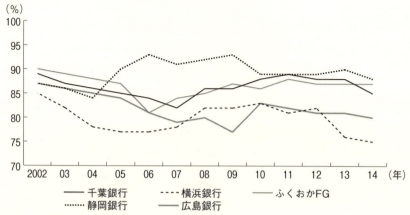

（注）　修正業務粗利益＝業務粗利益−債券関係損益
（出所）　会社資料に基づき筆者作成

図表1-28　手数料収益の構成比の変化

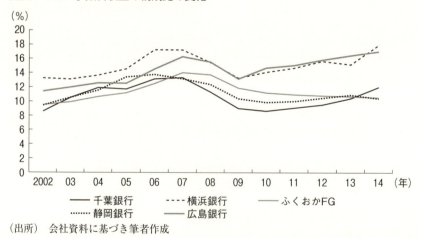

（出所）　会社資料に基づき筆者作成

推移している。
　りそなホールディングスは、こうした主要地方銀行の収益構成の動きと非常に類似した動きとなっており、ビジネス特性が地域に密着したミドル・リテールを中心としたリテールバンキングであることを反映しているものと考

えられる。さらに、地方銀行は利鞘の縮小に苦しむ一方で、大手銀行より貸出増加率をある程度確保できていたことも一因とみられる。

　次に手数料収益の貢献度である。メガバンクグループに比べ、地方銀行の手数料収益の比率は低い。図表1－28は構成比の変化であるが、おおむね1～2割のレンジで推移している。

　ただし、全体的に改善傾向にあることも確かである。各行、低金利における預金の収益性低下と資金需要の低迷のなか、個人向けの運用商品の強化に取り組んでいる。特に、横浜銀行と広島銀行の近年の上昇幅は大きく、これが逆に資金利益の依存度低下につながっている。

グループ経営の評価

(1) グループ経営の合理性

① 経営管理上の視点

クロスセルによるグループシナジー

　銀行等の金融機関がグループでなく単独で事業を行う場合に比べ、金融コングロマリット化する合理性はあるのか。本節においては、経営管理上の視点、監督上の視点、経済学的な視点の3つの異なる観点からその合理性について分析する。

　そもそも規制緩和による業務範囲拡大は、金融機関の収益性増加を目指すものではなく、国民経済的な付加価値を前提としている。こと証券、保険、銀行の業際規制緩和を行ったねらいの1つは、「ワンストップショッピング」というキーワードのもとでの顧客利便性の向上である。

　特にわが国は、アメリカなどの主要先進国と比べ、預貯金に過度に偏った個人金融資産構成となっており、「貯蓄から投資へ」をスローガンとして政策的にも長年掲げてきた。金融機関の顧客がさまざまな金融商品を1つの場所において選択、購入することにより、保有する資産の多様化を行いやすくすることが政策的なねらいの1つであった。

　銀行の立場からしても、預金者などの顧客に対して多彩な金融商品の販売を行うことで手数料収益を中心とする収益源の多様化・強化にもつなげることができる。手数料収益は投融資に伴う信用リスクや市場リスクなどを直接背負うことがないため、その増強は資本効率性を引き上げる作用もある。

　投資信託や保険など金融商品の窓口販売解禁以降、銀行はこうした金融商品の販売強化を住宅ローンなど個人ローンと並ぶリテール戦略の柱として位

置づけてきた。銀行や証券会社が資産運用会社をグループ会社として抱える場合、こうした資産運用会社が提供する投信などの商品を同じグループの銀行や証券会社のチャネルで販売することにより、販売手数料ならびに信託報酬が利益としてグループ内に留保され、グループとしてのシナジーが生まれる。さらに、株式や外債、仕組債などの投信以外の金融商品に関しては、銀行が直接販売することが認められていないため、証券会社に代理して仲介を行うこととなる。証券仲介業務をグループの証券会社のために行うことで、グループ内のクロスセルが実現する。こうした仲介業務は、預金中心の銀行顧客をグループの証券会社への道筋になる期待ももてる。したがって、リテール商品のクロスセルがグループ経営の合理性を説明する1つの要因と考えることができる。

　コーポレートバンキングにおいては、リテール分野以上にクロスセルの重要性が高まっている。わが国において法人向け商業銀行業務は、預金、貸出、デリバティブや為替取引など間接金融型バンキング・モデルが主流であった。近年では企業側の金融ニーズも多角化し、資本市場を活用した資金調達はもちろん、M&Aや証券化など投資銀行業務を含めた幅広い金融機能の発揮が求められている。銀行と証券の垣根を越えたグループ化により、こうした商業銀行と投資銀行のそれぞれのニーズを充足するシームレスなサービス提供が金融機関、法人顧客それぞれにとって重要性を高めている。わが国においては、メインバンク・システムに代表されるように、銀行と企業との関係は緊密であり、銀行がグループ内に競争力のある証券会社を抱えることで、金融機能を超えて法人顧客のさまざまなビジネス・ニーズに応える体制が確立できる。

　このように、リテール、ホールセールの両面において金融グループ経営がクロスセルの機会を追求できることが示された。したがって、クロスセルがグループ経営の最大の理由と考えられる。

ブランディングの強化

　異なる業務を担う複数の有力な会社を同一のブランドのもとで展開することは、効果的かつ効率的にブランドの認知度を高めることが期待できる。個

人金融資産のなかで預貯金の占めるウェイトが著しく高いということは、個人顧客にとって銀行が最もなじみのある金融機関であることを示している。それと同時に、金融リテラシーの低さも表しているのではないかと推測できる。

こうした個人顧客のすべてが、銀行以外の金融業態の知識を豊富に有しているとは考えにくいため、主たる取引のある銀行に親しみやすさばかりでなく信頼感を抱いている場合、同じグループ内で同じブランドネームを冠している証券会社や資産運用会社などに同様の信頼を置く可能性は高い。そのため、銀行を中心とする顧客基盤を同じブランドネームを有するグループ会社に誘導する点において、グループ経営を行うメリットを見出すことはできる。

この論点は前述のクロスセルと似てはいるが、異なるブランドより共通でかつ強いブランドによる訴求効果を考えるのであれば、ブランディングという点もグループ戦略をサポートする有力な理由となろう。

しかし、こうしたメリットのなかにもいくつかの危険性も見出される。第一に、グループ会社の一部でもなんらかの社会的信頼の失墜につながる事案が持ち上がれば、全体のブランドイメージを悪くしかねない点があげられる。それゆえ、グループ戦略を行ううえでは、グループ全体のリスク管理と個別グループ会社の統制、そしてクオリティ・コントロールが求められる。前者は法的・道義的視点からのレピュテーショナル・リスク管理であり、後者は各社による財やサービスの提供のクオリティの悪化がブランドに及ぼす影響のコントロールである。

第二の問題点は、セグメントによる戦略の微妙な差異である。日本の場合、大型の金融グループの顧客はマス層を対象として含んでいる。このため、富裕層を対象とするビジネスを考えた場合に、異なるセグメントに同じブランドで勝負することのむずかしさも生まれる。このため、欧州の一部の金融機関は、大手のグループと同じブランドネームでビジネスすることを避け、富裕層に特化したプライベートバンキング・ビジネスを行う場合も少なくない。それだけブランド戦略は繊細である。

84

グローバル展開

　金融規制のあり方は当該国における外国金融機関であるか否かの区分の有無を含め、業態や国によって千差万別である。このため、銀行がある国で銀行業務を行うにあたっては、海外支店として外国銀行の支店としての許認可を取得するより、現地法人を設立したほうが許認可の容易さや国内規制における自由度が大きい場合がある。

　2006年以降、中国国内における規制の変化もあり、わが国メガバンクはこぞって中国主要拠点の現地法人化を果たした。また、2014年における三菱東京UFJ銀行によるタイのアユタヤ銀行の買収において、前述のとおりタイ当局の「シングル・プレゼンス・ルール」により、アジア圏における有力支店の1つであるバンコク支店をアユタヤ銀行へ業務統合せざるをえなくなった。

　最近では、大規模外国金融機関への規制強化に踏み切ったアメリカ国内において、当局規制の求めに応じて、三菱UFJフィナンシャル・グループはアメリカ国内の事業を再編し、中間持株会社であるMUFGアメリカズ・ホールディングス・コーポレーションを設立[6]し、ユニオン銀行やアメリカ国内の支店業務を統括する組織を立ち上げた。

　このように、金融機関がグローバル展開していく過程では規制上の制約が少なくない。その点で海外における別法人の設立や取得は、グローバルな金融機関にとっての方便である。金融グループといった場合、機能軸をベースとして業態別の個社の集合体をイメージする傾向が強い。しかし実は、グループ会社の子会社群は海外のほうが多い場合が多い。したがって、グループ会社の経営は機能軸と地域軸の切り口による整理が必要である。

　最後にメガバンクを取り巻くグローバルな規制環境の変化も、持株会社を頂点とするグループ形成が既成事実化している。この点は第4章で説明するが、グローバルに金融システム上重要な金融機関（G-SIFIs = Global

---

6　実務的には劣後債や優先出資証券などの負債性資本証券を発行する場合の特別目的会社が海外子会社として有価証券報告書に掲載されるが、これを除いても海外現地法人の数は多い。

Systemically Important Financial Institutions）に指定されたわが国のメガバンク各行は、破綻に瀕した場合に持株会社レベルにおける損失吸収による破綻処理を求められている。主要なグローバル・プレーヤーはこのようなかたちでの組織体制が制度的にも求められる方向である。

間接部門の効率化

　手がける業務の相違を問わず、異なる法人を複数同じグループで抱えることにより、共通する管理業務の集中化を行うことにより、コスト削減を行うことが可能である。総務、人事、事務プロセス、システム、管財などいわゆる間接部門は、業務内容の異なる会社間であっても重複するケースが多い。そのため、金融グループ化することにより、1カ所に間接部門を集めることが可能となる。間接部門の統合が進めば、これに係る人員ばかりでなくシステム運用などが効率化されるほか、物品発注が集中されることで、供給業者に対するバーゲニング・パワーが高められるメリットもある。

　地方銀行が再編を行う場合、銀行間の合併よりも（特に当初は）持株会社を活用した経営統合が選択されることが少なくない。文化、人事制度、事務手続、システムなどの統合には摩擦が生じることもあるため、持株会社の傘下に再編する銀行を並べることでソフトランディングさせるねらいもあるように思われる。一般的にこうしたタイプの経営統合は非効率であると考えられるが、間接部門を持株会社ないしはいずれかの銀行内で統合することでコスト削減効果が果たせることもある。

②　監督上の視点

リスク分散効果

　リーマンショックを機に、金融コングロマリット的な金融グループのイメージは世界の金融監督者にとって決してよいものではなくなった。その理由については次項(2)で詳しく述べるが、規模や複雑性、多国籍性などの視点から監督が簡単ではないということと、経営的な問題がマーケット全体に及ぼす影響が大きいことなどが背景となっている。

　一方で、異なるビジネスを1つのグループで抱えることのリスク抑制効果

も指摘できる。さまざまなリスク・パラメーターに対して負の相関性を有するようなビジネスの組合せであれば、業績の変動性が削減できる。単一の事業への依存は、その事業の環境が著しく悪化した場合に、経営危機に直結しかねないが、異なる事業や異なる地域における事業を抱えることによって、事業リスクや地域リスクが分散する。

ただし、異なる事業であっても相関性が高い場合は、リスクが増幅されることもふまえなければならない。たとえば、長期金利の低下は一時的に保有する債券の市場価値の上昇があるものの、銀行の資金利益に対してはマイナスの効果をもたらす。生命保険ビジネスに関しても保険契約に基づく負債が資産の期間を上回ることが多いため、当該ビジネスの経済的価値は減少する。つまり長期金利に対して、銀行と生命保険のビジネスは相関性が高く事業リスクは増幅する。

株式市況が活況となれば証券会社の業績が好転する一方で、銀行が政策保有する株式にも影響を与えるなどの正の相関性が銀行と証券でもみられるが、低金利下における銀行の資金収支の低調さと証券会社の業績は必ずしも連関しないため、収益源の多様化は業績の安定性につながる可能性はある。

効率的リスクの把握

金融グループは、銀行などの中核金融機関ないしは持株会社を頂点会社として形成されている。その場合、各グループ会社の経営状況の把握やリスク管理について当該親金融機関ないしは持株会社が監督責任を有している。これは会社法の視点からみれば、頂点会社の株主に対する責任として、傘下のグループ会社の適切な経営管理が求められているほか、近年のグローバルな監督的立場からも持株会社の取締役のグループに対する責任がより強調されることとなっている（詳細は第4章において説明する）。

こうした子会社に対する監督責任が徹底されれば、金融監督者は持株会社のガバナンス状況や連結ベースでの経営実態の把握によりエネルギーを割くことにより、より効率的かつ効果的に全体の監督を行うことが可能となる。もちろん、異なる業種にまたがっていることや、頂点会社による監督の濃淡もあるため、監督者が傘下のグループ会社に対する要請としての監督の目を

緩めるわけにはいかないが、少なくとも各グループ会社は内部監査と外部監督を受けることとなり、経営的な相応のレベルの緊張感はもたされることとなる。

③　経済学的な視点

規模の経済

　金融機関にかかわらず合併等による規模の拡大のメリットとして考えられるのは、規模の経済である。非金融業態との共通の効果としては、インフラ共通化によるコスト削減がある。この点はすでに、間接部門の効率化で取り上げた。製造業などで規模の経済が評価されやすいのが、生産性の向上である。固定費の限界増加が抑制されることから、生産規模の増加に伴う限界費用の低減、それから派生する価格競争力の向上が期待できる。銀行業においても、ビジネスの規模を維持しながら固定費を削減することによる限界費用の抑制効果はある程度期待できる。しかし、ネットワークの維持や営業体制の確保などを勘案すると、製造業が享受する水準ほどの効果は期待できないかもしれない。

　一方で、金融業ならではの効果も考えられる。銀行などの与信を業とする金融機関に関しては、顧客基盤の拡大により、情報生産機能の向上も期待できるのである。情報生産機能とは、与信審査などの過程における借り手に関する信用情報の獲得である。さらには、膨大な取引先の情報からビジネスマッチングを行う、あるいはM&Aをアレンジするなどの情報の価値を高める機能である。個人、法人、公共部門を問わず、経営規模を大きくすることにより、取引先の情報量が拡大する。それにより、情報生産機能の拡充も期待できるのである。一例を取り上げよう。既存の借り手の取引先で当該銀行と取引のない会社が、合併により取引先となったケースがある。この場合、新たに取引先となった会社と既存の借り手との資金決済情報などから、その借り手の信用情報が補強される。これが経営規模の拡大による情報生産機能の向上効果である。

　こうした規模の経済に対する評価は、過去においても銀行を対象とした

図表1-29　銀行業の「規模の経済」に係る先行研究の評価

論文著者	執筆年	国名	業態	標本期間	評価
Berger and Mester	1997	アメリカ	商業銀行	1990-1995	ポジティブ
Hughesほか	2001	アメリカ	銀行持株会社	1994	ポジティブ
Amelほか	2004	アメリカ	商業銀行その他	-	両方の側面あり
Merciecaほか	2007	EU	中小銀行	1997-2003	ポジティブ
Feng and Serietis	2010	アメリカ	大銀行	2000-2005	ポジティブ（限定的だが）
Boyd and Heitz	2011	アメリカ	商業銀行その他	1983-2007	ネガティブ
The Clearing House	2011	アメリカ	大銀行	2007-2011	ポジティブ
Demirguc-Kurt and Huizinga	2011	グローバル	上場銀行	1991-2009	ネガティブ
Hughes and Mester	2011	アメリカ	銀行持株会社	2007	ポジティブ
Haldane	2012	-	-	-	ネガティブ
Hoenig and Morris	2012	-	-	-	ネガティブ
Wheelock and Wilson	2012	アメリカ	商業銀行、銀行持株会社	1984-2006	ポジティブ

（出所）　Leonardo Gambacorta and Adrian van Rixtel（2013）に基づき筆者邦訳および再構成

研究が重ねられた。2013年4月にBISからワーキングペーパーとして発表されたLeonardo Gambacorta and Adrian van Rixtel（2013）がその巻末資料のなかでこうした先行研究の評価をわかりやすくまとめている。図表1-29が、この資料を邦訳し、再構成したものである。

　規模の経済が銀行業においてもポジティブに働くか否かに関して俯瞰すると、全体的にはポジティブと結論づけた研究が多いように見受けられる。ただし、近年の研究では世界的金融危機の影響もあってか、ネガティブと評価したものも散見される。

範囲の経済

　経営統合などによるグループ化に加え、規制緩和による業務範囲拡大も

第1章　銀行を中心とする金融グループの現在、過去、未来　89

図表 1 -30　銀行業の「範囲の経済」に係る先行研究の評価

論文著者	執筆年	国名	業態	標本期間	評価
Demsetz and Strahan	1997	アメリカ	銀行持株会社	1980 - 1993	ネガティブ
Delong	2001	アメリカ	特定なし	1988 - 1995	ネガティブ
DeYoung and Roland	2001	アメリカ	商業銀行	1988 - 1995	ネガティブ
Hughesほか	2001	アメリカ	銀行持株会社	1994	ポジティブ
De Nicoloほか	2004	グローバル	金融コングロマリット	1995 - 2000	ネガティブ
Stiroh	2004	アメリカ	地域銀行	1984 - 2000	ネガティブ
Stiroh	2004	アメリカ	商業銀行	1978 - 2000	ネガティブ
Drucker and Puri	2005	アメリカ	商業・投資銀行	1996 - 2001	ポジティブ
Stiroh and Rumble	2006	アメリカ	金融持株会社	1997 - 2002	ネガティブ
Baeleほか	2007	欧州	ユニバーサルバンク	1989 - 2004	両方の側面あり
Dengほか	2007	アメリカ	銀行持株会社	1994 - 1998	ポジティブ
Laeven and Levine	2007	43カ国	金融コングロマリット	1998 - 2002	ネガティブ
Merciecaほか	2007	15カ国（欧州）	中小銀行	1997 - 2003	ネガティブ
Deng and Elyasiani	2008	アメリカ	銀行持株会社	1994 - 2005	ポジティブ
Lelyveld and Knot	2009	EU	金融コングロマリット	1995 - 2006	両方の側面あり
Rossiほか	2009	オーストリア	商業銀行	1997 - 2003	ポジティブ
Schmid and Walter	2009	アメリカ	金融コングロマリット	1985 - 2004	ネガティブ
Demirgug-Kurt and Huizinga	2010	101カ国	全種	1995 - 2007	ネガティブ
Eisasほか	2010	9カ国	大銀行	1996 - 2008	ポジティブ
Klein and Saidenberg	2010	アメリカ	商業銀行	1990 - 1994	ネガティブ
The Clearing House	2011	アメリカ	大銀行	2007 - 2011	ポジティブ
Gulamhussenほか	2011	56カ国	商業銀行	2001 - 2007	ポジティブ
Focarelliほか	2011	アメリカ	ユニバーサル対投資銀行	1991 - 2008	ネガティブ
Van Ewijk and Arnold	2012	アメリカ	商業銀行	1992 - 2010	ネガティブ
Fiordelisi and Marques Ibanez	2013	EU	商業銀行	1997 - 2007	ネガティブ

（出所）　Leonardo Gambacorta and Adrian van Rixtel（2013）に基づき筆者邦訳および再構成

「範囲の経済」をねらいとしたものである。すでに取り上げたクロスセルなどは、こうした範囲の経済の主要な類型と位置づけられる。

　顧客利便性と金融機関効率性が相互に高められるのは、個人顧客にとってのワンストップショッピングである。また、法人に関しても、たとえばM&Aにおける投資銀行的な機能とブリッジローン提供などの商業銀行的な機能をシームレスで提供できる体制は、顧客側からもサービス提供者側からもメリットがある。

　この範囲の経済に関しても、前出のLeonardo Gambacorta and Adrian van Rixtel（2013）が先行研究の評価をまとめている。図表１－30をみると、規模の経済についての先行研究に比べ最近の研究成果が豊富である点が目立つ。1999年のアメリカにおけるGLB法成立をきっかけとした、金融グループの業務範囲拡大の動きは顕著であったことに加え、2007年以降の世界的金融危機の影響も少なくないのではないか。

　評価の部分を眺めると、全体的にネガティブな結論が多いようにみえる。特に金融コングロマリットを対象とした研究に関してみれば、業務の多角化が企業価値の拡大に必ずしもつながっていないことが計量分析の結果から明らかになるなど総じて否定的である。

(2)　グループ経営の問題点

①　経営管理上の視点

ガバナンス

　金融グループ化における最も重要な論点の１つが、グループ会社個別そしてグループ全体のリスク管理を含めてのガバナンスの問題である。ただでさえ経営規模の拡大は、経営と現場の距離を引き離し、事業の細部に目が行き届きにくい状況をつくる。これに加えて、業務範囲が広がることにより、業務内容とリスクプロファイルの複雑性が高まる。

　以下、大規模な金融グループの主流は金融持株会社形態であるため、これ

をふまえてこの問題を考えよう。

第一に、持株会社による各グループ会社のガバナンスである。持株会社による子会社に対するガバナンスの行使は、主に株主権の行使と（暗黙の株主権の行使に該当するかもしれないが）人事権の行使による。わが国メガバンクの組織構造のところでも取り上げたが、ここで考えなければならないのが持株会社と子会社の間に横たわる情報の非対称性の問題である。業務内容が多岐にわたるほど、各子会社の経営状況について適切な把握が困難となる。また、規模の拡大がこの傾向をさらに深める。そこで、子会社と持株会社の経営陣を兼務する選択もある。これにより、子会社の経営状況の把握が持株会社レベルにおいても容易となる。しかし、経営陣の兼務は持株会社レベルにおける利益相反につながるリスクもある。子会社のある意味での利益代表である経営陣が、それぞれの子会社の利益を調整しグループとしての統制を働かせるべき持株会社においても経営陣の一角を占めることにより、グループ全体を考えた経営ができなくなるリスクである。

第二に、外部株主による持株会社へのガバナンスである。業容拡大と業務範囲拡大は、外部株主による持株会社へのモニタリング機能を弱めるリスクがある。業務の複雑性や規模の拡大は、グループの組織構造のいかんを問わず株主と経営陣の間の情報の非対称性を増大させる傾向にあるが、グループ化による個別ビジネスの法人化により、この非対称性はさらに度合いを拡大させる。これはグループ内の個別法人に関するディスクロージャーが、単一法人内で完結する場合に比べ希薄となる可能性があるためである。

第三に、会社法上の株主間の利益相反の問題である。銀行法では、銀行が株式会社の形態をとる必要がある（銀行法第4条の2）。金融持株会社であれ、銀行を頂点会社とする構造であれ、グループ内に別法人が存在することにより、各社の株主利益が相反するケースは否定できない。たとえば、A銀行とB銀行という複数の銀行を傘下に抱える持株会社がグループ戦略の最適化を考える状況を想定しよう。その結果、持株会社の判断としてある業務をA銀行から取り上げB銀行に集中させることにする。この判断によってA銀行のみの企業価値を明らかに毀損する場合は、A銀行の経営陣がこの判断を

受け入れることは株主の利益を損なうこととなる。もちろん、持株会社が子銀行を100％保有していれば、問題はなかろう。しかし、少数株主が存在する場合は、当該少数株主の利益を損なう判断となりうる。

顧客情報の活用

経営規模の拡大による顧客基盤の拡充は、経営統合などのメリットである。しかし、顧客情報の活用は法令上の規制を受けることとなる。こうした法規制が、顧客情報の共有による金融グループ経営の付加価値を希薄化する。

わが国では、銀行と証券との業際緩和の過程でグループ内における顧客情報の共有が両者の間のファイヤーウォール規制の一環として制約を受けてきた。しかし、法人顧客情報に関しては、段階的に規制の緩和が進んだ。かつては、グループ内の銀行と証券会社の情報伝達には書面による顧客の同意（いわゆる「オプトイン」）が必要であったが、現在は顧客側から情報共有の停止要請（いわゆる「オプトアウト」）がない限りにおいては、銀行と証券会社との情報の共有化は可能である。しかし、銀行と証券会社を兼職する職員に関しては、いずれか一方の非共有情報にしかアクセスできないなどの制約が残っている（監督指針上の「ホームベースルール」）。

一方で、個人顧客に関しては銀行・証券間の情報共有化に関し、顧客からの書面による事前同意（オプトイン）が求められている。さらに、銀行内の金融商品仲介部署と資産運用会社などグループ会社間の情報授受に関しても、銀行と証券会社の間の規制と同様の制約が課されている。

なお、持株会社に関しては、経営管理を目的としたものであれば、証券会社等から非共有情報をすくい上げることは可能である。

カルチャーの融合

金融業のなかでも、銀行と証券会社の間には文化の壁がある。銀行は、貸出や債券などの債権者としてのクレジット業務がメインである。他方、証券会社はフィクストインカム（公社債）の業務も重要な業務ではあるが、リテール、ホールセールともに株式（エクイティ）が証券会社の主たる業務である。クレジットやフィクストインカムが（永久債務を除いては）満期日が定められており、首尾よくいけば元利金の受取りがもたらされる。しかし、

第1章　銀行を中心とする金融グループの現在、過去、未来　93

エクイティは発行企業の成長による場合の果実は際限がない。

　このようにアップサイドが限定されたプロダクトを中心に扱う銀行の行員と、アップサイドが決まっていない証券会社の社員とは基本的にマインドセットやカルチャーは異なる。簡潔にいえば、銀行は保守的に、証券会社はリスクに貪欲となる傾向がある。

　財務的な視点も微妙に異なる。銀行は元利金の回収可能性に優先度が置かれているため、過去の業績によって蓄積された健全性、安全性が重要となる。誤解を恐れずに表現するならバランスシート重視である。一方、証券会社は過去の実績より将来性における成長が重要である。極端にいえば、過去の実績は株価に織り込まれているので、株価上昇は株価に反映されていない将来のポテンシャルがものをいう。いわば損益計算書やキャッシュフロー重視である。

　こうした異なる考え方やカルチャーを有する会社が、1つのグループのなかで協働しなければならない。したがって、いずれかの価値観を押し付けるのではなく、それぞれの価値観を尊重し合うことが重要である。このカルチャーの融合のむずかしさが金融コングロマリットの経営のむずかしさでもある。

②　監督上の視点

利益相反

　クロスセルは、金融グループの付加価値である。まったく同じリスク、リターンのプロファイルを有する投資信託などの金融商品が同じ価格で販売されることを想定する場合、自らのグループ会社の商品を推奨することはごく自然なことであろう。しかし、顧客の財産やライフサイクル上の状況などから、他グループの商品を勧めたほうが適当な場合にもかかわらず、自らのグループの商品を勧めることは顧客の利益とはならない。これがクロスセルに伴う利益相反の問題である。

　アメリカでは、シティグループがこうした利益相反（ならびに収益性）などの理由から、資産運用部門を証券グループであるレッグメイソンに売却し

た。保険部門もメットライフに売却した。

　日本においても、りそなホールディングスはこうした利益相反などの視点から、ベストなプロダクトを顧客に勧める点から、資産運用会社をグループ外に売却し、過去の親密な関係にかかわりなく、客観的な投信等の金融商品ラインナップを決めている。

　有力な資産運用会社をグループ内に有するメガバンクなども、こうした利益相反には相当程度の配慮をしているものの、監督上の視点としては慎重なモニタリングが必要となる。

リスクの集中と伝播

　G-SIFIsこと G-SIBs（＝ Global Systemically Important Banks）の認定につながった世界の金融監督者の問題意識は根が深い。金融グループに関するプラス面とマイナス面を本節で整理するなかで、監督者の視点においてもこの両面について取り上げているが、実際のところ金融グループに対する監督者の見方は多くの国で冷ややかである。リーマンショックがもたらした金融監督者に対する警鐘は、リスクの集中と伝播である。巨大金融機関そのものがリスクの集中であり、他の金融機関との取引量の増大がリスクの伝播を加速させる。

　このような監督者の問題意識を確認するためには、G-SIBs の選定基準をみるのがわかりやすい。日本のメガバンク3グループを含めG-SIBs リストに名前が載ることとなったのは、以下の5つの指標に基づき数値化されたスコアに基づくものである。以前は基準のみが公表されていたが2014年11月からは個別のスコアも発表されるようになった。

【G-SIBsの選定基準】

・規模（Size）……経営規模の大きさ。具体的指標はレバレッジ比率の分母である総資産やオフバランス取引の大きさ。

・相互連関性（Interconnectedness）……金融システム内での活動。具体的指標は、金融システム内（他の金融機関の取引や市場取引など）の資産および負債の量、ならびにホールセール・ファンディング比率（預金以外の調達割合）。

第1章　銀行を中心とする金融グループの現在、過去、未来　95

・代替可能性（Substitutability）……対顧客および他の金融機関にとっての存在感の大きさ。具体的指標は、預り資産、決済システムを通じて決済される量、デットないしはエクイティ市場における引受実績のボリューム。

・複雑性（Complexity）……組織や取引の複雑さ。複雑性が大きいほど破綻処理に困難が伴う。具体的指標としては、店頭（OTC）デリバティブの想定元本の量、レベルⅢ資産[7]の量、トレーディング資産および市場価格のある資産等の量。

・国際性（Global activities）……国境を越えた取引。厳密には準拠法が異なる地域にまたがった活動の大きさ。具体的指標は、国境を越えて保有する資産、負債。

システミックリスクの蓋然性拡大（TBTF）

リスクの集中は、当該金融機関の経営危機が金融システムの動揺につながる。世界的金融危機の際に、アメリカをはじめとする金融危機の震源地では公的資金の投入が行われた。

公的資金の投入は、モラルハザードの問題をもたらす。過度の利益追求を行い必要以上のリスクを背負いながら経営した結果、経営不安に陥っても政府が助けてくれるという安心感をもつようになる。リスクテイクは助長される。つまり、政府によるセーフティネットに寄りかかった経営になる。換言すれば、「金融システムを人質にとった」経営となる。これがTBTF（Too-Big-To-Fail）のもたらすモラルハザードの問題である。この点は、金融グループの拡大に伴う監督上の最も重要な懸念材料の1つである。

複雑性の増大（TCTF）

金融グループの肥大化だけでなく、ビジネスラインの増加による複雑化の問題である。巨大金融機関の破綻処理の難易度は、規模の大きさに比例するが、それにも増して組織の複雑化により幾何級数的に難易度が高まる。これがTCTF（Too-Complex-To-Fail）の問題である。

以上、TBTFやTCTFの問題意識が、既述のG-SIFIsの認定につながっ

7　レベルⅠは市場価格のある有価証券など、レベルⅡは類似商品の時価から公正価値が評価できる資産、レベルⅢは市場価格がなく流動性の乏しい時価評価がむずかしい資産。

96

たほか、整然とした破綻処理を自ら保証するための破綻処理計画策定の義務づけ、より高い所要資本（資本サーチャージ）、より大きい損失吸収能力（TLAC）などの要求につながっている。

③　経済学的な視点

市場規律の低下

　企業経営者の適切なリスク管理や慎重な経営判断を導く1つのルートは、債権者からの規律づけである。また、業績向上や利益成長に向けた経営努力を促すのは主に株主からの規律づけである。こうしたバランスシートの右側を構成するステークホルダーからの規律づけを市場規律と総称しよう。

　銀行が株式を上場している場合は、株式市場が銀行経営を監視する。しかし、持株会社による経営構造をもっている場合、持株会社は株式を上場し、傘下の銀行はその持分のすべてを持株会社に握られるのが通常である。その場合、持株会社の経営陣に対する株式市場からの規律づけが期待できても、傘下の銀行経営陣に対しては株式市場からの規律づけは届かない。あくまでも、子銀行に対する監視は持株会社を経由しての規律づけにすぎない。つまり、業務のフロントに当たる子会社に対する市場規律の働きが希薄となるという問題である。

　債権者については、預金者と社債保有者が存在する。預金者は持株会社の形態をとろうが、スタンドアロンの銀行形態であろうが、銀行に向き合う。しかし、預金者は預金保険やその他のセーフティネットに慣れ親しんでいるほか、銀行経営に対する知見も希薄であるため、預金者による銀行経営陣に対する規律づけを期待するのはむずかしい。このために、金融監督者による「代理モニタリング」が行われる。

　社債の投資家はリテールの場合もあるが、一般的には機関投資家である場合が多く、経営監視の能力は期待できる。銀行が社債を発行する場合が、過去においては多かった。一般的に、持株会社に比べ傘下の主要銀行のほうが、1ノッチ程度格付が高い傾向があること、資金の必要性が持株会社ではなく銀行にあることなどが、銀行を社債の発行体とする理由である。

第1章　銀行を中心とする金融グループの現在、過去、未来　97

しかし、前節で触れたTLACのような損失吸収力は、傘下の銀行ではなく持株会社で求められる。このため、今後の社債発行は（特にメガバンクに関しては）持株会社が主流になる可能性がある。すると、社債に関しても銀行への市場規律の距離が遠くなる。

市場支配力の拡大

経済学者が金融グループの肥大化を批判する根拠の1つとして、市場支配力の拡大がある。独占や寡占は市場の効率性を損ない、市場の総余剰（全体の効用）を減少させる。

たしかにわが国においては、メガバンクを中心とする再編の積重ねにより市場のシェアの集中は進んできた。しかし、メガバンクについても市場を支配しているという実感はないだろう。わが国においては多くの銀行で預貸率が7割を割り込んでいる状況である。このため、貸出機会をめぐる競争は熾烈で、メガバンクが価格支配力を握れる状況ではない。

エージェンシー問題の増幅

組織の肥大化と重層化は、グループ内とグループ外のエージェンシー問題を招来する。金融グループの規模の拡大と業務範囲の拡大は、情報の非対称性を拡大させる。株式や社債の投資家、金融監督者などの外部のステークホルダーにとって、経営内容の把握の難度を引き上げる。このため、こうしたステークホルダーをプリンシパル（監督者は預金者や納税者の代理モニタリングとして）、銀行経営者をエージェントとするエージェンシー問題を増幅させるのである。

いまひとつのエージェンシー問題は、金融グループ内部で生じる。持株会社の経営陣と、子銀行をはじめとするグループ子会社の間の情報格差から生じるエージェンシー問題である。持株会社と銀行の経営陣が兼務することもあるため、この問題はケースバイケースである。しかし、経営陣の兼務は利益相反の問題を新たに発生させるため、組織的な特効薬はない。

内部市場

内部市場の問題は、金融グループのみではなくさまざまな企業グループの共通の経済学的問題である。内部市場の問題は、内部労働市場と内部資本市

場の2つの点がある。

　内部労働市場とは、労働力をグループ内に抱え込むことにより、市場を介した効率的な労働資源の配分が行われないという問題である。しかし、特にわが国においては労働市場の流動性は高くはない。理論的には、内部労働市場は、経済全体の効率性を低下させるとの指摘は誤っていない。しかし、現実的には、国民経済的に著しいマイナスをもたらしているとは考えにくい。

　内部資本市場は、資本のグループ内における留保がもたらす資源配分の非効率化である。あるグループ会社が資本を調達する際に、外部市場より廉価で内部市場から資本を調達できる場合、本来的な自己の資本コストを下回る収益性のプロジェクトへの投資を行ってしまうという例が考えられる。当該会社の経済的客観的資本コストが5％、内部調達コストが3％、投資機会が4％の収益率とした場合、本質的な資本コストであれば投資しないであろう投資機会に資本を浪費してしまうということである。Scharfstein and Stein（2000）は、利益機会の低い部門が社内的な政治活動し経済合理性を欠くかたちで資本を内部調達するなど「非効率なグループ内の補助金」が発生するなどの指摘をしている。しかし、一部の研究では、内部資本市場の存在が金融危機等のストレス時における資本調達の安定性を増すとの検証結果[8]が出ている。

(3)　市場からの視点

クレジット的な視点

　銀行グループに対するクレジットの視点からの評価は、実質的側面と技術的側面がある。

　実質的側面としては、コングロマリット化がリスクを拡大させるのかあるいは縮減できるのかという判断がある。事業収益の多様化が利益水準の安定化に貢献する点は、これまでのメガバンクの業績推移をみれば明らかであ

8　Kuppuswamy and Villalonga（2010）はリーマンショック時の内部資本市場の役割を指摘した。

る。金利低下は商業銀行からの収益の停滞をもたらすものの、証券業務や海外子会社の利益貢献がこうしたマイナス面を吸収した点は否定できない。しかし、今後の経営資源の配分が事業の偏りにつながった場合や限定的な市場要因に対する相関性が高い事業を増やした場合は、リスクの増大につながる点も留意すべきである。

技術的側面は2つの論点がある。1つは、銀行と持株会社を比較した場合、負債ないしは負債性資本証券（優先株式を含む）による資金調達を行う主体がグループ内のどこの企業かによって、当該クレジット商品の信用力は異なる。一般的には持株会社の格付は傘下の主要子銀行に比べ、格付が1ノッチ程度低い傾向がある。

もう1つの視点はシステムサポートである。規模の拡大は、TBTFの観点から経営悪化時の政府サポートへの期待できるという見方がある。こうした意見に対しては、金融安定化理事会による方針により、税金による大手金融機関の救済を行わないという基本的姿勢の変化もあり、市場の見方も分かれるところであろう。

エクイティ的な視点

エクイティの視点からは、コングロマリット・プレミアムとコングロマリット・ディスカウントという判断により結論が異なる。

まず、コングロマリット・ディスカウントとなるようなマイナスな点として、収益性の低い事業の取込み、投資家による選択機会の減少、エージェンシーコストの増加について検討しよう。

収益性の低い事業の取込みは、M&Aに対する株式市場の反応に現れやすい。株価バリュエーションなどから暗示される資本コストを下回るような投資収益率しか期待できないような企業の買収が行われた場合は、株価低下というかたちで市場の評価が表れる。また、ターゲットとなる企業が上場されている場合は、その企業のスタンドアロンの価値は適切に株価に反映されているため、シナジーによる付加価値を上回るプレミアムを支払っての買収も株価低下をもたらす。

投資家による選択機会の減少とは、グループ化によってグループ内に組み

込まれた企業への投資機会が失われることを意味している。これは商品のバンドリング化に似ている。Aという商品が買いたいにもかかわらず、Bという商品もセットでないと購入できないことは不便益であるということである。これは、グループ化によるシナジーに対する信頼感が十分でない場合の指摘である。

　エージェンシーコスト増加はすでに上述したとおりである。事業規模の拡大や複雑化が、経営内容の不透明感を増幅すると同時に、経営者の判断に対する信頼性を低下させるリスクがある。

　コングロマリット・プレミアム、つまりプラスの側面は、クロスセルなどによるシナジー、コスト削減による効率化効果、新規成長分野の開拓などがある。クロスセルや効率化効果の点については、すでに述べているので解説は省略する。新規分野の開拓は、従来の枠組みでは期待できなかった成長要素の取込みである。成熟化が進んだ国内市場から成長機会を求めて海外に展開するようなケースがそれである。わが国で育んだビジネスの仕組みを、成長著しいアセアン市場での銀行買収を通じて活用しながら付加価値を生み出すような例が1つの例である。

第1章　銀行を中心とする金融グループの現在、過去、未来　101

これからのわが国における規制・監督とグループ経営

(1) わが国と主要諸国との差異

事業会社持分の取扱い

　日本では、銀行が事業会社に対する出資上限は5％（持株会社グループ全体で15％）であるのに対し、事業会社は銀行を100％保有可能となっている。

　アメリカでは、銀行がベンチャー以外の出資を事業会社に行うことは禁止されている。事業会社は銀行の25％までの持分は保有できる。

　EUでは、銀行が事業会社に10％以上持分を保有する場合、1社へのエクスポージャーが15％超あるいは事業会社向け持分の合計が資本の60％超となる場合、当該超過分の保有禁止あるいはリスクウェイト1,250％の適用が求められているのみで、それ以外の制限はない。事業会社の銀行保有制限もないが、適格性により10％までとすることもできる。

新規事業に関する対応

　わが国における規制・監督の流れのなかで述べたとおり、2007年12月の金融審議会第二部会報告「銀行・保険会社グループの業務範囲規制のあり方等について」において、銀行が手がけることのできる新規業務について考え方の整理が行われた。そのなかで、今後の業務範囲規制の展開を考えるうえで重要な点をいま一度精査しよう。

　第一に、業務範囲の認可についての基本的考え方である。銀行・保険会社本体、子会社、兄弟会社のいずれに個別業務を認めるかについて、以下の3つのポイントを掲げている。

・当該業務と銀行・保険会社の本来的業務との機能的な親近性
・当該業務のリスクとすでに銀行・保険会社が負ってしまっているリスクとの同質性

・銀行・保険会社本体へのリスク波及の程度

　これらの原則は、今後の業務範囲拡大の議論においても、基本的な考え方としては維持されるものと思われる。

　第二に、新たに業務を認めていくにあたって、以下の2つの方式について制度設計を行ううえでの選択肢として示している。

・アメリカの金融持株会社（FHC）における補完的業務のように、行いうる業務に特段の限定をかけずに、当局の個別の許認可のもとで新たな業務を認める方式

・あらかじめ行いうる業務を法令で限定したうえで、当局の個別の許認可のもとで新たな業務を認める方式

　しかしながら、この報告の段階においては、銀行が決済機能を抱えていることから他業禁止の観点から限定列挙方式の銀行法の立て付けとなっている点、そして行政判断の透明性確保や監督の実効性の観点などから、後段の限定列挙による枠組みを推奨している。

　この点については、当時の金融を取り巻く状況からさらにITの進展による経営環境の変化もあるため、制度設計については見直しの余地も出てこよう。すなわち、環境変化の速さに規制がついていくことが困難となるという視点からは、柔軟性に欠ける限定列挙のかたちから、個別認可の方式に転換を図ることも変化への弾力的対応という意味では優れているという指摘もできるからである。一方で、同報告でも述べられているとおり、当局による裁量余地が拡大することにより、当局の考え方や政治的なカラーなどの要素によって予想を困難とさせうることも考えなければならないだろう。

　しかし、2015年12月に金融審議会「金融グループを巡る制度のあり方に関するワーキング・グループ」より公表された報告書をみても、フィンテックをはじめとする新たな金融業務の拡大に向けての展望が開けていることは確かである。

第1章　銀行を中心とする金融グループの現在、過去、未来　103

(2) 規制と監督の展望

　銀行のグループ経営の今後を考えるうえでは、今後の規制や監督の展望を推し量る必要がある。そのために考慮すべきポイントは、①ITを背景とした顧客ニーズの多様化とビジネスの変化、②銀行を含む企業グループの業務範囲に係る「非対称性」の問題、③金融危機をふまえた銀行グループの健全性の確保、の3点である。

① ITを背景とした顧客ニーズの多様化とビジネスの変化

　インターネットを通じた商品やサービスの販売や購入は、幅広い世代で一般的となっている。図表1－31、図表1－32は、わが国における電子商取引（BtoC）の市場規模の変遷、そしてクロスボーダーでの取引の市場規模をそれぞれ示しているが、インターネット・チャネルを通じた取引量は国内において着実に増えているほか、クロスボーダーでは倍増のペースである。

　財やサービスの提供者もこうした動きには敏感に反応しており、リアル店

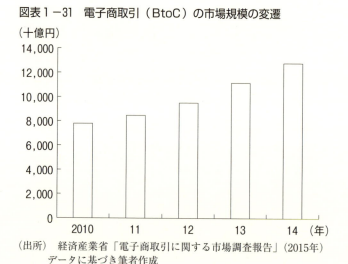

図表1－31　電子商取引（BtoC）の市場規模の変遷

（出所）　経済産業省「電子商取引に関する市場調査報告」（2015年）データに基づき筆者作成

図表1－32　クロスボーダーでの電子商取引（BtoC）の市場規模

消費国	越境での EC購入額（十億円）	前年比（％）
日本	208.6	＋108.9
アメリカ	813.4	＋113.0
中国	1,235.4	＋153.0
合計	2,257.3	＋131.4

（注）　調査対象は当該3カ国間のみの取引、2014年。
（出所）　経済産業省「電子商取引に関する市場調査報告」（2015年）データに基づき筆者作成

舗を中心としたビジネスを展開していたプレーヤーも、マルチチャネル化に向かう傾向が高まってきた。と同時に、EC（Eコマース）の運営事業者は決済と与信の2つの金融機能を提供する戦略を展開し、金融事業の攻勢を強めている。

　アマゾンは、アメリカにおいて取り組んでいたEC出店者向けの貸出業務である「アマゾン・レンディング」のサービスを2012年に日本でも開始した。同様の動きが楽天やヤフーでも出てきており、楽天は2013年から「楽天スーパービジネスローン」を、ヤフーは2015年から「JNBストアローン」をそれぞれ出店者向けにスタートさせた。楽天については傘下の楽天カード、ヤフーについては三井住友銀行との合弁事業であるジャパンネット銀行からの融資となっている。こうした与信における審査には、出店者の取引実績や購入顧客による評価などが反映されるのも特徴である。

　このようなIT技術の進展と、ライフスタイルの変化などの要因を背景として、今後さらに金融とECとの結びつきが強まる可能性が高い。

②　銀行を含む企業グループの業務範囲に係る「非対称性」の問題

　本節冒頭で、各国の銀行規制や新規業務に係る制度の差異について解説した。銀行あるいは銀行持株会社がグループに内において行える業務は、銀行

第1章　銀行を中心とする金融グループの現在、過去、未来　105

法により限定列挙されており、厳しく制約されている。しかし、ソニーや楽天、セブン＆アイ・ホールディングスなどの一般事業会社が連結子会社として銀行を運営することは、銀行法による主要株主規制に基づく認可を得れば既存の事業を銀行法により縛られることはない。

これは、事業の出発点によって行える業務が異なるという「非対称性」である。アメリカにおいて、ブレイディ報告が銀行事業と一般事業を包括的に運営することを念頭に置いた「多角持株会社（DHC = Diversified Holding Company）」を提案したが、これは極端な例である。それにしても、一般事業会社が金融事業を拡充していく一方で、銀行がその事業を厳しく限定的に閉じ込められる状況は公平とはいえない。

加えて、銀行業を取り巻く経営環境は、IT技術の進展、ライフスタイルの変化などにより不透明性が拡大している。変化に柔軟に対応できない場合は、銀行がガラパゴス化するおそれが出てくる。

したがって、銀行が行える業務に関して限定列挙制度を存続させるか否かは別の判断としても、少なくとも銀行事業の親和性やリスク管理などの観点から問題がない限りは、柔軟に事業が拡大できる制度設計の検討が求められる。

③　金融危機をふまえた銀行グループの健全性の確保

とはいえ、銀行の業務範囲拡大が、事業規模の増大と複雑性の深化を進め、世界的金融危機の一因を占めていたことは確かである。このため、やみくもな事業範囲の拡大が銀行グループの健全性を脅かす蓋然性を高めてしまうのであれば、それは得策ではない。

このため、上記のような観点から銀行の新規業務の拡大について、リスク管理上の視点からしっかりした精査を行う必要が、銀行自身も監督者も必要である。

また、リスクの資本賦課を厳しく行う必要もある。EUにおいて、一定水準以上の他事業持分が自己資本控除となるような仕組みが必要ではないか。

ただ、銀行以外のリスクに関しては、すでに政策保有株式を通じて銀行経

図表１－33　メガバンクのグループ構成（2015年12月末現在）

	みずほフィナンシャルグループ	三菱UFJフィナンシャル・グループ	三井住友フィナンシャルグループ
中核銀行	◎みずほ銀行	◎三菱東京UFJ銀行	◎三井住友銀行
信託銀行	◎みずほ信託銀行 ○資産管理サービス信託銀行	◎三菱UFJ信託銀行 ○日本マスタートラスト信託銀行	◎SMBC信託銀行
証券	◎みずほ証券	◎三菱UFJ証券ホールディングス （○三菱UFJモルガン・スタンレー証券、△モルガン・スタンレー三菱UFJ証券）	◎SMBC日興証券 ◎SMBCフレンド証券
消費者金融	なし	△アコム	◎SMBCコンシューマーファイナンス
クレジットカード	○ユーシーカード △オリエントコーポレーション	○三菱UFJニコス △ジャックス △ジャルカード	○三井住友カード ○セディナ
資産運用会社	○みずほ投信投資顧問 ○新光投信 △DIAMアセットマネジメント	◎三菱UFJ国際投信 ◎MU投資顧問	△三井住友アセットマネジメント △大和住銀投信投資顧問
シンクタンク	◎みずほ総合研究所	◎三菱UFJリサーチ＆コンサルティング	◎日本総合研究所
リース	▲興銀リース ▲芙蓉総合リース ▲東京センチュリーリース	△三菱UFJリース △東銀リース	○三井住友ファイナンス＆リース
事業投資	○みずほキャピタル	○三菱UFJキャピタル	○SMBCベンチャーキャピタル
保証	◎みずほ信用保証 ◎みずほトラスト保証	◎三菱UFJ住宅ローン保証	◎SMBC信用保証
ファクタリング	◎みずほファクター	◎三菱UFJファクター	◎SMBCファイナンスサービス
海外主要商業銀行		◎MUFG Americas Holdings Corporation ◎Bank of Ayudhya	

（注）　◎100％保有、○その他連結子会社、△持分法適用、▲親密会社
（出所）　会社資料に基づき筆者作成

営を脅かす状態が続いている。このため、ここで念頭に置いているような
フィンテックやECモールなどのリスク・エクスポージャーに比べ、比較に
ならない大きな一般事業リスクをすでに銀行が抱え込んでいる点も認識すべ
きである。このため、こうした業務範囲の議論においては、保有株式を通じ
たリスクについてもあわせて議論すべきではないか。

(3) グループ経営の展望

　銀行グループの経営を展望するうえで、グループの特性に伴うグローバル
な規制や監督の流れを無視することはできない。詳細な内容は第5章におい
て述べるが、ここでは大きな方向性のみを議論することとしよう。

　図表1-33はメガバンクのグループ構成の俯瞰をしたものである。銀行・
信託・証券の主要3分野に関してはおおむね機能の充実が進んでいることが
確認できる。また周辺業務としても、ノンバンクなどさまざまなビジネスの
取込みをおおむね終えている。

　今後のメガバンクのグループ展開としては、グローバルという地域軸と
IT技術進展によるフィンテックやファインダー業務などの機能軸の2つが
考えられる。

　前者に関しては、国際的な金融規制の厳格化が及ぼす影響をふまえる必要
がある。後者に関してはわが国における銀行関連事業の制度的な見直しの方
向性に依存している。

【第1章の参考文献】

池尾和人（2001）「情報化と金融仲介」奥野正寛・池田信夫編『情報化と経済シス
　テムの転換』東洋経済新報社
池尾和人（1990）『銀行リスクと規制の経済学〜新しい金融論の試み』東洋経済新
　報社
石山嘉英・野﨑浩成（2014）『グローバル金融システムの苦悩と挑戦』金融財政事
　情研究会
西村吉正（2003）『日本の金融制度改革』東洋経済新報社

日本銀行信用機構局（2005）「金融サービス業のグループ化―主要国における金融コングロマリット化の動向」日本銀行

野﨑浩成（2015）『トップアナリストがナビする金融のしくみと理論』同文舘出版

Dafna Avraham et al（2012）"A Structural View of U.S. Bank Holding Companies," *FRBNY Economic Policy Review / July 2012*, Federal Reserve Bank of New York

Kuppuswamy, V. and B. Villalonga（2010）"Does Diversification Create Value in the Presence of External Financing Constraint? Evidence from 2008-2009 Financial Crisis," *SSRN Working Paper*.

Leonardo Gambacorta and Adrian van Rixtel（2013）"Structural bank regulation initiatives: approaches and implications," *BIS Working Papers No 412*, Bank for International Settlements

Scharfstein, D.S. and J.C. Stein（2000）"The Dark Side of Internal Capital Markets: Divisional Rent-Seeking and Inefficient Investment," *The Journal of Finance*, #55

日本の銀行グループ規制

銀行のグループ規制に関連する法律

(1) 全体像

　銀行のグループ規制に関連する法律は多岐にわたる。
　まず、銀行業は銀行法第4条に基づく免許を受けた者でなければ営むことができない。したがって、銀行業を営む者、すなわち銀行を規律する業法である銀行法がその根本に位置づけられることはいうまでもない。
　また、銀行は株式会社でなければならないことから（銀行法第4条の2）、株式会社一般を規律する会社法が全面的に適用される。ただし、銀行業の性質に照らした特例が銀行法において定められており（図表2-1参照）、銀行法は会社法の特別法として位置づけられる。
　加えて、銀行は、「預金又は定期積金等の受入れ」「資金の貸付け又は手形の割引」および「為替取引」の固有業務に加え、銀行法第10条第2項および第11条が定める業務を営むことができるほか、他の法律により、銀行が営むことが認められる業務を営むことができる（同法第12条）。こうした業務を営む場合には、当該業務に適用される法律が銀行にも別途適用されることになる。銀行の子会社が営む業務についても同様である。たとえば、金融商品取引法や保険業法はその代表である。また、銀行が取り扱う外貨預金など元本毀損リスクがある特定預金等に関しては、金融商品取引法が準用されている（同法第13条の4）。
　さらに、私的独占の禁止及び公正取引の確保に関する法律（以下「独占禁止法」という）も密接に関連する法律である。たとえば、銀行持株会社の定義（銀行法第2条第12項・第13項）において独占禁止法における「持株会社」の定義が用いられている。また、銀行等による国内の会社の議決権の取得制限については、銀行法第16条の3、第52条の24に加え、独占禁止法第11条に

おいても直接銀行を名宛人とする規制が定められている。

　各法律が具体的にどのように適用されるかについては本章および第3章の各関連部分において説明するが、ここでは関連する各法律を概観する。

(2)　銀　行　法

　銀行法は、銀行業は銀行業の免許を受けた者でなければ営むことができないとし、業を営む主体を特定したうえで、銀行を名宛人とする各種の規制を定めており、いわゆる業法に位置づけられる。つまり、銀行法は、だれが行うかにかかわらず銀行業に該当する「行為自体」を直接規律するというアプローチではなく、銀行業を行う者をすべからく免許制度に基づく当局の監視・監督に服させたうえで、当該「行為主体」を規律することにより目的を達成するというアプローチを採用している。

　そして、最も厳格な参入規制である免許制のもと、銀行は日常的かつ最高度の当局の監督のもとに置かれていることから、法律自体には子細な禁止規定等は定められておらず、銀行法は全体でも70条にとどまる比較的短い法律となっている。この点、同様に保険業につき免許制を採用している保険業法が全体で342条に及ぶ詳細な規制体系を構成していることとも大きな違いがある。さらに、金融商品取引法は、登録制のもと金融商品取引業者等を規制する業法としての役割を担うと同時に、国民一般を名宛人としてその行為自体を直接規制するというアプローチを採用し、政令・内閣府令等も含め詳細で具体的な規制体系を構築しており、銀行法とは顕著な違いが認められる。

　なお、2015年12月22日に金融審議会「金融グループを巡る制度のあり方に関するワーキング・グループ」および「決済業務等の高度化に関するワーキング・グループ」の各報告書が公表されており、これらをふまえた銀行法および資金決済に関する法律（以下「資金決済法」という）などの改正作業が進められている[1]。

1　第2章および第3章は、2016年2月29日時点の法令等に基づいている。したがって、当該各報告書については適宜検討しているが、改正法案については検討していない。

図表２－１　銀行法における会社法の特則

項目	条文	内容
銀行の機関	第４条の２	銀行は株式会社であって、①取締役会、②監査役会、監査等委員会または指名委員会等、および、③会計監査人を置かなければならない。
資本金の額	第５条	銀行の資本金の額は、政令で定める額（20億円）以上でなければならない。
商号	第６条	銀行は、その商号中に銀行という文字を使用しなければならない。銀行でない者は、その名称または商号中に銀行であることを示す文字を使用してはならない。
取締役等の兼職の制限	第７条	銀行の常務に従事する取締役（指名委員会等設置会社にあっては、執行役）は、認可を受けた場合を除き、他の会社の常務に従事してはならない。
取締役等の適格性等	第７条の２	銀行の取締役等は、一定の知識経験を有し、かつ、十分な社会的信用を有する者でなければならない（その他会社法の規定の調整あり）。
取締役等に対する信用の供与	第14条	利益相反取引の承認に係る取締役会の決議の要件を、議決に加わることができる取締役の過半数から３分の２以上に加重。
休日および営業時間	第15条	銀行の休日および営業時間を政府令で定める。
事業年度	第17条	銀行の事業年度は一律に４月１日〜翌年３月31日とする。
資本準備金および利益準備金の額	第18条	銀行は、剰余金の配当をする場合には、会社法第445条第４項にかかわらず、当該剰余金の額に５分の１を乗じて得た額を資本準備金または利益準備金として計上しなければならない。
事業報告等の記載事項等	第22条	銀行が会社法第435条第２項の規定により作成する事業報告および附属明細の記載事項または記録事項は内閣府令で定める。
株主等の帳簿閲覧権の否認	第23条	会社法第433条（会社帳簿の閲覧等の請求）の規定は、銀行の会計帳簿およびこれに関連する資料については、適用しない。

⑶ 会 社 法

　銀行の組織形態は株式会社に限定されていることから（銀行法第4条の
2）、株式会社に適用される会社法が、銀行にもまた全面的に適用される。
　会社法が想定する会社は多種多様であり、会社法はそのような多様性に応
じた柔軟な機関設計等を許容している。しかし、銀行法の目的や銀行の業務
の公共性、銀行の国民経済において果たす役割の重大性、預金受入機関とし
ての高度なガバナンス体制整備の要請等に照らすと、銀行については、一般
の会社とは異なる、または加重した規制を適用し、一定の枠組みを最低限確
保させることが必要な場合がある。
　そこで、銀行法は、図表2－1にあげたような事項について会社法の特則
を定めている。

⑷　金融商品取引法・保険業法その他の業法

　銀行法は第10条～第12条において、銀行が行うことができる業務を列挙し
ているが、そのなかには、他の法律により規制されている業務も少なくな
い。こうした場合、銀行法第12条が定める「担保付社債信託法その他の法律
により営む業務」についてはその旨明記されているが、それ以外の業務につ
いても、一定の例外を除き、原則として、銀行法とともに当該他の法律も適
用されることになる。

①　固有業務

　まず、預金等の受入れについては、出資の受入れ、預り金及び金利等の取
締りに関する法律第2条第1項が、他の法律に特別の規定がある者を除き、
業として預り金（預金等の受入れを含む）をすることを禁止しているが、銀
行法第10条第1項第1号がこの他の法律の特別の規定に該当することになる。
　次に、資金の貸付または手形の割引については、貸金業法第2条第1項が

第2章　日本の銀行グループ規制　115

定める「貸金業」に該当するが、同項第2号は「貸付けを業として行うにつき他の法律に特別の規定がある者が行うもの」を貸金業から除外しているところ、銀行法第10条第1項第2号がこの他の法律の特別の規定に該当し、銀行の貸付業務は貸金業に該当せず、貸金業法は適用されないことになる。

最後に、為替取引については、資金決済法第2条第2項が、「資金移動業」を、「銀行等以外の者が為替取引（少額の取引として政令で定めるものに限る）を業として営むこと」と定義していることから、銀行が行う為替取引に対して資金決済法は適用されない。むしろ、為替取引はもともと銀行等のみに認められていたところ、資金決済法により登録制のもと銀行等以外の者にも部分的に開放されたというのが経緯である。

② 付随業務等および子会社の業務

銀行は、固有業務以外にも銀行法第10条第2項〜第12条に定める業務を営むことができるが、これらの業務に適用される法律は銀行法と重畳的に適用されることになる。

代表的なものとしては、銀行は国債等の引受け等や有価証券の私募の取扱い、いわゆる投資信託の窓口販売などを行うことができるが、そのためには、金融商品取引法第33条の2に基づく登録を受けることにより登録金融機関として行う必要があり、登録金融機関の行為規制等について金融商品取引法が広く適用されることとなる。

また、銀行が保険の窓口販売を行う場合には保険業法の適用を受けることとなり、保険業法施行規則第212条および第212条の2は、銀行等が生命保険募集人または損害保険代理人として保険募集を行う場合の特別の弊害防止措置を定めている。

さらに、信託業務を兼営する信託銀行に対しては金融機関の信託業務の兼営等に関する法律が適用され、同法が準用する信託業法の多くの規定が関係することとなる。

これら以外にも、銀行法とともにその営む業務に応じて多くの法律が銀行に適用されることになるが、銀行の子会社が営む業務についても同様であ

る。なお、銀行の子会社は貸金業を行うことができるが（銀行法施行規則第17条の3第2項第2号）、銀行本体と異なり、貸金業法が適用されることになる。

③　特定預金等

　銀行が取り扱う外貨預金など元本毀損リスクがある特定預金等に関しては、金融商品取引法は直接適用されないものの、その金融商品としての性質が金融商品取引法の規制対象である有価証券等やデリバティブ取引と類似しており、顧客保護の要請も同様であることから、銀行法において金融商品取引法が準用されている（銀行法第13条の4）。

(5)　独占禁止法

　銀行法における銀行持株会社は、銀行を子会社とする持株会社であって銀行法の認可を受けたものと定義されるが（銀行法第2条第13項）、この「持株会社」は、独占禁止法第9条第4項第1号における「持株会社」の定義がそのまま用いられている（銀行法第2条第12項）。したがって、銀行持株会社に関する銀行法の規制が適用されるか否かを検討する際には、入口の段階で独占禁止法に照らした持株会社該当性が検討されることになる。

　また、銀行等による国内の会社の議決権の取得制限については、銀行法第16条の3、第52条の24に加え、独占禁止法第11条においても直接銀行を名宛人とする規制が別途定められている。

　さらに、独占禁止法第19条が禁止する不公正な取引方法のなかには、銀行法第13条の3が定める銀行の業務に係る禁止行為と共通するものが少なくない。たとえば、銀行法第13条の3第4号、銀行法施行規則第14条の11の3第3号が禁止する優越的地位の濫用は、独占禁止法第2条第9項第5号において不公正な取引方法の1つとして定義されており、実際に、銀行がこうした違反行為を行った場合、銀行法に基づく行政処分とともに、独占禁止法違反として公正取引委員会からも処分が下されることも少なくない。

第2章　日本の銀行グループ規制　117

銀行法の目的と体系

(1) 銀行法の目的

① 銀行法の規定

銀行法第1条は、銀行法の目的を以下のように定める。

> **第1条** この法律は、銀行の業務の公共性にかんがみ、信用を維持し、預金者等の保護を確保するとともに金融の円滑を図るため、銀行の業務の健全かつ適切な運営を期し、もつて国民経済の健全な発展に資することを目的とする。
> 2 この法律の運用に当たつては、銀行の業務の運営についての自主的な努力を尊重するよう配慮しなければならない。

これによれば、銀行法が目指すところは、銀行の業務は、その<u>公共性</u>ゆえに、<u>国民経済の健全な発展</u>に大きくかかわることから、国民経済の健全な発展という究極的な目的のため、①<u>信用の維持</u>、②<u>預金者等の保護</u>、および、③<u>金融の円滑</u>を図るべく、<u>銀行の業務の健全かつ適切な運営</u>を期すことということになる。かかる目的を基本理念・指導原理として、銀行法は、銀行業の免許制を定め、その他の銀行に対する規制の体系を形成している。

同時に、第2項は、銀行法の運用にあたって銀行の自主的な努力を尊重することを明記しており、銀行の公共性と私企業としての銀行の自助努力を調和すべき点が確認されている。

② 銀行の業務の公共性

銀行は、一般公衆から金銭を預金として受け入れ、当該金銭を貸付その他

の方法により運用することにより、経済全体のなかで資金仲介・信用創造機能を担っている（金融の円滑）。銀行は、不特定多数の者から、元本が返還される安全・確実な貯蓄手段として預金を受け入れていることから、銀行が資金仲介・信用創造機能を発揮する前提として、預金者等を保護することが重要となる（預金者等の保護）。

　銀行が破綻し、国内にさらには世界中に連鎖的に信用不安が伝播し、銀行預金のいわゆる取付けが起こり、信用秩序が崩壊した例は歴史上枚挙にいとまがない。現代においては、わが国における預金保険法や各国が協調した取組みにより一定のセーフティネットが整備されているが、それとて万全ということはできないであろう。現代においても信用秩序維持は各国の金融当局および中央銀行の最重要課題であり続けている（信用の維持）。

　こうした銀行業の国民経済の健全な発展に果たす役割の大きさが、銀行の業務の公共性が強調され、銀行業の免許制や当局による高度な監督の根拠とされるゆえんである。こうした背景のもと、銀行法は銀行の業務の健全かつ適切な運営を目指した法体系を構築しており、当局による監督の主眼も、銀行の業務の健全かつ適切な運営に置かれている。なお、以前は不良債権問題が未解決ななか銀行の健全性を重視した監督が行われていたが、近時はコーポレートガバナンスやコンプライアンスの観点から、レピュテーショナル・リスクも含めた業務の適切な（適法であるのみならず）運営も重視されている。また、財務の健全性についても、信用リスク管理のみならず、各種のリスク管理を含む統合的リスク管理、さらには銀行単体での健全性のみではなくグループとしての健全性、さらには金融システム全体のマクロ・プルーデンスの観点が重視されるに至っている。

③　銀行の私企業性との調和

　銀行法第1条第2項は、銀行の自主的な努力の尊重を銀行法の運用原理として定める。

　銀行法第1条第1項の銀行の公共性が強調されすぎると、銀行が問題ある行動を行わないよう、銀行を当局による強力な監督に服させ、管理するとい

第2章　日本の銀行グループ規制　119

う方向に振れることになる。かつての大蔵省によるいわゆる護送船団方式による銀行行政などは銀行の公共性により重きを置いた手法だったということができるかもしれない。

　しかし、銀行は免許業種であるものの、あくまで私企業たる株式会社であって、市場原理のなかでの自主的な経営判断、自助努力が求められる存在である。銀行が市場原理にさらされず、その自主的な努力の余地が限定的になると、いわゆるモラルハザードが生じ、むしろ銀行法の目的達成を遠ざけてしまう事態も生じかねないであろう。

　そこで、銀行法第1条第2項は、銀行の自主的努力について明記し、銀行の公共性と私企業性の調和を銀行法の運用理念とすることを確認している。

(2)　銀行法の体系

　銀行法の条文の体系は、図表2－2のとおりである。

　銀行法は、銀行を名宛人とし銀行を規律する条項が大半を占めるが、銀行のグループ経営との関係では、以下の特徴が認められる（詳細は本章および第3章の各関連項目を参照）。

①　銀行子会社

　銀行の子会社については、第2章の2によりその業務範囲が制限されている。そして、大口信用供与規制（銀行法第13条）や銀行等による議決権の取得等の制限（同法第16条の3）等においては、銀行とともに子会社を名宛人とし、銀行と一体的に（合算して）規制の対象としている。さらに、銀行の子会社よりも広義の概念である子法人等は、当局の監督・検査の直接の対象になりうる（同法第24条、第25条）。

②　銀行代理業者

　銀行のために銀行の固有業務の代理または媒介を行う銀行代理業は、認可を受けた者でなければ営むことができない（銀行法第52条の36）。そして、銀

図表 2 - 2　銀行法の体系

第 1 章　総則（第 1 条—第 9 条）
第 2 章　業務（第10条—第16条）
第 2 章の 2　子会社等（第16条の 2・第16条の 3 ）
第 3 章　経理（第17条—第23条）
第 4 章　監督（第24条—第29条）
第 5 章　合併、会社分割又は事業の譲渡若しくは譲受け（第30条—第36条）
第 6 章　廃業及び解散（第37条—第46条）
第 7 章　外国銀行支店（第47条—第52条）
第 7 章の 2　外国銀行代理業務に関する特則（第52条の 2 —第52条の 2 の10）
第 7 章の 3　株主（第52条の 2 の11—第52条の35）
　第 1 節　通則
　第 2 節　銀行主要株主に係る特例
　第 3 節　銀行持株会社に係る特例
第 7 章の 4　銀行代理業（第52条の36—第52条の61）
第 7 章の 5　指定紛争解決機関（第52条の62—第52条の84）
第 8 章　雑則（第53条—第60条）
第 9 章　罰則（第61条—第67条）
第10章　没収に関する手続等の特則（第68条—第70条）

（注）　下線は筆者。

行法は、銀行代理業者に対し業務の指導その他の健全かつ適切な運営を確保するための措置を講じる義務を銀行に課すことなどにより（同法第52条の58）、銀行の業務の健全性・適切性が銀行代理業者を通じて害されることを防止している。

③　銀行持株会社

　銀行持株会社に関する規制は、わが国においては、銀行法とは別の法律ではなく、銀行法第 7 章の 3 第 3 節において、銀行の株主に対する規制の一環として定められている。

　また、銀行・保険・証券といった各業態の金融機関に係る持株会社を横断的に「金融持株会社」として規制するアプローチは採用されておらず、子会社とする金融機関の業態に応じて、銀行法、保険業法および金融商品取引法の関連規定が、それぞれ適用される仕組みとなっている[2]。この点は、銀行

第 2 章　日本の銀行グループ規制　121

法とは別に銀行持株会社法が存在し、そのなかでさらに銀行持株会社とは別
途金融持株会社の制度を設け、金融持株会社には銀行持株会社に比して柔軟
な業務展開を許容しているアメリカとは異なる法体系となっている。

---

2 ただし、「金融コングロマリット監督指針」および「金融持株会社に係る検査マニュ
アル」においては、「金融持株会社」との用語が、銀行法、保険業法および金融商品取
引法に言及するかたちで定義されている。

3 銀行および銀行業の定義と参入規制

(1) 銀行および銀行業の定義

① 銀行法における「銀行」および「銀行業」

　銀行または銀行業の経済上の概念としては、「経済社会における資金の転換を媒介するために、資金の需要者と供給者の間に立ち、自己の計算において広く両者と取引をなすことを業とする者であり、特に受信業務と与信業務との双方を併せなすことをその本質的特徴とする」との考え方が代表的である[3]。

　これに対し、法律上の概念としては、銀行法上、「銀行業」とは、①預金または定期積金の受入れと資金の貸付または手形の割引とを併せ行うこと、②為替取引を行うこと、のいずれかを行う営業をいうと定められている（銀行法第2条第2項）。また、これらの銀行業は、内閣総理大臣の免許を受けた者でなければ営むことができず（同法第4条第1項）、この免許を受けて銀行業を営む者のことを「銀行」というと定められている（同法第2条第1項）。

　これらの銀行法における銀行または銀行業の概念は、預金または定期積金の受入れという受信業務と資金の貸付または手形の割引という与信業務との双方を併せ行うことを本質的特徴とする点で、前述の経済上の概念と大差はない。つまり、銀行法は、経済上の銀行または銀行業の本質的特徴に着目して、これらの定義を定めたものといえる。銀行法がこのような銀行および銀行業の定義の方法をとったのは、銀行が、わが国において前述の本質的機能——預金等というかたちで広く公衆から資金を集め、それを与信に振り向ける

---

[3]　旧大蔵省銀行局編『金融関係法II』（1953）8頁。

第2章　日本の銀行グループ規制　123

ことで金融仲介機能を果たすという機能—を担うがゆえに、高度の公共的性格を有し、経済的に重要な機能を担うものであることにかんがみ、厳格な法規制を及ぼし、これを取り締まる意義があると考えられたためである。

　他方、為替取引については、それのみを行う営業をもって銀行業に該当するとされている。これは、為替取引がそれ自体経済的に重要な機能を有することや、実質的に顧客との間で信用の授受を発生させる性質を有することをふまえ、厳格な規制を及ぼすことを企図したものである。なお、資金決済法が規定する「資金移動業」（同法第2項第2項）については、取引の性質自体は為替取引に該当するものの、銀行業には該当しないとして、銀行等以外の者であっても同法に基づく資金移動業者としての登録（同法第37条）を受けて営むことが可能である（後記4(2)③参照）。

②　預金または定期積金の受入れと資金の貸付または手形の割引とを「併せ行う」とは

　前述のとおり、銀行法上、預金または定期積金の受入れと資金の貸付または手形の割引とを「併せ行う」場合は銀行業に該当するが、ここでいう「併せ行う」とは、預金または定期積金の受入れと資金の貸付または手形の割引の双方を行うこと、つまり、受信・与信の両業務をともに行うことを指す。

　したがって、資金の貸付または手形の割引を行うが、預金または定期積金の受入れを行わない場合は、銀行法上の銀行業には該当せず、銀行法に基づく銀行業の免許を受ける必要はない。たとえば、質屋営業法における質屋などは、このような例に該当する。また、たとえば、消費者金融業者や短資会社等のように、借入金などの預金または定期積金以外の方法で集めた資金を原資として資金の貸付または手形の割引を行う者も同様であるが、これらは銀行法の適用を受けない。しかし、消費者金融業者は、貸金業法に規定する「貸金業」（貸金業法第2条第1項）を営む者に該当するため、同法に基づく貸金業登録（同法第3条第1項）を受けたうえで[4]、同法に基づく規制・監督を受けることになる[5]。なお、同法に規定する貸金業からは、「貸付けを業として行うにつき他の法律に特別の規定のある者が行うもの」が除かれている

図表2－3 「銀行業」「みなし銀行業」

預金または定期積金の 受入れ	資金の貸付または手形の 割引	
○	○	➡ 「銀行業」に該当
○（注1）	×	➡ 「みなし銀行業」に該当
×	○	➡ 「銀行業」「みなし銀行業」のいずれにも該当しない（注2）

（注1） 預金または定期積金「等」の受入れを行う場合。
（注2） ただし、貸金業法その他の法令の適用がありうる。

ところ（同法第2条第1項第2号）、銀行は、前述のとおり銀行法に基づき貸付を業として行う者に該当するため、貸金業法に基づく貸金業登録を受ける必要はなく、同法の適用も受けない。

これに対し、預金または定期積金等の受入れを行うが、資金の貸付または手形の割引を行わない場合は、銀行法上の「銀行業」（銀行法第2条第2項）には該当しないものの、銀行業とみなして、銀行法が適用されるとしている（同法第3条）。これを「みなし銀行業」といい、詳細については次項を参照されたい（図表2－3参照）。

③ みなし銀行業

前述のとおり、銀行法は、受信・与信の両業務を併せ行い、金融仲介機能を果たす営業を「銀行業」として定義する。したがって、預金または定期積

---

4 貸金業を営もうとする者は、二以上の都道府県の区域内に営業所または事務所を設置してその事業を営もうとする場合にあっては内閣総理大臣の、一の都道府県の区域内にのみ営業所または事務所を設置してその事業を営もうとする場合にあっては当該営業所または事務所の所在地を管轄する都道府県知事の登録を受けなければならないとされている（貸金業法第3条第1項）。

5 なお、短資会社は、現在3社が存在するが、いずれも貸金業法の適用は除外されている（貸金業法第2条第1項第5号、同法施行令第1条の2第3号）。もっとも、短資会社は、1983年改正前の旧出資法（出資の受入れ、預り金及び金利等の取締りに関する法律）、第7条（貸金等の届出）、第8条（報告及び調査）の適用を当分の間受けるものとされており、当該規定に基づき、現在も金融庁の監督下にある。

金等の受入れを行うものの、これらにより得た資金を、たとえば有価証券投資のみに振り向ける等して資金の貸付または手形の割引に使用しない場合は、銀行法上の「銀行業」（銀行法第2条第2項）を営む場合には該当しないことになる。

このような営業自体は、理念的にはありうるものであって、健全に当該営業が行われる限りは、ことさらにこれを禁止すべき必要性もない。

しかし、仮に、預金等により受け入れた資金を有価証券投資やその他の（貸付等以外の）事業に使用する場合に、銀行法の規制が及ばないものとすると、法律の適用範囲に空白部分が生じることになり、「預金者等の保護を確保する」との銀行法の目的（銀行法第1条）を果たせないおそれがある。

このような事情にかんがみ、銀行法は、預金または定期積金等の受入れを行うが資金の貸付または手形の割引を行わない営業について、銀行業そのものには該当しないものの、銀行業とみなして、銀行法を適用すると規定している（みなし銀行業。銀行法第3条）。同条の法的効果は「みなし」であるため、当該業務を営む者が資金の貸付等を行わないことを証明した場合であっても銀行法の適用を免れることはできない。

なお、みなし銀行業の対象となるのは、「預金または定期積金「等」」の受入れを行うものであって（銀行法第3条）、銀行業の対象となる「預金または定期積金」とは異なっている。「定期積金等」とは、定期積金のほか、一定の期間を定め、その中途または満了の時において一定の金額の給付を行うことを約して、当該期間内において受け入れる掛金をいう（同法第2条第4項）。銀行法は、この掛金について、銀行業の定義自体には含めてはいないが、銀行以外の者がその受入れを業とした場合には銀行業を営むものとみなし、同法を適用するものとしている。掛金は、旧相互銀行法に基づき発足した相互銀行が取り扱っていた商品であり、もともと銀行法に基づく銀行（普通銀行）の業務範囲には掛金は含まれていなかったが、金融制度改革の一環として相互銀行が普通銀行へ転換したことに伴い、銀行法における銀行の業務範囲に掛金が追加されたものである（同法第10条第1項第1号参照）。

126

(2) 参入規制

銀行法は、銀行の業務の公共性から、銀行経営に求められる十分な能力と財産的基盤のある者にのみ参入を許すこと（参入規制）を通じて、健全かつ適切な銀行経営を確保しようとしている。以下では、銀行法が定める参入規制のうち主なものとして、銀行業の免許制、銀行の機関および銀行業を営む際に必要な最低資本金について述べる。

なお、銀行業への参入の方法としては、自らが銀行業を行う方法による参入（たとえば、銀行の設立や銀行業の開始等）のみならず、銀行業を行う会社を株主として支配する方法による参入も考えられる。そして、後者の方法による参入に関しても銀行主要株主に係る認可制等の参入規制が存在するが、これらについては後述する（後記9(2)参照）。

① 免 許 制

銀行業を営むためには、一般の事業会社とは異なり、内閣総理大臣の免許を受けなければならない（銀行法第4条第1項）。

銀行が堅実に経営を行い、その金融仲介機能を発揮することは、国民経済の健全な発展に貢献するものであって、一国の経済において基本的な要件である。しかし、銀行の設立を放任した場合には、経営基盤が脆弱な銀行や銀行の業務の公共性に反する経営を行う銀行が現れ、自らの暴利を図り、不当な競争をいたずらに行うことにより、最終的には経営破綻を招く結果となりうる。このように、いったん健全でない銀行が設立されてしまった場合には、その後、政府が当該銀行を監督しその経営を立て直すためには、多大な労力と国民のコスト負担が発生する一方で、必ずしも成功を期しがたい。その結果、預金者等の利用者が大きな損害を被ることになり、かつ、金融システムの健全性も毀損されることになる。そこで、銀行法は、経営基盤が脆弱な者や銀行の業務の公共性に反する経営を行うおそれのある不適格者を設立以前の段階であらかじめ排除することを目的として、銀行業を免許制とした。

第2章 日本の銀行グループ規制 127

そして、このような免許制の趣旨にかんがみ、銀行法は、銀行免許の審査にあたり、免許申請者の財産的基礎・知識・経験・社会的信用を審査基準として定め、銀行を健全かつ適切に運営することができる者のみにその経営を許すものとしている（銀行法第4条第2項、図表2－4参照）。また、主要行等向けの総合的な監督指針では、銀行の形態・資産構成に応じた免許審査の着眼点が示されている（図表2－5参照）。

　具体的な審査手法としては、申請者に対して申請内容について十分なヒアリングが行われるとともに、経営者の適格性や、銀行の業務を的確、公正かつ効率的に遂行できる態勢整備の実態が申請内容と整合的であるかなどを検証するにあたり、必要に応じ、説明内容の裏付けとなるデータ等の追加資料の提出が求められることとなる。

　また、当該審査基準に照らして公益上必要があると認めるときは、その必要な限度において、免許に条件を付すことができるものとしている（銀行法第4条第4項）。なお、「条件」とは、免許から通常生じる効果を制限するために免許付与権限を有する者が特に付した制限のことをいう。具体的には、条件、期限、負担、撤回権の留保、法律効果の一部除外の5種類がある。

　さらに、銀行法は、免許の失効条件として、「免許を受けた日から6か月以内に業務を開始しなかったとき」（銀行法第41条第4号）をあげている（ただし、やむをえない事由がある場合において、あらかじめ内閣総理大臣の承認を受けたときはその限りでない）。これは、銀行の公共性に照らして、免許後6カ月を経過してもなお開業しようとしないような不安定な者は、むしろ当初から存立の見込みのないものとして、これを消滅させることを意図したものである。戦前にみられたように、銀行業に関するいわゆる「思惑設立」、つまり十分な成算もないのに思惑だけで銀行の設立を図ることを防止する趣旨で規定されたものである[6]。

6　小山（2012）77頁。

図表2-4　銀行業免許の審査基準（銀行法第4条第2項）

一　銀行業の免許を申請した者が銀行の業務を健全かつ効率的に遂行するに足りる財産的基礎を有し、かつ、申請者の当該業務に係る収支の見込みが良好であること。

二　申請者が、その人的構成等に照らして、銀行の業務を的確、公正かつ効率的に遂行することができる知識及び経験を有し、かつ、十分な社会的信用を有する者であること。

図表2-5　主要行等向けの総合的な監督指針[7]

Ⅶ－1　銀行業への新規参入に係る免許審査及び免許付与後の監督上の対応等
Ⅶ－1－1　意義
　これまで、コンビニ等の店舗網にATMを設置し主に決済サービスの提供を行う銀行、インターネット上でのみサービスの提供を行う銀行、主として中小企業向けミドルリスク・ミドルリターンの融資を行う銀行、といった新たな形態の銀行や特色ある銀行が設立されている。また、株主構成面では、事業会社等の異業種による銀行業への参入もみられるところである。
　新銀行の免許申請がなされた場合、又は、銀行主要株主認可申請がなされた場合には、当局としては、申請者の財産的基礎や人的構成等、銀行法に規定されている審査基準に合致しているか否かについて厳正に審査する必要がある。
　一般的には、新銀行の免許申請がなされた場合には、申請者が銀行の業務を的確、公正かつ効率的に遂行することができるかどうかについては、申請者が行おうとするビジネスモデルに応じて、本監督指針や検査マニュアルに定める着眼点も参照すべきであるが、以下は、特に、当局が、銀行業への新規参入に関し、免許に係る審査及びその後の監督上の対応を行う際の着眼点を類型化して例示したものである。
　なお、具体的な審査手法としては、申請者より申請内容について十分なヒアリングを行うとともに、経営者の適格性や、銀行の業務を的確、公正かつ効率的に遂行できる態勢整備の実態が申請内容と整合的であるかなどを検証するに当たり、必要に応じ、説明内容の裏付けとなるデータ等の追加資料の提出を求めることとする。
　また、預金保険法第55条の2第4項及び第58条の3第1項に規定する措置が具体的に講じられるかについても審査するものとする。
（参考）「預金保険法第55条の2第4項及び第58条の3第1項関連チェック項目」（様式・参考資料編　資料1）

7　銀行のグループ経営と関連のある監督指針の該当箇所の抜粋。

Ⅶ－1－2　銀行の財務や経営に影響力を有する株主が存在する銀行の免許申請について

　銀行の開業後における収支や自己資本の充実状況の見込み（銀行法施行規則第1条の8第3項第2号及び第3号）を検証するに当たっては、それがどのような前提で策定されているかについても留意することとなるが、その際、銀行主要株主及び銀行に対し財務面や経営面でこれと同等の影響力を有する者（以下Ⅶ－1－2において「銀行主要株主等」という。）の銀行の経営悪化時における対応については、銀行の財務の健全性の判断要素となる。

　具体的には、銀行主要株主等が銀行の経営悪化時の対応についてどのような検討を行っているか、また、銀行の財務内容が悪化した時に、銀行の財務の健全性維持に向けて銀行主要株主等が行う対応の内容について銀行主要株主等と銀行との間において確認がなされているか、といった点についても把握するものとする。

Ⅶ－1－6　事業親会社等が存在する銀行の免許申請について

Ⅶ－1－6－1　子銀行の事業親会社等からの独立性確保の観点

（1）　基本的考え方

　　銀行の経営の健全性を確保するためには、経営の独立性の確保が前提となるが、銀行の経営方針に重要な影響を及ぼし得ると想定される銀行主要株主に事業会社等が存在する場合には、当該事業会社等（以下Ⅶ－1－5において「事業親会社等」という。）の事業戦略上の要請によって、子銀行の健全性が損なわれることのないよう、銀行経営の独立性の確保について、特に留意する必要がある。

（2）　免許審査及び免許付与後の監督上の主な着眼点

　　①　免許審査において確認すべき事項

　　　イ．子銀行の経営陣が常に銀行経営の健全性を最優先として、独立して経営判断を行う経営体制が確保されているか。例えば、子銀行の役員が事業親会社等の役員又は職員を兼任すること等により、子銀行の経営の独立性が損なわれていないか。

　　　ロ．事業親会社等の店舗を共有する場合等において、銀行業務の一部を事業親会社等に委託したり、事業親会社等の職員が銀行員を兼職すること等により、保安上ないしリスク管理上、銀行業務の健全かつ適切な運営が損なわれていないか（なお、この点は、コンビニにATMを設置する等のインストアブランチ（小売店舗内銀行営業所）一般の形態に適用されるべき事項である。）。

Ⅶ－1－6－2　事業親会社等の事業リスクの遮断の観点

（1）　基本的考え方

　　銀行経営の独立性が確保されたとしても、事業親会社等の経営悪化等、子銀行の意図しない事業親会社等のリスクが子銀行に及ぶ可能性がある。

特に、子銀行と事業親会社等とが営業基盤を共有しているような場合には、事業親会社等の破綻等に伴い、子銀行の営業基盤が一気に失われるおそれ（共倒れリスク）がある。こうしたリスクに対応するためには、現行の大口信用供与規制及びアームズ・レングス・ルールの遵守は当然のことであるが、以下のような諸点について留意する必要がある。

(2) 免許審査及び免許付与後の監督上の主な着眼点

① 免許審査において確認すべき事項

子銀行において、事業親会社等のリスクを遮断するための方策（注）が十分講じられているか。なお、当該方策には、最低限、以下の項目が含まれている必要がある。

イ．事業親会社等の業況が悪化した場合、当該事業親会社等に対し、支援、融資等を行わないこと。

ロ．事業親会社等の業況悪化や、事業親会社等による子銀行株の売却、預金の引出し等、事業親会社等に起因する種々のリスク（シナジー（相乗）効果の消滅、レピュテーショナルリスク（風評リスク）等に伴う株価の下落・預金の流出、取引先の離反等）をあらかじめ想定し、それによって子銀行の経営の健全性が損なわれないための方策（収益源及び資金調達源の確保、資本の充実等）を講じること。

ハ．特に、子銀行が事業親会社等の営業基盤を共有しているような場合には、事業親会社等の破綻等に伴い、営業継続が困難とならないような措置を講じること。

（注）なお、事業親会社等の子銀行以外の子会社等についても、子銀行との間で営業基盤を共有する場合等当該子会社等のリスクが子銀行に及ぶ可能性が高い場合があり得ることから、当該子会社等に対する必要なリスク遮断策を併せて求めるものとする。

ニ．上記のリスク遮断策によっても、完全に事業親会社等のリスクを遮断することが困難な場合も想定され、事業親会社等の経営リスクに伴う子銀行の経営悪化を早期に把握する観点から、銀行主要株主認可に係る審査の過程において、子銀行の経営に影響を及ぼし得る事業親会社等の業況について確認する。具体的には、免許申請者の収支の見込みや社会的信用等を審査するに当たり、当該事業親会社等の財務状況や社会的信用等についても十分勘案する。

（注） 下線は筆者。

② 銀行の機関

株式会社制

銀行法は、銀行の会社形態を株式会社に限定している（銀行法第4条の2）。

一般に、会社の形態としては、株式会社以外にも、合資会社、合名会社および合同会社などのさまざまな形態があるが、銀行法が銀行の会社形態を株式会社に限定しているのは、株式会社が、特定の資金力に依存することなく幅広く資金を集めることが可能であり、規模の大きな事業を行うのに適した会社形態といえること、所有と経営が分離しており株主の人的条件が経営に影響を与える度合いが小さい会社形態であること、情報の公開（ディスクロージャー）の原則が最も徹底した会社形態といえること、および株主総会・取締役会・監査役会等のように内部組織が整然と区分けされた会社形態といえることなどの理由によるものと説明されている[8]。

銀行の機関

銀行法においては、銀行は、次に掲げる機関を置くものでなければならないと定められている（銀行法第4条の2）。

(i) 取締役会

(ii) 監査役会、監査等委員会または指名委員会等

(iii) 会計監査人

したがって、銀行がとりうる企業統治構造としては、「監査役会設置会社」「監査等委員会設置会社」または「指名委員会等設置会社」のいずれかということになる。なお、当たり前のことではあるが、銀行がこれらのうちいずれの統治構造を採用するかという形式面（仕組み）のみをもって、当該銀行のガバナンス態勢の優劣が決まるものではなく、むしろ重要なのは、いかにその仕組みを機能させるかという実質の確保であり、そのような側面から当該銀行にとって最適な統治構造をつくりあげることが必要である。

銀行の機関設計に関しては、第3章1も参照されたい。

---

8 小山（2012）83頁。

③　最低資本金

　銀行法は、銀行業を営むにあたり必要な最低資本金の額について法定している（銀行法第5条）。具体的な金額については、貨幣価値の変動などに応じて変更できるよう、法律ではなく政令（銀行法施行令）で定めており、現在の最低資本金額は20億円と定められている（銀行法施行令第3条）。

　その理由については、銀行の資本基盤が薄弱であっては経済や金融動向の変化に銀行が対応できないおそれがあること、および、銀行業における資本金が広く公衆から預けられる預金等の最終的な担保としての性格をもつことにかんがみ、銀行の最低資本金の額を法定していると説明されている[9]。後者は預金者保護からの要請である。

9　小山（2012）90頁。

銀行の業務範囲

　銀行が行うことができる業務の範囲については、銀行法第10条第1項で固有業務、同条第2項で付随業務、第11条で他業証券業務を行うことができる旨が定められる一方、第12条においてはこれら以外の業務（ただし、担保付社債信託法など他の法律で兼営が認められたものは除く）を行うことを禁止する旨が定められている。

　つまり、銀行の業務範囲としては、(ⅰ)固有業務、(ⅱ)付随業務、(ⅲ)他業証券業務、(ⅳ)担保付社債信託業務などの他の法律で認められている業務（法定他業）、の4種類のみが限定的に認められ、それ以外は営むことが禁止されている（他業禁止規制）が、その趣旨として以下の3点が指摘されている。

・銀行が銀行業以外の業務を営むことによる異種のリスクの混入の阻止
・銀行業務に専念することによる効率性の発揮
・利益相反取引の防止

(1)　銀行の業務範囲規制の沿革

　現行銀行法における銀行の業務範囲規制の沿革を概観すると、以下のとおりである。

①　旧銀行法

　旧銀行法（昭和2年法律第21号）における業務範囲の規定はきわめて簡単なものであった。旧銀行法は、銀行の業務に関して、第1条で「預金ノ受入ト金銭ノ貸付又ハ手形ノ割引トヲ併セ為スコト」「為替取引ヲ為スコト」を営むものを「銀行」と定義し、また、「営業トシテ預金ノ受入ヲ為ス者ハ之ヲ銀行ト看做ス」と規定していた以外には、第5条で「銀行ハ担保附社債信託法ニ依リ担保附社債信託ニ関スル信託業ヲ営ミ又ハ保護預リ其ノ他ノ銀

行業ニ附随スル業務ヲ営ムノ外他ノ業務ヲ営ムコトヲ得ズ」と規定するだけ
で、付随業務に関して保護預りを例示する以上の具体的列挙はなかった。そ
のため、「銀行業ニ附随スル業務」の概念については、弾力的に対応できる
という利点はあったが、個々の具体的な業務につき、それが付随業務である
か否かが問題になるなど解釈上の疑義を残していた。

②　現行銀行法

　前述のような旧銀行法における業務範囲規制のあり方に対し、現行銀行法
(昭和56年法律第59号）においては、第10条第2項各号において、付随業務の
うち基本的なものを広く具体的に列挙するかたちで明示すること（他方で、
これら列挙された業務は単なる例示にとどめ、その他の付随業務がありうること
を同項柱書で定めることにより付随業務の弾力性を確保すること）によって、付
随業務の解釈上の疑義の解消を試みるなど、銀行の業務範囲規制のあり方が
大幅に見直された。

　この現行銀行法の改正は、1970年代に入り、経済社会構造や金融環境の根
本的な変化および主要国における金融制度改革等により、旧銀行法の枠組み
では対処しきれない状況が生ずるに至ったため、1975年5月に金融制度調査
会に対し、銀行法その他の法令および制度に関し改善すべき事項について諮
問が行われ、1979年6月20日付で答申「普通銀行のあり方と銀行制度の改正
について」が提出され、これを受けて行われたものである。同答申において
は、銀行の業務範囲および当該業務範囲に関する規定のあり方について、図
表2－6のとおり述べられている。

(2)　固有業務

　固有業務（銀行法第10条第1項）は、銀行の本業である「銀行業」を構成
する業務であり（前記3(1)①参照）、(i)預金また定期積金等の受入れ、(ii)資金
の貸付または手形の割引、(iii)為替取引の3つの分野から成り立っている。

第2章　日本の銀行グループ規制　135

図表 2 − 6　1979年 6 月20日付答申「普通銀行のあり方と銀行制度の改正について」

a　銀行の業務範囲のあり方

　　銀行が、経済社会構造の変化に伴う資金の需要及び供給の両面における多様化の進展及び金融の国際化等の環境の変化に対応し、国民経済的・社会的に要請される機能を十分に発揮して、経済社会全体の効率的な運営に寄与していくためには、適正な競争原理の活用と多様なニーズに十分対応しうるような態勢の整備が必要である。そのため、銀行の業務範囲を弾力化することによって、各金融機関がそれぞれ創意工夫を発揮していくことができるようにすることが重要である。このような業務範囲の弾力化は、また、銀行業務の多様化を可能とし、もって、普通銀行が資金需要等の面における経済社会のニーズの多様化に対応して多面的機能を果たしていくことができるようにするという意味でも必要である。

b　銀行の業務範囲に関する銀行法の規定

　㈀　銀行の業務範囲については、上記のとおりその弾力化を図っていくことが適当であるが、同時に銀行経営の健全性の維持等の観点、からは、これを引き続き規制していく必要がある。銀行法の改正に当たっては、戦後の金融関係業法の立法例等にかんがみ、また業務範囲についての安定性を確保するため、現行法（筆者注：旧銀行法のこと。以下、本設問中、「現行法」「現行銀行法」とあるのはすべて旧銀行法のことを指している）に比しある程度詳細な規定を設ける必要があるが、同時に、業務範囲の弾力化を図るという基本的な考え方に基づき、経済金融環境の変化に応じた銀行業務の効率的な遂行、顧客に対するサービスの充実等を銀行が適切に行っていくことができるようにするため、規定はある程度弾力的なものとしておくことが適当である。

　㈁　現行銀行法は、その第 1 条において、預金の受入れと金銭の貸付若しくは手形割引とを併せ営む者又は為替取引を営む者を銀行とするとともに、営業として預金の受入れを行う者を銀行とみなし、第 2 条において、銀行業は大蔵大臣の営業免許を受けなければ営んではならないとしている。この点については、今後とも銀行業を営むためには営業免許を受けなければならないとする必要があるが、営業免許を受けることを要する業務としては、銀行の資金仲介機能に着眼して、預金の受入れと資金の融通を併せ営むことをとらえるとともに、支払決済機能の重要性及び銀行業の沿革に照らし、為替取引を営むことをも含めるべきである。

　　なお、営業として預金の受入れを行う者についても、監督の必要性にかんがみ、現行法の考え方を踏襲し、預金の受入れと資金の融通を併せ営み又は為替取引を営む者と同様に営業免許を受けることを要することとすべ

きと考える。

(ハ) 銀行の業務範囲に係る法規定の仕組みに関しては、銀行の業務のうち、上記(ロ)に述べた預金の受入れ、資金の融通及び為替取引の基本的な業務をまず規定し、これらの業務以外の業務については、現行法の考え方等を踏まえ、基本的な業務の円滑な遂行に支障を生じない範囲で営むこととすることが望ましい。なお、そのうちの主要な業務については、法律の規定中に列挙することとする。また、銀行は上記の基本的な業務及びこれらの列挙した業務に附随する業務をも営むことができることとすることにより、今後とも、銀行の業務面における弾力的対応を可能とすることが適当である。

　なお、銀行の証券関係業務については、現行銀行法の解釈を踏まえ、また、証券取引法との関係にも配慮しつつ、今後、行政当局において、さらに検討される必要があるが、その業務の性格に応じて上記の3種類の業務分類に即して考慮されることとなると思われる。

(ニ) 現行銀行法は、そのほか、担保附社債信託業務の兼営を認めているが、担保附社債信託業務については、①これが企業に対する資金供給の円滑化を目的とするものであり、銀行が多面的機能を発揮し企業向け資金供給において適切な役割を果たしていくことの一環としてこれを営むことは適当であること、②これまでも同業務において銀行が大きな役割を果たしてきたこと及び③同業務を営んでも銀行経営に支障を生じるとは思えないことから、今後ともその兼営を認めていくこととすべきである。

　なお、信託業務については、当面現在の取扱いを維持することとすべきである。

(ホ) 銀行が、上記のような銀行業として適切な業務の範囲を超えて、他の業務に進出していくことについては、銀行経営の健全性を確保するため、これを禁止していく必要がある。

① 預金または定期積金等の受入れ

預　金

銀行法その他の法令において「預金」の定義は規定されていない[10]。なお、為替取引も同様に法令に定義は規定されていない。

1981年の銀行法の全面改正の際、預金および為替取引の定義を入れるべきとの意見もあったが、預金および為替取引については、定義を置くと、よほど工夫した法文にしないと、現実の預金や為替の変化に対応できないため新商品開発の制限にもなりかねず、むしろ定義を置かないほうが弾力的に解釈しうる余地を残すこと、および、定義がなくても支障を生じたことがなく、定義がないほうが実務面で便利であることにかんがみ、規定されなかったようである[11]。

「預金」について法令に定義規定がない以上、その意義については、取引慣行を中心にして解釈により補っていかざるをえないこととなるが、一般に、「預金」とは、「後日に同額の金銭の返還を受ける約束のもとで他人に金銭を預けることをいう」とされている[12]。また、金銭を預けること（預金契約）または預けられた金銭の返還（払戻）請求権（預金債権）を意味する用語として使用されることもある。

以上のような「預金」の法的性質については、一般に、金銭の消費寄託契約（民法第666条）であると解されている。通常の寄託契約においては、受寄者（たとえば、倉庫業者等）は、寄託者（たとえば、倉庫への物品の保管を依頼した者）から受け取った物自体を返還しなければならないが、預金等の消費寄託契約においては、受寄者（預金の例では、銀行）は、寄託者（預金の例では、預金者）から受け取った物（預金の例では、預かった金銭）を使用・運用ないし消費することが可能であり、返還すべき期日において、それと同種、

10　2015年3月31日付で第189回国会に提出された民法の一部を改正する法律案においても、「預金」という用語が使用されているが、その定義は規定されていない。

11　家根田・小田（2012a）10頁。

12　小山（2012）116頁。

同等、同量の物（預金の例では、預かったのと同額の金銭）を返還すべき義務を負う。「預金」の特徴として、元本保証があることがあげられるが、この特徴は、前述のとおり預金の法的性質が消費寄託であることに由来するといえよう。銀行は、預金者から預かった金銭について、その返還までの間、投融資等の運用に供することにより自らが利潤を得るのと同時に、金融仲介行為を通じて社会経済活動に寄与することとなる。

なお、消費寄託契約である預金契約には、民法第587条以下の消費貸借契約に関する規定が準用される（民法第666条第1項）。しかし、返還時期の定めがない預金の返還時期については、預金者は、消費貸借契約の場合のように相当の期間を定めた催告（民法第591条第1項）を行う必要はなく、いつでも返還を請求できる（民法第666条第2項）。したがって、たとえば、普通預金については、法律上も、預金者はいつでも好きな時に引出しが可能ということになる。とはいえ、民法の消費寄託契約や消費貸借契約に関する規定は限られているため、実務上は、預金取引については、各銀行が定める預金規定（約款）に契約条件等が定められており、預金規定（約款）により銀行と預金者の権利義務関係が決せられることとなる[13]。

定期積金

銀行法は、銀行の固有業務として預金のほかに「定期積金」の預入れを定めている。

「定期積金」とは、月掛貯金とも呼ばれるもので、期限を定めて一定金額の給付を行うことを約して、定期にまたは一定の期間内において数回にわたり受け入れる金銭をいう（銀行法第2条第3項）。

定期積金においては、預金のように利息はつかないが、積金合計額と満期日に支払われる給付金額との差額が預金利息に相当する。銀行は、当該預金利息に相当する金額を「給付補填金」として損金処理をしたうえで積み立て、満期日にこれを取り崩して積金合計額に加えて給付金として支払う（銀行から支払われた「給付補填金」は雑所得となり分離課税の対象となる）。

13　家根田・小田（2012a）10頁。

銀行法と預り金を禁止する出資法との関係

　銀行法は、預金または定期積金等の受入れを業とすることを「銀行業」と定め、一定の要件を満たして銀行業の免許の付与を受けた者（銀行）に対し、預金または定期積金等の受入れを行うことを許容することを定めているが、預り金を業として行うことについては、これとは別に、「出資の受入れ、預り金及び金利等の取締りに関する法律」（以下「出資法」という）が、「業として預り金をするにつき他の法律に特別の規定のある者[14]を除く外、何人も業として預り金をしてはならない」と定め、預り金行為そのものを一般的に禁止している（出資法第2条第1項）。

　このように、銀行法と出資法の間では、前者は一定の要件を満たす者に免許を付与して預り金行為を許容するのに対し、後者は預り金行為そのものを一般的に禁止する点で、預り金行為に対する規制の方法が異なっている。銀行法と出資法の間でこのような規制の方法に相違があるのは、銀行法が業法の性質をもつのに対し、出資法が行為規制を内容として、社会秩序を維持し経済犯罪の防止に重点を置く、いわゆる「行為法・行為規制法」としての法律（特別刑法）であり、禁止すべき対象をできるだけ広くとることにより取締りの実をあげようとする意図がある点に起因すると考えられている[15]。

　なお、「預り金」の意義について、出資法は、不特定かつ多数の者からの金銭の受入れであって、①預金、貯金または定期積金の受入れ、②社債、借入金その他いかなる名義をもってするかを問わず、①と同様の経済的性質を有するものであると規定している（同法第2条第2項）。また、金融庁の事務ガイドライン（第三分冊：金融会社関係）2-1-1(2)は、この出資法の規定

14　「業として預り金をするにつき他の法律に特別の規定のある者」とは、わが国においては、銀行法に基づく銀行、長期信用銀行法に基づく長期信用銀行、株式会社商工組合中央金庫法に基づく商工組合中央金庫、信用金庫法に基づく信用金庫・信用金庫連合会、中小企業協同組合法に基づく信用組合・信用組合連合会、労働金庫法に基づく労働金庫・労働金庫連合会、農林中央金庫法に基づく農林中央金庫、農業協同組合法に基づく農業協同組合・農業協同組合連合会、水産業協同組合法に基づく漁業協同組合・漁業協同組合連合会、水産加工業協同組合・水産加工業協同組合連合会および株式会社日本政策投資銀行法に基づく日本政策投資銀行に限定されている。

15　家根田・小田（2012b）102頁。

を受けて、「預り金」とは、「不特定かつ多数の者が相手であること」「金銭の受入れであること」「元本の返還が約されていること」「主として預け主の便宜のために金銭の価額を保管することを目的とするものであること」の4つの要件のすべてに該当するものであるとしている。さらに、出資法の前身である「貸金業等の取締りに関する法律」（「旧出資法」）違反の事案に関する最高裁判例（最一小決昭31.8.30刑集10巻8号1292頁）では、「同条にいわゆる預り金とは、(イ)不特定多数の者からの金銭の受入で、(ロ)預金、貯金、掛金、その他何等の名義をもってするを問わず、これらと同様の経済的性質を有するものをいうのであって、たとい本件におけるがごとく出資金または融資金等の名義を用いたとしても、元本額又はそれ以上の額を弁済期に返還することを約旨として不特定多数の者から金銭を受け入れることは、同条にいわゆる預り金に当たるといわなければならない」との解釈が示されている。

また、出資法がこのような「預り金」を業として行うことを禁止する趣旨については、一般大衆から預り金の受入れを行い、その業務がひとたび破綻をきたすようなことがあれば、一般大衆に不測の損害を及ぼすばかりでなく、社会の信用制度と経済秩序を乱すこととなるため、一般大衆の保護と信用秩序の維持の観点から、他の法律において特別の規定のある者（たとえば、銀行法に基づく銀行等）を除き、「預り金」を禁止しているものであるとされている[16]、[17]。

16　金融庁の事務ガイドライン（第三分冊：金融会社関係）2-1-1(1)参照。
17　最大判昭36.4.26刑集15巻4号732頁も、「預金の受入等の受信業務は、それが一般大衆を目的とするときは、その一般大衆から財貨を受託することになるのであるから極めて公共的色彩が強く、したがって、その契約の履行には確乎たる保障がなければならないとともに、その業務がひとたび破綻をきたすようなことがあれば、与信者たる一般大衆に不測の損害を及ぼすばかりでなく、ひいてはこれら大衆と取引関係に立つ者にまでつぎつぎに被害を拡大して、社会の信用制度と経済秩序を撹乱するおそれがあり、これを自由に放任することは、預金等を為さんとする一般大衆の地位を保護し、社会の信用制度と経済秩序の維持と発展を図る上に適当でないので、既に銀行法等他の法律によって、免許ないし認可を受けた金融機関等のみに行わせ、それ以外の者がこれを営むことを禁止しているのであるが、なおこの禁止の趣旨を徹底させるため、本法（筆者注：出資法）2条で、預金の受入等の禁止の範囲を明確にして、同11条で、その違反者に対しては刑罰を科することにしたものであると解される」と判示している。

②　資金の貸付または手形の割引

　銀行の固有業務のなかで、預金業務と対をなすのが資金の貸付または手形の割引業務である。

　一般に、資金の貸付とは、金銭を貸与して利息を得ることを目的とする行為であり、その法的性質は消費貸借契約である。

　また、手形の割引とは、商業手形、為替手形を手数料を差し引いて現金化することをいう。その典型的な形態は、手形所持人が手形の満期前にこれを換金するために、銀行に対して手形を譲渡し（この譲渡を割引という）、銀行から手形金額より譲渡日以後満期日に至るまでの利息相当額（これを割引料という）を控除した金額を受け取る。割引を依頼する者にとっては、手形を流動化させることにより新たに資金の貸与を受けたのと同じ意味をもつ。

　これらの資金の貸付および手形の割引は、銀行が預金等により調達した資金を、自らの責任と計算において企業などの借り手に供給するものである。経済的にいえば、広く一般公衆から集められた資金が金融機関に集積し、産業活動の原資として企業その他の需要者に対して貸し付けられ、当該貸し付けられた金銭は、その流通過程において再び銀行預金として銀行に集積される。このような過程を経て、銀行を中心に資金は集合離散を繰り返し、当初の資金の数倍の資金量となって信用を創出し、経済社会発展の基礎をなす。銀行がこのような資金配分をいかに適正に行い金融仲介機能を適切に発揮するかは、わが国の経済社会にとってきわめて重大な課題であり、この意味において銀行業務は公共性を有するものといえる[18]。

③　為替取引

為替取引が固有業務とされた背景

　為替取引には、手形・小切手を利用した送金、電信を利用した送金、振込送金、手形を利用した取立てなどさまざまな種類があり、為替取引とは、こ

18　小山（2012）134頁。

れらのすべての種類を包括する概念である[19]。

　銀行法は、この為替取引を、預金または定期積金等の受入れおよび資金の貸付または手形の割引と並ぶ銀行の固有業務の１つとして位置づけている。

　銀行法が、為替取引のみを行うことだけで「銀行業」に該当するとしたのは、為替が銀行制度の始まりであったという歴史的事情によるところも大きいが、為替取引が隔地者間における資金授受の媒介を行うという経済的に重要な行為であり、かつ、為替取引が信用関係を伴うものであることなどに照らして固有業務として位置づけたものと考えられている[20]。すなわち、顧客との間で為替取引を行う場合、顧客から為替取引の対象となる資金の交付を受けることに伴い信用関係（受信関係）が発生することになり、為替取引を営業として行う者に十分な信頼が置けない場合には、顧客は不安な状態に置かれ、顧客保護にもとることになるため、銀行の信用機能を信頼し、銀行に為替取引を委ねるものとしたと考えられる。

「為替取引」の意義

　為替取引は、銀行の固有業務とされ、銀行等以外が営むことができない排他的業務として規定されていながら（ただし、後述の資金移動業者による資金移動業は除く）、銀行法には為替取引を定義した規定はなく、その定義については解釈により導かざるをえない。

図表２－７　為替取引の仕組み

19　法曹会（2004）49頁。
20　小山（2012）143頁。

この点、最三小決平13.3.12刑集55巻2号97頁が、為替取引の意義につい
て、「顧客から、隔地者間で直接現金を輸送せずに資金を移動する仕組みを
利用して資金を移動することを内容とする依頼を受けて、これを引き受ける
こと、又はこれを引き受けて遂行すること」と判示しており、金融庁の法令
適用事前確認手続（ノーアクションレター）における2004年7月9日付回答で
も、「為替取引」につき、当該解釈が採用されており[21]現在の実務において
は、この解釈が一般的に用いられている（図表2－7参照）。

「資金移動業」との関係──銀行法と資金決済法との規制の枠組みの相違

　かつては、為替取引は、一律「銀行業」に該当するとして、銀行のみが取
り扱うことを許されていたが、情報通信技術の発達や利用者ニーズの多様化
等の資金決済システムをめぐる環境の変化に対応すべく、資金決済法が制定
され（2009年6月24日公布、2010年4月1日施行）、少額の取引（現時点では、
100万円相当額以下）に限ってではあるが、銀行等以外の事業者に対しても為
替取引が解禁された。

　資金決済法は、①資金移動業、②前払式支払手段、③資金清算業の3種類
の決済サービスを対象とした法律であるが、銀行等以外の事業者が少額の
為替取引を業として営むことは「資金移動業」に該当し（資金決済法第2条
第2項）、銀行等以外の事業者が資金移動業を営むためには「資金移動業者」
の登録を受ける必要がある（同法第37条）[22]。

　銀行法と資金決済法は、同じ為替取引を規制対象としながら、異なる規制
の枠組みをとっている。その背景には、銀行は、為替取引に加え、預金を受
け入れて融資等に運用することにより金融仲介や信用創造機能を果たしてお
り、また、その破綻はシステミック・リスクの問題を生じさせることから、
これを規制する銀行法においては厳格な規制が必要とされるのに対し、資金
決済法においては、利用者利便の向上や決済サービスに係る国際競争力の強

21　http://www.fsa.go.jp/common/noact/kaitou/001/001-08b.pdf参照。

22　なお、外国資金移動業者（資金決済法に相当する外国の法令の規定により当該外国に
　おいて資金決済法の規定する登録と同種類の登録（当該登録に類する許可その他の行政
　処分を含む）を受けて為替取引を業として営む者）は、資金決済法に基づく資金移動業
　者の登録を受けなくても、資金移動業を営むことが可能とされている。

図表 2 − 8　為替取引に対する銀行法と資金決済法との規制の枠組みの相違

銀行法	資金決済法
・為替取引を銀行のみに認める。	・銀行以外の者（株式会社に限る）も、登録を受けて為替取引（資金移動業）を行うことが可能。 ・ただし、少額の取引（1 回当りの送金上限額が100万円）に限定。
・為替取引のほかに、預金の受入れや、預金を原資とした資金の貸付を行うことが可能。	・預金の受入れや、預金を原資とした貸付を行うことはできない。
・原則、兼業禁止。	・兼業も可能。
・免許制。	・登録制。
・最低資本金が法定（20億円）。	・業務の確実な遂行に必要な財産的基礎が必要。
・自己資本比率規制の適用あり。	・自己資本比率規制の適用なし。
・預金保険制度の対象。	・預金保険制度の対象外。 ・為替取引に関して負担する債務の全額および還付費用について、保全を行う義務を負う。
・議決権取得制限、株主規制等がある。	・議決権取得制限、株主規制等はない。
・事業報告書の提出義務がある。	・事業報告書に加え、資産保全状況等の定期報告が必要。
・業務改善命令、役員等の解任、立入検査等。	・業務改善命令、立入検査等。
・マネー・ローンダリング規制（犯罪による収益の移転防止に関する法律）の適用あり。	・マネー・ローンダリング規制（犯罪による収益の移転防止に関する法律）の適用あり。

（出所）　家根田正美・小田大輔「〈実務相談　銀行法　第13回〉銀行等の定義（3）」金融法務事情No. 1945に基づき筆者作成

化の観点をふまえて、為替取引に関する制度を柔軟化し、新規事業者が参入しやすいよう配慮がなされていることがあげられる。

　為替取引に対する銀行法と資金決済法との規制の枠組みの違いは、おおむ

第 2 章　日本の銀行グループ規制　145

ね、図表2－8のとおりである。

決済業務等の高度化に向けた最近の議論の動向

銀行が行う為替取引や資金移動業者が行う資金移動業は、現在のわが国において広く決済の手段として利用されており、これらの決済業務や、銀行以外のノンバンク・プレーヤーが提供する決済に関連するサービス、また、それらを支える決済インフラは、わが国経済の重要な基盤となっている。

ところで、近年、①ITの急速な発展が金融に変革をもたらしていること、②経済活動のグローバル化が一段と進展していること、③それらに伴う個人・企業の行動・取引態様に変化が生じていることと相まって、決済をめぐる環境は大きく変化しており、このような環境変化のなかで、決済高度化（決済サービスの利便性や安全性などを高めること）に対する要請が急速に高まっている。また、それに応じて、新たな決済サービスの登場や決済サービスの担い手の多様化など、決済分野における構造的な変化も進んでいる。そして、このような流れは、世界的規模で今後さらに加速していくことが想定されるなか、わが国においても、創意工夫を生かした決済ビジネスの展開や決済高度化に向けた共通基盤の整備が重要な課題となっている。

以上をふまえ、2014年9月26日、金融担当大臣から金融審議会に対し、「決済サービスの高度化に対する要請の高まり等を踏まえ、決済及び関連する金融業務のあり方並びにそれらを支える基盤整備のあり方等について多角的に検討する」旨の諮問がなされ、「決済業務等の高度化に関するスタディ・グループ」および同スタディ・グループを改組して（格上げして）設置された「決済業務等の高度化に関するワーキング・グループ」において、決済業務の高度化に向けた議論が行われた（図表2－9参照）。

「決済業務等の高度化に関するスタディ・グループ」が2015年4月28日付で公表した「中間整理」で示された主な課題等は、図表2－10のとおりである。また、「決済業務等の高度化に関するワーキング・グループ」が、2015年12月22日付で公表した報告の概要は、図表2－11のとおりである。

図表2－9　金融審議会における議論の経緯

2014年 9 月26日	金融担当大臣から金融審議会に対して諮問
10月 9 日	「決済業務等の高度化に関するスタディ・グループ」第 1 回開催
2015年 4 月22日	「決済業務等の高度化に関するスタディ・グループ」第12回開催
4 月28日	「中間整理」公表
7 月23日	「決済業務等の高度化に関するワーキング・グループ」第 1 回開催
	⇒　「中間整理」をふまえつつ、①包括的な改革のための戦略的なアクション・プランの策定、および、②制度面の手当が必要であれば、当該手当に関する検討を進める。
12月17日	「決済業務等の高度化に関するワーキング・グループ」第 7 回開催
12月22日	「決済業務等の高度化に関するワーキング・グループ報告～決済高度化に向けた戦略的取組み～」公表

図表2－10　「中間整理」で示された主な課題等[23]

	【現状及び問題意識】 （リテール分野を中心としたイノベーションの進展） ○世界的に「FinTech」と呼ばれる金融とITを融合させる動きが加速している。また、欧米の銀行では、「変化のためのIT投資」やITベンチャー企業との連携・協働を強化する動きがある。 ○ノンバンク・プレーヤーが銀行業務の一部を代理する等を通じて決済関連サービスを提供するなど、決済を中心に銀行業務の「アンバンドリング化[24]」とも言うべき構造変化が進行。 ○こうした中にあっては、我が国においても、銀行のみならず多様なプレーヤーが参加する中で、競争的に決済サービスのイノベーションが進められるようにすることが求められる。 ○同時に、銀行サイドにおいても、オープン・イノベーション（外部連携による革新）を重視した体制とビジネス・モデルを構築し、戦略的に先進的ITを取り込むことが重要な課題となる。
リテール関係	

23　2015年 7 月23日付金融庁総務企画局作成「事務局説明資料（「中間整理」で示された主な課題等について）」（「決済業務等の高度化に関するワーキング・グループ」第 1 回の資料 2 － 1 ）より抜粋。

24　アンバンドリング化とは、一般的には、複数の要素や機能が束ねられることによって、構成されている商品やサービスを個々の要素や機能に分散することをいう。

第 2 章　日本の銀行グループ規制　147

（決済システムの安定性）

○こうしたノンバンク・プレーヤーによるサービス拡大は、イノベーション促進や利用者利便の向上に貢献するものであるが、他方で、ノンバンク・プレーヤーの機能拡大が進む場合、例えば、ノンバンク・プレーヤーの破綻やシステム停止等に伴うリスクが増大するおそれもある。

○ノンバンク・プレーヤーの機能拡大が進む中にあっては、その破綻やシステム停止等に伴うリスクを低減させるとともに、万が一、そうした破綻等が発生した場合においても、銀行の信用創造機能や決済ネットワークに大きな影響が生じることがないよう手当てしておくことが必要である。こうした観点から、今後、実務面も含め、幅広い観点から、検討を進めるべきである。

（イノベーションの促進と利用者保護の確保）

○利用者保護や犯罪防止は、まずもって、サービスを提供する事業者において、責任を持って対応することが必要である。しかしながら、様々なプレーヤーが登場し、サービスの種類も拡大する中、適正な利用者保護等を図るための枠組みについて検討していく必要がある。

○その際には、各事業者に対する許認可等を通じて業務の適正な運営を確保すること、業界の自主ルールで対応すること等、様々な方法が考えられるが、イノベーション促進の観点にも留意しつつ、実態を十分に踏まえ、実効性ある対応を行っていくことが重要である。**（情報セキュリティ）**

○ITの発展に伴い、決済のインターフェイスは銀行外部へと拡大、同時に、アンバンドリング化が進行する中、多様なプレーヤーが決済情報のプロセスに組み込まれるようになっている。

○こうしたことを踏まえると、多様なプレーヤーが対応の拠り所とできる情報セキュリティ基準の設定、その実効性の確保のための方策、また、利用者側に求められる対応について、検討を進める必要があると考えられる。

【今後の課題】

○上述の問題意識を踏まえ、今後、決済業務等の高度化に向けて、どのような環境整備が求められるのか。また、その際、法制面についてどのような対応が求められるのか。なお、法制面に関連して、「中間整理」においては、以下のような指摘があった。

　　□欧州においては、EU決済サービス指令において、横断的な制度整備が図られている。さらに、新たな決済サービス指令（PSD2）の策定に向けた検討が行われている。法制度のあり方は、各国・地域の経済状況等を踏まえて考える必要があるが、決済を取り巻く環境が変化する中、我が国においても、規制の全体像についての検討が必要と考えられる。

（注）　また、法制度のあり方について検討するにあたって、「中間整理」においては、下記のような観点が指摘されているところ。

148

	□ノンバンク・プレーヤーも含めた多様な主体の事業展開を促していくことは重要な課題。他方、各種サービスのリスクに応じた適切なルールのあり方を検討することも重要である。 □銀行その他の業者と利用者等を取り次ぐ中間的業者にトラブルが生じ、利用者保護上の問題につながることもありうることから、利用者保護上のリスクに応じた適切なルールのあり方を検討することも重要な課題である。 □さらに、銀行が担ってきた業務が分化される中、信用創造機能・決済ネットワークの提供など、銀行が果たしている経済システム上の根幹的な役割を維持することは重要な課題。 □また、資金決済法に関連して、資金移動業者の送金限度額、プリペイドカード発行業者の表示義務、供託負担及び事業譲渡手続等についても問題提起があった。
ホールセール関係	**【現状及び問題意識】** ○企業活動のグローバル化等に伴い、国際企業を中心に、CMSに対するニーズが高まっている。また、商取引の電子化が進行する中、債権管理の電子化への要請も高まっている。 ○他方、先進的なCMSについては欧米の主要銀行の取組みが先行している、との指摘がある。また、電子記録債権については、十分な普及・活用に至っていない、との指摘がある。 **【今後の課題】** ○これらの問題意識を踏まえ、今後、CMSの高度化や電子記録債権の普及等を進めていくためには、どのような環境整備が求められるのか。また、その際、法制面についてどのような対応が求められるのか。 （注）　なお、「中間整理」においては、以下のような指摘があった。 　□企業がグループ内やクロスボーダーで資金管理・移動を行う場合や、邦銀のみならず外銀も含めた銀行がCMSを円滑に提供するにあたり、障害となる制度的な要因があれば、それらについて検討を進めることが重要である。 　□また、電子記録債権の普及・活用促進に向けた具体策の検討が必要である。
決済インフラ関係	**【現状及び問題意識】** ○欧米は、決済インフラ（銀行間ネットワークなど）の改革を加速している。他方、全銀システムについては、世界各国の取組みに照らすと、改革の広がりやスピード感が不足している面がある、との指摘がある。我が国でも、迅速かつ広範な対応が必要とされている。 **【今後の課題】** ○我が国も、以下のような観点から、戦略的な改革に取組む必要があるのではないか。 　□国内外を通じた決済のシームレス化 　□送金フォーマット項目の国際標準化

	□国際送金における「ロー・バリュー送金」の提供 □非居住者口座に係る円送金の効率性向上 □大口送金の利便性向上（全銀システムの送金限度額引上げ） □全銀システムの新たな活用（モバイル送金用の通信網としての活用等） □APN（Asian Payment Network）等へ関与 □決済インフラの機能拡大と高度化 □XML電文への全面的な移行 □全銀システムの新たな活用（モバイル送金用の通信網としての活用等） □決済インフラに係るイノベーション推進のための体制整備 □迅速・戦略的・国際的な全銀システムの業務展開に向けた体制整備
その他の課題等	○上述のほか、決済分野に関連しては、「中間整理」取りまとめ後に、以下のような動きがあった。 　□仮想通貨について、6月、G7エルマウ・サミットにおいて、テロ資金対策として、各国は仮想通貨の規制を含め、更なる行動をとることが合意された。また、同月末の金融活動作業部会（FATF）において、仮想通貨の交換所に対して登録又は免許制とマネロン等規制を課すことを各国に求めるガイダンスが公表された。 　（注）　なお、「中間整理」においては、以下の記述がなされている。 　　　　"仮想通貨等、新たな形態の決済手段についても、その利用実態や犯罪その他不正利用の可能性、国際的な規制の動向等も踏まえた上で、対応のあり方について、必要に応じ、検討していくことが考えられる、との指摘があった。" 　□規制改革要望を踏まえ、6月に「規制改革実施計画」が閣議決定され、デビットカードによるキャッシュアウトサービス（カード加盟店店頭にて現金が受取れるサービス）のあり方等について検討することが提起されている。

図表2−11　金融審議会・決済業務等の高度化に関するワーキング・グループ報告の概要

環境変化
- 金融・IT融合（FinTechの登場）によるイノベーション
- 先進的な決済サービスに対するニーズの高まり

決済高度化に向けた戦略的取組み

1. 金融・IT融合に対応したイノベーション

○決済サービスや決済に関連する銀行業務の革新。
○「オープン・イノベーション」を推進し、銀行のみならず多様なプレーヤーが競争的にイノベーションを進められるようにすることが重要。
　金融・ITイノベーションに向けた新たな取組み
　・複数の金融機関が参加する、携帯電話番号を利用した送金サービスの提供を検討
　・ブロックチェーン技術の活用、オープンAPIのあり方を銀行界において検討
　「横断的法制」の構築に向けた検討
　・さまざまな新しいサービスの登場可能性もふまえ、業務横断的な法体系の構築を検討
　ITの進展に対応した決済関連サービスの提供を容易化
　・電子端末型プリカの登場に対応し、インターネットによる表示義務の履行を拡大
　・コンビニやスーパーのレジでのキャッシュアウトサービスの提供を可能に　等

2. 企業の成長を支える決済サービスの高度化

○企業の競争力強化の観点から、キャッシュ・マネジメントの高度化と電子記録債権の利便性向上等を図る。
　邦銀、特に主要行のキャッシュ・マネジメント・サービスの高度化
　日本企業のキャッシュ・マネジメント高度化に向けた環境整備
　・金融子会社（トレジャリー・センター）の活用等に対応した法適用の見直し
　・クロスボーダーの財務管理に係る「外為報告義務」の合理化
　電子記録債権の利便性向上等
　・地方自治体における電子記録債権の活用
　・資金調達円滑化のため、記録機関にかかわらず、企業が自社の取引先銀行で債権の割引を受けられるようにする方策の検討

3. 決済インフラ改革（「5つの改革」）

○全銀システム等について、利用者利便と国際競争力強化の観点から改革。
　決済インフラの抜本的機能強化
　①平成32年までに、企業間送金をXML電文に全面移行（平成30年より新システム稼働）
　国内外一体の決済環境の実現
　②送金フォーマット項目の国際標準化（平成28年度中をメドに論点を整理）
　③早ければ平成28年度中に、居住者・非居住者間の取扱区分を撤廃（国内仕向送金）
　④平成30年をメドに、新たに「ロー・バリュー国際送金」の提供を目指す
　⑤大口送金の利便性向上（100億円以上の送金の容易化）

4. 仮想通貨への対応

○仮想通貨について、G7首脳会議の合意等もふまえ、マネロン・テロ資金供与対策および利用者保護のルールを整備。
　・仮想通貨と法定通貨の交換所について、登録制を導入し、マネロン・テロ資金供与規制の対象に追加。あわせて、利用者保護のための規制を導入。

決済高度化に向けて戦略的取組みを官民で推進していくための体制の整備
その際には、決済システムの安定性と情報セキュリティへの対応にも留意

（出所）　金融庁「金融審議会『決済業務等の高度化に関するワーキング・グループ』報告の公表について」（参考）資料　（平成27年12月22日）

⑶　付随業務

①　「付随業務」（銀行法第10条第 2 項各号）とは

銀行は、本業である固有業務のほかに「付随業務」を行うことが認められている。

「付随業務」とは、固有業務に伴って当然に生ずる業務であり、①質的に固有業務（銀行業）との関連性ないし親近性があること、②分量において固有業務（銀行業）に対して従たる程度を超えないこと、③営業として行うものであること、といった要件を備えることが必要と考えられるが[25]、このうち①の関連性・親近性の度合いについては、「業務を営むに必要又は有用」[26]というほどに関連性を厳密に解する必要はなく、一般通念のうえで銀行が当然に行ってしかるべきであるという程度で十分と考えられる[27]。

銀行法においては、銀行の付随業務について、1981年に全面改正された銀行法第10条第 2 項各号が10種類の業務を付随業務に該当するものの例として列挙していたが、その後、経済社会や金融をめぐる状況の変化に応じ、利用者利便の向上、顧客ニーズの多様化への対応等の観点も加味しながら、累次にわたり拡大がなされてきている。直近では、「資本市場及び金融業の基盤強化のための金融商品取引法等の一部を改正する法律」（平成23年法律第49号）における銀行法の改正に伴い、ファイナンス・リース取引および同取引の代理・媒介が新たに追加され、現時点では23種類の業務が例示列挙されるに至っている（図表 2 −12⑴〜⒀参照）。なお、銀行が営むことができるファイナンス・リース取引は、土地をリース対象とすることができず、「中途解約不能」かつ「フルペイアウト」のリースであって、「所有権移転外ファイナンス・リース（使用期間が満了した後、リース物件の所有権またはリース物件

25　小山（2012）170頁、家根田・小田（2012c）81頁。
26　昭和 3 年 5 月付蔵銀第245号通牒。
27　小山（2012）171頁、家根田・小田（2012c）81頁。

図表 2 −12　銀行法第10条第 2 項各号に例示列挙されている付随業務

(1)　債務の保証または手形の引受け

(2)　有価証券の売買または有価証券関連デリバティブ取引（投資目的をもってするものまたは書面取次行為に限る）

(3)　有価証券の貸付

(4)　国債等の引受けまたは当該引受けに係る国債等の募集の取扱い

(5)　金銭債権の取得または譲渡

(6)　特定目的会社が発行する特定社債等の引受けまたは募集の取扱い

(7)　短期社債等の取得または譲渡

(8)　有価証券の私募の取扱い

(9)　地方債または社債その他の債券の募集または管理の受託

(10)　銀行その他金融業を行う者の業務の代理または媒介

(11)　外国銀行の業務の代理または媒介

(12)　金銭の収納その他金銭に係る事務の取扱い

(13)　有価証券、貴金属その他の物品の保護預り

(14)　振替業

(15)　両替

(16)　内閣府令で定めるデリバティブ取引

(17)　内閣府令で定めるデリバティブ取引の媒介、取次ぎまたは代理

(18)　金融等デリバティブ取引

(19)　金融等デリバティブ取引の媒介、取次ぎまたは代理

(20)　有価証券関連店頭デリバティブ取引

(21)　有価証券関連店頭デリバティブ取引の媒介、取次ぎまたは代理

(22)　ファイナンス・リース取引

(23)　ファイナンス・リース取引の代理または媒介

の使用および収益を目的とする権利が相手方に移転する旨の定めがないもの）」に限定されている。

第 2 章　日本の銀行グループ規制　153

② 「その他の銀行業に付随する業務」（銀行法第10条第2項柱書）とは

銀行法第10条第2項は、同項各号で例示列挙する付随業務以外にも、銀行が「その他の銀行業に付随する業務」を営むことができる旨を定めている。

「その他の銀行業に付随する業務」としては、従前から、クレジットカード業務、旅行小切手（トラベラーズチェック）、金地金の売買、信用状の発行などがこれに該当すると解されている。また、監督指針[28]では、コンサルティング業務、ビジネスマッチング業務、M&Aに関する業務、事務受託業務については、取引先企業に対する経営相談・支援機能の強化の観点から、固有業務と切り離して行う場合も「その他の銀行業に付随する業務」に該当するとされており、電子マネー（オフラインデビットにおける電子カードを含む）の発行に係る業務もこれに該当する旨が明示されている。

また、これらのほかにいかなる業務が「その他の銀行業に付随する業務」に当たるかについて、監督指針では、以下の観点から総合的に判断するものとされている。

・固有業務および付随業務に準ずるか。
・業務の規模が、その業務が付随する固有業務の規模に比して過大なものとなっていないか。
・銀行業務との機能的な親近性やリスクの同質性が認められるか。
・銀行が固有業務を遂行するなかで正当に生じた余剰能力の活用に資するか。

さらに、金融庁のホームページには、一般的な法令解釈に係る書面照会手続およびノーアクションレター制度における回答が公表されており、図表2-13の業務について「その他の銀行業に付随する業務」に該当するとの見解が公表されている。

以上に対し、銀行は、不動産関連業務（不動産の売買および貸借の代理・媒介）を営むことはできない。不動産の売買などの不動産関連業務について

---

28 「主要行等向けの総合的な監督指針」および「中小・地域金融機関向けの総合的な監督指針」を指す。

図表2－13　法令適用事前確認手続への回答として「その他の銀行業に付随する業務」に該当するとの見解が公表されている業務

・ホームページ上で取引先の個人・法人宛てに提供しているインターネットバンキング取引画面等や個人・法人宛てに送信している電子メールを媒体とした他者のための情報提供を業務として行うこと。
・取引先の個人・法人宛てに発行している通帳や残高証明書等を媒体とした他者のための情報提供を業務として行うこと。
・店舗内情報提供機器を媒体とした他者のための情報提供を業務として行うこと。
・取引先の個人・法人宛てに送付しているダイレクトメールを媒体とした他者のための情報提供を業務として行うこと。
・ATMの画面・ATM取引明細表の余白部分および自己所有店舗の壁面・屋上を広告媒体として他者に使用させることを業務として行うこと。

は、大きなリスクを伴うことや顧客との間で不公正な取引が生じるおそれがあることから、銀行法の他業禁止の趣旨（前記4頭書を参照）に照らして許されないとされている。

　また、銀行は、オペレーティング・リース取引、メインテナンス・リース取引についても営むことができない。オペレーティング・リースは、ファイナンス・リースの要件を満たさないものを指すが、物件の賃貸業に近い側面を有しており、経済効果としても資金の貸付とはいえず、固有業務との親近性やリスクの同質性も認められないことから、銀行が営むことは許されないとされている。メインテナンス・リース（ファイナンス・リースに保守・点検等の業務が付加されたリース）については、保守・点検等の業務に銀行業との親近性が認められず、あくまでファイナンス・リース取引に付加される業務であって一体性も認められないことから、銀行が営むことは許されないとされている[29]。

29　家根田・小田（2013a）77頁。

第2章　日本の銀行グループ規制　155

⑷ 他業証券業務

① 「他業証券業務」とは

銀行は、銀行法上、固有業務、付随業務とは区別したかたちで、一定の証券業務を行うことが認められており、一般には、この証券業務のことを「他業証券業務」という。もっとも、銀行法は、あくまで、銀行がその本業たる固有業務の遂行を妨げない限度で他業証券業務を行うことを認めるにとどまっている（銀行法第11条）。

銀行は、わが国の金融の中核を占める金融仲介機能を発揮し、国民経済に大きな影響を及ぼしている。そこで、銀行が証券業務を行う場合であっても、これらの業務に集中するあまり、銀行が本来果たすべき資金仲介機能の遂行がおろそかになることがないよう、銀行法第11条は、他業証券業務が銀行にとって副次的な業務にとどまるものであって、本業たる固有業務を凌駕するような主たる業務にはなりえないことを法文上、明らかにしたものである（図表2－14参照）。

図表2－14　他業証券業務

（i）	投資助言業務
（ii）	投資信託の窓販
（iii）	上記（ii）以外の金融商品取引法第33条第2項各号に掲げる有価証券関連業（付随業務として営む業務を除く）
（iv）	信託に係る事務に関する業務
（v）	温室効果ガスに関して、算定割当量を取得し、もしくは譲渡することを内容とする契約の締結またはその媒介、取次ぎもしくは代理を行う業務

②　銀証分離——銀行（または銀行業務）と証券業務（有価証券関連業務）の分離

　銀行は、有価証券関連業[30]（有価証券の売買やその媒介・取次ぎ・代理、有価証券デリバティブ取引やその媒介・取次ぎ・代理、有価証券等清算取次ぎ、有価証券の引受け、有価証券の募集または売出の取扱い・私募の取扱い等）を行うことが、原則として禁止されている（金融商品取引法第33条第1項）。

　この禁止規定は、いわゆる「銀証分離（銀行業務と証券業務を兼ねることを禁止する政策）」を具体化したものであるが、アメリカの制度を参考に定められたものである。アメリカにおいては、戦前の大恐慌の際に、銀行による証券業務の存在が証券投機や不公正取引の温床となり、証券価格の暴騰と暴落を招き、その影響が国民全体に及ぶ原因になったとの反省から、1933年のグラス・スティーガル法によって、銀行の証券業務が厳しく制限された[31]。日本においても、1948年に制定された証券取引法第65条で原則として銀行の証券業務が禁止され、金融商品取引法第33条第1項の上記の禁止規定は、これを引き継ぐものである。

　この禁止規定の趣旨は、①銀行の財務の健全性確保、②銀行業務と証券業務を兼ねることによる利益相反（たとえば、銀行が自らの融資を回収するために貸出先に有価証券を発行させるなどの利益相反）の防止、③銀行の優越的地位の濫用（たとえば、企業の資金調達の方法を実質上支配する銀行が、その地位を利用して、証券サービスの購入を当該企業に強制するなど）の防止である。

　もっとも、この禁止規定にも例外があり、有価証券関連業のなかでも銀行に行わせることによる弊害が小さいと認められ、顧客の利便性が増大すると認められるようなものについては、銀行が行うことも許されている。前述の他業証券業務として掲げた「投資信託の窓販」および「金融商品取引法第33

30　証券取引法においては、「証券業」（証券取引法第2条第8項）と呼ばれていた。
31　具体的には、銀行による証券業務の禁止（第16条）、銀行が証券会社と系列関係をもつことの禁止（第20条）、証券会社の預金受入れの禁止（第21条）および銀行と証券会社との間での取締役等の兼任禁止（第32条）が定められていた。

第2章　日本の銀行グループ規制　157

条第2項各号に掲げる有価証券関連業」がこの例外に当てはまる。

なお、投資信託の窓販については、従来、証券会社による販売に加えて投資信託委託会社による直接販売が認められてきたが、投資家の利便性の増大と投資家の拡大による証券市場の活性化の観点から、投資信託の販売チャネルを増大させるとの趣旨に基づき[32]、1997年の証券取引法の改正で投資信託委託会社が銀行店舗を利用して販売することが可能となり、さらに1998年の金融システム改革に伴う証券取引法改正で銀行による投資信託の販売が可能となったという経緯がある。

(5) 法定他業

銀行法上、銀行は、前述(2)〜(4)の業務のほかにも、他の法律で認められている業務を営むことができる（銀行法第12条）。他の法律により認められる業務としては、たとえば以下の業務がある。

① 担保付社債信託法により認められている担保付社債信託業務
② 金融機関の信託業務の兼営等に関する法律により認められている信託業務
③ 保険業法により認められている保険窓販業務（保険募集代理店業務）

なお、銀行は、保険窓販業務を行うにあたり、顧客情報や顧客に対する影響力を不適切に利用して保険募集を行うことがないよう、銀行法や保険業法等に基づく各種の弊害防止措置を遵守しなければならない（図表2－15〜図表2－17参照）。

32　証券取引審議会報告「証券市場の総合的改革」（1997年6月13日）参照。

図表 2 −15　保険窓販一般に課される弊害防止措置

規制	内容
優越的な地位の不当利用の禁止	銀行による信用供与の条件として保険募集をすること等の禁止（保険業法第300条第 1 項第 9 号、保険業法施行規則第234条第 1 項第 7 号）
非公開金融情報等の利用の禁止	顧客の同意がある場合を除き、顧客の非公開金融情報（職務上知りえた顧客の金融取引または資産に関する非公開情報）の保険募集への利用や非公開保険情報（職務上知りえた顧客の保険募集に必要な非公開情報）の保険募集以外の業務への利用を禁止（保険業法施行規則第212条第 2 項第 1 号、第212条の 2 第 2 項第 1 号）
預金等との誤認防止	保険契約と預金等との誤認を防止するための顧客に対する説明（銀行法施行規則第13条の 5 第 1 項・第 2 項）
その他の規制	保険募集に関する指針の策定・公表等、法令等遵守責任者の設置、保険取引が他の取引に影響を与えない旨の説明等

図表 2 −16　一部の保険商品（融資先募集規制対象商品）の販売に課される弊害防止措置

規制	内容
融資先募集規制	以下の保険募集制限先に対し、手数料その他の報酬を得て行う保険募集の禁止（保険業法施行規則第212条 3 項第 1 号、第212条の 2 第 3 項第 1 号） ①　事業資金の融資先である法人、その代表者、個人事業主 ②　事業資金の融資先である小規模事業者（従業員50人以下の企業）の役員および従業員
担当者分離規制	事業資金の貸付業務を行う者による保険募集の禁止（保険業法施行規則第212条第 3 項第 3 号、第212条の 2 第 3 項第 3 号）
タイミング規制	顧客が銀行に融資（事業資金に限られない）の申込みをしていることを知りながら、当該顧客またはその密接関係者（顧客が法人である場合の当該法人の代表者、または顧客が法人の代表者であり、当該代表者が事業資金を申し込んでいる場合の当該法人をいう）に対して行う保険募集の禁止（保険業法施行規則第234条第 1 項第10号）

第 2 章　日本の銀行グループ規制　159

特定関係者を通じた潜脱行為の禁止	融資先募集規制・タイミング規制に該当することを知りながら銀行の特定関係者（子会社等）が保険募集をすることの禁止（保険業法施行規則第234条第1項第14号・第15号）

(注) 特例地域金融機関（第二地方銀行協会会員行をはじめとする営業地域が特定の都道府県に限定される金融庁長官が定める一定の金融機関）には、融資先募集規制・タイミング規制が一部緩和して適用される（中小金融機関の特例）。

図表2−17 融資先募集規制の対象となる保険商品
（2012年4月の保険業法改正後）

	融資先募集規制の対象外	融資先募集規制の対象
生命保険分野	**2001年4月解禁商品** ・住宅関連信用生命保険 **2002年10月解禁商品** ・個人年金保険 ・財形保険 **2005年12月解禁商品** ・貯蓄性生存保険（死亡保障部分の小さいもの） ・一時払終身保険（法人契約を除き、2012年4月から規制対象外） ・一時払養老保険（法人契約を除き、2012年4月から規制対象外）	**2005年12月解禁商品** ・平準払養老保険（保険期間10年以下）等 **2007年12月解禁商品** ・定期保険 ・平準払終身保険 ・平準払養老保険（保険期間10年超） ・貯蓄性生存保険（死亡保障部分の大きいもの） ・医療・介護保険 等
損害保険分野	**2001年4月解禁商品** ・住宅関連長期火災保険 ・住宅関連債務返済支援保険 ・海外旅行傷害保険 **2002年10月解禁商品** ・年金払積立傷害保険 ・財形傷害保険	

2005年12月解禁商品	2005年12月解禁商品
・積立火災保険等 （2012年4月から**規制対象外**） ・積立傷害保険（2012年4月から規 制対象外）	・個人向け賠償保険等

第2章　日本の銀行グループ規制　161

5 子会社規制

　銀行法は、銀行の子会社に関して、子会社とすることができる会社の範囲（子会社が行うことができる業務の範囲）や子会社とする場合の手続（認可や届出等）などの点で、一般の事業会社にはない特別な規制を設けており、銀行のグループ経営を考えるにあたっては、これらの法令上の規制に留意する必要がある。以下では、銀行の子会社に関する主な銀行法上の規制について述べる。

(1)　銀行法における「子会社」「子法人等」「関連法人等」

　グループ会社に関する用語としては、会社法や会計ルール（財務諸表等の用語、様式および作成方法に関する規則等）で使用されている「子会社」「関連会社」および「関係会社」といった用語があるが、銀行法では、「子会社」「子法人等」および「関連法人等」との用語が使用されている。

　このように、会社法や会計ルールと銀行法とでは、グループ会社に関して使用されている用語自体が必ずしも一致しておらず、さらに、共通して使用されている「子会社」についてもその具体的内容（定義）は以下で述べるとおり異なっている。

　そこで、銀行の子会社規制について述べる前提として、どのような会社が当該規制の対象となる「子会社」「子法人等」および「関連法人等」に該当するかを明らかにしておく必要がある。

①　子会社

　銀行法における銀行の「子会社」とは、会社がその総株主等の議決権[33]の50％超の議決権を保有する他の会社をいう（銀行法第2条第8項）。

また、(i)会社およびその一もしくは二以上の子会社、または、(ii)当該会社の一もしくは二以上の子会社が、その総株主等の議決権の50％超の議決権を保有する他の会社は、当該会社の「子会社」とみなされる。つまり、銀行の子会社の子会社（孫会社）、さらにはそれ以降の子会社（曽孫会社等）も、銀行の子会社に該当する。また、銀行が議決権をいっさい保有していない会社であっても、銀行の子会社が議決権の50％超を保有している会社は銀行の子会社となる（上記(ii)）。

　以上のとおり、銀行法では、子会社該当性が「議決権の保有割合（形式基準）」のみによって判断される。したがって、銀行法における子会社は、「実質的な経営を支配しているか否か（実質支配力基準）」をも考慮して子会社該当性を判断する会社法や会計ルールにおける子会社とその具体的な内容において異なる。

②　子法人等

　銀行法における銀行の「子法人等」とは、親法人等（他の法人等の意思決定機関を支配している法人等）によりその意思決定機関を支配されている当該他の法人等をいう。また、(i)親法人等および子法人等、または、(ii)子法人等が、他の法人等の意思決定機関を支配している場合における当該他の法人等は、その親法人等の「子法人等」とみなされる（銀行法施行令第4条の2第2項）。

　この場合において、「意思決定機関を支配している」といえるための要件は図表2-18のとおりである（銀行法施行規則第14条の7第1項）。これは、会社法や会計ルールにおいて「子会社」該当性の判断にあたり考慮される

33　「総株主等の議決権」とは、「総株主又は総出資者の議決権（株式会社にあっては、株主総会において決議をすることができる事項の全部につき議決権を行使することができない株式についての議決権を除き、会社法第879条第3項の規定により議決権を有するものとみなされる株式についての議決権を含む）」をいう（銀行法第2条第6項）。したがって、総会決議事項の一部についてでも議決権行使が可能な株式についての議決権は、「総株主等の議決権」に含まれる。他方、たとえば、無議決権優先株式（議決権をいっさい行使できないかわりに、剰余金の配当や残余財産の分配の金額・順位等について普通株式よりも優先する株式）は「総株主等の議決権」から除かれる。

第2章　日本の銀行グループ規制　163

図表2−18 「意思決定機関を支配している」といえるための要件

一 他の法人等（破産手続開始の決定、再生手続開始の決定または更生手続開始の決定を受けた他の法人等その他これらに準ずる他の法人等であって、有効な支配従属関係が存在しないと認められるものを除く。以下この項において同じ）の議決権の過半数を自己の計算において所有している法人等
二 他の法人等の議決権の100分の40以上、100分の50以下を自己の計算において所有している法人等であって、次に掲げるいずれかの要件に該当するもの 　イ　当該法人等が自己の計算において所有している議決権と当該法人等と出資、人事、資金、技術、取引等において緊密な関係があることにより当該法人等の意思と同一の内容の議決権を行使すると認められる者および当該法人等の意思と同一の内容の議決権を行使することに同意している者が所有している議決権とをあわせて、当該他の法人等の議決権の過半数を占めていること。 　ロ　当該法人等の役員、業務を執行する社員もしくは使用人である者、またはこれらであった者であって当該法人等が当該他の法人等の財務および営業または事業の方針の決定に関して影響を与えることができるものが、当該他の法人等の取締役会その他これに準ずる機関の構成員の過半数を占めていること。 　ハ　当該法人等と当該他の法人等との間に当該他の法人等の重要な財務および営業または事業の方針の決定を支配する契約等が存在すること。 　ニ　当該他の法人等の資金調達額（貸借対照表の負債の部に計上されているものに限る）の総額の過半について当該法人等が融資（債務の保証および担保の提供を含む。以下この条において同じ）を行っていること（当該法人等と出資、人事、資金、技術、取引等において緊密な関係のある者が行う融資の額をあわせて資金調達額の総額の過半となる場合を含む）。 　ホ　その他当該法人等が当該他の法人等の意思決定機関を支配していることが推測される事実が存在すること。
三 法人等が自己の計算において所有している議決権と当該法人等と出資、人事、資金、技術、取引等において緊密な関係があることにより当該法人等の意思と同一の内容の議決権を行使すると認められる者および当該法人等の意思と同一の内容の議決権を行使することに同意している者が所有している議決権とをあわせて、他の法人等の議決権の過半数を占めている場合（当該法人等が自己の計算において議決権を所有していない場合を含む）における当該法人等であって、前号ロからホまでに掲げるいずれかの要件に該当するもの

図表 2 −19　銀行法上における子会社等と会社法等における子会社等との関係

銀行法	会社法・会計ルール	
子会社	子会社	（形式基準）
子法人等		（実質支配力基準）
関連法人等	関連会社	

「実質的な経営を支配している」といえるための要件と同内容となっている。したがって、銀行法が定める「子法人等」とは、会社法や会計ルール上の実質支配力基準に基づく「子会社」に対応するものといえる（図表 2 −19参照）。

③　関連法人等

　銀行法における銀行の「関連法人等」とは、法人等（当該法人等の子法人等を含む）が出資、取締役その他これに準ずる役職への当該法人等の役員もしくは使用人である者もしくはこれらであった者の就任、融資、債務の保証もしくは担保の提供、技術の提供または営業上もしくは事業上の取引等を通じて、財務および営業または事業の方針の決定に対して重要な影響を与えることができる他の法人等（子法人等を除く）をいう（銀行法施行令第 4 条の 2 第 3 項）。

　この場合において、「財務及び営業又は事業の方針の決定に対して重要な影響を与えることができる」といえるための要件は図表 2 −20のとおりである（銀行法施行規則第14条の 7 第 2 項）。これは、会社法や会計ルールにおいて「関連会社」該当性の判断にあたり考慮される「子会社以外の他の会社等の財務及び営業又は事業の方針の決定に対して重要な影響を与えることができる」といえるための要件と同内容となっている。したがって、銀行法が定める「関連法人等」とは、会社法や会計ルール上の「関連会社」に対応するものといえる（図表 2 −19参照）。

第 2 章　日本の銀行グループ規制　165

図表2−20 「財務及び営業または事業の方針の決定に対して重要な影響を与える ことができる」といえるための要件

一 法人等（当該法人等の子法人等を含む）が子法人等以外の他の法人等（破産手続開始の決定、再生手続開始の決定または更生手続開始の決定を受けた子法人等以外の他の法人等その他これらに準ずる子法人等以外の他の法人等であって、当該法人等がその財務および営業または事業の方針の決定に対して重要な影響を与えることができないと認められるものを除く。以下この項において同じ）の議決権の100分の20以上を自己の計算において所有している場合における当該子法人等以外の他の法人等
二 法人等（当該法人等の子法人等を含む）が子法人等以外の他の法人等の議決権の100分の15以上、100分の20未満を自己の計算において所有している場合における当該子法人等以外の他の法人等であって、次に掲げるいずれかの要件に該当するもの 　イ　当該法人等の役員、業務を執行する社員もしくは使用人である者、またはこれらであった者であって当該法人等がその財務および営業または事業の方針の決定に関して影響を与えることができるものが、その代表取締役、取締役またはこれらに準ずる役職に就任していること。 　ロ　当該法人等から重要な融資を受けていること。 　ハ　当該法人等から重要な技術の提供を受けていること。 　ニ　当該法人等との間に重要な販売、仕入れその他の営業上または事業上の取引があること。 　ホ　その他当該法人等がその財務および営業または事業の方針の決定に対して重要な影響を与えることができることが推測される事実が存在すること。
三 法人等（当該法人等の子法人等を含む）が自己の計算において所有している議決権と当該法人等と出資、人事、資金、技術、取引等において緊密な関係があることにより当該法人等の意思と同一の内容の議決権を行使すると認められる者および当該法人等の意思と同一の内容の議決権を行使することに同意している者が所有している議決権とをあわせて、子法人等以外の他の法人等の議決権の100分の20以上を占めている場合（当該法人等が自己の計算において議決権を所有していない場合を含む）における当該子法人等以外の他の法人等であって、前号イ〜ホに掲げるいずれかの要件に該当するもの

(2) 銀行の子会社規制の沿革

① 関連会社通達

1998年6月に成立した「金融システム改革のための関係法律の整備等に関する法律」（以下「金融システム改革法」という）による銀行法の改正によって、銀行の子会社の範囲に関する規定として銀行法第16条の2（銀行の子会社の範囲等）が全面的に整備されるまでの間は、各銀行代表者宛ての通達（昭和50年7月3日付蔵銀第1968号）において、金融機関の関連会社（金融機関が出資する会社で、その設立経緯、資金的、人的関係等からみて、金融機関と緊密な関係を有する会社[34]）に行わせてもさしつかえない業務として以下のもの等が定められていた。

また、当該通達の運用にあたって、同日付事務連絡において、関連会社の具体的な業務の範囲等が定められていた[35]。

・金融機関の代理店業務
・金融機関の業務に係る事務のうちその業務の基本に係ることのないもので主として当該金融機関のために行うもの
・金融機関の業務に付随する業務
・金融機関の業務に付随する業務に準ずる業務（いわゆる周辺業務）

② 業態別子会社方式の採用

金融制度調査会答申「新しい金融制度について」（1991年6月25日）を受けて、1992年6月、「金融制度及び証券取引制度の改革のための関係法律の整備等に関する法律」（以下「金融制度改革法」という）が成立した（図表2-22参照）。

---

34 ただし、銀行法、長期信用銀行法または外国為替銀行法に基づき所有することとなった証券子会社を除く。
35 家根田・小田（2014a）82頁。

当時、わが国の金融制度の特色としてきた縦割りの専門性・分業制（普通銀行、長期信用銀行、信託銀行、相互銀行、協同組織金融機関、外国為替専門銀行の各制度のほか、銀証分離制度等）の意義が失われつつある一方、金融自由化が進展するなかで、金融分野の競争力向上等のためにも、(i)金融の自由化・証券化への対応、(ii)金融の国際化への対応、(iii)金融商品・サービスに対するニーズの多様化、(iv)金融システム安定性確保の要請をふまえた、制度改革を行うことが求められていた[36]。また、金融制度改革の目的として目指すべきものとしては、(i)有効かつ適正な競争の促進、(ii)金融機関のサービスの拡大・向上、(iii)国際性の確保の3点があげられ、これらを実現するためには、従来の専門制・分業制を特色とした縦割りの専門金融機関制度の見直し

図表2-21　金融制度改革法―業態別子会社方式

図表2-22　金融制度改革法による銀行法等の主な改正内容

銀行法の改正内容
・業態別子会社方式による、銀行等の証券業務[37]および信託業務への参入、証券会社の銀行業務[38]および信託業務への参入の可能化（銀行法第16条の2）
・弊害防止措置の制定 　▶アームズ・レングス・ルール（銀行法第16条の3） 　▶連結ベースでの大口信用供与規制（銀行法第13条） 　▶自己資本の充実の状況が適当であるかの基準の明文の根拠化（銀行法第14条の2）
・相互銀行法の廃止に伴い、相互掛金の受入れを行う営業を銀行業とみなす規定の追加（銀行法第2条、第3条および第10条）
普通銀行の信託業務の兼営等に関する法律の改正内容
・地域金融機関による一部の信託業務の本体参入・信託代理店方式での参入の可能化

が避けられない状況であった。

そのようななか、金融制度調査会は、前述の答申（「新しい金融制度について」）を出し、そこでは、専門金融機関制度の垣根を取り払って各金融業態が相互参入することを可能とする方式として、「相互乗入方式」「業態別子会社方式」「特例法方式」「特株会社方式」「ユニバーサルバンク方式」の５つの方式をあげて検討した結果、原則として「業態別子会社方式」による相互参入とすることや、協同組織金融機関の業務の規制緩和等について具体的な提案が行われた。

そして、同答申等を受けて成立した金融制度改革法により、専門金融機関制度の垣根を取り払い、銀行等の金融機関および証券会社の業態別子会社による各種金融業務分野への相互参入が可能となった（図表２−21参照）。

③　持株会社の解禁と銀行持株会社の子会社規制の整備

持株会社の設立は、戦後50年以上にわたり、独占禁止法によって禁止されてきたが、1997年の同法の改正によって持株会社の設立が解禁されるに至った。

また、この独占禁止法の改正と同時期に開催されていた金融制度調査会は、同年６月13日、答申「我が国金融システムの改革について」において、銀行の持株会社の意義・役割につき、「持株会社の解禁は、銀行の経営形態の選択肢の拡大をもたらすものである。持株会社の活用により、分社化を通じた専門化・高度化した金融サービスの提供が可能となるとともに、銀行による金融関連の新規分野への参入や銀行以外の業態からの銀行分野への参入、特定の部門からの撤退を円滑化すると考えられる。さらに、持株会社の傘下で金融業務を営む子会社間における相乗効果（シナジー効果）の発揮も

36　家根田・小田（2014a）82頁。

37　銀行等の証券子会社による証券業務への参入については、まずは、1993年７月に、日本興業銀行、日本長期信用銀行、農林中央金庫の子会社が営業を開始した（家根田・小田（2011）23頁）。

38　証券会社および銀行等の信託銀行子会社による信託業務への参入については、まずは、1993年10月に野村證券、大和証券、日興証券、山一證券および東京銀行の子会社が営業を開始した（家根田・小田（2011）23頁）。

期待できる。したがって、このような持株会社の活用により、金融分野での競争の促進と銀行経営の効率化が期待されるとともに、利便性や資産運用の効率性を高めるような金融サービスの開発・提供が促進され、利用者利便の向上に資すると考えられる」との整理を示した。

そして、当該答申を受けて1997年12月に成立した「持株会社の設立等の禁止の解除に伴う金融関係法律の整備等に関する法律」による銀行法の改正によって、銀行持株会社の設立が可能になるとともに（図表2-23参照）、銀行持株会社に関する規制が整備されるに至った（銀行法第52条の2～第52条の20等を追加）。

図表2-23　銀行持株会社の解禁

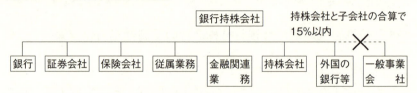

（注1）　ベンチャー・ビジネス企業や従属業務子会社を除く子会社の取得には認可が必要。
（注2）　保険会社と銀行業との子会社形態による相互参入は2000年10月に解禁。

図表2-24　金融システム改革法―銀行の子会社規制の整備

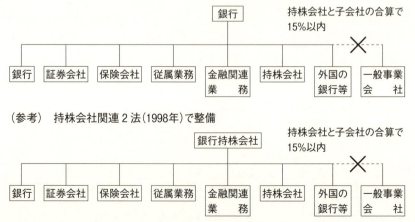

（注1）　ベンチャー・ビジネス企業や従属業務子会社を除く子会社の取得には認可が必要。
（注2）　保険会社と銀行業との子会社形態による相互参入は2000年10月に解禁。

④ 銀行の子会社規制の整備

また、前述の答申（「我が国金融システムの改革について」（1997年6月13日））などをふまえて1998年10月6日に成立した金融システム改革法により改正された銀行法においては、前記(1)の関連会社通達等をふまえ、銀行の子会社に係る規定として銀行法第16条の2（銀行の子会社の規制等）および銀行法施行規則等が全面的に整備された。

具体的には、情報通信技術の革新等や金融自由化措置の進展に伴い、多様で連続的な金融サービスを総合的に提供できるようにすること等の観点から、銀行グループの組織形態の自由度や業務範囲の拡大が行われた。そして、その一環として、それまで業態別子会社の新設に限定されていた銀行による株式保有について、認可制のもと、金融分野の会社であれば既存の会社を子会社とすることも可能とされた（図表2-24参照）。また、銀行の子会社の業務範囲についても、金融関連業務（商品投資顧問業務、クレジットカード業務、プリペイドカード業務、リース業務、投資助言業務、経営相談業務、金融経済の調査・研究業務、データ処理業務、有価証券に関する事務取次ぎ・代理業務、IR業務など）が幅広く弾力的に許容されることとなった。

(3) 子会社の業務範囲

銀行は、前述のとおり法律に定める以外の業務を行うことはできないが（銀行法第12条、他業禁止）、銀行が子会社を使って他業禁止の規制を免れてしまうことがないよう、銀行の子会社についても業務範囲が制限されている。

具体的には、銀行法第16条の2第1項各号が、銀行の子会社の範囲を図表2-25のとおり限定的に列挙している。これは、金融システム改革全般においてルールの明確化が求められていることや、子会社の範囲制限違反に対しては罰則が科されること等に対応したものであるとされている。そのうえで、金融技術の革新等により、子会社で営むことにふさわしい業務が新たに生じた場合は、銀行法施行規則の改正等で機動的に対応することが可能とさ

第2章　日本の銀行グループ規制　171

図表 2 −25　銀行の子会社の範囲

（i）　銀行

（ii）　長期信用銀行

（iii）　資金移動専門会社

（iv）　証券専門会社

（v）　証券仲介専門会社

（vi）　保険会社

（vii）　少額短期保険業者

（viii）　信託専門会社

（ix）　銀行業を営む外国の会社

（x）　有価証券関連業を営む外国の会社

（xi）　保険業を営む外国の会社

（xii）　信託業を営む外国の会社

（xiii）　従属業務（注1）または金融関連業務（注2）を専ら営む会社

（xiv）　新たな事業分野を開拓する会社

（xv）　経営の向上に相当程度寄与すると認められる新たな事業活動を行う会社

（xvi）　（i）〜（xv）に掲げる会社のみを子会社とする持株会社

（注1）　「従属業務」とは、銀行または上記(ii)〜(xii)に掲げる会社の営む業務に従属する業
　　　　務をいう（図表2 −26参照）。

（注2）　「金融関連業務」とは、銀行業、有価証券関連業、保険業または信託業に付随
　　　　し、または関連する業務をいう（図表2 −27参照）。このうち、もっぱら有価証券
　　　　関連業に付随し、または関連する業務を「証券専門関連業務」（銀行法第16条の2
　　　　第2項第3号）、もっぱら保険業に付随し、または関連する業務を「保険専門関連
　　　　業務」（同項第4号）、もっぱら信託業に付随し、または関連する業務を「信託専
　　　　門関連業務」（同項第5号）という。従属業務および金融関連業務の具体的な内容
　　　　は、銀行法施行規則第17条の3で限定列挙されている。

図表 2 −26　従属業務（銀行法施行規則第17条の 3 第 1 項各号）

1	営業用不動産管理業務
2	福利厚生業務
3	物品購入業務
4	印刷・製本業務
5	広告・宣伝業務
6	自動車運行・保守点検業務
7	調査・情報提供業務
8	現金自動支払機等の保守・点検業務
9	ダイレクトメール等の作成・発送業務
10	担保財産の評価・管理業務
10の 2	担保財産の売買の代理・媒介業務
11	消費者ローンの相談・取次業務
12	外国為替・信用状・旅行小切手等の対外取引関係の業務
13	計算業務
14	書類の作成・整理・保管・発送・配送業務
15	事務取次業務
16	労働者派遣事業・職業紹介事業
17	コンピュータ関連業務
18	役職員の教育・研修業務
19	現金・小切手・手形・有価証券の輸送業務
20	現金・小切手・手形・証書の集配業務
21	有価証券の受渡業務
22	現金・小切手・手形・有価証券の整理・精査・保管業務
23	自らを子会社とする保険会社のための投資業務
24	自らを子会社とする銀行等の債権の担保の競落・所有・管理業務
25	1 〜24に掲げる業務に準ずるものとして金融庁長官が定める業務[39]
26	上記に掲げる業務に附帯する業務（各号に掲げる業務を営む者が営むものに限る）

39　現在、金融庁長官が定める業務はない。

第 2 章　日本の銀行グループ規制　173

図表2－27　金融関連業務（銀行法施行規則第17条の3第2項各号）

1	銀行等の業務の代理、媒介
1の2	農協等の業務の代理、媒介
1の3	カストディ業務
1の4	資金移動業者が営む資金移動業の代理、媒介
1の5	信託契約代理業
1の6	信託業務を営む金融機関が営む信託併営業務を受託する契約の締結の代理、媒介
2	金銭の貸付または金銭の貸借の媒介
2の2	イスラム金融（金銭の貸付と同視すべきもの）
3	銀行の付随業務
3の2	債権管理回収業
3の3	確定拠出年金運営管理業
3の4	保険募集
4	金融商品取引法第2条第8項第7号、第13号および第15号に掲げる行為を行う業務
5	削除
6	商品投資顧問業
7	クレジットカード業務
8	個品割賦購入あっせん
9	プリペイドカード業務
10	削除
11	リース業
12	ベンチャーキャピタル業務
13	投資信託委託会社または資産運用会社として行う業務
14	投資助言業務または投資一任契約に係る業務
14の2	投資信託および投資法人に関する法律施行令第3条第1号、第2号および第6号～第8号に掲げる資産に対する投資として、他人のため金銭その他の財産の運用（その指図を含む）を行う業務
14の3	他の事業者の事業の譲渡、合併、会社の分割、株式交換もしくは株式移転に関する相談に応じ、またはこれらに関し仲介を行う業務
15	経営に関する相談に応ずる業務
16	金融その他経済に関する調査または研究を行う業務
17	個人の財産形成に関する相談に応ずる業務
18	主として銀行持株会社、子会社対象会社等の業務または事業者の財務に関するデータの処理を行う業務およびこれらのデータの伝送役務を提供する業務（VAN業務）

18の2　主として銀行持株会社、子会社対象会社等の業務または事業者の財務に関する電子計算機のプログラム作成・販売（プログラムの販売に伴い必要となる附属機器の販売を含む）および計算受託業務

18の3　確定給付企業年金その他これに準ずる年金に係る掛金または給付金等の計算に関する業務および書類等の作成または授受に関する業務

18の4　算定割当量を取得し、もしくは譲渡することを内容とする契約の締結またはその媒介、取次ぎ、代理

18の5　電子債権記録業

19　　　有価証券の所有者と発行者との間の当該有価証券に関する事務の取次ぎを行う業務

20　　　有価証券に関する顧客の代理

21　　　インベスター・リレーションズ業務（IR業務）

22　　　有価証券に関連する情報の提供または助言

23　　　組合契約または匿名組合契約の締結の媒介、取次ぎ、代理

24　　　保険業の代理（保険募集を除く）または事務の代行

25　　　削除

26　　　保険事故その他の保険契約に係る事項の調査

27　　　保険募集を行う者の教育を行う業務

28　　　老人福祉施設および有料老人ホームに関する役務その他老人、身体障害者等の福祉に関する役務の提供を行う業務

29　　　健康の維持もしくは増進のための運動を行う施設または温泉を利用して健康の維持もしくは増進を図るための施設の運営を行う業務

30　　　事故その他の危険の発生の防止もしくは危険の発生に伴う損害の防止もしくは軽減を図るため、または危険の発生に伴う損害の規模等を評価するための調査、分析または助言を行う業務

31　　　健康、福祉または医療に関する調査、分析または助言を行う業務

32　　　主として保険持株会社、少額短期保険持株会社、子会社対象会社に該当する会社（保険会社、少額短期保険業者または保険業を営む外国の会社に限る）または保険募集人の業務に関する電子計算機のプログラムの作成または販売（プログラムの販売に伴い必要となる附属機器の販売を含む）を行う業務および計算受託業務

33　　　自動車修理業者等のあっせんまたは紹介に関する業務

34　　　保険契約者からの保険事故に関する報告の取次ぎを行う業務または保険契約に関し相談に応ずる業務

35　　　財産の管理に関する業務および当該業務に係る代理事務

36　　　金融機関の信託業務の兼営等に関する法律第1条第1項第4号〜第7号に掲げる業務

第2章　日本の銀行グループ規制　175

37　　　信託を引き受ける場合におけるその財産（不動産を除く）の評価に関する業務

38　　　その他前各号に掲げる業務に準ずるものとして金融庁長官が定める業務[40]

（i）　信用状の発行

（ii）　旅行小切手の発行

（iii）　地金銀の売買

（iv）　当せん金付証票法第6条第1項の規定による事務の委託を受けた銀行から委託を受けて行う当該事務に係る業務

（v）　金銭債権の取得・譲渡の代理、取次ぎ、媒介

（vi）　地金銀の売買の媒介、取次、代理

（vii）　リース業務に係る機械類その他の物件と同種の機械類その他の物件（中古のものに限る）の売買、保守、点検その他の管理を行う業務

（viii）　前各号に掲げる業務に附帯する業務（当該各号に掲げる業務を営む場合に限る）

39　　　前各号に掲げる業務に附帯する業務（当該各号に掲げる業務を営む者が営むものに限る）

れている[41]。

　したがって、銀行の子会社は、銀行業務、証券業務、保険業務、信託業務などを営むことは可能であるが、たとえば、一般向け不動産業務、物品販売業務および旅行あっせん業務などは営むことができない。

子会社の認可

子会社対象銀行等の認可

　銀行は、子会社対象会社（主として当該銀行の営む業務のために従属業務を営んでいる会社、金融関連業務（証券専門関連業務、保険専門関連業務および信託専門関連業務を除く）をもっぱら営む会社、新たな事業分野を開拓する会社または経営の向上に相当程度寄与すると認められる新たな事業活用を行う会社を除

---

[40]　平成10年11月24日金融監督庁・大蔵省告示第9号（銀行法施行規則第17条の3第2項第3号および第38号の規定に基づく銀行等の子会社が営むことのできる業務から除かれる業務等を定める件）第3条。

[41]　木下（1999）176頁。

図表2-28　認可の審査基準

(i)　当該申請をした銀行（以下「申請銀行」という）の資本金の額が当該申請に係る子会社対象銀行等の議決権を取得し、または保有するに足りる十分な額であること。
(ii)　申請銀行およびその子会社等（当該認可に係る子会社対象銀行等を含む）の連結自己資本比率が適正な水準となることが見込まれること。
(iii)　申請銀行の最近における業務、財産および損益の状況が良好であること。
(iv)　当該申請時において申請銀行およびその子会社等の収支が良好であり、当該認可に係る子会社対象銀行等を子会社とした後も良好に推移することが見込まれること。
(v)　申請銀行が子会社対象銀行等の業務の健全かつ適切な遂行を確保するための措置を講ずることができること。

く。以下「子会社対象銀行等」という）を子会社としようとする場合には、原則として認可を受けなければならないこととされている（銀行法第16条の2第7項）。

　前述のとおり、銀行が子会社とすることができる会社の範囲が大幅に拡大されたが、それはそれで銀行業務を離れた分野において子会社を通じた多用な業務提携が行われることを意味し、銀行の健全な業務運用を脅かすおそれが増すことになる。銀行業務の柔軟化と銀行経営の健全性のバランスを図る観点から、銀行が子会社対象会社を子会社とする場合には、原則として金融庁長官が事前に適格性を審査することとしたものである[42]（認可の審査基準については、図表2-28参照）。

　なお、子会社対象銀行等以外の子会社対象会社を子会社としようとするときは、事前届出とされている（銀行法第53条第1項第2号）。また、その子会社が子会社でなくなったとき、または子会社対象銀行等に該当する子会社が当該子会社対象銀行等に該当しない子会社になったときは、事後届出とされている（同項第3号）。

---

[42]　小山（2012）348頁。

⑷　子法人等・関連法人等に対する子会社規制の適用

　前記⑶で述べた銀行の子会社の業務範囲規制（銀行法第16条の２）は、「子会社」のみを対象とするものであるため、「子法人等」や「関連法人等」には当該規制が直接適用されるものではない。

　しかし、前記⑴で述べたとおり、「子法人等」や「関連法人等」も銀行の実質支配力や影響力で結ばれた銀行グループの一部であることからすると、これらの法人等にも銀行の健全性確保や他業禁止の趣旨を及ぼすのが適当と考えられる[43]。

図表２－29　主要行等向けの総合的な監督指針Ⅴ－３－３－１⑶・中小・地域金融機関向けの総合的な監督指針Ⅲ－４－７－１⑶

⑶　銀行の特定子法人等（特定出資会社[44]でない子法人等をいう。以下同じ。）及び特定関連法人等（特定出資会社でない関連法人等をいう。以下同じ。）については、以下のとおりとなっているか。ただし、会社に準ずる事業体については、この限りでない。

①　銀行の特定子法人等及び特定関連法人等の業務の範囲については、子会社対象会社（法第16条の２第１項に規定する子会社対象会社をいう。以下同じ。）の営むことができる業務の範囲内であり、かつ、施行規則、告示、本監督指針に定める子会社に関する基準等を満たしているか。

　例えば、保険専門関連業務（同条第２項第４号に定める保険専門関連業務をいう。）を営む会社については、銀行が保険会社を子会社としている場合等に限り、銀行の特定子法人等又は特定関連法人等として保有することができることに留意する。

　なお、金融システム改革のための関係法律の整備等に関する法律（以下「金融システム改革法」という。）の施行の際、信託業務を営む銀行（本体で不動産業務を営む者に限る。）の特定子法人等又は特定関連法人等で現に一般向け不動産業務を営むもの（以下③において「特定法人」という。）の当該業務については、銀行の特定子法人等及び特定関連法人等が営むことができる業務に含まれることに留意する。

43　家根田・小田（2014a）84頁。

このため、主要行等向けの総合的な監督指針V－3－3－1⑶および中小・地域金融機関向けの総合的な監督指針Ⅲ－4－7－1⑶において、銀行の子会社、子法人等および関連法人等の業務範囲等については、銀行法第12条に規定する他業禁止の観点から図表2－29のとおりとするとして、「子法人等」および「関連法人等」にも銀行法第16条の2の子会社規制が及ぶことが明らかにされている。

　また、銀行の特定出資会社、特定子法人等および特定関連法人等は、原則として一般向け不動産業務を営むことはできない（銀行法第16条の2、銀行法施行規則第17条の3等参照）。しかし、上記のとおり、主要行等向けの総合的な監督指針および中小・地域金融機関向けの総合的な監督指針において、信託兼営金融機関（本体で不動産業務を営むものに限る）の特定子法人等または特定関連法人等については、金融システム改革法施行の際、現に一般向け不動産業務を営んでいた場合、同法施行後も（すなわち、現在も）当該業務を営むことが特例的に認められている。もっとも、このような特例的な取扱いは、信託兼営金融会社の「子会社」には適用されない。

　なお、銀行が「子法人等」または「関連法人等」を新たに有することになった場合には、金融庁長官に宛ててその旨の届出を行わなければならない（銀行法第53条第1項第8号、同法施行規則第35条第1項第14号）。

⑸　外国の会社に対する子会社規制の適用

　銀行法第16条の2第1項柱書は、「銀行は、次に掲げる会社（以下この条

44　「特定出資会社」とは、銀行またはその子会社が、国内の会社（当該銀行の子会社を除く）の株式等について、合算して、その基準議決権数（銀行法第16条の3第1項に規定する基準議決権数をいう。以下同じ）を超えて所有している場合の当該国内の会社をいう。なお、特定出資会社が営むことができる業務については、主要行等向けの総合的な監督指針および中小・地域金融機関向けの総合的な監督指針において、「（銀行）法第16条の2第1項第1号から第6号までに掲げる会社、同項第11号に掲げる会社及び同項第13号に掲げる会社が行うことができる業務の範囲内であり、かつ、施行規則、告示、本監督指針に定める子会社に関する基準等を満たす必要があることに留意する」こととされている（主要行等向けの総合的な監督指針V－3－3（注1）、中小・地域金融機関向けの総合的な監督指針Ⅲ－4－7（注1））。

第2章　日本の銀行グループ規制　179

において「子会社対象会社」という。）以外の会社を子会社としてはならない」
と定めるのみで、当該子会社対象会社が国内・国外のいずれに所在する会社
かを限定していない。また、同項各号は、子会社対象会社として、銀行業を
営む外国の会社（第7号）、有価証券関連業を営む外国の会社（第8号）、保
険業を営む外国の会社（第9号）、信託業を営む外国の会社（第10号）、外国
の川下持株会社（第14号）を明記している。

したがって、国内の会社と国外の会社のいずれも、子会社とすることが可
能であり、これらの会社は子会社規制の対象となる。

ところで、たとえば、外国の銀行のなかには、欧州におけるユニバーサル
バンクのように銀行業と証券業（有価証券関連業）を特段の制限なく兼業で
きるなど、わが国の銀行が営むことができない業務を営むことができる銀行
も存在する。また、現地の法制によっては、外国の銀行が本業とは別の一般
事業を兼営している場合も存在しうる。

これらの外国の会社をわが国の銀行の子会社とすることができるかが問題
となるが、この点については、銀行法第16条の2第1項第7号の「銀行業を
営む外国の会社」とは、いずれにせよ銀行業を営んでいる外国の会社であれ
ば、これを含むものと解されている。したがって、これらの外国の会社につ
いても、子会社とすることが可能である。これらの外国の会社に対してわが
国の銀行の子会社の業務範囲制限を厳密に適用し、当該外国の会社について
証券業や一般事業を営むことを法律上一律に禁止した場合、わが国の銀行の
国際的な業務展開に支障を及ぼすおそれがあるため、法律上そのような制限
を設けていないとされている[45]。主要行等向けの総合的な監督指針Ⅴ-3-
3-4（銀行の海外における子会社等の業務の範囲）においても、「銀行業を営
む外国の会社（以下「銀行現法」という。）が行う業務については、バーゼル
コンコルダット（「銀行の海外拠点監督上の原則」1975年バーゼル委員会（1983
年改訂））の趣旨にかんがみ、現地監督当局が容認するものは、銀行法の趣
旨を逸脱しない限り原則として容認するものとする」とされている。

45　木下（1999）192頁。

もっとも、銀行法は、「従属業務又は金融関連業務を専ら営む会社」（銀行法第16条の2第1項第11号）については、その会社の国籍によって区別することはしていないため、わが国の会社であっても外国の会社であっても同じ業務範囲の規制が及ぶことには留意が必要である。

また、同監督指針において、銀行の外国における子会社等（子会社、子法人等および関連法人等）の業務の範囲についても、「国内の子会社等と同様の業務範囲の考え方を適用し、子会社対象会社の営むことができる業務以外の業務を営むことのないよう留意する必要がある」と明記されている。

銀行の外国子会社の範囲の特例

銀行グループの国際展開を容易にする環境を整備することが重要であることをふまえ、金融商品取引法等の一部を改正する法律（平成25年法律第45号）による銀行法改正により、銀行が、以下の方法により子会社対象会社以外の外国の会社を子会社とする場合は、銀行の子会社の範囲の規制を適用しないこととされた。

(i) 現に子会社対象会社以外の外国の会社を子会社としている外国の子会社対象会社（銀行法第16条の2第1項第7号～第11号に掲げる会社に限る）を子会社とすることにより、子会社対象会社以外の外国の会社を子会社とする場合
(ii) 現に子会社対象会社以外の外国の会社を子会社としている特例対象持株会社（持株会社（子会社対象会社を子会社としている会社に限る）または外国の会社であって持株会社と同種のものもしくは持株会社に類似するもの（子会社対象会社を子会社としているものに限り、持株会社を除く）をいう）を子会社とすることにより、子会社対象会社以外の外国の会社を子会社とする場合

ただし、当該銀行は、当該子会社対象会社以外の外国の会社が子会社となった日から5年を経過する日までに、当該子会社対象会社以外の外国の会社が子会社でなくなるよう、所要の措置を講じなければならないこととされている（銀行法第16条の2第4項但書）。もっとも、銀行は、この期限が到来する場合には、その子会社となった子会社対象会社以外の外国の会社を引き続き子会社とすることについて金融庁長官の承認を受けて、1年を限り、こ

第2章 日本の銀行グループ規制 181

れらの期限を延長することができることとされている（銀行法第16条の２第
５項）。当該延長された期限が到来する場合も同様とされている（同項）。

　なお、金融庁長官は、次のいずれかに該当する場合に限り延長の承認をす
るものとされている（銀行法第16条の２第６項）。

(i)　当該銀行が、その子会社となった子会社対象会社以外の外国の会社または
　　当該会社を子会社としている外国の子会社対象会社もしくは特例対象持株会
　　社の本店または主たる事務所の所在する国の金融市場または資本市場の状況
　　その他の事情に照らして、前項（銀行法第16条の２第５項）の期限までにそ
　　の子会社となった子会社対象会社以外の外国の会社が子会社でなくなるよ
　　う、所要の措置を講ずることができないことについてやむをえない事情があ
　　ると認められること。

(ii)　当該銀行が子会社とした外国の子会社対象会社または特例対象持株会社の
　　事業の遂行のため、当該銀行がその子会社となった子会社対象会社以外の外
　　国の会社を引き続き子会社とすることについてやむをえない事情があると認
　　められること。

---

(6)　従属業務と金融関連業務

　銀行が「従属業務又は金融関連業務を専ら営む会社」（銀行法第16条の２第
１項第11号）を子会社等にする例は多くみられるところであるが、その場合
に留意が必要と思われる主な事項について、以下で概要を述べる。

①　従属業務または金融関連業務を「専ら」営むとは

　銀行法第16条の２第１項第11号は、銀行が子会社とすることができる会社
について、従属業務または金融関連業務を「専ら」営む会社と定めている。

　ここでいう「専ら」とは、従属業務または金融関連業務のみを営んでいる
ことをいうと解されている。したがって、従属業務または金融関連業務に
該当する業務（前掲図表２-27、図表２-28参照）を営んでいる会社であって
も、これらに該当しない業務をも営んでいる場合は、銀行の子会社とするこ
とはできない。

②　従属業務と金融関連業務の兼営は許されるか

　銀行法第16条の2第1項第11号は、銀行が子会社とすることができる会社について、従属業務「又は」金融関連業務をもっぱら営む会社と定めている。そのため、（「又は」がorの意味で使用されており）銀行の子会社は従属業務と金融関連業務のいずれかしか営むことが許されないのかが問題となる。

　結論として、銀行の子会社は、従属業務と金融関連業務を兼営することができる。すなわち、ここでの「又は」とは、排他的な選択ではなく、and/orの意味で使用されている。

　過去においては、1998年に金融システム改革法による銀行法の改正がなされ、銀行の子会社に係る規定として銀行法第16条の2（銀行の子会社の範囲等）および銀行法施行規則等が全面的に整備された当時、銀行持株会社の子会社は従属業務と金融関連業務の兼営が認められていたが、銀行グループにおいては銀行とこれらの業務を営む子会社との関係が直接親子関係となることから、リスク遮断の必要性等を厳格にとらえ、銀行の子会社は従属業務と金融関連業務の兼営が禁止されていた。

　しかし、株式交換・株式移転制度（1999年10月）や会社分割制度の導入（2001年4月）などの会社組織の再編を容易にするための商法改正や、子会社を含む銀行の再編・統合の流れのなかで、子会社方式をとるか持株会社方式をとるかは、まさに経営戦略によりまちまちであって、経営も単体ベースの管理からグループ全体のリスク管理重視に移行してきた。こうした流れのなかで、銀行グループと銀行持株会社グループとの差を設ける必要性が小さくなってきたこと、また、組織形態の選択の自由度を高める観点からも親子会社形態と持株会社形態の規制の均衡を図る必要があったこと等から、銀行法等の一部を改正する法律（平成13年法律第117号）における銀行法の改正により、銀行持株会社の取扱いと同様、銀行の子会社においても従属業務と金融関連業務の兼営が認められるに至った[46]。

46　家根田・小田（2014b）109頁。

図表2－30　銀行等の従属業務を営む会社が銀行またはその子会社等のために営む従属業務等に関する基準（収入依存度告示第2条）

（i）　銀行、長期信用銀行、資金移動専門会社または銀行業を営む外国の会社の営む業務のために従属業務会社が、主として**当該銀行**またはその子会社等（**当該銀行の特定子銀行**[47]、**銀行持株特定子銀行**[48]、**当該銀行の銀行集団**[49]または**当該銀行の銀行持株会社集団**[50]をいう）の営む業務のためにその業務を営んでいるかどうかの基準は、次に掲げる要件のすべてを満たしていることとされる（収入依存度告示第2条第1項）。

  a　各事業年度において、銀行法施行規則第17条の3第1項第1号～第21号に掲げるそれぞれの業務（以下「それぞれの業務」という）につき、当該銀行またはその子会社等（福利厚生業務（第2号）については当該銀行またはその子会社等に属する法人の役職員を含む）からの収入の額の合計額の総収入の額に占める割合が100分の50を下回らないこと

  b　各事業年度において、それぞれの業務につき、当該銀行または特定子銀行もしくは銀行持株特定子銀行のいずれかからの収入があること

（ii）　上記(i)の従属業務を営む会社が、主として**銀行に係る集団**[51]**の営む業務のためにその業務を営んでいる**かどうかの基準は、次に掲げる要件のすべてを満たしていることとされる（収入依存度告示第2条第2項）。

  a　各事業年度において、それぞれの業務につき、当該銀行に係る集団（福利厚生業務については当該銀行に係る集団に属する法人の役職員を含む）からの収入の額の合計額の総収入の額に占める割合が100分の90を下回らないこと

  b　各事業年度において、それぞれの業務につき、当該銀行、その特定子銀行または銀行持株特定子銀行のいずれかからの収入があり、かつ、当該銀行に係る集団に属するそれぞれの銀行等集団に属する銀行等のいずれかからの収入があること

---

③　従属業務における収入依存度規制とは

　銀行の子会社の業務範囲において、従属業務は、「従属する銀行、その子会社等の業務に係る事務のうち、その業務の基本に係ることのないものであり、かつ、その業務の遂行上必要となるもの。従属業務そのものは、銀行業からみれば他業であるが、銀行が分社化を通じて経営の効率化等を図ることを可能とする観点から認めているもの」[52]とされている。

　この趣旨にかんがみ、銀行が従属業務を営む会社を子会社とするには、当該子会社が「主として銀行、その子会社その他これらに類する者として内閣

府令で定めるもの又は銀行の営む業務のために従属業務を営んでいるかどう
かの基準」（銀行法第16条の２第10項）を満たすものに限られている。この判
断基準のことを「収入依存度規制」といい、「銀行法第16条の２第７項等の
規定に基づき、従属業務を営む会社が主として銀行若しくは銀行持株会社又
はそれらの子会社その他これに類する者のために従属業務を営んでいるかど
うかの基準を定める件（平成14年金融庁告示第34号）」（以下「収入依存度告示」
という）によって、従属業務会社の総収入に占める銀行グループ等からの収
入が一定割合以上あること等が求められている。

収入依存度規制の具体的内容

収入依存度規制の具体的内容は、収入依存度告示において定められてい
る。そのうち、「銀行等の従属業務を営む会社が銀行またはその子会社等の
ために営む従属業務等に関する基準」の内容は、図表２-30のとおりである。

図表２-30(ii)の要件は、複数の銀行グループを包摂する概念である「銀
行に係る集団」（銀行法施行規則第17条の２第４項第４号）から委託を受ける場
合の基準であり、2005年の収入依存度告示の改正により追加されたものであ

47　「特定子銀行」とは、当該銀行の子会社のうち、銀行、長期信用銀行、資金移動専門
　　会社または銀行業を営む外国の会社をいう（銀行法施行規則第17条の２第４項第１号）。
48　「銀行持株特定子銀行」とは、当該銀行を子会社とする銀行持株会社の子会社（銀
　　行、長期信用銀行または銀行業を営む外国の会社に限り、当該銀行およびその特定子銀
　　行を除く）をいう（銀行法施行規則第17条の２第１項第１号）。
49　「銀行集団」とは、当該銀行およびその子会社の集団または当該銀行の特定子銀行お
　　よび当該銀行の特定子銀行以外の子会社の集団をいう（銀行法施行規則第17条の２第４
　　項第２号）。
50　「銀行持株会社集団」とは、当該銀行を子会社とする銀行持株会社の二以上の子会社
　　の集団または当該銀行持株会社およびその子会社の集団のうち、銀行、長期信用銀行ま
　　たは銀行業を営む外国の会社を含むものに限り、銀行集団を除いたものをいう（銀行法
　　施行規則第17条の２第４項第３号）。
51　「銀行に係る集団」とは、当該銀行またはその特定子銀行、銀行持株特定子銀行、銀
　　行集団もしくは銀行持株会社集団および銀行等（銀行等の預貯金取扱金融機関）、銀行
　　等集団、銀行持株会社集団または長期信用銀行の長期信用銀行持株会社集団をいう（銀
　　行法施行規則第17条の２第４項第４号）。このように、「銀行に係る集団」は、複数の銀
　　行グループを包摂する概念となっている。
52　2007年11月19日金融審議会金融分科会第二部会第41回（http://www.fsa.go.jp/
　　singi/singi_kinyu/ dai2/siryou/20071119.html）配布資料３「銀行の業務範囲規制のあ
　　り方について」［関係資料］４頁。

る。これにより、複数の銀行グループ等による従属業務会社の共同設立が認められることになった。

収入依存度規制における「収入」の考え方[53]

[収入依存度規制告示第2条第1項の要件と同条第2項の要件との関係]

　従属業務を営む会社において他の銀行グループからの収入がある場合であっても、当該会社を子会社とする銀行グループからの収入が総収入額の50％以上であれば（すなわち、収入依存度告示第2条第1項の要件（図表2－30(i)参照）を充足すれば）、仮に、他の銀行グループからの収入との合算した額が総収入の額の90％以上とならない場合（すなわち、同条第2項の要件（図表2－30(ii)参照）を充足しない場合）であっても、収入依存度規制の要件は充足する。つまり、収入依存度告示第2条第1項と同条第2項の関係は、これらのいずれかの要件を充足すればよいという関係にある。

[従属業務を営む会社に対する出資をしていない銀行グループからの収入の合算の可否]

　他の銀行グループを収入依存先とする場合に、当該他の銀行グループから従属業務を営む会社に対する出資があることは要件とされていない。したがって、収入依存度規制の要件充足性の判断に際しては、当該従属業務を営む会社に出資をしていない他の銀行グループからの収入についても合算してよく、当該合算した額が総収入の額の90％以上であれば、収入依存度規制の要件を充足する。

[他の銀行グループと合算した場合の内訳の制限の有無]

　従属業務を営む会社を子会社とする銀行グループからの収入と他の銀行グループからの収入とを合算した額が総収入額の90％以上となっている場合は、その内訳になんら制限はない。したがって、従属業務を営む会社を子会社とする銀行グループからの収入依存度が、他の銀行グループからの収入依

---

[53] 2006年10月27日金融庁「「銀行法第16条の2第7項等の規定に基づき、従属業務を営む会社が主として銀行若しくは銀行持株会社又はそれらの子会社その他これらに類する者のために従属業務を営んでいるかどうかの基準を定める件の一部を改正する件（案）等」に対するパブリックコメントの結果について」（http://www.fsa.go.jp/news/18/20061027-1.html）参照。

存度よりも小さい場合であっても、収入依存度規定の要件を充足する。

[収入依存先とする銀行グループが複数ある場合]

　従属業務を営む会社が、複数の銀行グループを収入依存先とする場合、それぞれの銀行グループごとに当該銀行グループに属する銀行からの収入があることが必要となる。

[収入依存先とする銀行グループに複数の銀行が含まれる場合]

　他の銀行グループに複数の銀行が含まれている場合、それらの銀行のうち1つの銀行からでも収入があればよく、その収入を含めて合算した額が総収入の額の90％以上であれば、収入依存度規制の要件は充足する。

④　銀行の子会社等によるリース業務（金融関連業務）

　銀行の子会社等は、金融関連業務を営む会社として、リース業務を営むことが可能である（銀行法施行規則第17条の3第2項第11号）。

　前述のとおり、銀行本体もリース業務を営むことは可能であるが、銀行本体が営むことができるのは、ファイナンス・リースに限られている（前記4⑶参照）。これに対し、銀行の子会社等は、ファイナンス・リースに加えて、一定の制限（次に述べる収入制限規制を参照）のもとでオペレーティング・リースを営むこともできる。

銀行の子会社等のリース業務に係る収入制限規制

　銀行の子会社等は、「金融庁長官が定める基準により主として法第10条第2項第18号に掲げる業務が行われる場合」に限り、リース業務を営むことができるとされている（銀行法施行規則第17条の3第2項第11号）。

　この基準は、「銀行法施行規則第17条の3第2項第3号及び第38号の規定に基づき銀行等の子会社が営むことのできる業務から除かれる業務等を定める件」（平成10年金融監督庁・大蔵省告示第9号）第2条において定められており、その内容は図表2-31、図表2-32のとおりである。

⑤　銀行の子会社等によるIT関連業務等

　近年、スマートフォンでの金融取引等の決済サービスを起点に、人工知

能（AI）による与信審査、投資アドバイスや資産運用等、フィンテック（FinTech）を活用した動きが広がっており、金融業の「アンバンドリング化」ともいうべき構造変化がみられ始めている。市場分野においても、取引所等の機能の変容等、同様の動きを展望する見方がある。

　欧米においては、こうした構造変化の動きを敏感にとらえ、ITベンチャー等のノンバンク・プレーヤーと金融機関とが連携・協働等をする動き

図表 2−31　「銀行法施行規則第17条の 3 第 2 項第 3 号及び第38号の規定に基づき
　　　　　 銀行等の子会社が営むことのできる業務から除かれる業務等を定める
　　　　　 件」

(ⅰ)　各事業年度において、機械類その他の物件を使用させる業務（以下「リース業務」という）を営む会社のリース業務およびリース物件売買等業務[54]ならびに当該リース業務を営む会社の子会社であるリース物件売買等業務を営む会社（リース業務を営むものを除く。以下「リース物件売買等会社」という）のリース物件売買等業務による収入の額の合計額に占めるファイナンス・リース業務による収入の額の割合が100分の50を下回らないこと。

(ⅱ)　(ⅰ)にかかわらず、リース業務を営む会社がリース業務を営む他の会社を子会社としている場合における、リース会社集団（リース業務を営む会社およびその子会社であるリース業務を営む会社をいう）に属するそれぞれの会社に係る「主として」ファイナンス・リース業務が行われる場合の基準は、次に掲げる要件のすべてを満たすこと。

　a　各事業年度において、リース会社集団および当該リース会社集団に係るリース物件売買等会社のリース業務およびリース物件売買等業務による収入の額の合計額に占める当該リース会社集団のファイナンス・リース業務による収入の額の合計額の割合が100分の50を下回らないこと

　b　各事業年度において、リース会社集団に属するそれぞれの会社（リース業務を廃止することとしている会社を除く）におけるリース物件売買等業務による収入の額が当該会社におけるリース業務による収入の額を上回らないこと

54　リース業務（自己または自らを子会社とする会社もしくはその子会社（自己を除く）が営むものに限る）に係る機械類その他の物件と同種の機械類その他の物件（中古のものに限る）の売買または当該機械類その他の物件の保守、点検その他の管理を行う業務（自己がリース業務を営まない場合にあっては、銀行または銀行持株会社の子会社であるリース業務を営む会社（銀行および保険会社（保険業法（平成 7 年法律第105号）第 2 条第 2 項に規定する保険会社をいう）を除く）の子会社として営む場合に限る）。

188

図表2－32　リース会社の収入制限規制

【単体(リース会社とその子会社であるリース物件売買等会社)】
・ファイナンス・リースに係る収入額・リース業務およびリース物件売買等業務に係る収入の合計額≧50%
【告示第2条第1項】
【リース会社集団(リース会社(リース会社およびその子会社であるリース会社を含む)とリース会社の子会社であるリース物件売買等会社を合算)】
①全体
　・ファイナンス・リースに係る収入／リース業務およびリース物件売買等業務に係る収入≧50%【告示第2条第2項第1号】
②個別
　・リース業務に係る収入＞リース物件売買等業務に係る収入(リース会社集団に属するリース会社(リース業務を廃止するリース会社を除く)のみに運用する)【告示2条2項2号】
「告示」：銀行法施行規則第17条の3第2項第3号及び第38号の規定に基づき銀行等の子会社が営むことのできる業務から除かれる業務等を定める件(平成10年金融監督庁・大蔵省告示第9号)

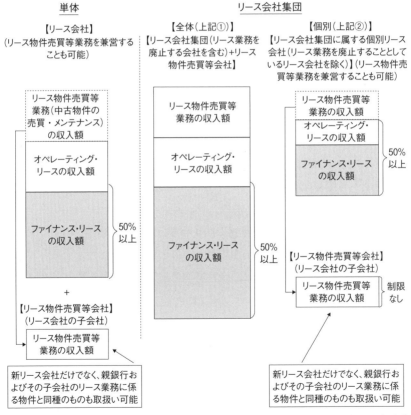

(出所)　家根田正美・小田大輔「〈実務相談　銀行法　第39回〉銀行の子会社(8)各論⑥(金融関連業務を営む会社③)」金融法務事情No.2013

がみられ、その具体的なものの1つとして、欧米の銀行のなかには、投資先としてではなく、ITの取込みそれ自体を目的として、ITベンチャー企業との連携や買収を進める動きもみられる。

これに対し、わが国ではこのような有機的な対応が遅れていると指摘されており、金融庁も、平成27（2015）事務年度金融行政方針において、「我が国がFinTechの動きに速やかに対応し、将来の金融ビジネスにおける優位性を確保すること」を課題とし、具体的重点施策の1つに掲げている。さらに、金融審議会での金融機関の決済業務の高度化に関する審議の過程においては、「この問題（金融機関の決済業務の高度化の問題）が、金融グループのIT戦略、更には、グループ全体の経営戦略の問題と密接不可分である」との認識が示さている[55]。

以上のような銀行および決済サービス等を取り巻く環境の変化が生じているなか、今後、わが国の銀行においても、ITの取込みそれ自体を目的として、ITベンチャー企業との連携や買収（それによる子会社化等）を進める動きが活発になることも推測される。

そこで、以下では、銀行の子会社（子法人等および関連法人等も同様（前記⑷参照）。以下「子会社等」という）がIT関連業務を営むにあたり銀行法上の留意すべき事項として、銀行の子会社等が営むIT関連業務に係る業務範囲規制の概略を述べる。

銀行の子会社が営むIT関連業務に関する銀行法令上の規定

銀行法施行規則第17条の3第1項および第2項は、銀行の子会社が営むことができる「従属業務」または「金融関連業務」について、以下の業務を掲げる[56]。

55　2015年5月19日付金融庁総務企画局作成「事務局説明資料（金融グループを巡る制度の変遷等」（「金融グループを巡る制度のあり方に関するワーキング・グループ」第1回の資料3）。

56　なお、銀行法施行規則第17条の3の改正経緯をみると、従属業務に関する第1項第17号に対応する規定は当初から設けられていたが、金融関連業務に関する第2項第18号および第18号の2に対応する規定は、事後の法改正によって追加されたものとなっている。

190

【従属業務（銀行法施行規則第17条の3第1項第17号）】

17　他の事業者のために電子計算機に関する事務を行う業務（電子計算機を使用することにより機能するシステムの設計若しくは保守又はプログラムの設計、作成、販売（プログラムの販売に伴い必要となる附属機器の販売を含む。）若しくは保守を行う業務を含む。）

【金融関連業務（銀行法施行規則第17条の3第2項第18号・第18号の2・第39号）】

18　主として銀行持株会社、長期信用銀行持株会社若しくは子会社対象会社（法第16条の2第1項に規定する子会社対象会社又は法第52条の23第1項に規定する子会社対象会社をいう。次号及び第32号において同じ。）に該当する会社その他金融庁長官の定める金融機関[57]の業務に関するデータ又は事業者の財務に関するデータの処理を行う業務及びこれらのデータの伝送役務を提供する業務

18の2　主として銀行持株会社、長期信用銀行持株会社若しくは子会社対象会社に該当する会社その他金融庁長官の定める金融機関の業務又は事業者の財務に関する電子計算機のプログラムの作成若しくは販売（プログラムの販売に伴い必要となる附属機器の販売を含む。）を行う業務及び計算受託業務（第32号に該当するものを除く。）

39　前各号に掲げる業務に附帯する業務（当該各号に掲げる業務を営む者が営むものに限る。）

（注）　下線は筆者。

「従属業務」として行うIT関連業務

したがって、銀行の子会社等は、広く「他の事業者のために電子計算機に関する事務を行う業務（システムの設計・保守またはプログラムの設計・作成・販売（プログラムの販売に伴い必要となる附属機器の販売を含む）・保守を行う業務）」を「従属業務」として行うことができる。

もっとも、この場合、銀行の子会社等が営むIT関連業務には、収入依存度規制（前記③）が及ぶことになる点には留意が必要である。

「金融関連業務」として行うIT関連業務

他方で、銀行の子会社等は、以下の(i)〜(iii)の業務については、「金融関連

57　現時点において、金融庁長官が定めた金融機関は存在しない。同項第18号の2も同様。

業務」として行うことができる。

(i)	・「主として」 ・「①銀行持株会社・子会社対象会社業務に関するデータ」または「②事業者の財務に関するデータ（の）」 ・「データ処理業務・データ伝送業務」
(ii)	・「主として」 ・「①銀行持株会社・子会社対象会社の業務に関する電子計算機のプログラム」または「②事業者の財務に関する電子計算機のプログラム（の）」 ・「作成もしくは販売（プログラムの販売に伴い必要となる附属機器の販売を含む。）を行う業務」
(iii)	・上記(i)または(ii)に附帯する業務

　従属業務と比較すると、データ処理等[58]や電子計算機のプログラムの作成もしくは販売（プログラムの販売に伴い必要となる附属機器の販売を含む）の業務を行うことができる点で両者は共通していると解されるものの、データ処理等の対象となるデータやプログラム作成等の対象となるプログラムが、「主として」「①銀行持株会社・子会社対象会社（前掲図表2−26参照）の業務に関するもの」または「②事業者の財務に関するもの[59]」であることが必要である点で異なる。

　なお、この場合の「主として」の具体的意義については、上記①および②の業務による収入が上記各業務による総収入のおおむね50%以上を占めることを意味する（主要行等向けの総合的な監督指針Ｖ−3−3−1(2)④、中小・地域金融機関向けの総合的な監督指針Ⅲ−4−7−1(2)④参照）。

　また、「プログラムの保守」等については、銀行法施行規則第17条の3第2項第18号の2には含まれていないが（これに対し、従属業務に関する同条第1項第17号には含まれている）、銀行子会社が作成・販売したプログラムの保

---

[58]　従属業務の「電子計算機に関する事務」には、電子計算機を用いて行うデータ処理やデータ伝送の事務も含まれると整理することが可能と解される。

[59]　企業の資金、経理に関連したもの（受・発注業務、売掛、買掛債権管理業務等資金決済に関するもののほか、会計、税務、資金運用等に関するものをいう（主要行等向けの総合的な監督指針Ｖ−3−3−1(2)④、中小・地域金融機関向けの総合的な監督指針Ⅲ−4−7−1(2)④参照）。

守に関しては、付帯業務（同条第 2 項第39号）で営むことが可能と解される（他方で、他社が作成・販売したプログラムの保守については、金融関連業務として行いえないと解される）。

6 出資制限

(1) 銀行法に基づく議決権取得・保有制限

① 銀行法の規定

　銀行法は、銀行等による一般事業会社に対する議決権取得・保有を制限している。具体的には以下のとおりである。

第16条の3　銀行又はその子会社は、国内の会社（前条第1項第1号から第6号まで、第11号、第12号の2及び第13号に掲げる会社（同項第12号の2に掲げる会社にあつては、特別事業再生会社を除く。）並びに特例対象会社を除く。以下この条において同じ。）の議決権については、合算して、その基準議決権数（当該国内の会社の総株主等の議決権に100分の5を乗じて得た議決権の数をいう。以下この条において同じ。）を超える議決権を取得し、又は保有してはならない。

第52条の24　銀行持株会社又はその子会社は、国内の会社（銀行、第52条の23第1項第1号から第5号まで、第10号、第11号の2及び第12号に掲げる会社（同項第12号の2に掲げる会社にあつては、特別事業再生会社を除く。）並びに特例子会社対象会社並びに特例対象会社を除く。以下この条において同じ。）の議決権については、合算して、その基準議決権数（当該国内の会社の総株主等の議決権に100分の15を乗じて得た議決権の数をいう。以下この条において同じ。）を超える議決権を取得し、又は保有してはならない。

ここでいう「国内の会社」からは、銀行の子会社となりうる、他の銀行、長期信用銀行、証券専門会社、保険会社、信託専門会社、従属業務会社、金融関連業務会社などは除外されており、当該議決権の制限規定の対象にならない。後述するベンチャー・ビジネス会社も同様である。これらは子会社規定によって規律される[60]。したがって、銀行法第16条の３第１項および第52条の24第１項によって議決権保有が制限されるのは、それらを除く一般の事業会社ということになる。

②　規制の趣旨

　銀行法において、銀行は経営の健全性確保の観点から他業禁止が課されており、この趣旨の徹底を図るとともに、銀行の子会社の業務範囲制限逸脱を回避するために、銀行および銀行持株会社による事業会社の議決権取得・保有について上限が設けられている。なお、銀行持株会社については、出資先破綻による財務上の損害の銀行への波及を防止するという意味でのリスク遮断がより優れていること、また、事業の主体が銀行そのものではなく、一般事業への関与が直接的でないことから５％を上回る15％が上限とされている[61]。

③　適用除外

　このような銀行等による一般事業会社の議決権取得・保有制限には、以下のような適用除外規定がある。
・担保権の実行等、図表２－33に掲げるような事由によって、基準議決権数（５％・15％）を超えて議決権を取得し、または、保有することとなる場合には制限の対象とならない。もっとも、それが１年を超えて継続するのであれば内閣総理大臣の承認が必要であり、その場合でも、総議決権の50％

60　なお、金融庁の主要行等向けの総合的な監督指針によれば、子会社にはなっていないものの、子法人等や関連法人等の業務の範囲については子会社と同じ範囲内であることが要求されている（同指針Ⅴ－３－３－１(3)）。
61　小山（2012）352頁。

第２章　日本の銀行グループ規制　195

図表 2 −33　銀行法上の議決権取得・保有制限の適用除外①

1　銀行又はその子会社の担保権の実行による株式等の取得
2　銀行又はその子会社の代物弁済の受領による株式等の取得
3　銀行又はその子会社の、その取引先である会社との間の合理的な経営改善のための計画に基づく株式等の取得（当該銀行又はその子会社に対する当該会社の債務を消滅させるために行うものであつて、当該株式等の取得によつて相当の期間内に当該会社の経営の状況が改善されることが見込まれるものに限る。）
4　銀行又はその子会社が所有する議決権を行使することができない株式又は持分に係る議決権の取得（当該銀行又はその子会社の意思によらない事象の発生により取得するものに限る。）
5　銀行又はその子会社が株式を所有する会社の株式の転換（当該銀行又はその子会社の請求による場合を除く。）
6　銀行又はその子会社が株式等を所有する会社の株式等の併合若しくは分割又は株式無償割当て
7　銀行又はその子会社が株式等を所有する会社の定款の変更による株式等に係る権利の内容又は一単元の株式の数の変更
8　銀行又はその子会社が株式等を所有する会社の自己の株式等の取得
9　新規事業分野開拓会社等の議決権について第17条の2第11項の規定による処分を行おうとするとき又は事業再生会社の議決権について同条第12項の規定による処分を行おうとするときにおいて、やむを得ないと認められる理由により当該議決権を譲渡することが著しく困難であるため当該議決権を処分することができないこと。
10　銀行又はその子会社の取引先である会社との間の合理的な経営改善のための計画に基づき取得した当該会社の発行する株式を当該会社の経営の状況の改善に伴い相当の期間内に処分するために必要な当該株式の転換（第5号に掲げる事由に該当するものを除く。）その他の合理的な理由があることについてあらかじめ金融庁長官の承認を受けた場合

（銀行法施行規則第17条の6第1項）

を超える部分の議決権は含まれず、また、基準議決権数を超える議決権を以後すみやかに処分することが承認の条件となる（銀行法第16条の3第2項・第3項、第52条の24第2項・第3項）。

・合併・事業譲渡等、図表2−34、図表2−35に掲げるような事由による場合にも基準議決権数を超えて保有し続けることができる。もっとも、それが総議決権の50％を超える場合には内閣総理大臣は合併・事業譲渡等の認

図表２－34　銀行法上の議決権取得・保有制限の適用除外②

1　前条第７項の認可を受けて当該銀行が子会社対象銀行等を子会社としたとき（内閣府令で定める場合に限る。）
2　第30条第１項又は金融機関の合併及び転換に関する法律第５条第１項（認可）の認可を受けて当該銀行が合併により設立されたとき
3　当該銀行が第30条第１項又は金融機関の合併及び転換に関する法律第５条第１項（認可）の認可を受けて合併をしたとき（当該銀行が存続する場合に限る。）
4　第30条第２項の認可を受けて共同新設分割により設立された会社が第４条第１項の免許を受けて当該銀行になつたとき
5　当該銀行が第30条第２項の認可を受けて吸収分割により事業を承継したとき（内閣府令で定める場合に限る。）
6　当該銀行が第30条第３項の認可を受けて事業の譲受けをしたとき（内閣府令で定める場合に限る。）

（銀行法第16条の３第４項各号）

図表２－35　銀行法上の議決権取得・保有制限の適用除外③

1　第52条の17第１項の認可を受けた会社が当該銀行持株会社になつたとき
2　第52条の17第１項の認可を受けて当該銀行持株会社が設立されたとき
3　特定持株会社が第52条の17第３項ただし書の認可を受けて当該銀行持株会社になつたとき
4　第52条の23第６項の認可を受けて当該銀行持株会社が子会社対象銀行等を子会社としたとき（内閣府令で定める場合に限る。）
5　当該銀行持株会社が第52条の35第１項の認可を受けて合併をしたとき（当該銀行持株会社が存続する場合に限る。）
6　当該銀行持株会社が第52条の35第２項の認可を受けて吸収分割により事業を承継したとき（内閣府令で定める場合に限る。）
7　当該銀行持株会社が第52条の35第３項の認可を受けて事業の譲受けをしたとき（内閣府令で定める場合に限る。）

（銀行法第52条の24第４項各号）

可をしてはならないとされ、また、認可に際して５年以内に基準議決権数を超える議決権を処分することが条件となる（銀行法第16条の３第４項・第５項、第52条の24第４項・第５項）。

・ベンチャー・ビジネス会社[62]については特別な扱いがなされている。銀行

法第16条の３第７項、第52条の24第７項によれば、銀行および銀行持株会社が投資専門子会社（ベンチャー・キャピタル会社）（銀行法第16条の２第１項第12号カッコ書所定の「特定子会社」、銀行法施行規則第17条の３第２項第12号）を通じて行う、そのようなベンチャー・ビジネス会社に対する議決権の取得または保有については、投資専門子会社は「銀行の子会社に該当しないものとみなす」とされている。

・また2013年銀行法改正に伴い、事業再生会社および地域経済活性化関連の特例対象会社について議決権保有規制の例外規定が拡充された。これは地域経済において資本制資金の出し手が不足している状況にかんがみ、銀行が事業再生や地域経済の再活性化等に資する効果が見込まれる場面において資本制資金の供給をより柔軟に行うことを可能にする趣旨である。まず、事業再生（の途上にある）会社の議決権について、銀行は、①特定債務等の調整の促進のための特定調停に関する法律第２条第３項に規定する特定調停が成立していること、②民事再生法第174条第１項の規定による再生計画認可の決定を受けていること、③会社更生法第199条第１項の規定による更生計画認可の決定を受けていることなどのいずれかに該当する事業再生会社は、投資専門子会社を通じることなく、子会社とすることができることとされた（銀行法第16条の２第１項第12号の２、銀行法施行規則第17条の２第８項）。なお、当該事業再生会社の議決権の保有期間は、原則３年、中小企業者は５年とされている（銀行法施行規則第17条の２第12項）。次に、地域経済の再活性化事業会社[63]の議決権について、銀行は、銀行本体およびその子会社（投資専門会社を除く）が合算で５％を超えて保有していない限り、銀行の投資専門会社を通じて、当該会社の議決権を５％超保有することができることとされた（銀行法第16条の３第１項・第８項）。

62　ベンチャー・ビジネス会社は「新たな事業分野を開拓する会社として内閣府令で定める会社」（銀行法第16条の２第１項第12号、第52条の23第１項第11号）とされ、これを受けた銀行法施行規則第17条の２第６項において、設立後10年以内の会社で、試験研究費その他新たな技術もしくは新たな経営組織の採用、市場の開拓または新たな事業の開始のために特別に支出される費用が総収入等に対して一定割合以上のものなどと規定されている。

198

その議決権の保有期間はその取得の日から10年間とされた（銀行法施行規則第17条の7の3第2項カッコ書）。

(2) 独占禁止法に基づく議決権取得・保有制限

① 独占禁止法の規定

独占禁止法は、銀行を営む会社が一般事業会社の5％を超える議決権を取得し、または保有してはならないと規定する（独占禁止法第11条第1項本文）。

> **第11条** 銀行業又は保険業を営む会社は、他の国内の会社の議決権をその総株主の議決権の100分の5（保険業を営む会社にあつては、100分の10。次項において同じ。）を超えて有することとなる場合には、その議決権を取得し、又は保有してはならない。

ここでいう「国内の会社」からは「銀行業又は保険業を営む会社その他公正取引委員会規則で定める会社」を除くとされており（独占禁止法第10条第3項カッコ書）、具体的には、資金移動専門会社、証券専門会社、証券仲介専門会社、信託専門会社、従属業務会社、中間持株会社が定められている（「私的独占の禁止及び公正取引の確保に関する法律」第10条第3項に規定する「他の国内の会社から除くものとして公正取引委員会規則で定める会社を定める規則」第1号）。

前述のとおり、銀行法第16条の3第1項および第52条の24第1項は銀行ま

63　銀行法上、特例対象会社と呼ばれる。具体的には、次のいずれかに該当するものから出資を受けている会社または事業の再生の計画の作成に株式会社地域経済活性化支援機構が関与している会社（銀行の子法人等に該当しないものに限る）とされている。①株式会社地域経済活性化支援機構法第22条第1項第6号に掲げる業務の実施により設立される株式会社が無限責任組合員となる投資事業有限責任組合であって、当該銀行またはその子会社が当該投資事業有限責任組合の組合員となっているもの、または、②株式会社地域経済活性化支援機構法第22条第1項第6号に掲げる業務の実施により設立される株式会社が無限責任組合員となる投資事業有限責任組合であって、当該株式会社に当該銀行またはその子会社が出資しているもの（銀行法施行規則第17条の7の3第1項）。

第2章　日本の銀行グループ規制　199

たは銀行持株会社自体のみならず、銀行子会社を含めたグループ全体の議決権保有を規制している（具体的には、銀行または銀行持株会社の議決権保有割合に加えてそれらの子会社の議決権保有割合を合算する）のに対し、独占禁止法の規制対象は、銀行業または保険業を営む会社のみを対象としている（子会社の議決権保有割合を合算しない）。なお、公正取引委員会によれば、金融持株会社は自身が銀行または保険会社でない限り、独占禁止法第11条第1項の対象とならないとしている[64]。

②　規制の趣旨

独占禁止法第11条第1項本文の議決権取得・保有制限の趣旨は、第一に、過度の事業支配力の集中の防止にある。銀行や保険会社は、豊富な資金を有し、かつ、融資を通じて他の会社に大きな影響を及ぼしうることから、事業支配力の過度の集中を防止するという観点である。第二に、競争上の問題の発生の防止という観点もある。銀行等が一般事業会社と結びつくことにより、結びつきのある一般事業会社に対しその信用状態に比べて著しく有利な条件で融資がなされたり、当該一般事業会社と競争関係にある会社を不利に扱う等市場の競争がゆがめられたり、または、銀行等が取引先に対し結びつきのある一般事業会社の取り扱う商品の購入を要請したりするなど不公正取引の素地が形成されるのを防止する[65]。

このように独占禁止法の議決権取得・保有制限は銀行法のそれとは異なる趣旨の規制であることから、銀行子会社を含めたグループ全体の議決権保有を問題にするのか、銀行本体のみを問題にするのかといった違いが生じている[66]。

64　公正取引委員会ホームページ「銀行又は保険会社の議決権保有等に関する認可制度」
　　Q&A第2問（http://www.jftc.go.jp/dk/kiketsu/kigyoketsugo/11jyo.html）。
65　菅久・小林（2002）12頁。
66　村上ほか（2014）506頁。

図表2-36　独占禁止法上の議決権取得・保有制限の適用除外①

1　金銭または有価証券の信託に係る信託財産として株式を取得し、または所有することにより議決権を取得し、または保有する場合（第11条第1項第3号）であって、委託者または受益者が指図権を有する場合
2　投資事業有限責任組合の有限責任組合員となり、組合財産として株式を取得し、または所有することにより議決権を保有する場合（第11条第1項第4号）[67]
3　組合契約で会社に対する投資事業を営むことを約するものによって成立する組合の組合員（業務の執行を委任された者を除く）となり、組合財産として株式を取得し、または所有することにより議決権を保有する場合（第11条第1項第5号）[68]

③　適用除外

　図表2-36のいずれかの場合には、特段の認可等を要せず、当然、適用除外となる（独占禁止法第11条第1項）。

　図表2-37のいずれかの場合には、1年を超えて保有する場合に限り公正取引委員会の認可が必要となる（独占禁止法第11条第2項前段）。この場合の公正取引委員会の認可は、同図表中3の場合を除き、すみやかに処分することを条件としなければならない（同項後段）。

　独占禁止法第11条第1項ただし書には、銀行等による議決権の取得・保有制限の例外として、公正取引委員会の認可を受けた場合があげられているが、具体的にどのような場合が想定されているのかは法令上明らかではない。この点「独占禁止法第11条の規定による銀行又は保険会社の議決権の保有等の認可についての考え方」（2002年11月12日公正取引委員会、以下「11条ガイドライン」という）によれば、銀行または保険会社が他の銀行または保険

---

[67]　ただし、有限責任組合員が議決権を行使・指図することができる場合や10年を超えて議決権を保有する場合は除かれる（私的独占の禁止及び公正取引の確保に関する法律施行令第17条）。

[68]　ただし、非業務執行組合員が議決権を行使・指図することができる場合や10年を超えて議決権を保有する場合は除かれる（私的独占の禁止及び公正取引の確保に関する法律施行令第17条）。

第2章　日本の銀行グループ規制　201

図表2－37　独占禁止法上の議決権取得・保有制限の適用除外②

1　担保権の行使または代物弁済の受領により株式を取得し、または所有することにより議決権を取得し、または保有する場合（第11条第1項第1号）

2　他の国内の会社が自己の株式の取得を行ったことにより、その総株主の議決権に占める所有する株式に係る議決権の割合が増加した場合（第11条第1項第2号）

3　金銭または有価証券の信託に係る信託財産として株式を取得し、または所有することにより議決権を取得し、または保有する場合（第11条第1項第3号）であって、委託者または受益者が指図権を有しない場合

4　他の国内の会社の事業活動を拘束するおそれがない場合として公正取引委員会規則で定める場合（第11条第1項第6号、以下、私的独占の禁止及び公正取引の確保に関する法律第11条第1項第6号に規定する他の国内の会社の事業活動を拘束するおそれがない場合を定める規則第1号～第6号）

①　他の国内の会社との間の合理的な経営改善のための計画に基づき株式を取得することにより議決権を取得する場合（当該会社の債務を消滅させるために行うものであって、当該株式を取得することによって相当の期間内に当該会社の経営の状況が改善されることが見込まれるものに限る）

②　他の国内の会社が発行した議決権を行使することができるいかなる事項についても議決権がないものとされた種類の株式であって、議決権があるものとされることとなる場合が定められているものに係る議決権を取得したことにより、その総株主の議決権に占める所有する株式に係る議決権の割合が増加した場合（当該会社の議決権を保有する銀行業または保険業を営む会社の意思によらない事象の発生により議決権を取得した場合に限る）

③　他の国内の会社が発行した株式の転換が行われたことにより、その総株主の議決権に占める所有する株式に係る議決権の割合が増加した場合（当該会社の議決権を保有する銀行業または保険業を営む会社の請求による場合を除く）

④　他の国内の会社が発行した株式につき一単元の株式の数に満たない数の株式の数が増加したことにより、その総株主の議決権に占める所有する株式に係る議決権の割合が増加した場合（当該会社が発行した株式の相続等当該会社または当該会社の議決権を保有する銀行業もしくは保険業を営む会社の意思によらない事象の発生により一単元の株式の数に満たない数の株式の数が増加した場合に限る）

⑤　他の国内の会社が自己の株式の消却、併合または分割を行ったことにより、その総株主の議決権に占める所有する株式に係る議決権の割合が増加した場合

⑥　他の国内の会社が自己の株式に係る権利の内容または一単元の株式の数を変更したことにより、その総株主の議決権に占める所有する株式に係る議決権の割合が増加した場合

図表2－38　独占禁止法上の議決権取得・保有制限の適用除外③

1　認可を申請する銀行または保険会社（以下「申請会社」という）により総株主の議決権の5％超の議決権を保有等されることとなる他の国内の会社（以下「株式発行会社」という）の業績が不振であり、申請会社が株式発行会社の総株主の議決権の5％超の議決権を保有等することが、株式発行会社の信用を維持するために必要であると認められる場合（株式発行会社が清算中または清算予定である場合を含む）

2　申請会社は、その保有等する株式発行会社の議決権のうち5％を超える部分に相当する株式を市場で売却することとしているが、超過額が大きく、市場での売却に相当の期間を要すると考えられる場合

3　株式発行会社の株式が上場されていない等株式発行会社側の状況により、申請会社がその保有等する株式発行会社の議決権のうち5％を超える部分に相当する株式を市場で売却することが困難であり、相対で株式を売却しなければならない場合であって、超過額が大きく、売却に相当の期間を要すると考えられる場合（条例等により株式の譲渡制限がある場合を含む）

4　申請会社が裁判所が関与する以下の事業再生手続中の非上場会社の場合
①　特定債務等の調整の促進のための特定調停に関する法律第2条第3項に規定する特定調停が成立している会社
②　民事再生法第174条第1項の規定による再生計画認可の決定を受けている会社
③　会社更生法第199条第1項の規定による更生計画認可の決定を受けている会社

5　申請会社が投資事業有限責任組合の有限責任組合員となり、組合財産として株式を取得または所有することにより、他の国内の会社の総株主の議決権の5％超の議決権を10年を超えて保有等する場合であって、①有限責任組合員または非業務執行組合員が(i)議決権を行使することができず、(ii)無限責任組合員または業務執行を委任された者に対して議決権の行使について指図することができず、②キャピタルゲインを得ることを目的とした当面の期間の議決権保有であると認められる場合

第2章　日本の銀行グループ規制　203

会社と合併等をすることになる場合があげられており、この場合において、図表2-38のいずれかに該当するときは、5年（同図表中1～3の場合）、3年（同図表中4の場合）または一定の期限[69]（同図表中5の場合）を限度として認可を行うこととしている。

　なお、銀行法に関しては、従来、投資事業有限責任組合の有限責任組合員として取得した株式等であっても「当該株式等を所有することとなつた日から10年を超えて当該株式等を所有する場合」（改正前銀行法第1条の3第1項第3号カッコ書）には銀行等の出資規制の範囲内とされていたが、2013年銀行法改正により、かかる投資期間10年要件が撤廃された（改正後銀行法第1条の3第1項第4号カッコ書）。これに対し、独占禁止法上は10年要件が依然として存続しており、10年を超えて5％超の議決権を保有する場合には公正取引委員会の認可が必要である。

69　11条ガイドラインによれば、一定の期限については、株式発行会社の成長発展等の支援に通常必要と考えられる期間、所有等した株式の売却交渉の状況等の個別の事項を考慮して検討するとされている。

7 業務に関する規制

(1) アームズ・レングス・ルール

① 規制の趣旨

　銀行が、グループ会社やその顧客と取引を行う場合において、これらの者の利益を図るために、銀行の利益を犠牲にして不利な条件等で取引が行われると、銀行の健全性が損なわれるおそれがある。このような弊害を防止するため、銀行法では、アームズ・レングス・ルールと呼ばれる規制が置かれている（銀行法第13条の2）。

　すなわち、アームズ・レングス・ルールでは、銀行が「特定関係者」と呼ばれる銀行と一定の関係を有する者、または、特定関係者の顧客との間で、銀行の「通常の条件」に照らして銀行に不利益を与えるような取引等を行うことを原則として禁止している。

② 規制対象となる取引の相手方

銀行の特定関係者

　銀行法は、アームズ・レングス・ルールの規制対象となる取引の相手方である「特定関係者」として、図表2-39に掲げる者をあげている（銀行法施行令第4条の2）。また、アームズ・レングス・ルールでは、特定関係者のみならず、特定関係者の顧客との取引についても規制対象となりうるため、規制対象は広範に及ぶ。

　銀行法は、形式的な議決権比率のみを基準として特定関係者の範囲を定めておらず、銀行の支配力基準による親・子・兄弟に該当する法人等、銀行または銀行の親法人等の影響力基準による関連法人等は、すべて特定関係者に

第2章　日本の銀行グループ規制　205

図表 2 −39　特定関係者の範囲

・銀行の子会社[70]（第 1 号）
・銀行主要株主[71]（第 2 号）
・銀行持株会社[72]（第 3 号）
・銀行持株会社の子会社（第 4 号）
・銀行の子法人等[73]（第 5 号）
・銀行を子法人等とする親法人等[74]（第 6 号）
・銀行を子法人等とする親法人等の子法人等（第 7 号）
・銀行の関連法人等[75]（第 8 号）
・銀行を子法人等とする親法人等の関連法人等（第 9 号）
・銀行の50％超の議決権を有する個人の銀行主要株主（以下「特定個人銀行主要株主」という）が20％以上の議決権を有する法人等（第10号イ・ロ）
・特定個人銀行主要株主が50％超の議決権を保有する法人等の子法人等および関連法人等（第10号イ）
・銀行を所属銀行とする銀行代理業者[76]ならびに銀行代理業者の子法人等および関連法人等（第11号）
・第11号の銀行代理業者を子法人等とする親法人等ならびに当該親法人等の子法人等および関連法人等（第12号）
・銀行を所属銀行とする個人の銀行代理業者（以下「個人銀行代理業者」という）が20％以上の議決権を有する法人等（第13号イ・ロ）
・銀行を所属銀行とする個人銀行代理業者が50％超の議決権を保有する法人等の子法人等および関連法人等（第13号イ）

70　5(1)①参照。
71　9(3)参照。
72　9(4)参照。
73　5(1)②参照。
74　「親法人等」とは、他の法人等の意思決定機関を支配している法人等をいい（銀行法施行令第 4 条の 2 第 2 項、銀行法施行規則第14条の 7 第 1 項）、おおむね連結決算制度上の親会社に該当する。
75　5(1)③参照。
76　8(1)①参照。

図表 2 −40　特殊関係者

・外国銀行支店に係る外国銀行の子法人等（第 1 号）
・外国銀行支店に係る外国銀行を子法人等とする親法人等（第 2 号）
・第 2 号に掲げる親法人等の子法人等（第 3 号）
・外国銀行支店に係る外国銀行の関連法人等（第 4 号）
・第 2 号に掲げる親法人等の関連法人等（第 5 号）
・外国銀行支店を所属銀行とする銀行代理業者ならびに当該銀行代理業者の子法人等および関連法人等（第 6 号）
・第 6 号の銀行代理業者を子法人等とする親法人等ならびに当該親法人等の子法人等および関連法人等（第 7 号）
・外国銀行支店を所属銀行とする個人銀行代理業者が20％以上の議決権を有する法人等（第 8 号イ・ロ）
・外国銀行支店を所属銀行とする個人銀行代理業者が50％超の議決権を保有する法人等の子法人等および関連法人等（第 8 号イ）

含まれている[77]。また、銀行の機関銀行化を防止する観点から、銀行主要株主等も特定関係者に含まれている。さらに、銀行代理業者が所属銀行に対し、不当な影響力を行使することがないよう、銀行代理業者等も特定関係者に含まれている。

外国銀行支店の特殊関係者

　日本で営業を行う外国銀行支店についても、「特殊関係者」およびその顧客との間の取引にアームズ・レングス・ルールの適用がある。規制対象となる取引の相手方である「特殊関係者」の範囲は図表 2 −40のとおりである（銀行法施行令第 9 条、第12条の 2 ）。

③　規制対象となる取引

　銀行法は、銀行がその特定関係者またはその特定関係者の顧客との間で、以下の(i)(ii)の取引または行為をすることを禁止している（銀行法第13条の 2 ）。

77　木下（1999）251頁。

第 2 章　日本の銀行グループ規制　207

(i) 特定関係者との間で行う取引で、その条件が当該銀行の取引の通常の条件に照らして当該銀行に不利益を与えるものとして内閣府令で定める取引（銀行法第13条の2第1号）

ここでいう「取引」とは、銀行取引に限られず、特定債務者との間で行われる取引が広く含まれ、特定関係者に対する債務の保証や営業用不動産の賃貸等についてもアームズ・レングス・ルールの適用がある。

銀行法の定めを受け、銀行法施行規則では、「当該銀行が、その営む業務の種類、規模及び信用度等に照らして当該特定関係者と同様であると認められる当該特定関係者以外の者との間で、当該特定関係者との間で行う取引と同種及び同量の取引を同様の状況の下で行つた場合に成立することとなる取引の条件と比べて、当該銀行に不利な条件で行われる取引」を禁止取引としてあげている（銀行法施行規則第14条の10）。このように、アームズ・レングス・ルールの検証にあたって比較すべき「取引の条件」とは、取引を行う銀行自身が一般に設定する条件を意味しており、いわゆる市場価格や他社における取引条件等が、「通常の条件」に該当するわけではない。

もっとも、市場価格は、一般的には市場原理に基づいた合理的な価格であるとの推定が働くであろうし、また、他社における取引条件も経済合理性をもった取引実例という意味をもつといえる場合もあることから、実務上は、銀行において参考とすべき取引実例が存在しない場合などにおいては、「通常の条件」を検討するうえでの1つの参考指標とすることもある。

(ii) 特定関係者との間または当該特定関係者の顧客との間で行う取引または行為のうち前号に掲げるものに準ずる取引または行為で、当該銀行の業務の健全かつ適切な遂行に支障を及ぼすおそれのあるものとして内閣府令で定める取引または行為（銀行法第13条の2第2号）

銀行法の定めを受け、銀行法施行規則は、以下の3類型の取引等を禁止行為としてあげている（銀行法施行規則第14条の11）。

・当該特定関係者の顧客との間で行う取引で、当該銀行が、その営む業務の

種類、規模及び信用度等に照らして当該特定関係者の顧客と同様であると認められる当該特定関係者の顧客以外の者との間で、当該特定関係者の顧客との間で行う取引と同種及び同量の取引を同様の状況の下で行つた場合に成立することとなる取引の条件と比べて、当該銀行に不利な条件で行われる取引（当該特定関係者と当該特定関係者の顧客が当該特定関係者が営む事業に係る契約を締結することをその取引の条件にしているものに限る。）（銀行法施行規則第14条の11第1号）

第1号の取引は、銀行が、特定関係者の顧客との間で、特定関係者の契約獲得のために、当該銀行に不利な条件での取引を行うことを規制するものである[78]。

・当該特定関係者との間で行う取引で、その条件が当該銀行の取引の通常の条件に照らして当該特定関係者に不当に不利益を与えるものと認められるもの（銀行法施行規則第14条の11第2号）

第2号は、銀行の適切な業務遂行の観点から、銀行にとって不利な条件で

図表2-41　規制対象となる取引等

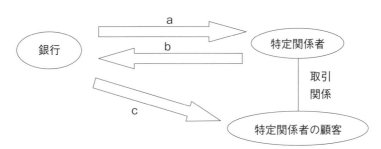

a　銀行・特定関係者間で銀行に不利な条件で行われる取引
b　銀行・特定関係者間で特定関係者に不当に不利な条件で行われる取引
c　銀行・特定関係者の顧客間で銀行に不利な条件で行われる取引
d　a～cの規制対象となることを潜脱する目的で行われる取引

（注）　図の矢印は利益の提供を意味する。

78　木下（1999）253頁。

行われる取引のみならず、逆に銀行に不当な利益を与える条件（特定関係者に不当に不利な条件）で取引を行うことを禁止するものである[79]。

・何らの名義によつてするかを問わず、法第13条の2の規定による禁止を免れる取引又は行為（銀行法施行規則第14条の11第3号）

　第3号は、アームズ・レングス・ルールの潜脱するために、特定関係者への融資に別名義を用いて規制を迂回すること等を禁止したものである[80]。

④　適用除外

　アームズ・レングス・ルールに抵触する取引であっても、「やむを得ない理由」が認められ、監督当局の承認を得たときは、適用除外とされている（銀行法第13条の2但書）。「やむを得ない理由」としては、銀行法施行規則で以下のものが限定列挙されている（銀行法施行規則第14条の8）。

・当該銀行が当該銀行の取引の通常の条件に照らして当該銀行に不利益を与える取引又は行為を、当該銀行の特定関係者に該当する特定金融機関[81]との間で行う場合において、当該取引又は行為を行わなければ当該特定金融機関の営業又は事業の継続に支障を生ずるおそれがあること（銀行法施行規則第14条の8第1号）

　第1号は、預金者保護や信用秩序維持の観点から、預金保険法上の破綻金融機関とその救済金融機関との間で、例外的にアームズ・レングス・ルール違反となる条件での取引を認めるものである[82]。

・当該銀行が外国銀行を当該銀行の子法人等又は関連法人等として有する場合（当該外国銀行が所在する国において当該銀行が支店その他の営業所を設置

79　木下（1999）254頁。
80　木下（1999）254頁。
81　破綻金融機関（預金保険法第2条第4項に規定する破綻金融機関をいう）および破綻金融機関の権利義務の全部または一部を承継する金融機関をいう。
82　木下（1999）254頁。

することができないことについてやむを得ない事由があるときに限る。）におい
て、当該銀行が当該外国銀行との間で当該銀行の本店と支店その他の営業
所との間で行う取引又は行為と同様の条件の取引又は行為を行わなければ
当該外国銀行の営業又は事業の継続に支障を生ずるおそれがあること（銀
行法施行規則第14条の8第2号）

第2号は、外国の法制等により支店形態での進出が認められていない地域
に、やむをえず現地法人形態で進出した場合に、例外的にアームズ・レング
ス・ルール違反となる条件での取引を認めるものである[83]。

・当該銀行が、当該銀行の取引の通常の条件に照らして当該銀行に不利益を
　与える取引又は行為を経営の状況の悪化した当該銀行の特定関係者との間
　で合理的な経営改善のための計画に基づき行う場合において、当該取引又
　は行為を行うことが当該特定関係者の経営の状況を改善する上で必要かつ
　不可欠であると見込まれること（銀行法施行規則第14条の8第3号）

第3号は、倒産回避による社会的損失の抑制という観点から、経営の悪化
した特定関係者との間で、例外的にアームズ・レングス・ルール違反となる
条件での取引を認めるものである[84]。なお、本号の取引の承認の申請があっ
た場合には、審査において、図表2-42に掲げた項目について留意のうえ審
査を行うこととされている[85]。

---

[83]　木下（1999）255頁。
[84]　木下（1999）255頁。
[85]　主要行等向けの総合的な監督指針Ｖ-2(2)①。

第2章　日本の銀行グループ規制　211

図表 2 −42　銀行法施行規則第14条の 8 第 3 号の承認申請の審査において留意される項目

イ．特定関係者が経営危機に陥り再建支援の必要な状況か。
ロ．特定関係者が再建支援を受けるにあたり、十分な自助努力および経営責任の明確化が図られているか。
ハ．特定関係者を整理・清算した場合に比べ、当該取引または行為を行うことに経済的合理性があるか。
ニ．債権放棄や金銭贈与の場合には、経営改善計画の期間中の支援による損失見込額の全額について、当該計画開始前に償却・引当を行うこととしているか。 　なお、承認にあたっては、特定関係者の経営改善計画の確実な履行を図る観点から、必要に応じ、以下の条件を付すものとする。 　a．特定関係者の経営改善計画を確実に履行させるよう図ること。 　b．特定関係者の経営改善計画の履行状況、履行状況に対する銀行の認識、当該特定関係者に対する銀行の経営管理方針について、経営改善計画の期間中、事業年度ごとに報告すること。 　c．特定関係者の経営改善計画の履行状況が不十分である場合、特定関係者の業務の見直しを含め、経営改善計画の抜本的な見直しを検討すること。

・銀行がその特定関係者との間で当該銀行の取引の通常の条件に照らして当該銀行に不利益を与える取引又は行為を行うことについて、金融庁長官が必要なものとしてあらかじめ定める場合に該当すること（銀行法施行規則第14条の 8 第 4 号）

　第 4 号を受け、告示において「銀行が、その特定関係者の解散または営業の全部の譲渡に際し、当該銀行の取引の通常の条件に照らして当該銀行に不利益を与える取引または行為を当該特定関係者との間で行う場合において、当該取引または行為を行わなければ、当該銀行により大きな不利益を生ずるおそれがある場合」が定められている（2000年 3 月23日金融監督庁・大蔵省告示第 3 号）。なお、本号の取引の承認の申請があった場合には、審査において、銀行が特定関係者との間で当該取引または行為を行わなければ今後より大きな損失を被ることになることが社会通念上明らかであるかについて留意のうえ審査を行うこととされている[86]。

⑤　グループ内の資金融通における課題

　現在、銀行グループにおいては、統合が進むなかでその形態も多様化しており、統合の結果、同一グループ内において複数の銀行が存在するような場合がある。このような場合において、一方の銀行は資金余剰、他方の銀行は資金不足といった状況にあるようなとき、グループ全体での収益強化を図るためにはグループ内での資金融通を行うニーズ、たとえば、社内レートを活用した資金融通を行いたいといったニーズが考えられるが、このような資金融通はアームズ・レングス・ルールとの抵触が問題となりうる。

　2015年12月22日に金融審議会「金融グループを巡る制度のあり方に関するワーキング・グループ」が取りまとめた「金融グループを巡る制度のあり方に関するワーキング・グループ報告〜金融グループを巡る制度のあり方について〜」では、アームズ・レングス・ルールの趣旨として、銀行の健全性の確保や預金者等の利益の保護のほか、「アームズ・レングス・ルールをグループ全体のリスク管理手段の一つとして機能させることで、ディシプリンの効いていない仲間内での不明朗な取引が銀行グループ全体としての健全性に問題を生じさせるような事態を防止すること」をあげている。

　そして、金融グループの業務の柔軟化が図られていくなか、これらの趣旨の徹底はいっそう重要になっていくものと考えられるが、同時に、グループ内の資金融通に係るアームズ・レングス・ルールの適用については、グループにおけるシナジー効果の発揮といった今日的な課題をふまえて、同一グループ内に複数の銀行が存在する場合の銀行間の取引を対象として、アームズ・レングス・ルールの柔軟化を検討することが考えられるとしている[87]。

86　主要行等向けの総合的な監督指針Ⅴ−2(2)①。

(2) 利益相反管理態勢

① 規制の趣旨

　銀行グループが、さまざまな業務を行っていくうえでは、利益相反による
弊害の防止について、実効性の確保を図っていくことが重要となる。過去の
銀行法改正により、銀行グループの業務範囲が拡大していく過程において、
銀行グループとしては、自己責任に基づき、厳格な規律づけをもって利益相
反防止のための内部統制を行う必要性が高まったことから、銀行法は、銀行
や銀行持株会社に対し、顧客の利益を不当に害することを防止するための態
勢（いわゆる利益相反管理態勢）の整備を図表 2 −43のとおり義務づけている
（銀行法第13条の 3 の 2 、第52条の21の 2 ）。

図表 2 −43　利益相反管理態勢

> **第13条の 3 の 2**　　銀行は、当該銀行、当該銀行を所属銀行とする銀行代理業者
> 又は当該銀行の親金融機関等若しくは子金融機関等が行う取引に伴い、当該
> 銀行、当該銀行を所属銀行とする銀行代理業者又は当該銀行の子金融機関等
> が行う業務（銀行業、銀行代理業その他の内閣府令で定める業務に限る。）に
> 係る顧客の利益が不当に害されることのないよう、内閣府令で定めるところ
> により、当該業務に関する情報を適正に管理し、かつ、当該業務の実施状況
> を適切に監視するための体制の整備その他必要な措置を講じなければならな
> い。

87　同報告書は、グループ内での資金融通にあたっては、預金保険制度や会社法等との
　関係にも留意が必要であるとしている。具体的には、同一グループ内であっても傘下の
　銀行は、それぞれに預金者保護の対象とされていること、さらに、これら各子銀行に
　は、それぞれに債権者が存在することに留意が必要であることをあげ、これらの観点か
　らは、グループ内での収益・リスク管理等が恣意的にならないよう、アームズ・レング
　ス・ルールにかわる明確な取引ルールを定めていること、当該銀行の財務状況が健全で
　ありそれが損なわれるおそれがないこと、および、各子銀行に少数株主が存在しないこ
　とを原則としつつ、仮に、少数株主が存在する場合には、各子銀行の経営陣（取締役、
　監査役）において、当該取引について少数株主に対する説明責任を十分に果たせること
　が必要であるとしている。

②　管理対象取引

　まず、銀行法の「顧客の利益が不当に害される」場合とは、利益相反取引によるものが想定されているところ[88]、銀行において利益相反管理が必要となる業務としては、銀行が行う取引のみならず、銀行代理業者や親金融機関、子金融機関が行う取引が含まれており（銀行法第13条の3の2第1項、第52条の21の2第1項）、銀行には、銀行グループ全体での利益相反の管理が求められている。

図表 2－44　銀行と密接な関係を有する者

・銀行の親法人等
・銀行の親法人等の子法人等または関連法人等
・特定個人株主[89]が総株主等の議決権の20％以上の議決権を保有する法人等
・特定個人株主が総株主等の議決権の50％以上の議決権を保有する法人等の子法人等または関連法人等

図表 2－45　その他金融業を行う者

・長期信用銀行
・信用金庫連合会、協同組合連合会、労働金庫連合会、農業協同組合連合会等の一定の協同組織金融機関
・金銭の貸付または金銭の貸借の媒介を業として行う者[90]
・外国の法令に準拠して外国において銀行業、金融商品取引業または保険業を行う者

88　金融庁パブコメ（2009年1月20日）32頁。
89　「特定個人株主」とは、銀行の総株主の議決権の50％超の議決権を保有する個人をいう（銀行法施行規則第4条の2の2第1項第4号）。
90　たとえば、銀行の子会社がクレジットカード会社、リース会社等が貸金業登録のうえ、これらを業として行う場合にも、銀行の子金融機関等に該当する。また、これらの者が行う業務についてはすべて対象取引となりうる。なお、金銭の貸付または金銭の貸借の媒介を業として行っている者であれば、国内外を問わず該当する（金融庁パブコメ（2009年1月20日）30～31頁）。

第2章　日本の銀行グループ規制　215

親金融機関等・子金融機関等

親金融機関等とは、銀行の親法人等など図表2-44の「銀行と密接な関係を有する者」のうち、銀行、金融商品取引業者、保険会社等の金融業を行う者をいう（銀行法第13条の3の2第2項）。また、子金融機関等とは、銀行の子法人等、関連法人等または銀行代理業者のうち、銀行、金融商品取引業者、保険会社その他金融業を行う者をいい（同条第3項）、「その他金融業を行う者」としては、図表2-45の者が列挙されている。

③ 管理対象となる顧客

利益相反管理の対象となる顧客の利益とは、上記②の取引に伴い、銀行、銀行代理業者または子金融機関等が行う銀行関連業務に係る顧客の利益が対象とされている。銀行関連業務とは、銀行が営むことができる業務をいい（銀行法施行規則第14条の11の3の2）、固有業務のみならず、付随業務や証券業務等、法定他業といった業務（銀行法第10条～第12条）が含まれるが、子会社でしか営むことができないような業務は含まれない。

④ 利益相反の防止のための態勢整備

銀行法は、銀行に対し、利益相反管理のための態勢整備を義務づけているが、具体的に要請される内容とは図表2-46のとおりである（銀行法施行規則第14条の11の3の3）。銀行が利益相反管理態勢を整備するにあたっては、当該銀行が営む業務内容や規模、特性等を勘案するとともに、銀行または同一金融グループにおけるレピュテーショナル・リスクについても配慮する必要があるとされている[91]。

利益相反取引の特定

利益相反管理のためには、管理の対象となる取引を特定することが必要であるが、そもそも、銀行も経済活動を行う主体である以上、顧客に対する貸付について利息を収受したり、顧客から依頼された為替取引等の対価として

91　主要行等向けの総合的な監督指針V-5-1。

図表2-46　利益相反防止のための態勢整備の内容

・対象取引を適切な方法により特定するための体制の整備
・(i)から(iv)に掲げる方法その他の方法により当該顧客の保護を適正に確保するための体制の整備 　(i)　対象取引を行う部門と当該顧客との取引を行う部門を分離する方法 　(ii)　対象取引または当該顧客との取引の条件または方法を変更する方法 　(iii)　対象取引または当該顧客との取引を中止する方法 　(iv)　対象取引に伴い、当該顧客の利益が不当に害されるおそれがあることについて、当該顧客に適切に開示する方法
・上記2点の措置の実施の方針の策定およびその概要の適切な方法による公表
・対象取引の特定に係る記録および顧客の保護を適正に確保するための措置に係る記録の保存

手数料を収受して利益を得ているのであるから、顧客との利益は恒常的に相反しているともいえる。もっとも、銀行法はこのような取引すべてを利益相反管理の対象とすることを求めているわけではなく、管理対象となる取引とは、「顧客の利益が不当に害される」おそれのある場合である。銀行法上の利益相反管理に関する規制は具体的な禁止行為を列挙するようなルール・ベースの規制とはなっておらず、プリンシプル・ベースに基づき原則のみが示されたものとなっていることから、法令や監督指針等では、利益相反取引の定義や、具体的な内容については規定されていない。このため、どのような取引が「利益相反のおそれのある取引」に該当するのかは、各金融機関の特性や取引実態等をふまえて個別具体的に判断される事柄となる[92]。

　そこで、銀行において、利益相反取引の防止が求められる実質的根拠にさかのぼって考えると、銀行が顧客保護という一般的要請を超えて、顧客の利益を保護するべき立場にある場合とは、顧客において銀行が自己の利益の保護を図るものと期待することが合理的であるにもかかわらず、銀行が自らの立場や顧客との関係を利用して、顧客の犠牲のもとに不当に利益を得てしまうことにあると考えられる。

92　金融庁パブコメ（2009年1月30日）5頁。

利益相反が起こりうる類型としては、顧客と銀行自身が取引を行う場合や、顧客の競合先や対立する相手方と銀行が取引関係を有している場合、一定の目的で顧客から得た情報を不当に流用するような場合が考えられるが、たとえば、以下のような取引については、利益相反のおそれがある取引として管理の要否を検討する必要があると考えられる。

・銀行が顧客との間でフィナンシャル・アドバイザリー契約を締結しながら、自ら融資を行う場合

・銀行が事業の買収を検討する顧客との間でM&Aアドバイザリー契約を締結しながら、同じ買収案件を希望する他の顧客との間でもM&Aアドバイザリー契約を締結する場合

・銀行が事業の売却を検討している企業との間でM&Aアドバイザリー契約を締結しながら、その事業の買収を検討している企業との間でもM&Aアドバイザリー契約を締結する場合

・銀行が事業再生支援を積極的に行っている融資先の事業譲渡案件において、銀行が当該事業の買い手企業のアドバイザリー契約を締結したり、銀行が事業の買収を検討している企業に対して買収資金を提供する場合

・銀行が事業再生支援を積極的に行っている顧客に対し、事業再生支援のために得た情報等を利用して融資の回収を行う場合

なお、銀行において顧客の利益を保護すべき立場にある場合とは、必ずしもM&Aアドバイザリー契約のように、銀行が、顧客との間で委任契約等を締結する場合に限られず、いわゆる顧客のメインバンクとして取引関係に立つ場合のように、信義則上顧客の利益を保護すべき立場にある場合も含めて検討する必要があると考えられる。また、上記①のとおり、銀行に加えて、その子会社等が行う取引についても、管理対象とする必要がある。

利益相反管理の方法

利益相反のおそれがある取引であると判断した場合も、直ちに取引が実施できなくなるわけではないが、利益相反の状況に応じて、管理方法を選択し、または組み合わせることによって、利益相反による弊害を防止することが必要である。

銀行法施行規則では、利益相反管理の方法として、以下の方法があげられている（銀行法施行規則第14条の11の3の3）。

・部門の分離（情報共有先の制限）……チャイニーズウォールなどと呼ばれる情報隔離のための措置をとることが考えられる。部門の分離によって利益相反管理を行うにあたっては、利益相反を発生させる可能性のある部門間において、システム上のアクセス制限や物理上の遮断を行う等、業務内容や実態をふまえた適切な情報遮断措置を講ずることが求められる[93]。なお、ここでいう「部門」とは、部門の名称で限定されるわけではなく、業務の実態に応じて判断されることとなる。

・取引条件または方法の変更……利益相反状況を回避するために、取引条件または方法の変更を実施することが考えられる。利益相反管理のために、取引条件または方法の変更を行うにあたっては、親金融機関等または子金融機関等の役員等が当該変更の判断に関与する場合を含め、当該判断に関する権限および責任が明確にされていることが求められる[94]。

・一方の取引の中止……利益相反状況を回避するために、一方の取引を中止することが考えられる。利益相反管理のために条件変更等を行う場合と同様、一方の取引を中止するにあたっては、親金融機関等または子金融機関等の役員等が当該変更の判断に関与する場合を含め、当該判断に関する権限および責任が明確にされていることが求められる。

・利益相反事実の顧客への開示……顧客に利益相反の事実を開示し、必要に応じて顧客から同意を得ることが考えられる。当該同意の取得に際しては、利益相反の内容、この開示の方法を選択した理由（他の管理方法を選択しなかった理由を含む）等を明確かつ公正に、たとえば書面等の方法により開示したうえで顧客の同意を得ることが求められる[95]。

利益相反管理方針の策定およびその概要の公表

銀行は、利益相反管理方針を策定し、その概要を公表する必要がある。当

93　主要行等向けの総合的な監督指針 V − 5 − 2 (2)①。
94　主要行等向けの総合的な監督指針 V − 5 − 2 (2)②。
95　主要行等向けの総合的な監督指針 V − 5 − 2 (2)③。

第2章　日本の銀行グループ規制　219

該管理方針には、利益相反の特定方法、類型、管理体制（役職員の責任・役割等を含む）や管理方法（利益相反管理の水準・深度に差異を設ける場合は、その内容および理由を含む）、管理対象の範囲等が明確化されていることが求められる。また、当該管理方針は、銀行の営む業務内容や規模等が十分に反映されている必要がある。なお、利益相反管理方針の概要の公表の方法としては、店頭でのポスター掲示や銀行ホームページへの掲載といった方法が考えられる[96]。

記録の保存

対象取引の特定に係る記録および利益相反管理のために講じた措置に係る記録は、銀行において構築された利益相反管理態勢のもとで、実際に行われた利益相反取引の特定および上記の管理方法について事後的な検証を可能とするために保存が求められている。

具体的な内容としては、たとえば、特定した利益相反取引や実施した対応措置の概要等が考えられる。

その他の利益相反管理態勢

その他の利益相反管理態勢としては、監督指針において、以下の態勢整備が求められている[97]。

・利益相反を管理・統括する部署（以下「利益相反管理統括部署」という）を設置するなど、利益相反を一元的に管理する態勢の整備
・利益相反管理統括部署が、顧客の利益が不当に害されないような適切な判断を実施するため、営業部門からの独立性が確保され、十分なけん制が働いていること
・利益相反管理統括部署において、その親金融機関等または子金融機関等の取引を含め、利益相反管理に必要な情報が集約されていること
・利益相反管理方針をふまえた業務運営の手続を定めた社内規則を整備し、銀行の役職員に対して、研修・教育等により、利益相反管理について周知徹底されていること

96　主要行等向けの総合的な監督指針V − 5 − 2(4)。
97　主要行等向けの総合的な監督指針V − 5 − 2(3)。

⑤　銀行持株会社における態勢整備

　上記②で述べたとおり、利益相反管理態勢の整備は、銀行グループ全体で求められており、銀行持株会社に対しても、利益相反管理態勢の整備が義務づけられている（銀行法第52条の21の２第１項）。銀行持株会社が講ずべき利益相反管理の態勢整備は、銀行の場合とおおむね同様であるが、銀行持株会社が行う業務は、子会社の経営管理に限定されていることから、利益相反管理の対象となる取引の中心はグループ会社が行う取引となる。

　銀行持株会社が講ずる利益相反管理態勢によって、その子銀行等に課されている利益相反管理態勢の要件をすべて満たす場合、当該子銀行等において別途の独立した管理態勢を構築する必要はないと考えられる。もっとも、子銀行等は、当該子銀行等が行うべき利益相反管理を銀行持株会社が行っている場合であっても、当該子銀行等がその管理方法や実施状況を的確に把握し、かつ、必要に応じ適切に関与することや、利益相反管理統括部署の設置等は求められる[98]。

⑥　外国銀行支店における態勢整備

　日本で営業を行う外国銀行支店においても、利益相反管理態勢を整備する必要がある（銀行法第47条第２項）。外国銀行支店は、必ずしも外国銀行本体とは独立した体制の構築を義務づけられるものではなく、たとえば、グローバルベースで利益相反管理態勢が構築され、当該態勢が法令の要件を充足するものであれば利益相反管理態勢の整備はなされていると考えられる。もっとも、外国銀行支店が行うこととされている利益相反管理を外国銀行本体が行っている場合であっても、外国銀行支店は、その管理方法や実施状況を的確に把握し、かつ、必要に応じ適切に関与することや、利益相反管理統括部署の設置等は求められる[99]。

---

[98]　金融庁パブコメ（2009年１月20日）36頁、金融庁パブコメ（2009年１月30日）８頁。
[99]　金融庁パブコメ（2009年１月20日）35頁、金融庁パブコメ（2009年１月30日）８頁。

(3) 大口信用供与等規制

① 規制の趣旨

銀行や銀行グループが行う信用の供与が、特定の企業や企業グループに対して偏ると、これらの者の業況が悪化した場合、銀行も経営上のリスクを負うこととなるため、銀行の業務の健全性を害するおそれがある。

そこで、銀行法は、銀行等から特定の者への信用の供与の集中を排除し、銀行の負う信用リスクを分散するため、大口信用供与等規制を定め、銀行等の「同一人」に対する「信用の供与等」の額が、「信用供与等限度額」を超えることを禁止している（銀行法第13条）。

② 「同一人」（信用の供与等の額の合算対象）

「同一人」の範囲

大口信用供与等規制では、受信者を「同一人自身」と呼び、信用の供与等の額を合算する受信者グループの範囲を「同一人」という概念を用いて定義している。同一人自身が会社である場合、信用の供与等の額が合算の対象とされる「同一人」の範囲は図表2−47のとおりである（銀行法施行令第4条第1項第1号）。

また、同一人自身が会社以外の者である場合、同一人の範囲は図表2−48のとおりである（銀行法施行令第4条第1項第2号）。

合算子法人等・合算関連法人等

大口信用供与等規制においては、信用の供与等の額の合算対象を、実質的な支配関係や経済的依存関係に基づいて画定するため、「合算子法人等」・「合算関連法人等」という概念が用いられている。

同一人自身が受信者連結基準法人等[100]である場合、合算子法人等には、

100　上場会社等、法令上の義務に基づいて連結財務諸表を作成している法人等をいう。

図表2－47　受信者が会社である場合の同一人の範囲

(i)	同一人自身の合算子法人等
(ii)	同一人自身を合算子法人等とする法人等
(iii)	(ii)に掲げる者の合算子法人等
(iv)	同一人自身または(i)～(iii)に掲げる者の合算関連法人等
(v)	（会社以外の者であって）同一人自身の総株主等の議決権の50％超を保有する者
(vi)	（会社以外の者であって）(ii)に掲げる者の総株主等の議決権の50％超を保有する者
(vii)	(v)、(vi)に掲げる者がその総株主等の議決権の50％超を保有する法人等
(viii)	(vii)に掲げる者の合算子法人等および合算関連法人等
(ix)	同一人自身、同一人の子会社、親会社ならびに兄弟会社、(v)～(vii)に掲げる者、または、(vii)の子会社がその総株主等の議決権の50％超を保有する他の会社

図表2－48　受信者が会社以外の者である場合の同一人の範囲

(i)	同一人支配会社[101]
(ii)	同一人自身と同一人支配会社が合算してその総株主等の議決権の50％超を保有する他の会社

　議決権比率から親・子・兄弟会社の関係にある者に加えて、連結決算制度上、同一人自身の親・子・兄弟会社となる者（形式的な議決権比率ではなく、実質的に会社の意思決定機関を支配する（または支配される）関係にあるかを基準（以下「実質支配力基準」という）とする）が含まれ、信用の供与等の額の合算対象となる[102]（銀行法施行令第4条第2項、銀行法施行規則第13条の11第1項第1号）。

　また、同一人自身が受信者連結基準法人等である場合、「合算関連法人等」とは、連結決算制度上、同一人自身の関連会社に該当する者（財務・事業方

101　同一人自身がその総株主等の議決権の50％超の議決権を保有する会社をいう。

102　同一人自身が受信者連結基準法人等以外の場合には、受信者連結基準法人等の合算子法人等に類する者を合算子法人等という（銀行法施行規則第13条の11第1項第2号）。

第2章　日本の銀行グループ規制　223

針に重要な影響力を及ぼす（または及ぼされる）関係にあるかを基準とする）を
いう[103]（銀行法施行令第4条第3項、銀行法施行規則第13条の11第2項第2号）。

③ 「信用の供与等」の範囲

合算対象となる信用の供与等

大口信用供与等規制は、特定の受信者に対する与信集中を制限する規制で
あるが、与信として合算される「信用の供与等」とは、図表2-49のとおり
である（銀行法施行令第4条第6項、銀行法施行規則第14条）。「信用の供与等」
に該当する取引は、基本的には、貸借対照表上の勘定科目ごとに列挙されて
いるが、デリバティブ取引の信用リスク相当額やコミットメントラインの融
資未実行部分などのオフバランス取引についても対象となる（2014年金融庁
告示第51号（図表2-49、図表2-50において、単に「告示」という））。

信用の供与等から除外等される金額

上記で述べた「信用の供与等」に該当するもののうち、金融機関の間で行
われる日中決済取引については「信用の供与等」から除外されている。ま
た、預金債権等を担保としているなど、図表2-50に掲げる金額は資金回収
の安全性が高いとして、「信用の供与等」の額から控除されている（銀行法
施行規則第14条の2第1項）。

④ 「信用供与等限度額」の算定方法

銀行の信用供与等限度額

同一人への信用供与等限度額は、銀行の自己資本の額の25％とされてお
り、③で述べた「信用の供与等」の合計額が原則としてこれを超えてはなら
ない（銀行法施行令第4条第8項）。

103　同一人自身が受信者連結基準法人等以外の場合には、受信者連結基準法人等の合算
　　関連法人等に類する者を合算関連法人等という（銀行法施行規則第13条の11第2項第2
　　号）。

図表2－49　合算対象となる「信用の供与等」

(i)	貸出金	・コールローン勘定 ・買現先勘定 ・貸出金勘定
(ii)	債務の保証	・支払承諾見返勘定 ・告示第2条のオフバランス取引（一般的な債務の保証、手形の引受けおよび元本補てん信託契約等）
(iii)	出資等	・有価証券勘定のうち株式勘定またはその他の証券勘定（外国法人の発行する株式等に限る）
(iv)	その他	・現金預け金勘定のうち預け金勘定 ・債券貸借取引支払保証金勘定 ・買入手形勘定 ・買入金銭債権勘定 ・商品有価証券勘定（特定取引勘定設置銀行以外の銀行に限る） ・特定取引資産勘定（特定取引勘定設置銀行に限る） ・金銭の信託勘定 ・有価証券勘定のうち短期社債勘定、社債勘定またはその他の証券勘定（外国法人の発行する株式等として計上されるものを除く） ・外国為替勘定 ・その他資産勘定のうち先物取引差入証拠金勘定、先物取引差金勘定、金融商品等差入担保金勘定、リース投資資産勘定 ・告示第3条のオフバランス取引（デリバティブ取引やコミットメントライン等）

図表2－50　「信用の供与等」から控除される金額

(i)	貸出金	・預金債権等を担保とする貸出金の額のうち当該担保の額 ・国債等を担保とする貸出金の額のうち当該担保の額 ・普通貿易保険および貿易代金貸付保険の保険金請求権を担保とする貸出金の額のうち当該担保の額または海外事業資金貸付保険の付された貸出金の額のうち当該保険金額 ・貨物の輸入者に対する当該貨物の代金の額 ・信用保証協会が債務の保証をした貸出金であって株式会社日本政策金融公庫により当該保証に保険の付されているものの額のうち当該保険金額

第2章　日本の銀行グループ規制　225

(ii) 債務の保証	・政府系金融機関の業務の代理に付随してされる債務の保証の額 ・金融機関が支払人となっている手形の引受けまたは裏書の額 ・国税または地方税の徴収猶予または延納の担保等についてする保証の額 ・輸入取引に伴ってされる保証または手形の引受けの額 ・海外事業資金貸付保険の付されている保証の額のうち当該保険金額
(iii) 出資等	・出資または買入金銭債権勘定、金銭の信託勘定、もしくは、有価証券勘定のうち短期社債勘定、社債勘定またはその他の証券勘定に掲げる勘定に計上されるものの貸借対照表計上額が帳簿価額を上回る場合における当該貸借対照表計上額と帳簿価額との差額
(iv) その他	・有価証券勘定のうち短期社債勘定、社債勘定またはその他の証券勘定に掲げる社債に係る信用保証協会の債務の保証相当額 ・図表 2 −51(iv)に係る預金債権等や国債等を担保とするもののうち当該担保の額 ・告示第 7 条の掲げるものの合計額

銀行グループ内での合算

銀行が子会社等[104]を有する場合、銀行等と子会社等との同一人に対する信用の供与等の額は、合算して銀行と子会社等との自己資本の純合計額の25％（以下「合算信用供与等限度額」という）を超えてはならないとされており、大口信用供与等規制による信用リスク管理は銀行グループ全体に課されている（銀行法第13条第 2 項、銀行法施行令第 4 条第11項）。銀行が合算信用供与等限度額を超えた場合、超過額は銀行の信用の供与等の額とみなされるため（銀行法第13条第 4 項）、銀行グループは、グループ会社全体で信用供与先の管理を行っていく必要がある。

---

104 銀行の子法人等および関連法人等をいう（銀行法第13条第 2 項、銀行法施行規則第14条の 4 ）。

⑤ 適用除外

監督当局の承認を得た場合

信用の供与等を受けている者の組織再編等により銀行の同一人に対する信用の供与等の額が信用供与等限度額を超える場合のほか、図表2－51に掲げるやむをえない理由がある場合においては、監督当局の個別の承認を条件に大口信用供与等規制は適用が除外される（銀行法第13条第1項但書、銀行法施

図表2－51　法令上認められている承認事由

・組織再編等により信用供与等限度額を超えることとなること
・信用の供与等を受けている債務者等の事業の遂行上予見しがたい緊急の資金の必要が生じた場合において、信用供与等限度額を超えて信用の供与等をしないこととすれば、当該債務者等の事業の継続に著しい支障を生ずるおそれがあること
・一般電気事業を行っている債務者等に対して、信用供与等限度額を超えて信用の供与等をしないこととすれば、当該債務者等の事業の安定的な遂行に困難を生ずるおそれがあること
・受信合算対象者が新たに加わることにより信用供与等限度額を超えることとなること
・銀行が監督当局の認定またはあっせんによる合併等を行うこと
・銀行の資本金の減少により一時的に自己資本の額が減少すること（増資等により信用供与等限度額を超えることとなる状態がすみやかに解消される場合に限る）
・その他金融庁長官が適当と認めるやむをえない理由[105]があること

---

[105] 「やむを得ない理由」の例としては、イ．法令上の義務に基づき信用の供与等をする場合、ロ．自己資本比率告示第6章第5節に規定する信用リスク削減手法を用いることにより、信用の供与等の額が信用供与等限度額を超過しない場合、または、ハ．金融グループの組織再編やビジネスモデルの再構築等を実施する場合であって、当該組織再編等の目的の実現のために必要であると認められる場合であって、銀行の健全性に支障が生じないと認められる場合があげられる。なお、イ～ハのいずれかに該当し、法第13条第1項但書の承認をする場合には、上記①にかかわらず、信用供与等限度額超過の解消に向けた計画を求めないものとされている（主要行等向けの総合的な監督指針Ⅲ－2－3－2－6(5)②)。

第2章　日本の銀行グループ規制　227

行令第4条第9項、銀行法施行規則第14条の3第2項)。

監督当局は、銀行から承認の申請があったときは、図表2−51の「やむをえない理由」があるかどうかを審査することとなる。また、承認にあたっては、原則として、今後の信用供与等限度額超過の解消に向けた計画を求めるとともに、決算期末(中間期末を含む)までに解消される場合を除き、定期的に計画の履行状況を報告させることとされている[106]。

国への信用許与等

国や地方公共団体、政府系金融機関や日本銀行等に対する信用の供与等については、信用リスクが小さいことから、個別の承認を要件とせずに、大口信用供与等規制の適用除外とされている(銀行法第13条第3項、銀行法施行令第4条第13項)。

⑥ 銀行持株会社への適用

銀行法は、銀行持株会社についても大口信用供与等規制を定めており、銀行持株会社とその子会社等の同一人に対する信用の供与等の額は、合算して銀行持株会社と子会社等との自己資本の純合計額の25%を超えてはならないとされている(銀行法第52条の22第1項、銀行法施行令第16条の2の3第3項)。

このため、銀行持株会社グループにおいては、銀行持株会社グループ全体と、その傘下行グループそれぞれについて、大口信用供与等規制が課されることになる点に留意が必要である。

銀行持株会社に対する大口信用供与等規制に関する、「同一人」「信用の供与等」の範囲に関する基本的な考え方は銀行に関する規定が準用されている。もっとも、銀行持株会社の利用が制限されることのないよう、銀行持株会社の同一人に対する出資の額、劣後特約付金銭消費貸借による貸付の額および劣後特約付社債の引受けの額については、信用の供与等の合計額から除外されている(銀行法施行規則第34条の15第3項)。

---

106 主要行等向けの総合的な監督指針Ⅲ−2−3−2−6(5)①。

228

⑦　外国銀行支店への適用

　日本で営業を行う外国銀行支店についても、大口信用供与等規制の適用
がある（銀行法第47条第2項）。もっとも、わが国においては「持ち込み資本
制」を採用しておらず、外国銀行支店には、信用供与等限度額算定の基礎と
なる資本および準備金の概念が存在しない。このため、外国銀行支店は、本
店の自己資本を基準とすることができるものとされている[107]（銀行法施行令
第9条）。

(4)　優越的地位の濫用

①　規制の趣旨

　銀行法第13条の3は顧客に対し虚偽や断定的判断を提供することを禁止す
るとともに、「顧客の保護に欠けるおそれがあるものとして内閣府令で定め
る行為」（同条第4号）を禁止する。これを受けて、銀行法施行規則第14条の
11の3第3項は、「顧客に対し、銀行としての取引上の優越的地位を不当に
利用して、取引の条件または実施について不利益を与える行為」を禁止す
る。いわゆる優越的地位の濫用禁止の法理である。

　優越的地位の濫用の意味は、独占禁止法により具体的に規定されており、
自己の取引上の地位が相手方に優越していることを利用して、正常な商慣習
に照らして不当に、取引の相手方に不利益を与える行為をいうとされ（独占
禁止法第2条第9項第5号[108]参照）、独占禁止法上も「不公正な取引方法」の
1つとして禁止されている（同法第19条）[109]。この点、銀行は、一般的に、
融資等を通じ取引先に影響を及ぼしうる立場になりやすいうえ、銀行とグ
ループ内証券会社との協働といったグループ内連携ビジネスの拡大は、同時
に、銀行の融資を背景とした優越的地位の濫用の危険を生じる機会を増加さ

---

[107]　木下（1999）335頁。

せると考えられており[110]、金融・独禁の各当局の関心も高いところである。

②　行為要件

独占禁止法上、優越的地位の濫用があるとされるには、(ア)行為者たる事業者が優越的地位にあり、(イ)その地位を利用して同法第2条第9項第5号所定の行為を行うこと（濫用）により、(ウ)公正競争阻害性（「正常な商慣習に照らして不当に」）が認められる必要があると解されている。

まず、(ア)の優越的地位に関していえば、取引の一方の当事者が他方の当事者に対し、取引上の地位が優越しているというためには、市場支配的な地位またはそれに準ずる絶対的に優越した地位である必要はなく、取引の相手方との関係で相対的に優越した地位であれば足りると解されている[111]。たとえば、過去の事例では次のように判断されている。

X銀行は、その年度末の総資産額が約91兆円であり、総資産額につき我が国の銀行業界において第1位の地位にある。X銀行と融資取引を行っている事業者、特に中小事業者の中には、

・金融機関からの借入れのうち、主としてX銀行からの借入れによって資金需要を充足している

108　具体的には、「自己の取引上の地位が相手方に優越していることを利用して、正常な商慣習に照らして不当に、次のいずれかに該当する行為をすること」と定められている。
「イ　継続して取引する相手方（新たに継続して取引しようとする相手方を含む。ロにおいて同じ。）に対して、当該取引に係る商品または役務以外の商品または役務を購入させること。
　ロ　継続して取引する相手方に対して、自己のために金銭、役務その他の経済上の利益を提供させること。
　ハ　取引の相手方からの取引に係る商品の受領を拒み、取引の相手方から取引に係る商品を受領した後当該商品を当該取引の相手方に引き取らせ、取引の相手方に対して取引の対価の支払を遅らせ、若しくはその額を減じ、その他取引の相手方に不利益となるように取引の条件を設定し、若しくは変更し、または取引を実施すること。」

109　違反に対し公正取引委員会は当該行為の差止め等排除措置命令を出すことができ（独占禁止法第20条第1項）、また2009年改正により、課徴金納付命令の対象にもなった（同法第20条の6）。

110　金融庁「金融モニタリングレポート（2015年7月）」26頁。

111　公正取引委員会「優越的地位の濫用に関する独占禁止法上の考え方」（2010年11月30日）（以下「優越的地位ガイドライン」という）第2・1。

230

> ・X銀行からの借入れについて、直ちに他の金融機関から借り換えることが困難である
> ・事業のための土地や設備の購入に当たってX銀行からの融資を受けられる旨が示唆された後、当該土地や設備の購入契約を進めたことから、当該融資を受けることができなければ他の方法による資金調達が困難である
>
> など、当面、X銀行からの融資に代えて、X銀行以外の金融機関からの融資等によって資金手当てをすることが困難な事業者（以下「融資先事業者」という。）が存在する。融資先事業者は、X銀行から融資を受けることができなくなると事業活動に支障を来すこととなるため、融資取引を継続する上で、融資の取引条件とは別に、X銀行からの種々の要請に従わざるを得ない立場にあり、その取引上の地位はX銀行に対して劣っている。
>
> （平成17年12月26日勧告審決・平成17年（勧）第20号）

次に、(ウ)公正競争阻害性の有無は、優越的地位の濫用が、公正な競争秩序の維持・促進の観点から是認されるものであるかどうか、個別の事案ごとに判断される[112]。

また、(イ)濫用行為の有無については、独占禁止法第2条第9項第5号所定の行為が参考になるので以下それぞれの類型について述べる。もっとも、優越的地位の濫用が問題となるのは、これらの行為類型に限られるものではないことは銘記されるべきである[113]。

(i) 継続して取引する相手方に対して、当該取引に係る商品又は役務以外の商品又は役務を購入させること

ここでいう「購入させる」には、その購入を取引の条件とする場合や、その購入しないことに対して不利益を与える場合だけではなく、事実上、購入を余儀なくさせていると認められる場合も含まれると解されている。たとえば、当該取引の相手方が、当該取引に係る商品または役務以外の商品または役務が事業遂行上必要としない商品もしくは役務であり、またはその購入を希望していないときであったとしても、今後の取引に与える影響を懸念して当該要請を受け入れざるをえない場合には、正常な商慣習に照らして不当に不利益を与えることとなり、優越的地位の濫用として問題となる。他方、取

112　優越的地位ガイドライン第3。
113　このことは優越的地位ガイドライン第4でも述べられている。

引の相手方に対し、特定の仕様を指示して商品の製造または役務の提供を発注する際に、当該商品もしくは役務の内容を均質にするためまたはその改善を図るため必要があるなど合理的な必要性から、当該取引の相手方に対して当該商品の製造に必要な原材料や当該役務の提供に必要な設備を購入させる場合には、正常な商慣習に照らして不当に不利益を与えることとならず、優越的地位の濫用の問題とはならないと解されている[114]。

たとえば、過去の事例では次のように判断されている。

X銀行は、融資先事業者から新規の融資の申込みまたは既存の融資の更新の申込みを受けた場合に、融資に係る手続を進める過程において、融資先事業者に対し、金利スワップの購入を提案し、融資先事業者が同提案に応じない場合に

・金利スワップの購入が融資を行うことの条件である旨、または金利スワップを購入しなければ融資に関して通常設定される融資の条件よりも不利な取扱いをする旨明示する

・担当者に管理職である上司を帯同させて重ねて購入を要請するなどにより、金利スワップの購入が融資を行うことの条件である旨、または金利スワップを購入しなければ融資に関して通常設定される融資の条件よりも不利な取扱いをする旨示唆する

ことにより金利スワップの購入を要請し、融資先事業者に金利スワップの購入を余儀なくさせる行為を行っている。

（平成17年12月26日勧告審決・平成17年（勧）第20号）

(ii)継続して取引する相手方に対して、自己のために金銭、役務その他の経済上の利益を提供させること

ここでいう「経済上の利益」の提供とは、協賛金、協力金等の名目のいかんを問わず行われる金銭の提供、作業への労務の提供等をいうと解されている。たとえば、当該協賛金等の負担額およびその算出根拠、使途等について、当該取引の相手方との間で明確になっておらず、当該取引の相手方にあらかじめ計算できない不利益を与えることとなる場合や、当該取引の相手方が得る直接の利益等を勘案して合理的であると認められる範囲を超えた負担

---

114 優越的地位ガイドライン第4・1。

となる場合には、優越的地位の濫用として問題となりうる。また、作業への労務の提供について、どのような場合に、どのような条件で従業員等を派遣するかについて、当該取引の相手方との間で明確になっておらず、当該取引の相手方にあらかじめ計算できない不利益を与えることとなる場合や、従業員等の派遣を通じて当該取引の相手方が得る直接の利益等を勘案して合理的であると認められる範囲を超えた負担となる場合には、優越的地位の濫用として問題となりうると解されている[115]。

(iii) **取引の相手方からの取引に係る商品の受領を拒み、取引の相手方から取引に係る商品を受領した後当該商品を当該取引の相手方に引き取らせ、取引の相手方に対して取引の対価の支払を遅らせ、若しくはその額を減じ、その他取引の相手方に不利益となるように取引の条件を設定し、若しくは変更し、又は取引を実施すること**

ここでは受領拒否、返品、支払遅延および減額が優越的地位の濫用につながりうる行為の例示として掲げられているが、それ以外にも、取引の対価を一方的に決め、当該取引の相手方において今後の取引に与える影響等を懸念して当該要請を受け入れざるをえない場合など、取引の相手方に不利益を与える行為が含まれると解されている[116]。

③ 金融機関と企業の取引慣行に関する公正取引委員会の考え方

公正取引委員会では、金融機関から融資を受けている事業者を対象に、金融機関と借り手企業との間の不公正な取引の実態の有無を調査し、2001年7月、「金融機関と企業との取引慣行に関する調査報告書―融資先企業に対する不公正取引の観点からのアンケート調査結果―」として公表した[117]。

その後も都市銀行による借り手企業に対する優越的地位の濫用を理由とする排除勧告[118]が行われるなど依然として懸念があったことから、公正取引

---

115 優越的地位ガイドライン第4・2(1)(2)。
116 優越的地位ガイドライン第4・3。
117 公正取引委員会「金融機関と企業との取引慣行に関する調査報告書―融資先企業に対する不公正取引の観点からのアンケート調査結果―」(2001年7月)。
118 平成17年12月26日勧告審決・平成17年（勧）第20号。

委員会はフォローアップ調査を行い、2006年6月、「金融機関と企業との取引慣行に関する調査報告書」（以下「06年調査」という）を公表した[119]。さらに、2008年秋のリーマンショックやその後の急激な円高の進行といった経済情勢の変化を受け、2011年6月にも、「金融機関と企業との取引慣行に関する調査報告書—平成23年フォローアップ調査報告書—」（以下「11年調査」という）を公表した[120]。

　06年調査の結果、公正取引委員会は、金融機関が借り手企業に対して各種要請を行った場合、要請を受けた企業の30.3%は「断りにくく感じている」と回答していることなどから、金融機関と企業との取引において独占禁止法上の問題が生じやすい状況があるとの現状認識を示した。そしてそれを前提に、金融機関が借り手企業に対し各種の要請を行った場合、企業側にとって応じることを希望しないものであっても、今後の融資等への影響を懸念して要請に応じることがあり、優越的地位の濫用として独占禁止法上の問題を生じやすいとして、以下に引用するような独占禁止法上の考え方を示し、各金融機関に周知徹底を促した。

　11年調査の結果でも、金融機関からの各種要請を「断りにくく感じている」という回答の割合は27.2%であり、06年調査と比べて大きな減少は認められなかったとして、再度、各金融機関に図表2−52の独占禁止法上の考え方の確認および周知徹底を促した。

図表2−52　公正取引委員会06年調査報告書において示した「独占禁止法上の考え方」

ア　融資に関する不利益な取引条件の設定・変更 　融資に当たっての適用金利、返済期限、担保等の取引条件については、金融機関と借り手企業との間において、当事者間の自由かつ自主的な判断に基づく協議を通じて決定されるべきものである。 　しかしながら、金融機関が、融資等を通じた影響力を背景として、借り手

119　公正取引委員会「金融機関と企業との取引慣行に関する調査報告書」（2006年6月）。
120　公正取引委員会「金融機関と企業との取引慣行に関する調査報告書—平成23年フォローアップ調査報告書—」（2011年6月）。

企業に対して、正常な商慣習に照らして不当に不利益となるように取引条件を設定・変更する場合には、当該借り手企業の自由かつ自主的な判断による取引が阻害され、当該借り手企業が競争上不利な地位に置かれるおそれがある。

　例えば、取引上優越した地位にある金融機関が借り手企業に対して、以下のような行為を行うことは独占禁止法上問題となる（第2条第9項第5号）。

○　借り手企業に対し、その責めに帰すべき正当な事由がないのに、要請に応じなければ今後の融資等に関し不利な取扱いをする旨を示唆すること等によって、契約に定めた金利の引上げを受け入れさせ、又は、契約に定めた返済期限が到来する前に返済させること。

○　債権保全に必要な限度を超えて、過剰な追加担保を差し入れさせること。

○　借り手企業に対し、要請に応じなければ次回の融資が困難となる旨を示唆すること等によって、期末を越える短期間の借入れや一定率以上の借入シェアを維持した借入れを余儀無くさせること。

イ　自己の提供する金融商品・サービスの購入要請

　金融機関が創意・工夫に基づいて金融商品・サービスを顧客に対し積極的に販売することは、金融機関の自由な事業活動の展開を示すものである。

　しかしながら、金融機関が、融資等を通じた影響力を背景として、借り手企業に対して、自己の提供する金融商品・サービスを購入させる場合には、借り手企業の自由かつ自主的な判断による取引が阻害され、当該金融機関の競争者が競争上不利な地位に置かれるおそれがある。

　例えば、取引上優越した地位にある金融機関が借り手企業に対して、以下のような行為を行うことは独占禁止法上問題となる（第2条第9項第5号）。

○　債権保全に必要な限度を超えて、融資に当たり定期預金等の創設・増額を受け入れさせ、または、預金が担保として提供される合意がないにもかかわらず、その解約払出しに応じないこと。

○　借り手企業に対し、要請に応じなければ融資等に関し不利な取扱いをする旨を示唆して、自己の提供するファームバンキング、デリバティブ商品、社債受託管理等の金融商品・サービスの購入を要請すること。

ウ　関連会社等との取引の強要

　金融機関が、融資等を通じた影響力を背景として、借り手企業に対して、自己の関連会社等との取引を強制する場合には、借り手企業の自由かつ自主的な判断による取引が阻害され、当該金融機関の関連会社等の競争者が競争上不利な地位に置かれるおそれがある。

　例えば、金融機関が融資等を通じた影響力を背景として、以下のような行為を行うことは独占禁止法上問題となる（第2条第9項第5号、一般指定第10項）。

第2章　日本の銀行グループ規制　235

○　融資に当たり、要請に応じなければ融資等に関し不利な取扱いをする旨
　　　を示唆して、自己の関連会社等が提供する保険等の金融商品の購入を要請
　　　すること。

　　○　融資に当たり、要請に応じなければ融資等に関し不利な取扱いをする旨
　　　を示唆して、社債の引受けや企業年金運用の受託等の金融サービスの購入
　　　を要請すること。

　　○　融資に当たり、自己の関連会社等と継続的に取引するよう強制すること。

エ　競争者との取引の制限

　　金融機関が、融資等を通じた影響力を背景として、借り手企業に対して、
　自己又は自己の関連会社等の競争者と取引しないようにさせる場合には、借
　り手企業は取引先選択の自由を制限され、当該金融機関又はその関連会社等
　の競争者の取引機会が減少するおそれがある。

　　例えば、金融機関が借り手企業に対して融資等を通じた影響力を背景とし
　て、以下のような行為を行うことは独占禁止法上問題となる（第2条第9項
　第5号、一般指定第12項）。

　　○　借り手企業に対し、他の金融機関から借入れを行う場合には貸出条件等
　　　を不利にする旨を示唆して、他の金融機関から借入れをしないよう要請す
　　　ること。

　　○　自己の関連会社等の競争者との取引を制限することを条件として融資を
　　　行うこと。

オ　借り手企業の事業活動への関与

　　金融機関が、融資等を通じた影響力を背景として、借り手企業に対して、
　不当に事業活動に関与する場合には、当該借り手企業の自由かつ自主的な判
　断による事業活動が阻害され、当該借り手企業が競争上不利な地位に置かれ
　るおそれがある。

　　例えば、取引上優越した地位にある金融機関が借り手企業に対して、以下
　のような行為を行うことは独占禁止法上問題となる（第2条第9項第5号）。

　　○　要請に応じなければ今後の融資等に関し不利な取扱いをする旨を示唆す
　　　ること等によって、自己又は自己の関連会社等の株式を取得させること。

　　○　資金調達の選択又は資産処分に干渉するなど資金の調達・運用又は資産
　　　の管理・運用を拘束し、借り手企業に不利益を与えること。

銀行代理業・外国銀行代理業

(1) 銀行代理業

① 制度の概要

　銀行代理業とは、銀行のために、固有業務(預金、貸付および為替取引)を内容とする契約の締結の代理または媒介を行う営業をいう(銀行法第2条第14項)。

　銀行代理業は、銀行の固有業務の一端を担うことから、顧客保護に欠けることがないよう、不適格者をあらかじめ排除するために許可制がとられており(銀行法第52条の36第1項)、当該許可を受けて銀行代理業を営む者を銀行代理業者という。

　銀行代理業者は、自ら銀行代理業を営む者として、その営む銀行代理業に関し、健全かつ適切な運営を確保するための態勢整備を講ずるものとされている。また、銀行代理業者に固有業務を委託する所属銀行は、その委託する銀行代理業者が営む銀行代理業に関して、健全かつ適切な運営を確保するための態勢整備を行うこととされている。

② 許 可 制

銀行のために

　銀行法は、銀行代理業について、許可制を採用しているが、許可を要するのは「銀行のために」固有業務を内容とする契約の締結の代理または媒介が行われる場合である。

　「銀行のために」とは、銀行から直接または間接的な委託により行う行為であることを意味しており、「顧客のために」、すなわち、顧客からの要請を

受けて、顧客の利便のために、顧客の側に立って助力するような場合には、銀行代理業には該当しない。

ただし、たとえば、銀行と当該者との間で合意された契約上またはスキーム上は顧客のために行為することとされている場合でも、当該者が実務上、その契約もしくはスキームに定められた範囲を超えてまたはこれに反し、実質的に銀行のために代理・媒介業務を行っている場合には、許可が必要となる場合があるとされている[121]。

固有業務の代理または媒介

銀行代理業には、銀行を代理して契約の締結を行う場合のみならず、契約の締結の媒介を行う場合も含まれる。「媒介」とは、他人の間に立って両者を当事者とする契約の成立に尽力する事実行為をいい、銀行代理業に該当するかの判断にあたっては、契約の成立に向けた一連の行為における当該行為の位置づけをふまえたうえで総合的に判断する必要がある。銀行代理業の許可を受ける必要がある場合と、許可が不要である場合の例としては、それぞれ、図表2-53、図表2-54のような行為があげられる[122]。

許可の基準

銀行代理業の許可の審査要件としては、銀行代理業を遂行するために必要と認められる財産的基礎を有すること、人的構成等に照らして銀行代理業を

図表2-53 銀行代理業の許可を受ける必要がある場合の例

・預金等の受入れ等を内容とする契約の締結の勧誘
・預金等の受入れ等を内容とする契約の勧誘を目的とした商品説明
・預金等の受入れ等を内容とする契約の締結に向けた条件交渉
・預金等の受入れ等を内容とする契約の申込みの受領（単に契約申込書の受領・回収または契約申込書の誤記・記載もれ・必要書類の添付もれの指摘のみを行う場合を除く）
・預金等の受入れ等を内容とする契約の承諾

121　主要行等向けの総合的な監督指針Ⅷ-3-2-1-1(3)①。
122　主要行等向けの総合的な監督指針Ⅷ-3-2-1-1(2)(3)。

図表 2 −54　銀行代理業の許可が不要である場合の例

・顧客のために、預金等の受入れ等を内容とする契約の代理または媒介を行う者（ただし、当事者間で合意された契約上は顧客のために行為することとされている場合でも、契約に定められた範囲を超えるなどして、実質的に銀行のために代理・媒介業務を行っている場合には、許可が必要となる場合がありうる）
・商品案内チラシ・パンフレット・契約申込書等の単なる配布・交付（ただし、配布書類の記載方法等の説明をする場合には、許可が必要となることがありうる）
・契約申込書およびその添付書類等の受領・回収（ただし、単なる契約申込書の受領・回収または契約申込書の誤記・記載もれ・必要書類の添付もれの指摘を超えて、契約申込書の記載内容の確認等まで行う場合は、許可が必要となることがありうる）
・金融商品説明会における一般的な銀行取扱商品の仕組み・活用法等についての説明
・銀行から委託を受けて、営業所または事務所内にATMのみを設置するが、当該ATMが銀行法施行規則第35条第1項第4号の「無人の設備」に該当する場合

遂行するために必要な能力を有し、かつ、十分な社会的信用を有していること、許可申請者が営む他業が銀行代理業を営むことにつき支障を及ぼすおそれがないことがあげられている（銀行法第52条の38第1項）。

　また、監督当局は、許可の審査基準に照らし公益上必要があると認めるときは、その必要の限度において、許可に銀行代理業の業務内容等について条件を付したり、これを変更することができるとされており、たとえば、許可申請者が営む他業の内容に応じて業務内容に条件を付すことができる。

③　銀行代理業者の業務

他業の承認制

　銀行代理業者は、銀行代理業および銀行代理業に付随する業務のほか、監督当局の承認を受けた業務を営むことができることとされている（銀行法第52条の42第1項）。銀行代理業に付随する業務としては、所属銀行のために行

第 2 章　日本の銀行グループ規制　239

う所属銀行が営む付随業務の代理・媒介が該当するが、当該行為が他の法令において許認可等の開業規制の対象となっている場合[123]は、兼業承認を要する他業として取り扱われる。

銀行代理業者が営むことができる他業の範囲について制限はなく、監督当局は、銀行代理業者から承認の申請があった場合には、当該申請に係る業務を営むことが銀行代理業を適正かつ確実に営むことについて支障を及ぼすおそれがあると認められるときに限り、承認しないことができるとされている（銀行法第52条の42第2項）。

なお、上記②のとおり、銀行代理業の許可の審査要件には、許可申請者が営む他業が銀行代理業を営むことにつき、支障を及ぼすおそれがないことがあげられており、許可申請時に申請した他業については、許可を受けた時点で他業の承認を受けたものとみなされる（銀行法第52条の42第4項）。

分別管理義務

銀行代理業者は、銀行代理業において顧客から金銭等の財産の交付を受けた場合、自己の固有財産と分別して管理しなければならない（銀行法第52条の43）。銀行代理業者がこのような義務負うのは、所属銀行や顧客等との間で確実に預り資産の受払いが行われることを確保するために、預り資産の費消や流用等を防止する必要があるからである。

顧客への適切な説明等

銀行代理業者は、銀行代理行為を行うときは、あらかじめ、顧客に対し、図表2−55の事項を明らかにしなければならない（銀行法第52条の44第1項、銀行法施行規則第34条の43第1項）。

また、銀行代理業者は、預貯金契約の締結の代理または媒介を行う場合には、銀行が預金契約を締結しようとする場合と同様に、預金者等に参考となるべき情報の提供を行わなければならず（銀行法第52条の44第2項、銀行法施行規則第34条の44）、特定預金等の締結の代理または媒介については、銀行が行う場合と同様に金融商品取引法の業規制が準用される（銀行法第52条の45の2）。

---

[123] たとえば、所属銀行を所属金融商品取引業者等として行う金融商品仲介業があげられる。

図表 2 −55　銀行代理行為を行う場合の明示事項

・所属銀行の商号
・契約の締結を代理するか媒介するかの別
・所属銀行が二以上ある場合において、顧客が締結しようとする銀行代理行為に係る契約につき顧客が支払うべき手数料と、当該契約と同種の契約につき他の所属銀行に支払うべき手数料が異なるときは、その旨
・所属銀行が二以上ある場合において、顧客が締結しようとする銀行代理行為に係る契約と同種の契約[124]の締結の代理または媒介を他の所属銀行のために行っているときは、その旨[125]
・所属銀行が二以上ある場合は、顧客の取引の相手方となる所属銀行の商号または名称

　また、個人情報、返済能力情報、特別の非公開情報等の顧客情報の取扱いについても、銀行に準じて適正な取扱いのための態勢の整備が求められている（銀行法第52条の44第 3 項、銀行法施行規則第34条の47）。加えて、銀行代理業において取り扱う顧客に関する非公開金融情報[126]が、事前に顧客の書面同意等を得ることなく兼業業務に利用されたり、反対に、兼業業務において取り扱う非公開情報[127]が、事前に顧客の書面同意等を得ることなく銀行代

124　「同種の契約」とは、顧客が取引しようとする目的に照らし、預金であれば普通預金、定期預金等の別、貸付であれば資金使途を同じくする目的別貸付商品（住宅ローン、マイカーローン等）や消費者向けカードローン等の別、為替取引であれば内国為替・外国為替の別により判断すると解されている（2006年 5 月17日金融庁「銀行法等の一部を改正する法律の施行期日を定める政令（案）、銀行法等の一部を改正する法律の施行に伴う関係政令の整備等に関する政令（案）および銀行法施行規則等の一部を改正する内閣府令等（案）に対するパブリックコメントの結果について」30頁）。

125　顧客の求めがあった場合にはこれに応じ、他の所属銀行の同種の契約の内容その他顧客に参考となるべき情報の提供もあわせて行う義務がある（銀行法施行規則第34条の46第 1 項）。

126　「非公開金融情報」とは、その役員または使用人が職務上知りえた顧客の預金等、為替取引または資金の借入れに関する情報その他の顧客の金融取引または資産に関する公表されていない情報（銀行法施行規則第13条の 6 の 6 に規定する返済能力情報および同規則第13条の 6 の 7 に規定する特別の非公開情報を除く）をいう。

127　「非公開情報」とは、その兼業業務上知りえた公表されていない情報（銀行法施行規則第13条の 6 の 6 に規定する情報および同規則第13条の 6 の 7 に規定する特別の非公開情報を除く）をいう。

第 2 章　日本の銀行グループ規制　241

図表2－56　兼業業務を営む場合に顧客情報管理に関して求められる態勢整備[128]

・銀行代理業務で得た顧客情報が顧客の同意なく兼業業務に流用されることのないよう、顧客情報を適正に管理するための方法や体制（たとえば、組織・担当者の分離、設備上・システム上の情報障壁の設置、情報の遮断に関する社内規則の制定および研修等社員教育の徹底等）の整備
・非公開金融情報および非公開情報の取扱いに関する事前の同意について、適切な方法により事前に当該顧客の同意を得るための措置（たとえば以下のイ～ニのような方法） イ．対面の場合 　事前に、書面による説明を行い、契約申込みまでに書面による同意を得る方法 ロ．郵便による場合 　事前に、説明した書面を送付し、所属銀行への提供の前に、同意した旨の返信を得る方法 ハ．電話による場合 　事前に、口頭による説明を行い、その後すみやかに当該提供について説明した書面を送付し（電話での同意取得後対面にて顧客と応接する場合には交付でも可）、契約申込みまでに書面による同意を得る方法 ニ．インターネット等による場合 　事前に、電磁的方法による説明を行い、電磁的方法による同意を得る方法

理業および銀行代理業に付随する業務に利用されたり、所属銀行に提供されないような態勢の整備が義務づけられている（同規則第34条の48）（具体的な態勢整備の内容については図表2－56参照）。

禁止行為

銀行代理業者の適切な業務の運営を確保するため、銀行法では、銀行代理業者について、図表2－57の行為を禁止している（銀行法第52条の45、銀行法施行規則第34条の53）。

経　　理

銀行代理業者は、銀行代理業に関する帳簿書類の作成義務を負うほか（銀行法第52条の49）、事業年度ごとに、銀行代理業に関する報告書を作成し、監

128　主要行等向けの総合的な監督指針Ⅷ－4－2－2(3)。

図表 2 −57　銀行代理業者の禁止行為

・顧客に対し、虚偽のことを告げる行為
・顧客に対し、不確実な事項について断定的判断を提供し、または確実であると誤認させるおそれのあることを告げる行為
・顧客に対し、当該銀行代理業者、当該銀行代理業者の子会社または所属銀行の特定関係者の営む業務に係る取引を行うことを条件として、資金の貸付または手形の割引を内容とする契約の締結の代理または媒介をする行為[129]
・所属銀行の特定関係者に対し、取引の条件が所属銀行の取引の通常の条件に照らして当該所属銀行に不利益を与えるものであることを知りながら、その通常の条件よりも有利な条件で資金の貸付または手形の割引を内容とする契約の締結の代理または媒介をする行為[130]
・顧客に対し、その営む銀行代理業の内容および方法に応じ、顧客の知識、経験、財産の状況および取引を行う目的をふまえた重要な事項について告げず、または誤解させるおそれのあることを告げる行為
・顧客に対し、不当に、自己または自己の指定する事業者と取引を行うことを条件として、銀行代理業に関する契約の締結の代理または媒介をする行為
・顧客に対し、銀行代理業者としての取引上の優越的地位を不当に利用して、取引の条件または実施について不利益を与える行為
・顧客に対し、兼業業務における取引上の優越的地位を不当に利用して、銀行代理業に係る取引の条件または実施について不利益を与える行為
・所属銀行に対し、銀行代理行為に係る契約の締結の判断に影響を及ぼすこととなる重要な事項を告げず、または虚偽のことを告げる行為

督当局へ提出する義務を負う（同法第52条の50）。

④　監　　督

　銀行代理業者の監督については、図表 2 −58のように所属銀行を通じての監督を基本としているが、必要に応じて、銀行代理業者に対し、直接、報告

129　銀行代理業者が不当に取引を行うことを条件として、資金の貸付または手形の割引を内容とする契約の締結の代理または媒介をする行為ではないものについては除外されている（銀行法施行規則第34条の51）。

130　所属銀行がアームズ・レングス・ルールの適用除外の承認を受けた取引または行為に係るものは除外されている（銀行法施行規則第34条の52）。

第 2 章　日本の銀行グループ規制　243

図表2-58　銀行代理業者に対する監督のイメージ

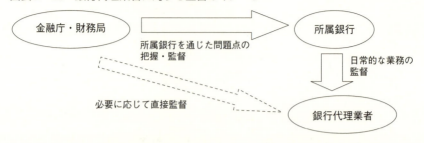

図表2-59　監督当局による監督権限

・届出義務（銀行法第52条の52）
・報告、資料提出義務（銀行法第52条の53）
・立入検査（銀行法第52条の54）
・業務改善命令（銀行法第52条の55）
・認可取消し等（銀行法第52条の56）

徴求や立入検査を行うことができるほか、業務改善命令等の処分を命じることができる（図表2-59参照）。

⑤　**所属銀行制**

　銀行法は、銀行代理業について、所属銀行制を採用している。すなわち、銀行代理業者は、所属銀行を特定したうえで、所属銀行等の委託を受けるか、所属銀行の委託を受けた銀行代理業者の再委託を受ける場合でなければ、銀行代理業を営むことはできない（銀行法第52条の36第2項）。

　他方、所属銀行には、銀行代理業者における健全かつ適切な運営を確保するため、銀行代理業者が営む銀行代理業に関する態勢整備につき指導その他の措置を講ずる義務が課されており（銀行法第52条の58、銀行法施行規則第34条の63）、具体的には、図表2-60であげたような態勢整備を行うことが求められる[131]。また、所属銀行は、銀行代理業者が顧客に加えた損害について賠償責任を負い、銀行代理業者に関する原簿について当該所属銀行の営業

図表 2 − 60　所属銀行による銀行代理業者の業務の適切性を確保するための態勢整備

(i)　銀行代理業者の監督のための内部管理態勢の整備 ・責任部署の設置、担当者の配置 ・部署・担当者により銀行代理業者の業務の適切性を確保するための措置が適切に講じられていることを検証するための態勢整備 ・（再委託の場合）銀行代理業再委託者が銀行代理業再受託者に対する適切な指導監督態勢等が整備されているかの検証
(ii)　委託契約等の内容 ・委託契約の内容が銀行法施行規則の定めを満たしており、これらの遵守状況のモニタリングに関する定めを委託契約の内容とすること ・銀行代理業者の社内規則等の検証態勢の整備
(iii)　法令等を遵守させるための研修の実施等の措置 ・法令および銀行代理業者の社内規則等に関する網羅的な研修の実施 ・銀行代理業に関する法令についての知識および実務経験を有する講師の選定 ・定期的な研修の実施と研修内容について銀行代理業者等の理解度の検証
(iv)　銀行代理業者に対する必要かつ適切な監督等を行うための措置 ・業務の実施状況について監督等の実施および実施状況に関するモニタリング ・モニタリング結果の検証や報告に関する態勢
(v)　必要に応じて銀行代理業委託契約を解除することができるための措置 ・モニタリング結果をふまえた銀行代理業者への指導、契約解除等適切な措置を講ずるための態勢整備 ・委託契約の解除を行う際に、適切な顧客保護を図るための態勢整備
(vi)　所属銀行自らが審査を行うための措置 ・所属銀行への事前報告・承認等を必要とする場合の基準および態勢整備
(vii)　顧客情報の適切な管理および犯罪を防止するための措置 ・所属銀行と同程度の態勢整備を行うことができるよう、適切な指導の実施やノウハウの提供等 ・銀行代理業者に対する犯収法および外為法の規定の理解の慫慂 ・預金口座等が組織犯罪等に利用されることを防止するための態勢整備 ・反社会的勢力との関係遮断のための態勢整備
(viii)　所属銀行の商号、銀行代理業者であることを示す文字および当該銀行代理業者の商号または名称を店頭に掲示させるための措置

131　主要行等向けの総合的な監督指針Ⅷ − 5 − 2 − 2。

(ix) 銀行代理業者の営業所廃止にあたっての措置
・銀行代理業者の営業所等の廃止にあたり、顧客との取引を引き継ぐためのスケジュールや業務移管の方法、顧客への通知方法など顧客に著しい影響を及ぼさないための処理を円滑に実施するための態勢整備
(x) 苦情処理のための措置
・銀行代理業者が行う銀行代理業に係る顧客からの苦情受付窓口の明示、苦情処理担当部署の設置、苦情案件処理手順等の策定等の苦情対応の態勢整備

所に備え置く必要がある（銀行法第52条の59、第52条の60）。

なお、銀行代理業者はアームズ・レングス・ルールの適用対象たる「特定関係者」にも該当するので[132]、所属銀行としては銀行代理業者との取引条件等についても留意が必要になる。

(2) 外国銀行代理業務

① 制度の概要

外国銀行[133]が日本国内で銀行業を営むためには、現地法人（以下「外資系邦銀」という）を設立して免許を受けるか、支店を設置して免許を受けることが必要になる。この場合、外資系邦銀に対し銀行法が適用されるのはもちろんであるが、在日支店についても、取引の主体である外国銀行に対する監督・検査権の実効性を確保する観点から、外国銀行の在日支店を一の銀行とみなして、銀行法が適用される（銀行法第47条第2項）。反対に、日本国内で設立された銀行（以下「邦銀」という）が、現地法人を設立して銀行業を営んでいたり[134]、外国支店を出して外国において銀行業を営んでいたりする場合もある。

---

132 7(1)参照。
133 外国の法令に準拠して外国において銀行業を営む者をいう（銀行法第10条第2項第8号）。
134 銀行は、銀行業を営む外国の会社を子会社とすることができる（銀行法第16条の2第1項第7号）。

もっとも、外資系邦銀や外国銀行支店が外国銀行本体の業務の代理または媒介を行うことや、邦銀が海外現地法人の業務の代理または媒介を行うことは、銀行法上、（銀行免許を有しない）外国銀行の業務が日本国内で行われることや当該業務の代理または媒介を行うことが銀行の業務範囲規制との関係で問題となる。また、銀行免許をもたない外国銀行が、日本国内において、預金契約を締結したり、融資したりすることは、貸金業法や出資法等との関係でも整理を要する[135]。

　外国銀行代理業務制度は、外国銀行に対しては、わが国当局の直接の監督が及ばないことやマネー・ローンダリング、脱税等の不適正な取引を防止する観点にも留意しつつ、銀行や外国銀行支店に対し、認可等を条件に、グループ内の外国銀行を委託元とした業務の代理または媒介を認める制度である。

②　外国銀行代理業務

　銀行法は、銀行の付随業務として外国銀行の業務の代理または媒介をあげている（外国銀行代理業務。銀行法第10条第2項第8号の2）。ただし、銀行が行うことができる外国銀行代理業務の範囲は、銀行法施行規則で以下のとおり限定されている（銀行法施行規則第13条の2）。

委託元となる外国銀行

　委託元の外国銀行については、わが国の監督当局の直接の監督が及ばないこと等をふまえ、受託者である銀行・外国銀行支店による相互けん制機能が期待でき、顧客の利益の保護の確保を図ることが期待できる者として、図表2−61のとおり、受託者である銀行・外国銀行支店に係る外国銀行と親・子・兄弟の資本関係のある者に限定されている[136]。

135　このことから、外国銀行代理業制度の創設前は、外国銀行在日支店や外資系邦銀が、日本国内の顧客に対し、母体である外国銀行の海外ブック取引の勧誘を行うことや、邦銀が、日本国内の顧客に対し、海外現地法人の海外ブック取引の勧誘を行うことが認められておらず、国際的に事業展開する企業への効率的な金融サービスの提供やわが国の金融・資本市場への外国銀行の参入を阻害しかねない状況にあった（2007年12月18日「金融審議会金融分科会第二部報告7頁参照）。

136　家根田・小田（2013b）103頁。

図表2-61　委託元となる外国銀行の範囲

銀行が受託者の場合	・銀行の子会社である外国銀行 ・銀行を子会社とする外国銀行 ・銀行を子会社とする銀行持株会社の子会社である外国銀行 ・銀行を子会社とする親会社等[137]の子会社等[138]である外国銀行
外国銀行支店が受託者の場合	・外国銀行支店に係る外国銀行の外国銀行外国営業所 ・外国銀行支店に係る外国銀行の子会社等である外国銀行 ・外国銀行支店に係る外国銀行を子会社等とする外国銀行 ・外国銀行支店に係る外国銀行を子会社等とする親会社等の子会社等である外国銀行

受託できる業務の範囲

　外国銀行代理業務において、銀行が受託することができる業務とは、銀行の固有業務または付随業務に限定されている。したがって、外国銀行が現地の法制度に基づき営むことができる業務であっても、わが国の銀行法上、銀行の業務範囲規制の範囲外とされている業務については、代理または媒介を受託することはできない。

　また、付随業務に該当する業務であっても、「代理または媒介に係る業務」、すなわち、外国銀行が業務として行う他の者の業務の代理または媒介（復代理または再委託）を受託することはできない。

　なお、外国銀行を委託元とする業務の委託であっても、銀行法上の付随業務[139]に該当する代理または媒介については、外国銀行代理業務には該当しないため、当該業務を営むにあたって下記③で述べる認可等は不要である。

137　「親会社等」とは、他の法人等の総株主等の議決権の50％超の議決権を保有する法人等をいう。

138　「子会社等」とは、親会社等によりその総株主等の議決権の50％超の議決権を保有されている他の法人等をいう。この場合において、子会社等が保有する議決権は、当該子会社等の親会社等が保有する議決権とみなす。

139　銀行法第10条第2項第8号および第8号の2以外の付随業務であり、いわゆる「その他の銀行業に付随する業務」を含む（同条第2項柱書）。

復代理および再委託の禁止

銀行は、付随業務として銀行その他金融業を行う者の業務の代理または媒介を行うことができるが、外国銀行代理業の代理または媒介は除外されており（銀行法第10条第2項第8号）、外国銀行代理業を再委託することは認められていない。

これは、外国銀行代理業務が、クロスボーダー取引であることに加え、取引関係がいたずらに複雑なものになることは、顧客の保護、監督の観点からも好ましくないと考えられるためである[140]。

③ 認 可 制

銀行は、外国銀行代理業務を営もうとするときは、原則として、当該外国銀行代理業務の委託を受ける旨の契約の相手方である外国銀行（以下「所属外国銀行」という）ごとに、監督当局の事前認可を受けなければならない（銀行法第52条の2第1項）。

ただし、銀行または銀行持株会社が子会社とするにあたって認可を受けた外国銀行については、所属銀行が当該外国銀行代理業務に係る所属外国銀行ごとに、監督当局に事前届出を行うことで足りることとされている（銀行法第52条の2第2項）。

認可申請があった場合の審査基準としては、所属外国銀行が、銀行の業務を健全かつ効率的に遂行するに足りる財産的基礎を有していること、所属外国銀行が、その人的構成等に照らして、銀行の業務を的確、公正かつ効率的に遂行することができる知識および経験を有し、かつ、十分な社会的信用を有する者であること等があげられている（銀行法施行規則第34条の2第3項）。

なお、上述のとおり、外国銀行代理業の認可は委託元である外国銀行ごとに認可を要するため、同一グループに属する複数の外国銀行から委託を受ける場合であっても、委託元法人ごとに、そのつど、認可を受ける必要がある。

この点について、2015年12月22日に金融審議会「金融グループを巡る制度

---

140 家根田・小田（2013b）105頁。

のあり方に関するワーキング・グループ」が取りまとめた「金融グループを巡る制度のあり方に関するワーキング・グループ報告～金融グループを巡る制度のあり方について～」では、「現行法のもとでは、委託元の外国銀行の監督を担う外国当局の規制・監督の態様、外国銀行支店のビジネスモデルや内部管理体制等の態様も個々の外国銀行ごとに様々であり得ることに留意し、個別の認可を求めているが、監督当局において、委託元たる外国銀行グループ全体のビジネスモデルや内部管理体制等について審査し、これに加え、個々の委託先である外国銀行支店について、日々の監督等を的確に行うことを前提とすれば、必ずしも委託元法人ごとの個別の認可を求める必要まではないものと考えられ」、委託元法人ごとの個別認可にかえて、委託元法人グループ単位での包括的な認可制のもとで、グループ内の外国銀行が新たに委託元となる場合には届出を求めることとすることが適当と考えられると述べている。

④ 銀行免許等の特例

銀行が外国銀行代理業務として行う外国銀行の業務については、銀行業の免許に関する規定の適用が除外されており（銀行法第52条の2の2）、外国銀行としては、銀行に外国銀行代理業務として業務を委託する場合には、わが国の銀行業の免許は不要である（同条）。同様に、出資法第2条第1項（預り金の禁止）についても適用が除外されているため、業として預り金を行うことが可能である。

また、銀行が外国銀行代理業務として行う外国銀行の業務については、貸金業法第2条第1項の適用も除外されていることから、外国銀行としては、貸金業登録についても不要である。

⑤ 特定預金等の勧誘に関する金融商品取引法の準用

外貨預金や仕組預金といった特定預金等契約の締結については、書面交付義務や適合性の原則等の金融商品取引法の販売・勧誘ルールが準用されているが（銀行法第13条の4）、外国銀行代理業務に係る特定預金等契約の締結の

代理または媒介についても同様に、金融商品取引法の販売・勧誘ルールが準用されている（銀行法第52条の2の5）。

⑥ 説明書類等の縦覧、健全化措置

外国銀行代理銀行[141]は、その所属外国銀行およびその外国銀行持株会社[142]がその事業年度ごとに作成した書面であって、当該所属外国銀行または当該外国銀行持株会社の業務および財産の状況に関する事項を記載したもの（いわゆるディスクロージャー誌に相当するもの）を備え置き、公衆の縦覧に供することが義務づけられている（銀行法第52条の2の6、銀行法施行規則第34条の2の32）。

図表2−62　健全化措置

・外国銀行代理業務に係る所属外国銀行の業務または財産の状況に関する照会に対してすみやかに回答できる体制の整備等の措置
・外国銀行代理業務の健全かつ適切な運営を確保するため必要があると認めるときには、所属外国銀行との間の委託契約の内容を変更し、または解除するための措置
・代理または媒介を行おうとする所属外国銀行の業務について、銀行法上の固有業務および付随業務に該当するかどうかを必要に応じて自ら審査を行うための措置
・所属外国銀行に外国銀行代理銀行から顧客に関する情報を不正に取得させない等、顧客情報の適切な管理を確保するための措置
・外国銀行代理業務を営む営業所の廃止にあたっては、当該営業所の顧客に係る取引が、所属外国銀行を同一とする他の外国銀行代理銀行または他の営業所へ支障なく引き継がれる等、当該営業所の顧客に著しい影響を及ぼさないようにするための措置
・外国銀行代理業務に係る所属外国銀行の業務に係る顧客からの苦情を適切かつ迅速に処理するために必要な措置

141　「外国銀行代理銀行」とは、認可または届出を行い外国銀行代理業務を営んでいる銀行をいう（銀行法第52条の2の5）。

142　「外国銀行持株会社」とは、所属外国銀行を子会社とする持株会社で外国の法令に準拠して設立された会社をいう。

また、外国銀行代理業務の健全かつ適切な運営を確保するため、図表2−62の措置を講じなければならないこととされている（銀行法第52条の2の7、銀行法施行規則第34条の2の33）。

⑦　監　督　等

監督当局は、所属外国銀行への監督の実効性を確保するため監督権限を行使することができ、外国銀行代理業務の健全かつ適切な運営を確保するため必要があると認めるときは、外国銀行代理銀行に対し、その所属外国銀行等[143]の業務または財産の状況に関する報告または資料の提出を求めることができる（銀行法第52条の2の8）。

また、所属外国銀行に関して一定の場合には、外国銀行代理銀行に対し、届出義務が課されており、商号や本店所在地の変更など、特に重要と思われる事項については、届出内容の公告および営業所への掲示が義務づけられている（銀行法第52条の2の9、銀行法施行規則第34条の2の34）。

---

[143]　「所属外国銀行等」には、所属外国銀行のほか、(i)所属外国銀行の発行済株式等の50％超の株式等を保有している者、(ii)(i)の者の発行済株式等の50％超の株式等を保有している者、(iii)(i)に掲げる者により発行済株式等の50％超の株式等を保有されている法人、(iv)所属外国銀行により発行済株式等の50％超の株式等を保有されている法人、(v)(iv)の者により発行済株式等の50％超の株式等を保有されている法人を含む（銀行法第52条の2の8、銀行法施行令第14条の7）。

9 株主規制

(1) 規制の概要

　銀行は、その業務の公共性にかんがみ、免許制がとられ、その審査に際して免許申請者の財産的基礎・人的構成等をチェックしうる仕組みとなっている。加えて、銀行経営の健全性の観点からは、新規に銀行業を開始する場合に限らず、既存銀行の相当程度の株式を取得して銀行経営に関与しようとする株主については、取得時および取得後において監督当局による適切な監督を行う必要がある。

　このため、銀行法は、銀行経営に相応の影響力を及ぼしうると考えられる株主を、議決権保有割合に応じて、銀行議決権大量保有者、銀行主要株主、銀行持株会社と定義し、監督当局に対し、これらの者に対する監督等の権限を与えている。

(2) 銀行議決権大量保有者

① 定　義

　わが国における銀行の株主構造をふまえると、単体で議決権の５％を超える株式保有者の数はきわめて限られており、当該株主は銀行経営に相応の影響力を及ぼしうるものと考えられる[144]。このため、銀行法は、銀行または銀行持株会社の総株主の議決権の５％を超える議決権を保有する者[145]を、「銀行議決権大量保有者」と定義し（銀行法第52条の２の11第１項）、監督当局

144　2000年12月21日金融審議会第一部会報告「銀行業等における主要株主に関するルール整備および新たなビジネス・モデルと規制緩和等について」。

第２章　日本の銀行グループ規制　253

図表2−63 みなし議決権保有者

銀行議決権保有者とみなされる者	保有しているとみなされる議決権
(i) 法人でない団体（法人でない社団または財団で代表者または管理人の定めがあるものに限る）	法人でない団体の名義をもって保有される銀行の議決権の数
(ii) 連結基準対象会社[146]であって、その連結する会社等[147]のうちに銀行を含むもののうち、他の会社の計算書類その他の書類に連結される会社以外の会社	以下の議決権の合計 ・当該会社の子会社[148]、「緊密な者」[149]および「同意している者」[150]の保有する連結会社である銀行の議決権 ・当該会社の関連会社[151]の純資産のうち当該会社に帰属する部分の当該純資産に対する割合を当該関連会社の保有する連結会社である銀行の特定議決権の数に乗じて得た数の議決権
(iii) 連結基準対象会社以外の会社等[152]が会社等集団[153]に属し、かつ、会社等集団保有議決権数[154]が当該銀行の主要株主基準値以上の数である会社等	当該会社等集団に属する全部の会社等の保有する一の銀行の議決権の数を合算した数

---

145 なお、国、地方公共団体その他これらに準ずるものとして政令で定める法人（銀行法施行令第15条で投資者保護基金や預金保険機構が定められている）は銀行議決権大量保有者から除外されている。

146 連結財務諸表規則第2条第1号に規定する連結財務諸表提出会社をいう（銀行法施行規則第1条の5）。

147 会社および(i)で定める法人でない団体をいう。

148 財務諸表等規則第8条第3項に規定する子会社をいい、おおむね銀行法の子会社および子法人等（銀行法施行令第4条の2第2項、銀行法施行規則第14条の7第1項）に該当する。

149 財務諸表等規則第8条第6項第3号に規定する「自己の計算において所有している議決権と自己と出資、人事、資金、技術、取引等において緊密な関係があることにより自己の意思と同一の内容の議決権を行使すると認められる者」をいう。

150 財務諸表等規則第8条第6項第3号に規定する「自己の意思と同一の内容の議決権を行使することに同意している者」をいう。

151 財務諸表等規則第8条第5項に規定する関連会社をいい、おおむね銀行法の関連法人等（銀行法施行令第4条の2第3項、銀行法施行規則第14条の7第2項に該当する）。

152 (ii)に掲げる会社の連結会社を除く。

153 親子会社関係にある会社等の集団をいう。

154 会社等集団に属する全部の会社等の保有する一の銀行の議決権の数を合算した数。

集団である場合において、当該特定会社等集団に属する会社等のうち、その会社等に係る議決権の過半数の保有者である会社等がない会社等	
(iv) (iii)の会社等集団に属する会社等のうちに(iii)に掲げる会社等がない場合において、当該会社等集団に属する会社等のうちその貸借対照表上の資産の額が最も多い会社等	当該会社等集団に属する全部の会社等の保有する一の銀行の議決権の数を合算した数
(v) 個人が保有する一の銀行の議決権と、個人がその議決権の過半数の保有者である会社等がそれぞれ保有する当該銀行の議決権の数を合算した数が当該銀行の総株主の議決権の20％以上である者	当該個人と当該会社に係る議決権の合算した数
(vi) ある者の保有する銀行の議決権の数とその共同保有者[155]の保有する当該銀行の議決権の数を合算した数が当該銀行の総株主の議決権の20％以上である者	共同して保有する議決権数
(vii) 銀行持株会社の主要株主基準値以上の数の議決権の保有者[156]	以下のいずれかの少ない数 ・保有する銀行持株会社の議決権割合に銀行の総株主の議決権の数を乗じて得た数 ・当該者、当該銀行持株会社および当該銀行持株会社の子会社等が保有する銀行の議決権の合計

が銀行の議決権を大量に保有する者の状況を把握することができるよう、銀行議決権大量保有者に対し届出義務を課している。

155　銀行の議決権の保有者が、当該銀行の議決権の他の保有者と共同して当該議決権に係る株式を取得し、もしくは譲渡し、または当該銀行の株主としての議決権その他の権利を行使することを合意している場合における当該他の保有者をいう。

156　(i)〜(vi)の規定を銀行持株会社に読み替えた場合に該当する場合を含む（銀行法施行規則第1条の7第2号）。

ここでいう「保有者」には、銀行法第3条の2により銀行議決権の保有者とみなされる者も含まれる。したがって、個人または法人が単独で5％超を保有する場合に限らず、図表2－63の者が5％超の銀行議決権の保有者とみなされる場合には、銀行議決権大量保有者に該当する[157]。

②　届出・監督

　銀行法は、銀行議決権大量保有者に対し、議決権保有割合等の届出を義務づけており（銀行法第52条の2の11、第52条の3）、銀行に対しても、自行の株主に銀行議決権大量保有者となった者が現れたときは内閣総理大臣への届出を義務づけている（同法第53条第1項第7号）。

　また、監督当局は、重要な届出事項に虚偽があった場合などに限定されるが、銀行議決権対象保有者に対し、報告徴求や、立入検査を行うことができる（銀行法第52条の7、第52条の8）。

(3)　銀行主要株主

①　定　　義

　銀行法は、銀行の「主要株主基準値」以上の数の議決権の「保有者」であって、監督当局の認可を得ているものを「銀行主要株主」と定義している（銀行法第2条第10項）。

主要株主基準値

　「主要株主基準値」とは、原則として総株主の議決権の20％をいうが、図表2－64に該当する者が当該会社の議決権の保有者である場合にあっては、15％とされている（銀行法第2条第9項、銀行法施行規則第1条の2、財務諸表等規則第8条第6項第2号イ～ホ）。

---

[157]　なお、みなし議決権保有者は多くの場合銀行主要株主に該当するが、銀行主要株主は銀行議決権大量保有者にも同時に該当する。同様に、銀行持株会社も銀行議決権大量保有者に該当する。

保有者

ここでいう「保有者」には、他人の名義をもって保有する者を含むほか、銀行法第3条の2により銀行議決権の保有者とみなされる者も含まれるため、図表2-63の者が主要株主基準値以上の銀行議決権の保有者とみなされる場合には、銀行主要株主に該当する。

② 認 可 制

銀行主要株主は、銀行経営に実質的な影響力を有すると認められることから、銀行法は、銀行主要株主になろうとする者がいた場合、その保有を認めるか否かについて認可制をとっている（銀行法第52条の9）。

認可が必要な場面としては、譲渡等により既存の銀行の議決権の取得をする場合のみならず、主要株主基準値以上の議決権を保有している会社が新たに銀行免許を取得する場合や、合併や会社分割、事業譲渡により主要株主基準値以上の議決権を保有することとなる場合にも認可を得る必要がある（銀行法第52条の9、銀行法施行令第15条の4）。なお、担保実行等により主要株主基準値以上の議決権の保有者となる場合には、認可は不要であるが、この場合には、当該事由の生じた日の属する当該銀行の事業年度の終了の日から1年を経過する日までに銀行の主要株主基準値以上の数の議決権の保有者でな

図表2-64　主要株主基準値が15％となる保有者

・役員もしくは使用人である者、またはこれらであった者で自己が会社の財務および営業または事業の方針の決定に関して影響を与えることができる者が、会社の代表取締役、取締役またはこれらに準ずる役職に就任していること
・会社等に対して重要な融資を行っていること
・会社等に対して重要な技術を提供していること
・会社等との間に重要な販売、仕入れその他の営業上または事業上の取引があること
・その他会社の財務および営業または事業の方針の決定に対して重要な影響を与えることができることが推測される事実が存在すること

第2章　日本の銀行グループ規制　257

くなるよう、所要の措置を講じなければならないこととされている（銀行法第52条の9第2項）。

　銀行主要株主になろうとする者から認可申請があった場合、監督当局は、申請者の保有目的や財産状況に照らして、銀行主要株主となった場合に銀行業務の健全性を損なうおそれがないか、申請者が銀行の業務の公共性に関し十分な理解を有し、かつ、十分な社会的信用を有する者であるか、といった点を審査することとされている（銀行法第52条の10）。

　特に、事業会社等や投資ファンドが銀行主要株主となろうとする場合には、これらの者の事業リスク等が遮断されているといえるか、認可申請の審査に際しては図表2－65、図表2－66の点などを十分に検証するものとされている[158]。

③　監　　督

　銀行主要株主に対しては、銀行に対する影響力の強さから、重要な届出事項に虚偽があった場合に限らず、「特に必要があると認めるとき」に監督当局が報告徴求[159]や立入検査を行うことができるなど、銀行議決権大量保有者よりも厳格な規制が及ぶ（銀行法第52条の11、第52条の12）。

　また、監督当局は、銀行主要株主に認可した後に、認可基準に適合しなくなったときは適合するよう措置を命じたり、認可を取り消したりすることも可能である（銀行法第52条の13、第52条の15）。

　さらに、銀行主要株主のうち、総株主の議決権の50％を超える議決権を有する者については付加的な規制が及び、監督当局は業務改善計画の提出等の措置を講じるよう命ずることができる（銀行法第52条の14）。

---

[158]　主要行等向けの総合的な監督指針Ⅶ－2－2－1。
[159]　銀行主要株主に対しては、決算期ごとに有価証券報告書等のディスクロージャー資料（資金調達の状況を含む。ディスクロージャー資料がない場合は経営状況・財務状況を示す資料）および当該銀行主要株主と子銀行等との取引関係（預金、借入れ等）を記載した書面の提出を求めるものとされている（主要行等向けの総合的な監督指針Ⅶ－2－3）。

図表 2 −65　事業会社等による銀行主要株主認可申請時の検証項目

審査項目	検証事項
(ⅰ)　銀行の議決権に係る取得資金に関する事項、保有の目的、その他議決権の保有に関する事項に照らして、銀行の業務の健全かつ適切な運営を損なうおそれがないか	・事業会社等の銀行保有に係る方針・目的が銀行の業務の健全性・適切性等を損なうおそれがないか。たとえば、短期売買目的による議決権の保有等となっていないか ・議決権を取得するための資金原資にかんがみ、銀行の業務の健全性・適切性等を害するおそれがないか。たとえば、過度の借入金による議決権の取得等となっていないか ・事業会社等を含めたグループ間における取引の適正確保がなされているか
(ⅱ)　事業会社等の財産および収支の状況に照らして、銀行の業務の健全かつ適切な運営を損なうおそれがないか[160]	・事業会社等の財務の状況、資金調達の状況にかんがみ、銀行の業務の健全性・適切性等を害するおそれがないか ・特に、子銀行の50％超の議決権を保有している事業会社等については、子銀行が計画どおりの収益があげられない場合にも、その経営の健全性確保のための十分なキャッシュフロー等が準備されているか
(ⅲ)　事業会社等が、その人的構成等に照らして、銀行の業務の公共性に関し十分な理解を有し、かつ、十分な社会的信用を有する者であるか	・事業会社等の経営体制、当該事業会社等が子銀行等[161]に係る経営管理体制にかんがみ、銀行の公共性について理解を有し、かつ、十分な社会的信用があるか ・事業会社等の役員または職員が子銀

160　認可審査に際しては、直近の決算期の財務諸表および監査報告書等の資料（事業会社等が外国法人等である場合には、財務状況を示す類似の資料）の提出を求め、監査報告書に当該事業会社等の継続企業（ゴーイング・コンサーン）の前提に重要な疑義が認められる旨の追記がないか等について確認することとされている。

161　主要株主基準値以上の議決権を保有する銀行をいう。

第 2 章　日本の銀行グループ規制　259

	行等の役員または職員を兼任すること等により、子銀行等の経営の独立性が損なわれていないか ・子銀行等が事業会社等の店舗を共有する場合等において、事業会社等が 銀行業務の一部を受託したり、事業会社等の職員が銀行員を兼職すること等により、保安上ないしリスク管理上、銀行業務の健全かつ適切な運営が損なわれていないか
(iv) 子銀行等に対する事業会社等のリスクを遮断するための方策が十分講じられているか	子銀行等の経営に影響を及ぼしうる事業会社等の財務状況や社会的信用等につき十分に検証するほか、事業会社等のリスクを遮断するための方策として、以下の項目が含まれているか ・事業会社等の業況が悪化した場合、子銀行等より支援・融資等を受けないこと ・事業会社等の業況悪化、子銀行等株式の売却、預金の引出し等、事業会社等により子銀行等に起因する種々のリスク[162]をあらかじめ想定し、それによって子銀行等の経営の健全性が損なわれないための方策（収益源および資金調達源の確保、資本の充実等）を講ずること ・子銀行等が事業会社等の営業基盤を共有しているような場合には、事業会社等の破綻等に伴い、事業継続が困難とならないような措置を講ずること

---

162 たとえば、シナジー（相乗）効果の消滅、レピュテーショナル・リスク（風評リスク）等に伴う子銀行等の株価の下落・預金の流出、取引先の離反といったリスクがあげられる。

図表 2 −66　投資ファンドによる銀行主要株主認可申請時の検証項目

審査項目	検証事項
(ⅰ)　投資ファンドによる、銀行の議決権に係る取得資金に関する事項、保有の目的、その他議決権の保有に関する事項に照らして、銀行の業務の健全かつ適切な運営を損なうおそれがないか	・投資ファンドの銀行保有に係る投資方針・投資目的が銀行の業務の健全性・適切性等を損なうおそれがないか。たとえば、短期売買目的による議決権の保有等となっていないか ・議決権を取得するための資金原資にかんがみ、銀行の業務の健全性・適切性等を害するおそれがないか。たとえば、過度の借入金による議決権の取得等となっていないか ・投資ファンドの運用者や主要な出資者等が子銀行等の役員または職員を兼任していないか ・投資ファンドの運用が悪化した場合、子銀行等より支援・融資等を受けないこととしているか ・投資ファンドやその出資者を含めたグループ間における取引の適正確保がなされているか
(ⅱ)　投資ファンドの財産および収支の状況に照らして、銀行の業務の健全かつ適切な運営を損なうおそれがないか[163]	・投資ファンドの運用の状況、資金調達の状況にかんがみ、銀行の業務の健全性・適切性等を害するおそれがないか ・特に、子銀行の50％超の議決権を保有している投資ファンドについては、子銀行が計画どおりの収益があげられない場合にも、その経営の健全性確保のための十分なキャッシュフロー等が準備されているか
(ⅲ)　投資ファンドが、その運用体制等に照らして、銀行の業務の公共性に関し十分な理解を有し、かつ、十分な社会的信用を有する者であるか	・投資ファンドの運用体制に関して、銀行の公共性について理解を有し、かつ、十分な社会的信用があるか ・投資ファンドの主要な出資者等が、銀行の公共性について理解を有し、かつ、十分な社会的信用があるか

第 2 章　日本の銀行グループ規制　261

⑷ 銀行持株会社

① 定　　義

　銀行法において、銀行持株会社とは、銀行を子会社とする持株会社であって、監督当局の認可を受けているものと定義されている（銀行法第2条第13項）。「持株会社」とは、子会社の株式の取得価額の合計額の当該会社の総資産の額に対する割合が50％を超える会社をいう（同法第2条第12項、独占禁止法第9条第4項第1号）。

② 認 可 制

　持株会社が銀行を傘下にもつ場合、持株会社の経営管理のあり方やグループ会社全体の財務状況等は銀行経営に多大な影響を与える可能性があると考えられることから、銀行法では、銀行を子会社とする持株会社を設立したり、持株会社が新たに銀行を子会社としようとしたりする場合には、認可制がとられている。

　認可が必要な場合としては、持株会社が譲渡等により既存の銀行の議決権の取得をする場合のみならず、持株会社の子会社が新たに銀行免許を取得する場合や、合併や会社分割、事業譲渡により銀行を子会社とする場合がある（銀行法第52条の17第1項、銀行法施行令第16条の2）。なお、持株会社が、担保実行等により銀行を子会社とする場合には認可は不要であるが、この場合には、当該事由の生じた日の属する当該銀行の事業年度経過後3カ月以内に届出を行い、また、当該事業年度の終了の日から1年を経過する日までに銀行の主要株主基準値以上の数の議決権の保有者でなくなるよう、所要の措置を講じなければならないこととされている（銀行法第52条の17第2項、第3

163　認可審査に際しては、直近の決算期の財務諸表および監査報告書等の資料（投資ファンドが外国ファンドである場合には、運用状況を示す類似の資料）の提出を求めることとされている。

項)。

　銀行持株会社になろうとする者から認可申請があった場合、監督当局は、申請者およびその子会社の収支の見込みが良好か、申請者およびその子会社が保有する資産等に照らし、これらの者の自己資本の充実の状況が適当であるか、申請者等が、その人的構成等に照らして、その子会社であり、またはその子会社となる銀行の経営管理を的確かつ公正に遂行することができる知識および経験を有し、かつ、十分な社会的信用を有する者であるかといった点を審査することとされている（銀行法第52条の18第1項）。

③　銀行持株会社の機関

　銀行持株会社は、外国の法令に準拠して設立されたものを除き、株式会社であって以下の機関を置くものでなければならない（銀行法第52条の18第2項）。

・取締役会
・監査役会、監査等委員会または指名委員会等
・会計監査人

④　取締役の兼職規制

　銀行持株会社の常務に従事する取締役（指名委員会等設置会社にあっては、執行役）は、内閣総理大臣の認可を受けた場合を除くほか、他の会社の常務に従事してはならない（銀行法第52条の19第1項）。

　銀行法が、銀行持株会社の取締役の兼職を制限するのは、兼職する他の会社への情実融資等の防止など、銀行の取締役の兼職を制限する趣旨と同様である。もっとも、銀行持株会社については、銀行持株会社グループ内の会社の常務に従事すること等が想定されるところ、銀行の取締役の兼職認可については「銀行の業務の健全かつ適切な運営を妨げるおそれがないと認める場合でなければ、これを認可してはならない」と規定しているのに対し、銀行持株会社の場合は「子会社である銀行の業務の健全かつ適切な運営を妨げるおそれがあると認める場合を除き、これを認可しなければならない」と規定

第2章　日本の銀行グループ規制　263

されており、比較的兼職の認可が許容されうる規定振りとされている。

⑤　銀行持株会社の業務

業務範囲

銀行法は、銀行に対して他業禁止の規制が課されている趣旨をふまえ、銀行持株会社についても、経営管理業務への専念の確保や子銀行との利益相反取引の防止を図るため、その業務範囲を子会社に対する経営管理およびこれに附帯する業務に限定し、他の業務を営むことを禁止している（銀行法第52条の21第1項）[164]。

銀行持株会社が行う子会社の「経営管理」としては、たとえば、銀行持株会社が株主権の行使を通じて子会社の取締役を選任し、子会社の業務について、銀行持株会社の方針をふまえた決定をさせることや、銀行持株会社の方針に沿って代表取締役が業務を行うよう取締役会に監督させること等により、実質的に銀行持株会社が子会社の業務を管理・監督することがあげられる[165]。

また、法律用語としての「附帯する」とは通常きわめて限定的な表現であり[166]、銀行に認められる銀行業務に「付随する」業務よりもさらに狭いと考えられる。「経営管理に附帯する業務」としては、たとえば、銀行持株会社が傘下の子会社のためにグループを代表して継続的に資金調達をすることや、営業用ソフトや不動産の子会社への貸付を行うことなどが該当すると解されている[167]。

業務に対する規制等

銀行持株会社は、その業務を営むにあたっては、その子会社である銀行の業務の健全かつ適切な運営の確保に努めなければならないとされているが（銀行法第52条の21第1項）、これは、銀行持株会社による子会社である銀行

164　木下（1999）170頁。
165　木下（1999）171頁。
166　小山（2012）529頁。
167　木下（1999）171頁。

の機関銀行化の防止を趣旨とするものである[168]。

　その他、銀行持株会社は、銀行持株会社グループにおいて、利益相反管理態勢等を整備する義務を負うほか（銀行法第52条の21の2第1項）、銀行持株会社グループ全体に大口信用供与等規制（同法第52条の22第1項）や自己資本比率規制（同法第52条の25）の適用がある。また、銀行主要株主はアームズ・レングス・ルールの適用対象たる「特定関係者」にも該当するので、子会社である銀行との取引条件等についても留意が必要になる。

経営管理の実効性の確保のための課題

　銀行法上、銀行持株会社が「経営管理」として果たすべき機能については、明確な規定が置かれていない。

　2015年12月22日に金融審議会「金融グループを巡る制度のあり方に関するワーキング・グループ」が取りまとめた「金融グループを巡る制度のあり方に関するワーキング・グループ報告～金融グループを巡る制度のあり方について～」では、持株会社や、持株会社がない場合のグループの頂点の銀行に対して、グループの経営管理として求められる機能を法令上明確にしておくことが適当であると述べている。

　また、金融グループにおける経営管理の機能としては、たとえば、
・グループの経営方針の策定
・グループの収益・リスクテイク方針、ならびに資本政策等の策定
・グループの経営管理体制の構築・運用
・グループのコンプライアンス体制の構築・運用と利益相反管理
・グループの再建計画の策定・運用（特に、G-SIFIsの場合）
などを行うことを求めていくことが適当とされている。

銀行持株会社による共通・重複業務の集約化のための課題

　グループ全体の資金運用や共通システムの管理など、銀行グループ内の各社において共通・重複する業務については、持株会社が統括的・一元的に実施したほうがコスト削減に資することや、グループ全体の効率的なリスク管

168　小山（2012）530頁。

理も行いやすいことなどのメリットのある場合が考えられるが、上述のとおり、銀行持株会社が行うことができる業務は、子会社の経営管理とこれに附帯する業務に限定されており、銀行持株会社による業務執行は認められていないことから、銀行持株会社がこのような業務を担うことはむずかしい状況にある。

このような状況をふまえ、2015年12月22日に金融審議会「金融グループを巡る制度のあり方に関するワーキング・グループ」が取りまとめた「金融グループを巡る制度のあり方に関するワーキング・グループ報告～金融グループを巡る制度のあり方について～」では、持株会社が業務執行を担う場合、持株会社に期待されている経営管理機能の発揮がおろそかになる可能性や、子会社との利益相反が生じる可能性がある点をあげつつも、「グループ内の共通・重複業務を持株会社が統括的・一元的に実施することが、グループ全体の一体的・効率的な経営管理に資すると考えられる業務であって、例えば、持株会社の取締役会等に、『社外の視点』を取り入れるなどの工夫も行いながら、グループ全体に対する実効的な監督機能の発揮が確保されるのであれば、持株会社が業務執行を担うことを許容していくことが考えられる」としている。

また、銀行持株会社傘下に複数の銀行が存在し、これらの銀行において共通業務をグループの子会社に集約しようとする場合、委託元である各子銀行は、それぞれが別個に、委託先の管理義務を負うこととなる[169]。

2015年12月22日に金融審議会「金融グループを巡る制度のあり方に関するワーキング・グループ」が取りまとめた「金融グループを巡る制度のあり方に関するワーキング・グループ報告～金融グループを巡る制度のあり方について～」では、このような委託先の管理義務を銀行持株会社が一元的に担うことで、委託先に対する責任や指揮命令が一元化されれば、グループ全体の経営管理の実効性の確保にも資することをあげ、「委託元である各子銀行それぞれに重複して委託先の管理を求めるのではなく、グループ全体の経営管

---

169 銀行法第12条の2。

理を担う持株会社による一元的な管理に委ねることを許容することが適当」
としている。

⑥　子会社の業務範囲

　銀行法は、銀行と同様に、銀行持株会社についても、子会社とすることが
できる会社の範囲等を限定している（銀行法第52条の23）。

　銀行持株会社が子会社とすることができる子会社の範囲については、他業
禁止の趣旨および組織形態にゆがみを与えない観点から、おおむね銀行と同
一内容が限定列挙されている。他方で、兄弟会社間は、親子会社間に比べ相
互に経営に与える影響がより少ない仕組みであることをふまえれば、銀行の
兄弟会社となる銀行持株会社の子会社の業務範囲については、銀行子会社に
比して緩和する余地があると考えられる。そこで、銀行法では、銀行持株会
社の子会社については、限定列挙された「特例子会社対象業務」を営む会社
を、監督当局の認可を条件に子会社化することを認めている（銀行法第52条
の23の2）。

　特例子会社対象業務とは、子会社対象会社が営むことができる業務に準ず
るものとして、銀行法施行規則で定めるものをいう（銀行法第52条の23の2
第2項）。すなわち、銀行法では、銀行持株会社の子会社の業務範囲につい
て、銀行法施行規則により銀行の子会社の範囲よりも拡大する余地を設け
ている。特例子会社対象業務としては、現在では、金融等デリバティブ取
引[170]に係る商品現物取引が認められている（銀行法施行規則第34条の19の2）。

　また、銀行持株会社またはその子会社は、国内の会社の議決権について
は、合算して、その基準議決権数（当該国内の会社の総株主等の議決権の15％）
を超える議決権を取得し、または保有してはならないとされている（銀行法

---

[170]　「金融等デリバティブ取引」とは、金利、通貨の価格、商品の価格、算定割当量の価
格その他の指標の数値としてあらかじめ当事者間で約定された数値と将来の一定の時期
における現実の当該指標の数値の差に基づいて算出される金銭の授受を約する取引また
はこれに類似する取引であって内閣府令で定めるものをいう（銀行法第10条第2項第14
号、銀行法施行規則第13条の2の3第1項）。

第52条の24）。銀行に対する議決権の取得等の制限は取得できる議決権が総議決権の５％である点が異なるが、その他の点は、銀行に対する規制とおおむね同様である。

⑦　監　督

監督当局は、銀行持株会社に対し、「必要があると認めるとき」は報告徴求や、立入検査を行うことができるほか、改善計画の提出を求めることができる（銀行法第52条の31、第52条の33）。

また、銀行持株会社の認可後に、認可基準に適合しなくなったときは適合するよう措置を命じたり、認可を取り消すことも可能である（銀行法第52条の34）。

10 再　編

(1)　再編の背景

　地方創生が国の重要な政策課題の1つとして認識されるなか、地方経済を支える地域金融機関には地方企業を積極的に支援することが期待されている。他方で、人口減少、高齢化に伴う地域金融機関の営業基盤の弱体化に対する懸念もあり、必要な経営体力、収益力の確保のためには、他の金融機関との業務面での提携はもとより、地域金融機関の再編も選択肢の1つであるとする指摘もある[171]。

　戦前に確立された一県一行主義は、1968年の合併転換法によって撤廃され、その後1998年の銀行法改正で銀行持株会社が解禁されたことで、地域銀行の再編の動きが加速した。1989年以降に行われた地域銀行の再編をまとめたものが図表2-67である。これによればこれまでのところ、同じ都道府県に本店を置く地域銀行同士の再編が最も多く、次は同一地方内の再編で、地方（北海道、東北、関東、中部、東海、北陸、近畿、中国、四国、九州、沖縄）をまたぐ広域再編は北海道銀行と北陸銀行のみであることがわかる。

(2)　再編の法的手続

　再編の法的スキームとしては、(i)合併方式に加え、(ii)共同持株会社方式（共同株式移転、または、すでに銀行持株会社が存在する場合には銀行持株会社と銀行との間の株式交換等）が主に考えられるが、同一県内の地域銀行の再編の場合には合併方式が比較的多いようである。この点、一般的には合併のほ

171　自由民主党・日本経済再生本部「日本再生ビジョン」（2014年5月23日）。

第2章　日本の銀行グループ規制　269

図表2-67　地域銀行の再編事例

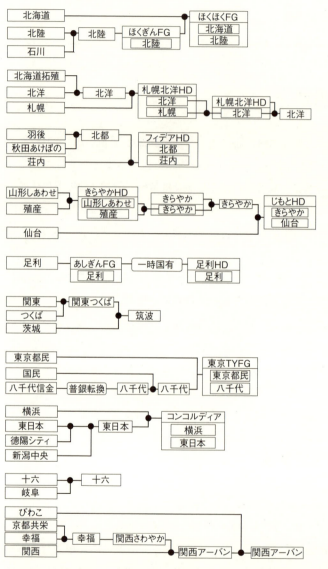

（出所）　全国銀行協会「平成元年以降の提携・再編リスト」に基づき筆者作成。

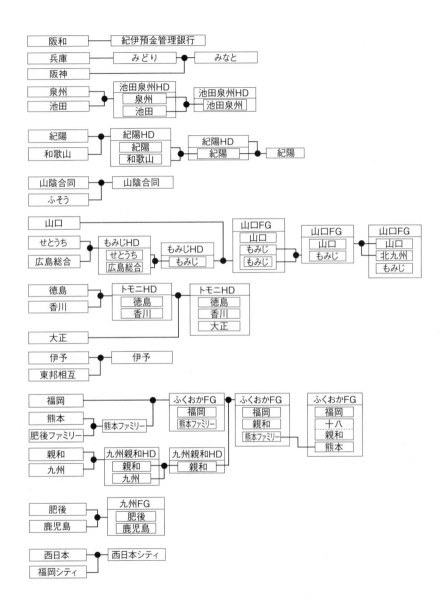

うがシナジー効果が高いとされるものの、システム統合をはじめ乗り越えなければならない課題も多く、比較的簡易迅速に統合効果を発揮したい場合には共同持株会社方式も選択肢の1つである。また、共同持株会社方式によれば、地元に根づいている複数の子銀行のブランドを維持しつつ統合を実現することが可能であるため、県をまたぐ地域銀行の再編に利用されやすい。

　再編の法的手続としては、銀行が合併を行うのに、合併契約書を締結し（会社法第748条）、株主総会（種類株主総会）の承認を経なければならない（同法第783条第1項、第795条第1項、第804条第1項）ことは通常の会社の場合と異ならない。共同持株会社方式の場合であれば、株式移転計画または株式交換契約書を締結し（同法第767条）、株主総会（種類株主総会）の承認を経なければならない（同法第783条第1項、第795条第1項、第804条第1項、第309条第2項第12号）。実務上は、再編準備にはさまざまな関係者の関与が必要であり、未公表のまま進めるのが困難であるから、通常は基本合意書を締結し、その段階で適時開示を行うことが多い。

　もっとも、銀行の合併に際しては、一般の会社と異なり、金融・信用秩序の維持、預金者の保護の観点から銀行法上の特殊な規制に服する。すなわち、銀行を当事者とする合併に際しては金融庁長官の認可を受けなければ効力を生じないとされており（銀行法第30条第1項、第59条第1項）、金融庁長官は、

・合併が、当該銀行が業務を行っている地域における資金の円滑な需給、および利用者の利便に照らして適当なものであること
・合併が金融機関相互間の適正な競争関係を阻害する等、金融秩序を乱すおそれがないものであること
・合併後業務の的確、公正かつ効率的な遂行の見込みが確実であること

を審査する（銀行法第31条）。他方、会社法が定める債権者異議の規定による催告は、預金者の数がきわめて多く手続が煩雑であること、合併には上記認可が要求されており預金者保護の趣旨は十分に達せられると考えられることから、不要とされている（同法第33条）。

　同様に銀行持株会社の合併（当該合併前に銀行持株会社であった会社が合併

後も銀行持株会社として存続する場合に限る）に際しても金融庁長官の認可を受けなければ効力を生じないとされている（銀行法第52条の35第1項、第59条第1項）。認可に際し金融庁長官は以下を審査する（同法第52条の35第4項、第52条の18第1項）。

・認可申請をした会社または認可を受けて設立される会社（以下「申請者等」という）およびその子会社の収支の見込みが良好であること
・申請者等およびその子会社が保有する資産等に照らし、これらの者の自己資本の充実の状況が適当であること
・申請者等がその人的構成等に照らして、その子会社であり、またはその子会社となる銀行の経営管理を的確かつ公正に遂行することができる知識および経験を有し、かつ、十分な社会的信用を有する者であること

　銀行の議決権取得により銀行を子会社とする銀行持株会社になろうとする場合にも同様に金融庁長官の認可が必要である（銀行法第52条の17第1項、第59条第1項）。

(3)　主要な結合事例と独占禁止法上の問題点

　再編の法的手続として、通常、公正取引委員会への届出も必要となる。すなわち、他の事業会社の企業結合と同様に、株式取得（独占禁止法第10条第2項）、合併（同法第15条第2項）、共同株式移転（同法第15条の3第2項）については、所定の売上高基準を満たすことを前提に、当該計画をあらかじめ公正取引委員会に届け出なければならない。また、統合によって持株会社が形成される場合などは、当該持株会社およびその子会社の総資産額が所定の金額を超える場合には事業に関する報告書を公正取引委員会に提出しなければならない（同法第9条第4項・第7項）。

　独占禁止法の観点から地域銀行の再編を考える場合、
・都道府県または地方をまたぐ地域銀行同士の統合（以下「広域再編」という）
・都市部を地盤とする地域銀行同士の統合（以下「都市部再編」という）

第2章　日本の銀行グループ規制　273

・都市部以外の地域に位置する都道府県内の地域銀行同士の統合（以下「県内再編」という）

の大きく３つに分けて整理するのが有益である。まず、広域再編型は、異なる都道府県または地方に位置する地域銀行同士の統合であることから、そもそも競合関係が存在しないか、存在したとしても限られた範囲であることが通常であることから、独占禁止法上最も問題になりにくい類型といえる。次に、都市部再編型は、同じ都市圏で営業地域が競合している可能性が高いものの、通常は他のメガバンク、信用金庫、信用組合等からの競争圧力が存在し、地域銀行同士の統合が当該地域の競争に与える影響はそれほど大きくはないことから独占禁止法上問題になりにくい類型といえる。これに対し、県内再編型は都道府県内で数少ない地域銀行同士が統合することから、統合後の市場シェアおよび順位が必然的に高くなりがちで、当該地域の競争に与える影響は小さくなく、独占禁止法上問題になりやすい類型といえる。

　以下、過去の具体的事例を参考にしながら述べる。この点公正取引委員会は、企業結合審査の予見可能性および透明性の向上を図る観点から、1993年以降、毎年、「主要な企業結合事例」として審査結果を取りまとめ公表している[172]。このうち銀行の再編に関するものを抽出したものが図表２−68である。

　図表内、①、③、⑤、⑥、⑦、⑧、⑬は都市銀行同士（一部地域銀行も含まれる）の統合事例であるので、地域銀行同士の統合事例としては②、④、⑨、⑩、⑪、⑫、⑭、⑮があげられ、そのうち、⑪は広域再編型であり、その余については都市部か否かの明確な定義が存在しないことから、ここではひとまず②、④、⑨、⑫、⑮を都市部再編型、⑩、⑭を県内再編型と区分することとする。

①　広域再編型

　まず広域再編型の⑪（北陸銀行・北海道銀行）について述べる。本事例に

172　公正取引委員会ホームページ：http://www.jftc.go.jp/dk/kiketsu/jirei/index.html

図表2−68　銀行関連の主要な企業結合事例

No.	当事者	スキーム	地理的範囲	公取事例集
①	三菱銀行・東京銀行	合併	全国、都道府県	1995年事例8
②	北洋銀行・北海道拓殖銀行	営業譲渡	北海道、道内地域	1998年事例8
③	第一勧業銀行・富士銀行・日本興業銀行	共同株式移転	全国、都道府県	2000年事例1
④	北洋銀行・札幌銀行	共同株式移転	北海道、道内地域	2000年事例3
⑤	三和銀行・東海銀行・東洋信託銀行	共同株式移転	全国、都道府県	2000年事例4
⑥	東京三菱銀行・三菱信託銀行・日本信託銀行	共同株式移転	全国、都道府県	2000年事例5
⑦	住友銀行・さくら銀行	合併	全国、都道府県	2000年事例11
⑧	大和銀行・近畿大阪銀行・奈良銀行・あさひ銀行	共同株式移転	全国、埼玉、大阪	2001年事例3
⑨	広島総合銀行・せとうち銀行	共同株式移転	広島、県内地域	2001年事例13
⑩	親和銀行・九州銀行	共同株式移転	長崎、県内地域	2001年事例14
⑪	北陸銀行・北海道銀行	株式交換	北海道、道内地域	2003年事例11
⑫	西日本銀行・福岡シティ銀行	合併	福岡、県内地域	2004年事例1
⑬	三菱東京FG・UFJ	合併	全国、都道府県	2005年事例13
⑭	十六銀行・岐阜銀行	株式取得	岐阜、県内地域	2008年事例6
⑮	東京都民銀行・八千代銀行	共同株式移転	都内等市区町村	2014年事例10

おいて、公正取引委員会は、北陸銀行は富山県、石川県、福井県、北海道を主な営業地域とし、北海道銀行は主に北海道を営業地域としていることから、両行の競合する北海道内全域について一定の取引分野が成立するとし、預金業務および貸出業務のそれぞれについて、統合後のシェアをみた場合、両行を上回るシェアを有する有力な競争事業者が存在するほか、都市銀行、信用金庫、農業協同組合等の競争事業者も多数存在することを主な理由として、競争を実質的に制限することとはならないと判断した。また貸出業務に

第2章　日本の銀行グループ規制　275

ついては、借り手側の事情として借り手の経済的活動の範囲内に支店等が所在する金融機関から借入れをする傾向があるとして、函館および釧路の経済圏に地理的範囲を絞った検討も行ったものの、結論的には上記と同様の理由から問題はないとした。

② 都市部再編型

次に都市部再編型で直近の事例である⑮（東京都民銀行・八千代銀行）について、公正取引委員会は、東京都民銀行の主な営業地域は東京都、八千代銀行は東京都および神奈川県であるとしつつも、当事者と取引関係にある需要者は当事者の支店等が所在する市区町村の個人または法人が多く、当事者も地域に密着した営業活動を行っているとして、都県単位ではなく、市区町村単位の地理的範囲を認定した。そのうえで重複のある地域については当事者のシェア等が低く、企業結合ガイドライン[173]が定めるセーフハーバーに該当するとして立ち入った検討は行わなかった。他方、当事者のどちらか一方のみが事業を行う地域については、当事者間における将来の新規参入の可能性が本件統合により失われることになるのが問題としつつ、他の都市銀行の存在に加え、ネット銀行、信用金庫、信用組合等の隣接分野からの競争圧力もあることなどから、本件統合によっても競争を実質的に制限することとはならないと判断した[174]。

また事例⑫（西日本銀行・福岡シティ銀行）では、公正取引委員会は、両当事者の営業地域が重複する福岡県全体について一定の取引分野が成立するとしつつ、貸出業務については借り手側の事情として借り手の経済的活動の範囲内に支店等が所在する金融機関から借入れをする傾向があるとして、福岡および北九州の経済圏に地理的市場を絞った検討も行った。その結果、両当

---

173 公正取引委員会「企業結合審査に関する独占禁止法の運用方針」（2004年5月31日）。
174 蛇足だが、本件統合に引き続き、横浜銀行・東日本銀行、さらに肥後銀行・鹿児島銀行が相次いで経営統合を発表したことから、本件統合はその後の再編機運の先駆けになったという指摘がある（柿崎ほか（2015）16頁）。そして、その肥後銀行・鹿児島銀行の経営統合に関しては県の一番行同士の前例のない経営統合として金融界に大きな衝撃を与えたと報じられている（同書26頁）。

事者は福岡県全体、福岡経済圏および北九州経済圏のそれぞれで統合後シェアが約25％・第1位となるものの、シェアが同等ないし僅差の第2位の有力な競争事業者が存在するほか、都市銀行、地方銀行、信用金庫等の競争事業者も多数存在しており、多様なローン商品の開発、金利優遇、手続利便性の向上等をめぐり、活発な競争が認められること、借入れを行う事業会社は、通常、複数の金融機関と取引しており、他の金融機関への借換えが可能な状況にあることなどから、競争を実質的に制限することとはならないと判断した。

事例⑨（広島総合銀行・せとうち銀行）も同様に競争を実質的に制限することとはならないと判断されたが、2001年の事例であり、公正取引委員会は、いわゆる金融ビッグバンに伴う金融市場の自由化を背景とした、直接金融の進展により、企業の資金調達手段が多様化するとともに、都市銀行等による中小企業向け取引の拡充等により、都市銀行や地方銀行という枠を超えた競争が活発化する動きがみられることや、地方銀行、信用金庫等が個人・企業に対して多様な商品・サービスの提供等を行う動きがあり、地域金融機関間の競争が活発化していることに言及している。

③　県内再編型

次に県内再編型の事例⑭（十六銀行・岐阜銀行）では、公正取引委員会は、両当事者の営業地域が重複する岐阜県全体について一定の取引分野が成立するとしつつ、貸出業務についても預金業務についても、借り手・利用者は自己の経済的活動の範囲内に支店等が所在する金融機関を利用する傾向があるとして、岐阜市周辺および多治見市周辺の経済圏に地理的市場を絞った検討も行った。その結果、公正取引委員会は、貸出業務、預金業務ともに、いずれの経済圏でも、両当事者の統合後のシェア約35〜40％、順位1位となるものの、10％以上のシェアを有する有力な競争事業者が複数存在すること、貸出に関しても預金に関しても活発な競争が行われており、また、他県の金融機関が地域内に出店しているなど、隣接市場からの競争圧力も存在することから、競争を実質的に制限することとはならないと判断した。

第2章　日本の銀行グループ規制　277

また事例⑩（親和銀行・九州銀行）では、公正取引委員会は、長崎県全域のみならず長崎県内の地域別にも一定の取引分野が成立するとし、長崎県における両当事者の統合後のシェアは、預金業務で20％、順位2位、貸出業務で約35％、順位1位、長崎県北部の複数の地域でも合算シェアが高くなり、順位が1位になるとした。公正取引委員会は顧客からヒアリングを行うなど慎重に検討を行った結果、有力な地域銀行が積極的な営業活動を行っていること、農協等の競争事業者が相当数存在すること、地域外に所在する都市銀行および信用金庫からも融資が行われていることから、競争を実質的に制限することとはならないと判断した。

　以上のとおり、一定の取引分野の画定に関しては、公正取引委員会は、関連役務の範囲を預金業務および貸出業務と画定したうえで、地理的範囲としては、各銀行の営業地域・営業店舗の広がりなどから都道府県単位で地理的範囲を認定し、それに加えて個々の事案においては、需要者の買い回る範囲を想定して都道府県内により狭い地域別市場が成立すると判断していることが多い。事例⑮に至っては、都道府県単位では地理的範囲を認定せず、市区町村単位の認定となっている。これに対しては、ATMやインターネットバンキング等の普及に伴い、もはや各銀行の営業店舗の存在や、需要者が物理的に買い回る範囲は決定的要素ではなくなっているのではないかという批判が考えられる。ただし、いくらATMやインターネットバンキング等が普及してきたとはいえ、現状では窓口業務のすべてが代替されているわけではなく、場合によっては営業店舗に赴く必要がある場合も考えられる。地理的範囲の認定にあたってはそのような個別具体的事情に即した判断が求められる。

　競争への影響の検討に関しては、公正取引委員会は、統合後の市場シェアや順位、他に有力な競争事業者が存在するか否か、当該市場における競争の状況、都市銀行のみならずその他の金融機関（信用金庫、信用組合、農業協同組合等）からの競争圧力などを総合的に考慮し競争の実質的制限につながるかを検討しており、かかる手法自体は通常の事業会社に対する企業結合審査のアプローチと大きく異なるものではない。この点、広域再編型はそもそも重複分野が存在しないか、存在したとしても影響が小さい場合が多い。また

278

都市部再編型は、場合によっては重複分野における市場シェアが一定程度高くなることもあるものの、都市部には都市銀行、信用金庫等をはじめとする競争事業者が多く存在し、活発な競争が行われていることから、結局はあまり大きな問題にならないことが多い。これに対し、県内再編型は、事例⑩・⑭でみたように、統合後の市場シェアや順位が比較的高くなることが多く、その場合、公正取引委員会が事例⑩で行ったように顧客へのヒアリングを実施するなど、通常よりも慎重に競争への影響を検討することになる。しかしながら、市場シェア等が比較的高い場合であっても、統合が直ちに否定されるものではなく、その他の要素に照らして個別具体的に競争を実質的に制限することとなるかどうかが判断される。

【第2章の参考文献】

柿崎昭裕ほか（2015）「地銀再編―当事者たちの証言」『金融財政事情』2015年1月12日3102号

木下信行（1999）『解説 改正銀行法』日本経済新聞社

旧大蔵省銀行局編（1953）『金融関係法Ⅱ』日本評論社

金融庁パブコメ（2009年1月20日）金融庁「平成20年金融商品取引法等の一部改正のうち、ファイアーウォール規制の見直し及び利益相反管理体制の構築等に係る政令案・内閣府令案等に対するパブリックコメントの結果等について」（平成21年1月20日）

金融庁パブコメ（2009年1月30日）金融庁「『主要行等向けの総合的な監督指針』、『中小・地域金融機関向けの総合的な監督指針』、『保険会社向けの総合的な監督指針』、『少額短期保険業者向けの監督指針』及び『金融コングロマリット監督指針』の一部改正（案）に対するパブリックコメントの結果等について」（平成21年1月30日）

小山嘉昭（2012）『詳解 銀行法 〔全訂版〕』金融財政事情研究会

菅久修一・小林渉（2002）『平成14年改正 独占禁止法の解説〔初版〕』商事法務

法曹会（2004）『最高裁判例解説刑事編平成13年度』

村上政博ほか（2014）『条解独占禁止法』弘文堂

家根田正美・小田大輔（2011）「〈実務相談 銀行法 第4回〉昭和56年の全面改正以降の銀行法の沿革(1)」『金融法務事情』2011年7月10日1925号、20-24頁

家根田正美・小田大輔（2012a）「〈実務相談 銀行法 第11回〉銀行業の定義(1)」『金融法務事情』2012年3月10日1941号、9-13頁

家根田正美・小田大輔（2012b）「〈実務相談　銀行法　第12回〉銀行業の定義(2)」『金融法務事情』2012年4月10日1943号、101-105頁

家根田正美・小田大輔（2012c）「〈実務相談　銀行法　第16回〉銀行の業務範囲(2)」『金融法務事情』2012年11月10日1957号、80-84頁

家根田正美・小田大輔（2013a）「〈実務相談　銀行法　第18回〉銀行の業務範囲(4)銀行の付随業務②（ファイナンス・リース）」『金融法務事情』2013年1月10日1961号、73-77頁

家根田正美・小田大輔（2013b）「〈実務相談　銀行法　第19回〉銀行の業務範囲(5)付随業務③（外国銀行代理業務①）」『金融法務事情』2013年3月10日1965号、101-105頁

家根田正美・小田大輔（2014a）「〈実務相談　銀行法　第32回〉銀行の子会社(1)総論①」『金融法務事情』2014年7月10日1997号、82-87頁

家根田正美・小田大輔（2014b）「〈実務相談　銀行法　第34回〉銀行の子会社(3)各論①（付随業務を営む会社①）」『金融法務事情』2014年10月10日2003号、108-112頁

第3章

銀行グループの
コーポレート・ガバナンス

株式会社のコーポレート・ガバナンスを規律する一般法は会社法であり、銀行に対しても会社法が全面的に適用される。もっとも、銀行法の目的や銀行の業務の公共性、銀行の国民経済において果たす役割の重大性、預金受入機関としての高度なガバナンス体制整備の要請等をふまえ、銀行のコーポレート・ガバナンスに関し、銀行法は、一定の事項について、会社法とは異なるあるいは加重した規制を設けている。

　本章においては、銀行グループのコーポレート・ガバナンスについて、一般法である会社法に加え、銀行法およびその下に設けられる政省令や監督指針における規律について概観する。

銀行の機関設計

　銀行は、銀行法上、株式会社に限定されており、その機関として、(i)取締役会、(ii)監査役会、監査等委員会または指名委員会等、(iii)会計監査人を置かなければならない（銀行法第4条の2）。

　この結果、銀行に認められる機関設計は、図表3－1のとおりである。

図表3－1　銀行に認められる機関設計

- 株主総会＋取締役会＋監査役会＋会計監査人
- 株主総会＋取締役会＋指名委員会等＋会計監査人
- 株主総会＋取締役会＋監査等委員会＋会計監査人

　会社法においては、公開会社（定款上、発行する全部または一部の種類の株式について、譲渡制限のない会社。会社法第2条第5号）かつ大会社（最終事業年度に係る貸借対照表に資本として計上した額が5億円以上であるか、または、最終事業年度に係る貸借対照表の負債の部に計上した額の合計額が200億円以上である会社。同条第6号）である株式会社については、前記(i)(ii)(iii)の機関の設置は必須である（会社法327条、第328条）。そして、銀行法上、銀行は資本金の額を20億円以上とする必要があるため（銀行法第5条、銀行法施行令第3条）、必ず大会社に該当し、かつ、ほとんどの銀行は公開会社であるから、多くの場合、銀行法上の機関の規制は、会社法上も当然に要請されることを定めたものとなる。もっとも、法的には、銀行が非公開会社（定款上、発行する全部の種類の株式について、譲渡制限を有する会社）となることは可能であり、非公開会社である大会社の場合、会社法上、取締役会および監査役会の設置は任意となるため（取締役＋監査役＋会計監査人、あるいは、取締役会＋監査役＋会計監査人という機関設計が法的に可能である）、この点において、銀行法の規制は会社法の規制を加重するものとなっている。

　また、会社法の特別法である銀行法において銀行の機関のあり方を規定す

ることにより、金融庁が会社法を援用しなくても、自らの所管法律である銀行法に基づき、監督指針などにより、銀行の機関のあり方に関し監督指針などにより指示を行うことが可能となっている[1]。

　銀行法上、銀行持株会社（外国の法令に準拠して設立されたものを除く）についても、同様に、株式会社でなくてはならず、また、(ⅰ)取締役会、(ⅱ)監査役会、監査等委員会または指名委員会等、(ⅲ)会計監査人を置かなければならないとされている[2]（銀行法第52条の18第2項）。

1　小山（2012）85頁。
2　これに加えて、「主要行等向けの総合的な監督指針」Ⅲ－1－2(1)は、上場銀行および上場銀行持株会社については、「取締役の選任議案の決定に当たって、少なくとも1名以上の独立性の高い社外取締役が確保されているか」を検証するとともに、同(2)は、「2）グローバルなシステム上重要な金融機関（Global Systemically Important Financial Institutions; G-SIFIs）に選定された銀行持株会社においては、たとえば、その組織体制を委員会設置会社とする、あるいは、当該銀行持株会社の主要な子銀行については、非上場であっても、取締役の選任議案の決定にあたり独立性の高い社外取締役を確保するなど、その規模、複雑性、国際性、システミックな相互連関性にかんがみ、より強固な経営管理（ガバナンス）態勢となっているか」を検証するとしている。

銀行の役員に対する規律

(1) 適格性

　会社に関する一般法である会社法において、役員（取締役・監査役・執行役）は自然人に限られ、法人が役員になることはできないほか、役員について一定の欠格事由が定められている（会社法第331条第1項、第335条第1項、第402条第4項）。具体的には、(i)成年被後見人もしくは被保佐人または外国の法令上これらと同様に取り扱われている者、(ii)会社法、金融商品取引法、民事再生法、破産法等で定められた罪により刑に処せられ、その執行の終わり、またはその執行を受けることがなくなった日より2年を経過しない者、(iii)それ以外の法令に定める罪により禁錮以上の刑に処され、その執行を終えるまでまたはその執行を受けることがなくなるまでの者（執行猶予中の者を除く）は役員になることができず、役員がこれに該当した場合、当然にその地位を失う。

　一方、銀行法においては、銀行業務の公共性にかんがみ、会社法における欠格事由に付加するかたちで、取締役等の適格性が規定されている。

　すなわち、銀行法第7条の2においては、「次の各号に掲げる者は、当該各号に定める知識及び経験を有し、かつ、十分な社会的信用を有する者でなければならない」として、以下の内容が規定されている。

> 1　銀行の常務に従事する取締役（指名委員会等設置会社にあつては、銀行の常務に従事する取締役及び執行役）　銀行の経営管理を的確、公正かつ効率的に遂行することができる知識及び経験
> 2　銀行の監査役（監査等委員会設置会社にあつては、監査等委員）　銀行の取締役（会計参与設置会社にあつては、取締役及び会計参与）の職務の執行の監査を的確、公正かつ効率的に遂行することができる知識及び経験

第3章　銀行グループのコーポレート・ガバナンス　285

> 3　銀行の監査委員　銀行の執行役及び取締役（会計参与設置会社にあつて
> は、執行役、取締役及び会計参与）の職務の執行の監査を的確、公正かつ効
> 率的に遂行することができる知識及び経験

　また、当該銀行法第7条の2をふまえ、「主要行等向けの総合的な監督指針」（2015年6月最終改正）は、役員（取締役・監査役・執行役）の選任議案における決定プロセス等においては、その適格性について検討される必要があるため、銀行において考慮すべき事項を例示しており、同条に掲げる「知識及び経験」ならびに「十分な社会的信用」として勘案するべき要素として、図表3－2〜図表3－4に記載のとおり規定している[3]。

　また、銀行・銀行持株会社の代表取締役、常務に従事する取締役または監査役（指名委員会等設置会社にあっては、銀行の常務に従事する取締役、代表執行役、執行役または監査委員）、会計参与および会計監査人の選任・退任については事前届出（やむをえない事情がある場合には事後届出）を要することとされており、銀行に対し、取締役等の候補者の適格性を評価するためのプロセス等について適切な措置を求めることとされている（銀行法施行規則第35条第1項第3号〜第3号の6、同条第3項第3号〜第3号の8）。当該事前届出に関する監督指針の別紙様式においては、当該候補者を選任する理由を具体的に記載することが求められるとともに、その他参考となるべき事項を記載した書面（たとえば、常務に従事する取締役等が、銀行法第7条の2に規定する「銀行の経営管理を的確、公正かつ効率的に遂行することができる知識及び経験」を有すること、および「十分な社会的信用」を有し、かつ、その他欠格事由に該当しないことを届出者が確認する書面等）を添付することとされている。

　このほか、銀行の取締役等に関する規定としては、銀行が定款もしくは法令に基づく内閣総理大臣の処分に違反したとき、または、公益を害する行為をしたときは、内閣総理大臣は、当該銀行に対し、その業務の全部もしくは

3　2015年11月20日に金融庁が公表した「主要行等向けの総合的な監督指針」の一部改正案においては、監査等委員会設置会社の常務に従事する取締役と監査等委員である取締役のそれぞれについて、銀行法第7条の2に掲げる「知識及び経験」ならびに「十分な社会的信用」として勘案するべき要素に関する規定案が新設されている。

一部の停止を命じることができるとともに、取締役、執行役、会計参与、監査役もしくは会計監査人の解任を命じることができるとされている（銀行法第27条）。

図表3－2　主要行等向けの総合的な監督指針Ⅲ－1－2－1⑵⑬

銀行の常務に従事する取締役の選任議案の決定プロセス等においては、その適格性について、法第7条の2に掲げる「経営管理を的確、公正かつ効率的に遂行することができる知識及び経験」及び「十分な社会的信用」として、例えば以下のような要素が適切に勘案されているか。
　イ．経営管理を的確、公正かつ効率的に遂行することができる知識及び経験
　　　銀行法等の関連諸規制や監督指針で示している経営管理の着眼点の内容を理解し、実行するに足る知識・経験、銀行業務の健全かつ適切な運営に必要となるコンプライアンス及びリスク管理に関する十分な知識・経験、その他銀行の行うことができる業務を適切に遂行することができる知識・経験を有しているか。
　ロ．十分な社会的信用
　　a．反社会的行為に関与したことがないか。
　　b．暴力団員による不当な行為の防止等に関する法律第2条第6号に規定する暴力団員（過去に暴力団員であった者を含む。以下「暴力団員」という。）ではないか、又は暴力団と密接な関係を有していないか。
　　c．金融商品取引法等我が国の金融関連法令又はこれらに相当する外国の法令の規定に違反し、又は刑法若しくは暴力行為等処罰に関する法律の罪を犯し、罰金の刑（これに相当する外国の法令による刑を含む。）に処せられたことがないか。
　　d．禁錮以上の刑（これに相当する外国の法令による刑を含む。）に処せられたことがないか。
　　e．過去において、所属した法人等又は現在所属する法人等が金融監督当局より法令等遵守に係る業務改善命令、業務停止命令、又は免許、登録若しくは認可の取消し等の行政処分を受けており、当該処分の原因となる事実について、行為の当事者として又は当該者に対し指揮命令を行う立場で、故意又は重大な過失（一定の結果の発生を認識し、かつ回避し得る状態にありながら特に甚だしい不注意）によりこれを生ぜしめたことがないか。
　　f．過去において、金融監督当局より役員等の解任命令を受けたことがないか。
　　g．過去において、金融機関等の破綻時に、役員として、その原因となったことがないか。

第3章　銀行グループのコーポレート・ガバナンス　287

図表3-3　主要行等向けの総合的な監督指針Ⅲ-1-2-1⑶⑦

銀行の監査役の選任議案の決定プロセス等においては、その適格性について、法第7条の2に掲げる「銀行の取締役の職務の執行の監査を的確、公正かつ効率的に遂行することができる知識及び経験」及び「十分な社会的信用」として、例えば以下のような要素が適切に勘案されているか。

イ．銀行の取締役の職務の執行の監査を的確、公正かつ効率的に遂行することができる知識及び経験

　　独任制の機関として自己の責任に基づき積極的な監査を実施するに足る知識・経験、その他独立の立場から取締役の職務の執行を監査することにより、銀行業務の健全かつ適切な運営を確保するための知識・経験を有しているか。

ロ．十分な社会的信用

　a．反社会的行為に関与したことがないか。

　b．暴力団員ではないか、又は暴力団と密接な関係を有していないか。

　c．金融商品取引法等我が国の金融関連法令又はこれらに相当する外国の法令の規定に違反し、又は刑法若しくは暴力行為等処罰に関する法律の罪を犯し、罰金の刑（これに相当する外国の法令による刑を含む。）に処せられたことがないか。

　d．禁錮以上の刑（これに相当する外国の法令による刑を含む。）に処せられたことがないか。

　e．過去において、所属した法人等又は現在所属する法人等が金融監督当局より法令等遵守に係る業務改善命令、業務停止命令、又は免許、登録若しくは認可の取消し等の行政処分を受けており、当該処分の原因となる事実について、行為の当事者として又は当該者に対し指揮命令を行う立場で、故意又は重大な過失（一定の結果の発生を認識し、かつ回避し得る状態にありながら特に甚だしい不注意）によりこれを生ぜしめたことがないか。

　f．過去において、金融監督当局より役員等の解任命令を受けたことがないか。

　g．過去において、金融機関等の破綻時に、役員として、その原因となったことがないか。

（参考）「監査役監査基準」（公益社団法人日本監査役協会　2011年3月10日改正）

図表３－４　主要行等向けの総合的な監督指針Ⅲ－１－２－２⑵④

　監査委員の選任プロセス等においては、その適格性について、法第７条の２に掲げる「銀行の執行役及び取締役の職務の執行の監査を的確、公正かつ効率的に遂行することができる知識及び経験」及び「十分な社会的信用」として、例えば以下のような要素が適切に勘案されているか。

イ．銀行の執行役及び取締役の職務の執行の監査を的確、公正かつ効率的に遂行することができる知識及び経験

　　内部統制システムの構築・運用の状況を監視及び検証し、内部統制システムの構築・運用に係る取締役会の審議等において、積極的な役割を果たすに足る知識・経験、その他独立した立場から執行役及び取締役の職務を監査することにより、銀行業務の健全かつ適切な運営を確保するための知識・経験を有しているか。

ロ．十分な社会的信用

　　a．反社会的行為に関与したことがないか。

　　b．暴力団員ではないか、又は暴力団と密接な関係を有していないか。

　　c．金融商品取引法等我が国の金融関連法令又はこれらに相当する外国の法令の規定に違反し、又は刑法若しくは暴力行為等処罰に関する法律の罪を犯し、罰金の刑（これに相当する外国の法令による刑を含む。）に処せられたことがないか。

　　d．禁錮以上の刑（これに相当する外国の法令による刑を含む。）に処せられたことがないか。

　　e．過去において所属した法人等又は現在所属する法人等が金融監督当局より法令等遵守に係る業務改善命令、業務停止命令、又は免許、登録若しくは認可の取消し等の行政処分を受けており、当該処分の原因となる事実について、行為の当事者として又は当会社に対し指揮命令を行う立場で、故意又は重大な過失（一定の結果の発生を認識し、かつ回避し得る状態にありながら特に甚だしい不注意）によりこれを生ぜしめたことがないか。

　　f．過去において、金融監督当局より役員等の解任命令を受けたことがないか。

　　g．過去において、金融機関等の破綻時に、役員として、その原因となったことがないか。

（参考）「監査委員会監査基準」（公益社団法人日本監査役協会　2011年５月12日改正）

第３章　銀行グループのコーポレート・ガバナンス　289

(2) 兼職規制

　会社法上、株式会社の役員である取締役および執行役は、会社との関係では委任に関する規定に従い（会社法第330条、第402条第3項）、善良な管理者の注意をもって事務を処理する義務を負う（民法第644条）。また、取締役および執行役は、法令および定款ならびに株主総会の決議を遵守し、株式会社のため忠実にその職務を行わなくてはならない（会社法第355条、第419条第2項）。さらに、自己または第三者のために会社の部類に属する取引をなす場合には、取締役会の承認を受けることを要する（同法第356条、第365条、第419条第2項）。

　銀行法は、このような会社法による一般規定における義務を加重するかたちで、銀行の取締役（指名委員会等設置会社にあっては、執行役）について、以下の兼業制限を規定している。

　すなわち、銀行の常務に従事する取締役（指名委員会等設置会社にあっては、執行役）は、内閣総理大臣の認可を受けた場合を除くほか、他の会社の常務に従事してはならないとされている（銀行法第7条第1項）。そして、内閣総理大臣は、当該認可の申請があったときは、当該申請に係る事項が当該銀行の業務の健全かつ適切な運営を妨げるおそれがないと認める場合でなければ、これを認可してはならない（同条第2項）。

　このような兼業禁止規定は、銀行の業務が公共性を有し、銀行が社会経済上重要な機能を営んでおり、その業務の運営は一般預金者その他取引者に広く重大な影響を及ぼすものであるから、銀行業に携わる役員は専心、銀行業務に従事するべきという考え方（職務専念義務）に基づく。また、銀行が、銀行業および付随業務等を除く他業を行うことが禁止されていること（銀行法第10条）と平仄をあわせ、銀行の役員も他業に従事できないこととされているともいえる。さらには、銀行の取締役等が他の会社の常務に従事すれば、情実貸付の弊害を招くおそれがあるため、これを事前に防止することも、規制の理由とされている[4]。

「銀行の常務に従事する取締役」とは、継続的に営業の実務に携わる取締役（執行役）のことであり、常勤の取締役（執行役）以上の地位にあるものを指す（非常勤役員は規制の対象外である）。また、規制の対象は「他の会社の常務」に従事することであり、「他の会社」とは、株式会社のほか合名会社をはじめとした会社法上のすべての会社を含むが（会社法第6編の外国会社も含む）、「会社」であるため、個人営業・会社形態ではない公益法人などは含まれない。

内閣総理大臣（実際には、金融庁長官、財務局長または福岡財務支局長。銀行法施行規則第7条）に対して認可申請があった場合、その事情がやむをえないものと認められ、かつ、当該銀行の経営に悪影響を及ぼさない限り、これを認めることとされている。もっとも、実際にこの認可を受けている役員はまれであり、兼業の実例はきわめて少ない。

銀行持株会社についても、銀行持株会社の常務に従事する取締役（指名委員会等設置会社にあっては、執行役）は、内閣総理大臣の認可を受けた場合を除くほか、他の会社の常務に従事してはならないとされている（銀行法第52条の19）。なお、銀行持株会社については、内閣総理大臣は、当該認可の申請があったときは、当該申請に係る事項が当該銀行持株会社の子会社である銀行の業務の健全かつ適切な運営を妨げるおそれがあると認める場合を除き、これを認可しなければならないとされている。通常の銀行の場合は基本的に「認可してはならない」とされているのと比較して、兼職の認可が許容されうる規定振りとなっているのは、銀行持株会社の取締役は、銀行持株会社グループ内の会社の常務に従事すること等が想定されるからである。

(3) 信用供与

会社法において、取締役および執行役には、利益相反取引の規制が適用される。

4　小山（2012）277頁。

すなわち、(i)取締役または執行役が当事者として（自己のために）、または、他人の代表者・代理人として（第三者のために）、会社と取引（いわゆる直接取引）をしようとするときは、取締役会（取締役会非設置会社の場合は、株主総会）の承認を受けなければならない（会社法第356条第1項第2号、第365条第1項、第419条第1項）。(ii)会社が取締役以外の者との間で、会社・取締役間の利益が相反する取引（いわゆる間接取引）をしようとする場合も同様である（同法第356条第1項第3号、第365条第1項）。このような会社法上の利益相反取引の規制は、取締役が会社の犠牲において、自己または第三者の利益を図ることを防止する趣旨で設けられている。

　これに対し、銀行法は、会社法上の利益相反取引規制の加重として、取締役（指名委員会等設置会社にあっては、取締役および執行役）への信用供与について、以下のとおり、信用供与条件の優遇の禁止、および、取締役会の承認の要件を加重する規制を設けている。

　すなわち、銀行の取締役または執行役が当該銀行から受ける信用の供与については、その条件が、当該銀行の信用の供与の通常の条件に照らして、当該銀行に不利益を与えるものであってはならないとされている（銀行法第14条第1項）。

　また、銀行の取締役または執行役が当該銀行から信用の供与を受ける場合における、会社法上の利益相反取引としての取締役会の承認決議（会社法第365条第1項の規定により読み替えて適用する同法第356条第1項の規定および同法第419条第1項において準用する同法第356条第1項の規定による取締役会の承認に対する同法第369条第1項の規定の適用）については、会社法上、その可決要件について「その過半数（これを上回る割合を定款で定めた場合にあっては、その割合以上）」とされているのを、「その3分の2（これを上回る割合を定款で定めた場合にあっては、その割合）以上に当たる多数」とするとしている（銀行法第14条第2項）。

3 内部統制システム

　会社法においては、株式会社の「内部統制システム」に関する規制が置かれている。

　そもそも、「内部統制システム」が何であるかについては、現在においても統一的な定義はないが、内部統制（Internal Control）の概念は、もともと、アメリカを中心として、「財務報告の信頼性」の確保を前提として、会計監査人が会計監査において行うサンプリング調査（試査）を正当化するために必要とした企業の内部牽制のシステムとして提唱されたものであった[5]。しかしながら、内部統制は、次第に「財務報告の信頼性」の確保にとどまらず、会社の業務の効率性・有効性、法令遵守などを確保するために、経営者が従業員を監視するための体制として理解されるようになった。また、現在では、経営者の従業員に対する監督だけでなく、経営者自身を監督するシステムという面も強調されることが少なくない。

　わが国においては、法令上、最初に内部統制システムへの規制が現れたのが、2002（平成14）年の商法改正における委員会等設置会社（現在の指名委員会等設置会社）の監査委員会の職務遂行のための体制としてであり、また、現行の会社法上も、法文上「取締役の職務の執行が法令・定款に適合することを確保するための体制」を含むことが明示されていること（会社法第362条第4項第5号）などから、経営者の監督体制を含めた意味で理解されることが多い[6]。

　以下、会社法における内部統制システムの規制について述べる。

5　柿崎（2005）10頁。
6　江頭（2015）403頁。

(1) 会社法における内部統制システムに関する立法化の経緯

　わが国において、取締役が内部統制システムを構築するべき責任を負うことは、もともと、旧商法・会社法による立法化に先立ち、判例法理のなかで明確にされた事項である。

　その先駆けとなったのが、大和銀行代表訴訟事件判決（大阪地判平12．9．20資料版商事法務199号248頁）である。同大阪地裁判決は、健全な会社経営を行うためには、「会社が営む事業の規模、特性等に応じたリスク管理体制（いわゆる内部統制システム）」を整備することを要すると述べたうえで、「取締役は、取締役会の構成員として、また、代表取締役または業務担当取締役として、リスク管理体制を構築すべき義務を負い、さらに、代表取締役および業務担当取締役がリスク管理体制を構築すべき義務を履行しているか否かを監視する義務を負うのであり、これもまた、取締役としての善管注意義務および忠実義務の内容をなす」と判示した。同大阪地裁判決は、取締役の内部統制システムの構築義務について明示的に判示し、かつ、同義務違反による取締役の責任を認めた初の裁判例として、画期的な意義を有するものであった。

　その後も、利益供与をめぐる神戸製鋼株主代表訴訟事件における和解の際の裁判所の所見（神戸地裁平14．4．5和解所見。商事法務1626号52頁）において、裁判所は、取締役には内部統制システム（リスク管理体制）を構築すべき法律上の義務があることを明言した。また、内部統制システムの構築・運用における取締役の善管注意義務違反の有無が争点となる株主代表訴訟が複数提起されるなどした。

　このような裁判例の流れをふまえ、旧商法下においても、規模がある程度以上の会社においては、取締役の善管注意義務（旧商法第254条第3項、民法第644条）の一内容として、その事業の規模・特性等に応じた内部統制システムの構築・運用の義務が存在するという考え方が一般的であった。

内部統制システムが最初に立法化されたのは、2002年の商法改正におい
て導入された委員会等設置会社（現在の指名委員会等設置会社）についてであ
る。2002年改正商法は、委員会等設置会社について、「監査委員会の職務の
遂行のために必要なものとして法務省令で定める事項」の決定義務を明文化
した（旧商法特例法第21条の7第1項第2号、旧商法施行規則193条）。これは、
監査委員会のメンバーは、アメリカにおけるように全員が社外取締役となる
場合もあることを考慮すると、会社の業務執行が適正・妥当になされている
かを監査委員会のメンバーだけで監査することは困難である場合があると考
えられたことから、監査の実効性を確保するための社内体制（内部統制シス
テム）の整備が必要であると考えられたためである。もっとも、委員会等設
置会社以外の株式会社については、特段の明文規定は設けられなかった。

　しかし、健全な会社経営を行うためには内部統制システムの整備が必要で
ある旨を判示した裁判例が存在し、ある程度以上の規模の会社にはそのよう
な組織体制構築が必要という考え方が一般的なものとなっていたこと、ま
た、企業不祥事が多発し、各会社において自社の適正なガバナンスを確保す
るための体制を整備することの重要性がいっそう増していると考えられたこ
となどから、2006年5月1日に施行された会社法において、すべての大会社
について、会社の業務の適正を確保するための体制（内部統制システム）の
構築の基本方針の決定が義務づけられることとなった[7]。

(2)　会社法における内部統制システムの規制の内容

①　内部統制システムの基本方針の決定

　会社法において、「株式会社の業務の適正を確保するために必要な体制の
整備」に関する事項の決定は、取締役会設置会社においては取締役会の決
議（取締役会非設置会社においては取締役の過半数の決定）によらなければな

7　相澤（2005）128頁。

らないとされている（会社法第362条第4項第6号等）。ここにいう「株式会社の業務の適正を確保するために必要な体制」とは、いわゆる「内部統制システム」を意味すると考えられている。そして、取締役会で決定するべき「体制の整備」とは、内部統制システムの構築の基本方針（要綱・大綱）を指す[8]。内部統制システムは、会社の経営の基本にかかわる重要な事項であることから、その基本方針を決定する場合は、必ず取締役会において決定することが求められることとなる。

さらに、大会社と、すべての指名委員会等設置会社・監査等委員会設置会社においては、内部統制システムの基本方針の決定を行うことが義務づけられている（会社法第328条第3項第4号、第362条第4項第6号・第5項等）。

大会社について、公開会社であるか否かにかかわらず、内部統制システムの基本方針の決定が義務づけられるのは、その活動が社会に与える影響が大きく、適正なガバナンスの確保が特に重要であると考えられているためである。また、指名委員会等設置会社および監査等委員会設置会社については、制度上、内部統制システムが当然に組み込まれていることを想定されているため、大会社に限らず、内部統制システムの構築の基本方針の決定が義務づけられている。

② 内部統制システムの基本方針の内容

内部統制システムの基本方針に、いかなる内容が含まれるかについては、会社法および会社法施行規則において、(i)取締役会の非設置会社（会社法第348条第3項第4号、会社法施行規則第98条）、(ii)取締役会の設置会社（指名委員会等設置会社・監査等委員会設置会社を除く）（会社法第362条第4項第6号、会社法施行規則第100条）、(iii)監査等委員会設置会社（会社法第399条の13第1項ロ・ハ、会社法施行規則第100条の4第1項・第2項）、(iv)指名委員会等設置会社（会社法第416条第1項第1号ロ・ホ、会社法施行規則第112条第1項・第2項）に分けて、それぞれ内部統制システムを構成する事項が定められている。

---

8 相澤ほか（2006）335頁。

図表 3 - 5　内部統制システムの基本方針（取締役会＋監査役設置会社）

1．取締役の職務の執行が法令および定款に適合することを確保するための体制（会社法362④ 6 ）
2．当該株式会社の取締役の職務の執行に係る情報の保存および管理に関する体制（会施規100① 1 ）
3．当該株式会社の損失の危険の管理に関する規程その他の体制（会施規100① 2 ）
4．当該株式会社の取締役の職務の執行が効率的に行われることを確保するための体制（会施規100① 3 ）
5．当該株式会社の使用人の職務の執行が法令および定款に適合することを確保するための体制（会施規100① 4 ）
6．次に掲げる体制その他の当該株式会社ならびにその親会社および子会社からなる企業集団における業務の適正を確保するための体制（会施規100① 5 ）
　　①　当該株式会社の子会社の取締役、執行役、業務を執行する社員、法第598条第 1 項の職務を行うべき者その他これらの者に相当する者（ハおよびニにおいて「取締役等」という）の職務の執行に係る事項の当該株式会社への報告に関する体制（会施規100① 5 イ）
　　②　当該株式会社の子会社の損失の危険の管理に関する規程その他の体制（会施規100① 5 ロ）
　　③　当該株式会社の子会社の取締役等の職務の執行が効率的に行われることを確保するための体制（会施規100① 5 ハ）
　　④　当該株式会社の子会社の取締役等および使用人の職務の執行が法令および定款に適合することを確保するための体制（会施規100① 5 ニ）
7．当該監査役設置会社の監査役がその職務を補助すべき使用人を置くことを求めた場合における当該使用人に関する事項（会施規100③ 1 ）
8．前号の使用人の当該監査役設置会社の取締役からの独立性に関する事項（会施規100③ 2 ）
9．当該監査役設置会社の監査役の上記 7 の使用人に対する指示の実効性の確保に関する事項（会施規100③ 3 ）
10．次に掲げる体制その他の当該監査役設置会社の監査役への報告に関する体制（会施規100③ 4 ）
　　①　当該監査役設置会社の取締役および会計参与ならびに使用人が当該監査役設置会社の監査役に報告をするための体制（会施規100③ 4 イ）
　　②　当該監査役設置会社の子会社の取締役、会計参与、監査役、執行役、業務を執行する社員、法第598条第 1 項の職務を行うべき者その他これらの者に相当する者および使用人またはこれらの者から報告を受けた者が当該監査役設置会社の監査役に報告をするための体制（会施規100③ 4 ロ）

第 3 章　銀行グループのコーポレート・ガバナンス　297

11. 前号の報告をした者が当該報告をしたことを理由として不利な取扱いを受けないことを確保するための体制（会施規100③5）
12. 当該監査役設置会社の監査役の職務の執行について生ずる費用の前払いまたは償還の手続その他の当該職務の執行について生ずる費用または債務の処理に係る方針に関する事項（会施規100③6）
13. その他当該監査役設置会社の監査役の監査が実効的に行われることを確保するための体制（会施規100③7）

(注) 監査等委員会設置会社・指名委員会等設置会社の内部統制システムの基本方針として決定すべき事項についても、おおむね、上記監査役設置会社の場合と同様であるが、指名委員会等設置会社については、取締役を執行役、監査役を監査等委員会または監査等委員に、指名委員会等設置会社については監査役を監査委員会または監査委員に読み替える必要がある等の相違がある。

　このうち、取締役会＋監査役設置会社における内部統制システムを構成する事項の内容は、図表3－5のとおりであり、その個別の内容については、以下に記載するとおりである。

1．取締役の職務の執行が法令および定款に適合することを確保するための体制（会社法第362条第4項第6号）

5．当該株式会社の使用人の職務の執行が法令および定款に適合することを確保するための体制（会社法施行規則第100条第1項第4号）

　自社における役職員の法令等遵守体制である。本項目として決議する内容としては、(i)企業行動憲章、行動基準、倫理規程、コンプライアンス・マニュアル等のコンプライアンスに関する指針・諸規程等の策定、(ii)コンプライアンス担当役員、コンプライアンス・オフィサー、コンプライアンス委員会等のコンプライアンス推進のための役職・担当部署の設置、(iii)コンプライアンスに関する教育・研修の実施等、(iv)内部監査部門等によるモニタリング、(v)通常の報告系統とは独立した情報収集ルートとしての内部通報制度（ヘルプライン）の設置、(vi)役職員の法令等違反行為が発生した場合の社内処分についての基本的な手続等、(vii)金融商品取引法下の財務報告に係る内部統制に関する体制、(viii)反社会的勢力への対応に関する体制などが考えられる。

2．当該株式会社の取締役の職務の執行に係る情報の保存および管理に関する体制（同項第1号）

自社における情報保存管理体制である。本項目は、監査等委員会が取締役の職務執行を監査するためには、取締役の職務執行に係る情報が適切に保存され、改ざん等がされない状態に置かれ、かつ、監査等委員がその情報に容易にアクセスできるような状態が確保される必要があるため、内部統制システムの基本方針の一項目とされている。

「取締役の職務の執行に係る情報」における「取締役の職務」には、代表取締役・業務担当取締役としての職務に加えて、他の取締役に対する監督機関としての職務も含まれる。また、取締役は使用人を用いて業務執行を行う場合もあるため、取締役の指揮命令下にある使用人の行為に関する情報の保存および管理に関する事項も含まれる[9]。

本項目として決議する内容としては、(i)情報の保存・保管に関する規程（文書管理規程）の制定（かかる規程の改廃について、監査等委員会の同意を得る旨を定めることも考えられる）、(ii)情報の保存・保管に関する責任部署・責任者、(iii)文書管理の基本的事項として、取締役の職務の執行に係る情報をどのようなかたちで記録として残すのか、何年間保存するのか（保存方法・保存場所・保存期間）、(iv)監査等委員による閲覧謄写の確保に関する体制（監査等委員の要求があった場合、直ちに提供する旨等）等が考えられる。

3．当該株式会社の損失の危険の管理に関する規程その他の体制（同項第2号）

自社におけるリスク管理体制である。本項目として決議する内容としては、(i)リスク管理規程などのリスク管理に関する規程の策定、(ii)リスク管理担当取締役、リスク管理部、リスク管理委員会などのリスク管理を担当する役職・専門部署の設置、(iii)内部監査部等によるリスク管理のモニタリング、(iv)リスクが現実化した場合の対応マニュアルの策定や、自然災害等の緊急事態発生時の社内の情報伝達ルール等その他のリスクが現実化した場合の対処方法などが考えられる。

4．当該株式会社の取締役の職務の執行が効率的に行われることを確保する

9　相澤・石井（2006）32頁。

ための体制(同項第3号)

　自社における取締役の効率的職務執行体制である。株式会社は、利益をあげることを目的としており、利益の最大化のためには、業務が効率的に行われることも当然に求められることから、本項目が内部統制システムの基本方針の一項目とされている。

　本項目として決議する内容としては、以下のようなものが考えられる。

(i)　取締役会の効率化・機能強化のための組織体制

　(a)　経営会議・常務会など、経営上の重要事項を審議する会議体の設置

　(b)　経営の意思決定と執行の分離による取締役会の機能強化のための執行役員制度の導入

　(c)　取締役会開催の手続・決議事項等を定める取締役会規則の制定

　(d)　取締役会の定期的な開催と必要に応じた臨時開催

　(e)　任意の指名委員会・報酬委員会の設置

(ii)　役員と使用人の役割分担、職務分掌および指揮命令系統等

　(a)　組織規程、職務分掌規程の整備

　(b)　決裁基準、稟議規程の整備

　(c)　事業部門制・カンパニー制の導入

(iii)　業務の効率化・合理化のための取組み

　(a)　中期経営計画および年度事業計画の策定

　(b)　全社および事業部門ごとの予算の把握の仕組み

　(c)　全社統一的な経営指標および業績管理指標の導入

　(d)　情報管理・情報伝達などにおける電子化(ペーパーレス化)の取組み

　(e)　ITの利用

　(f)　管理会計システムの導入

6．次に掲げる体制その他の当該株式会社ならびにその親会社および子会社からなる企業集団における業務の適正を確保するための体制(同項第5号)

　自社のみならず親会社・子会社をも含む業務の適正を確保するための体制であり、いわゆる「グループ内内部統制」のことである。

本項目は、2006年5月1日施行の会社法のもとにおいて、「当該株式会社並びにその親会社及び子会社から成る企業集団における業務の適正を確保するための体制」（旧会社法施行規則第100条第1項第5号）が規定され、連結ベースで内部統制システムの基本方針を決定するべきことが明確化されたものである。さらに、2015年5月1日施行の会社法の改正（平成26年法律第90号。以下「2014年改正会社法」という）に伴う会社法施行規則の改正により、グループ内内部統制の内容となる体制の具体化が図られている。すなわち、2014年改正会社法においては、グループ経営の進展により子会社管理の重要性が増していることをふまえ、内部統制システムの会社法上の表現が「株式会社の業務の適正を確保するために必要な体制」から、「株式会社の業務並びに当該株式会社及びその子会社から成る企業集団の業務の適正を確保するために必要な体制」と改められたうえ（会社法第362条第4項第6号等）、あわせて、会社法施行規則において、グループ内部統制の内容を具体化するかたちで、「当該株式会社並びにその親会社及び子会社から成る企業集団における業務の適正を確保するための体制」の例示として、以下の4つの項目の追加が行われた（会社法施行規則第100条第1項第5号イ～ニ）。

① 当該株式会社の子会社の取締役、執行役、業務を執行する社員、法第598条第1項の職務を行うべき者その他これらの者に相当する者（ハおよびニにおいて「取締役等」という）の職務の執行に係る事項の当該株式会社への報告に関する体制（同号イ）

　子会社の経営情報の親会社への報告体制である。子会社管理の一環として、子会社の営業成績、財務・経理、人事その他の経営上の一定の重要情報を、子会社から親会社に報告させる体制を構築するのは一般的であるが、本項目はこのような親会社への報告体制を指す。報告の主体が「取締役等」（子会社の取締役、執行役、業務を執行する社員、法第598条第1項の職務を行うべき者その他これらの者に相当する者）であるのは、子会社の経営情報の親会社への報告を行うのは子会社経営陣であるからである。

　本項目として決議する内容としては、(i)子会社管理規程において子会社の一定の重要事項について親会社に対する定期的な報告を義務づけること、(ii)

グループ役員連絡会等において子会社取締役が親会社取締役への報告を実施すること、(iii)非常事態発生時の親会社への報告体制等を決定することが考えられる。

② 当該株式会社の子会社の損失の危険の管理に関する規程その他の体制（同号ロ）

子会社を対象とするリスク管理体制である。本項目として決議する内容としては、(i)親会社において、子会社のリスクの分析・評価・対応・モニタリングのあり方等を定める社内規程（グループリスク管理規程など）を置く、(ii)親会社にグループ全体のリスクマネジメントを推進するリスクマネジメント委員会等の組織や担当者を設置する、(iii)子会社に自社のリスク管理体制を構築させるため、子会社に親会社のリスク管理規程に準じた社内規程の整備を求め、子会社のリスク管理活動の実践を指導・支援する、(iv)親会社のリスク管理部門が子会社のリスク管理をモニタリングする、(v)親会社が子会社にも適用されるBCP（事業継続計画）を策定し子会社に周知するなどが考えられる。

③ 当該株式会社の子会社の取締役等の職務の執行が効率的に行われることを確保するための体制（同号ハ）

子会社を対象とする取締役の効率的職務執行体制である。グループの利益を最大化するためには、子会社の業務が効率的に行われる必要があるため、本項目が内部統制システムの基本方針の一内容として規定されている。

本項目として決議する内容としては、(i)連結ベースの中期経営計画や年度事業計画等の策定、(ii)連結ベースでの経営指標や業績管理指標の導入、(iii)グループ全体の経営の基本戦略の策定等を行う会議体の設置、(iv)グループ共通の会計管理システムの導入、(v)親会社またはグループ会社から子会社に対する間接業務（財務経理、広報、法務、人事管理等）の提供、(vi)グループの資金調達の効率化のためのグループファイナンス（キャッシュ・マネジメント・システム等）の導入、(vii)子会社における組織規程・職務分掌規程の整備など子会社における職務分掌および指揮命令系統の整備を親会社が指導することなどが考えられる。

④　当該株式会社の子会社の取締役等および使用人の職務の執行が法令および定款に適合することを確保するための体制（同号ニ）

　子会社を対象とする役職員の法令等遵守体制である。本項目として決議する内容としては、(i)グループ全体に適用される行動規範、倫理規程、コンプライアンス基本方針、コンプライアンス・マニュアル等の策定、(ii)親会社による子会社の役職員に対するコンプライアンス研修の実施等による周知・徹底、(iii)グループ全体のコンプライアンスに係る重要事項等を審議するグループコンプライアンス委員会等の設置、(iv)親会社または子会社の内部監査部門による子会社の内部監査の実施、(v)親会社の監査役と子会社の監査役等の連絡、(vi)グループ全体に適用される内部通報制度の設置などが考えられる。

7．当該監査役設置会社の監査役がその職務を補助すべき使用人を置くことを求めた場合における当該使用人に関する事項（会社法施行規則100条第3項第1号）

　当該事項は、監査役の補助使用人（監査役スタッフ）に関する事項である。

　本項目として決議する内容としては、(i)監査役の職務を補助する使用人を置くのかどうか、またその人数や地位、(ii)補助使用人は他の部署（たとえば、内部監査部門など）と兼務とするのか、専属とするのか、(iii)会計・法務などの一定の専門分野に精通したものとすること等が考えられる。

8．前号の使用人の当該監査役設置会社の取締役からの独立性に関する事項（同項第2号）

　監査役の補助使用人（監査役スタッフ）が監査対象である取締役から独立性を有していなければ、監査の実効性確保が図られないため、監査役スタッフの取締役からの独立性に関する事項が、内部統制システムの基本方針の一内容として規定されている。

　本項目として決議する内容としては、監査役スタッフが監査対象となる取締役から不当な干渉や圧力、不利益取扱いを受けることを防止するための方策として、(i)監査役スタッフは、監査役が指示した補助業務については、監査役の指揮命令のみに従い、業務執行側の指揮命令系統に入らないことを社内規程に定めること、(ii)監査役スタッフの採用や人事異動について監査役会

の事前の同意や事前協議等を要するとすること、(iii)監査役スタッフの人事評価についての監査役の意見陳述、(iv)監査役スタッフの懲戒についての監査役会の関与・異議申立権を認めること等が考えられる。

9．当該監査役設置会社の監査役の第1号の使用人に対する指示の実効性の確保に関する事項（同項第3号）

当該事項は、監査役スタッフに対する監査役の指示の実効性に関する事項である。本項目は、平成26年改正会社法の施行に伴う会社法施行規則の改正に際して、監査役監査の実効性を確保する体制の充実・具体化の観点で、新設された項目である。

一般に、監査役スタッフの取締役からの独立性が高まれば、監査役による指示の実効性も高まると考えられるため、「指示の実効性の確保に関する事項」は、前記「独立性に関する事項」と重なる部分が多く、共通の体制として定められることも多いと考えられる[10]。

10．次に掲げる体制その他の当該監査役設置会社の監査役への報告に関する体制（同項第4号）

本項目は、監査役への報告体制であり、以下に記載する、自社の役職員からの報告体制（同号イ）だけでなく、子会社の役職員等からの報告体制（同号ロ）が含まれる。

① 当該監査役設置会社の取締役および会計参与ならびに使用人が当該監査役設置会社の監査役に報告をするための体制（同号イ）

監査役に社内実態についての十分な情報の流れが確保されなければ、実効的な監査が行えないことから、自社の取締役および使用人が監査役に報告をするための体制が、内部統制システムの基本方針の一内容として規定されている。

会社法上、監査役は、いつでも、取締役および会計参与ならびに使用人に対してその職務の執行に関する事項の報告を求め、または、株式会社の業務および財産の状況の調査をすることができる（会社法第381条第2項）。ま

10　法務省パブコメ（2015年2月6日）26頁。

た、取締役は、株式会社に著しい損害を及ぼすおそれのある事実があること
を発見したときは、直ちにその事実を監査役に報告しなければならない（同
法第357条）。しかし、これらの法定の場合に限らず、一定の重要事項を、取
締役だけでなく使用人からも監査役に報告することが望ましい場面が考えら
れるため、一定の報告体制の整備が求められることになる。

　本項目として決議する内容としては、(i)取締役、内部監査部門、使用人
等が監査役に報告すべき事項の内容、(ii)監査役への報告方法（代表取締役・
業務執行取締役から監査役への定期的な業務報告、経営会議等の重要な会議への
監査役の出席など）、(iii)通常の報告ラインとは別に、使用人等が監査役に直接
報告をすることができる制度（監査役を通報窓口とする内部通報制度の設置な
ど）、(iv)監査役の重要な会議の議事録、資料、稟議書等の回付、閲覧権限の
保証などが考えられる。

②　当該監査役設置会社の子会社の取締役、会計参与、監査役、執行役、
　　業務を執行する社員、法第598条第１項の職務を行うべき者その他これ
　　らの者に相当する者および使用人またはこれらの者から報告を受けた者
　　が当該監査役設置会社の監査役に報告をするための体制（同号ロ）

　子会社の取締役・監査役・使用人等またはこれらの者から報告を受けた者
が、親会社の監査役に報告をするための体制である。本項目は、2014年改正
会社法の施行に伴う会社法施行規則の改正に際して、監査役監査の実効性を
確保する体制の充実・具体化の観点で、新設された項目である。

　報告主体として「これらの者から報告を受けた者」が含まれているとお
り、子会社の取締役等が親会社の監査役に直接報告を行う体制だけでなく、
子会社の取締役等から報告を受けた者（いわゆる仲介者）を介して親会社の
監査役に報告を行う体制も含まれる。

　本項目として決議する内容としては、(i)親会社の監査役に対し、親会社ま
たは子会社の内部監査部門が子会社の内部監査の状況を報告すること、(ii)グ
ループ監査役会等の設置により、子会社の監査役が親会社の監査役に子会社
のコンプライアンスの状況等を定期的に報告すること、(iii)親会社の監査役を
通報窓口とするグループ内部通報制度を設置する、または、内部通報制度の

担当部署または子会社の役職員から通報を受けた外部弁護士が、子会社の内部通報の状況を親会社の監査役に報告することなどが考えられる。

11. 前号の報告をした者が当該報告をしたことを理由として不利な取扱いを受けないことを確保するための体制（同項第5号）

監査役へ前記報告をした者が「当該報告をしたことを理由として不利な取扱いを受けないことを確保するための体制」が、内部統制システムの基本方針の一内容として規定されている。本項目は、平成26年改正会社法の施行に伴う会社法施行規則の改正に際して、監査役監査の実効性を確保する体制の充実・具体化の観点で、新設された項目である。

本項目として決議する内容としては、(i)監査役へ報告を行った者が当該報告をしたことを理由として不利な取扱いを受けない旨を社内規程に規定すること、(ii)監査役への報告を行った者およびその内容について厳重な情報管理体制を整備すること等が考えられる。

12. 当該監査役設置会社の監査役の職務の執行について生ずる費用の前払いまたは償還の手続その他の当該職務の執行について生ずる費用または債務の処理に係る方針に関する事項（同項第6号）

会社法上、監査役がその職務の執行について、監査役設置会社に対し、費用の前払いの請求・支出をした費用の償還の請求等をしたときは、当該会社は、当該請求に係る費用等が当該監査役の職務の執行に必要でないことを証明した場合を除き、これを拒むことができない（会社法第388条）。もっとも、各社において各社の状況に応じて、監査費用の償還についての会社法の規定による監査費用の償還の手続その他の監査費用の処理に係る方針についての決議をあらかじめ行っておくことは、監査費用の処理についての監査等委員の予測可能性を高め、監査役の職務の円滑な執行に資すると考えられるため、本項目が内部統制システムの基本方針の一内容として規定されている[11]。

本項目は、2014年改正会社法の施行に伴う会社法施行規則の改正に際し

11　法務省パブコメ（2015年2月6日）32頁。

て、監査役監査の実効性を確保する体制の充実・具体化の観点で、新設された項目である。

本項目として決議する内容としては、(i)監査役から会社に対し、会社法第388条に基づく費用の前払い等の請求があった場合の対応（担当部署において審議のうえ、当該請求に係る費用または債務が当該監査役の職務の執行に必要でないと認められた場合を除き、すみやかに当該費用または債務を処理することとするなど）、(ii)監査役が、独自の外部専門家（弁護士・公認会計士等）の助言を求めた場合の費用負担（会社は、当該監査役の職務の執行に必要でないと認められた場合を除き、その費用を負担することとするなど）、(iii)監査役の職務の執行について生ずる費用等を支弁するための一定額の予算を設けること（また、予算を超える場合の対応）などが考えられる。

13. その他当該監査役設置会社の監査役の監査が実効的に行われることを確保するための体制（同項第7号）

本項目は、以上に述べた体制を定めるのみでは、監査役の監査の実効性確保のために不十分である場合もありうることから、バスケット条項として、各社においてその他の実効性確保のための体制の決議を行うという趣旨で規定されている。

本項目として決議する内容としては、たとえば、(i)監査役・監査役会と取締役との定期的な会合・意見交換、(ii)自社の監査役と内部監査部門・会計監査人・グループ会社の他の監査役との情報交換その他の連携、(iii)法律・会計・財務等の分野を専門とする監査役の選任などが考えられる。

内部統制システムの基本方針を決定または決議した場合、取締役には、当該基本方針に従った体制整備を行うべき義務が生じると考えられる。このため、業務執行を担当する代表取締役および業務担当取締役は、当該基本方針に従って、具体的な体制の構築と運用を行うことになる。

ところで、内部統制システムの整備に係る各項目について、いかなる内容を決議すべきか、さらには、当該決定した内容に基づいて、具体的にいかなる体制を構築するべきかは、会社の事業の規模、内容、特性等に応じて異なるため、一義的な基準は存在しない。したがって、この点について会社法に

おいては特段の規定は設けられておらず、自社の規模、事業内容、特性等に応じて、経営者（取締役）が判断するべきこととなる。内部統制システムが不十分であるために不祥事等が起きた場合、取締役は任務懈怠（善管注意義務違反）による責任を問われる可能性があるが、裁判例は、内部統制システムがいかなる水準にあれば善管注意義務を構成しないかについて、取締役に広い裁量を認めている[12]。たとえば、大和銀行代表訴訟事件判決（大阪地判平12.9.20）は、内部統制システムがいかなる水準にあれば善管注意義務を構成しないかについて、「健全な会社経営を行うためには、目的とする事業の種類、性質等に応じて生じる各種のリスク、たとえば、信用リスク、市場リスク、流動性リスク、事務リスク、システムリスク等の状況を正確に把握し、適切に制御すること、すなわちリスク管理が欠かせず、会社が営む事業の規模、特性等に応じたリスク管理体制（いわゆる内部統制システム）を整備することを要する」としたうえ、「整備すべきリスク管理体制の内容は、リスクが現実化して惹起する様々な事件事故の経験の蓄積とリスク管理に関する研究の進展により、充実していくものである。したがって、（中略）現時点で求められているリスク管理体制の水準をもって、本件の判断基準とすることは相当でないと言うべきである。また、どのような内容のリスク管理体制を整備するかは経営判断の問題であり、会社経営の専門家である取締役に、広い裁量が与えられていることに留意しなければならない」として、取締役に広い裁量が認められるとするとともに、企業社会における内部統制システムのレベルは年々上がっていくものであり、善管注意義務違反の有無はあくまでその当時における内部統制システムの水準に照らして判断されることとした。もっとも、取締役に広い裁量があるといっても、会社が営む事業

12　このため、内部統制システムを構築するべき取締役の義務の違反の有無について、いわゆる「経営判断の原則」が適用されているという見解が多い（田中（2002）32頁等）。経営判断の原則とは、取締役の経営判断（業務執行上の判断の誤り）が善管注意義務違反を構成するか否かを判定する際の判断の枠組みであり、当該経営判断が行われた当時の状況下で事実認識・意思決定過程に不注意がなければ、原則として、取締役の経営判断に広い裁量の幅を認める考え方である。もっとも、最低限の内部統制システムの構築については裁量の余地はなく、経営判断の原則は適用されないとの見解もある（野村（2006）100頁）。

の規模、特性等に応じた合理的なものである必要があり、その時々における一般的な水準を下回る体制整備は、著しく不合理なものとして善管注意義務違反を構成すると判断される可能性がある。このため、内部統制システムの構築に際しては、少なくとも、その時々の内部統制システムに関する議論状況、官公庁や業界団体のガイドライン・通達等、実際の当時の他社の内部統制システムの整備状況等に照らし、同規模の同業他社の水準に照らして遜色のない体制構築を行っておくべきものと考えられている。

③　事業報告における開示と監査役等の監査

前記①の内部統制システムの基本方針の決定または決議がある場合、事業報告において、(i)その決定の内容の概要、および、(ii)当該基本方針に基づく内部統制システムの運用の概要を記載しなければならない（会社法第435条第2項、会社法施行規則第117条第1号、第118条第2号）。当該事業報告における開示は、当該事項の決定が義務とされている大会社に限らず、当該事項の決定を行ったすべての株式会社に義務づけられる。

また、監査役（会）・監査等委員会・監査委員会は、事業報告の監査において、前記①の決定または決議の内容が「相当でない」と認めるときは、その旨およびその理由を内容とする監査報告を作成しなければならない（会社法第436条第1項・第2項第2号、会社法施行規則第117条第2号、第129条第1項第5号）。ここにいう「相当性」とは「適法性」よりも広い概念であり、監査役等は、取締役会等が決定した内部統制システムの内容が、当該会社の規模や事業の内容を考慮して、取締役会の善管注意義務違反を構成するほどの不備である場合はもちろん、たとえば、善管注意義務違反とはいえないものの、その内容を相当でないと判断した場合には、その旨およびその理由を監査報告に記載することとなる[13]。

13　相澤ほか（2006）342頁。

第3章　銀行グループのコーポレート・ガバナンス　309

(3) 財務報告に係る内部統制との関係

　会社法下の内部統制システムには、明示的には、財務報告の信頼性を確保するための財務報告に係る内部統制（計算関係書類・事業報告の適正を確保するための体制等）は規定されていない。

　一方、財務報告に係る内部統制を法制度化するものとして、2008年4月1日以後に開始する事業年度から、金融商品取引法による内部統制報告制度が導入されている。すなわち、上場会社等は、事業年度ごとに「当該会社の属する企業集団及び当該会社に係る財務計算書に関する書類その他の情報の適正性を確認するために必要なものとして内閣府令で定める体制」について、経営者による評価を記載した「内部統制報告書」を、有価証券報告書とあわせて提出することが求められ（金融商品取引法第24条の4の4第1項）、かつ、有価証券報告書に記載される財務諸表・連結財務諸表を監査する監査法人・公認会計士の監査を受けることが必要とされている（同法第193条の2第2項）。内部統制報告制度は、財務諸表それ自体のみならず、財務報告の作成の「体制」および「過程」についても、外部監査人の監査を受けたうえで開示させることで、財務報告の信頼性を確保することを目的として導入されたものである。

　そこで、会社法下の内部統制と財務報告に係る内部統制との関係が問題となるが、会社法上の内部統制システムは、取締役が構築するべき社内体制全般に及ぶものであると考えられ、財務報告の信頼性を確保することは、株式会社が投資家の信頼を得て資金を集め、取引先の信頼を得て取引を行っていくためにも必要不可欠であるから、財務報告の信頼性を確保するための社内体制も、会社法上の内部統制システムに含まれると解するのが自然である。また、金融商品取引法により内部統制報告制度が導入されたことにより、上場会社にとって、財務報告に係る内部統制の構築は、金融商品取引法を遵守するための法制遵守体制として、会社法上の内部統制システムに含まれると解することもできる。

したがって、財務報告に係る内部統制は、会社法上の内部統制システムの一内容として、これに含まれるものと考えられる[14]。

(4)　金融検査マニュアルにおける内部管理態勢との関係

　銀行法は、銀行の業務の健全性・適切性を確保することを目的としており（銀行法第1条第1項参照）金融庁の金融検査は、この目的を達成するために行われる（同法第25条参照）。そして、検査官が、金融機関を検査する際に用いる手引書が、「預金等受入機関に係る検査マニュアル」（以下「金融検査マニュアル」という）である。

　金融検査マニュアルにおける「経営管理（ガバナンス）態勢—基本的要素—の確認検査用チェックリスト」（以下「経営管理態勢チェックリスト」という）においては、金融機関における業務の健全性および適切性を確保するための「内部管理態勢」のチェック項目が定められている。内部統制（システム）は、"Internal Control（System）"の和訳であるが、金融検査マニュアルにおいては、内部管理（態勢）との訳語が用いられており、これは内部統制システムと同義である。そして、経営管理態勢チェックリストにおける「内部管理態勢」のチェック項目は、法令等遵守体勢やリスク管理体制その他の会社法上の内部統制システムの内容（図表3－5参照）と重なり合うものであり、会社法上の内部統制システムの各体制の内容を、金融機関向けに具体的に記しているものとも位置づけられる。

　金融検査マニュアルは、あくまで金融検査の手引書であって、各チェック項目の水準の達成が金融機関に直ちに義務づけられるものではない。また、

14　日本監査役協会「監査役からみた財務報告に係る内部統制報告制度に関するQ&A」（2008年9月29日公表）のQ1．の回答も、「財務報告内部統制は、会社法の定める「取締役の職務の執行が法令及び定款に適合することを確保するための体制」等の内部統制システムに係る取締役会決議の内容（会社法第362条第4項第6号、会社法施行規則第100条第1項）に含まれていると考えられます。従って、別立て項目で決議されていない場合であっても、財務報告内部統制について業務監査の一環として監査を行い、会社法上求められている取締役・監査役会としての監査意見を述べることが求められます」としている。

第3章　銀行グループのコーポレート・ガバナンス　311

金融検査マニュアルの冒頭において「本マニュアルの適用にあたっては、金融機関の規模や特性を十分に踏まえ、機械的・画一的な運用に陥らないよう配慮する必要がある」「チェック項目について記述されている字義どおりの対応が金融機関においてなされていない場合であっても、金融機関の業務の健全性及び適切性の観点からみて、金融機関の行っている対応が合理的なものであり、さらに、チェック項目に記述されているものと同様の効果がある、あるいは金融機関の規模や特性に応じた十分なものであると認められるのであれば、不適切とするものではない」とされているとおり、各チェック項目の画一的な達成が求められているものでもない。しかしながら、実務上、金融機関においては、金融検査マニュアルにのっとった内部管理態勢の整備が行われており、金融検査マニュアルは、金融機関における内部統制システムのデファクトスタンダードとなっている。

　前記(2)②のとおり、会社法において、内部統制システムとしていかなる体制を決定するかについては、取締役に広い裁量が認められる。もっとも、その内容は、会社の事業の規模、内容、特性等に応じた合理的なものである必要はあり、かかる合理性の判断においては、その時々における内部統制システムに関する議論状況、官公庁や業界団体のガイドライン・通達等、同業他社の内部統制システムの整備状況等が考慮されると考えられ、金融機関の場合、金融検査マニュアルの水準を満たしていたか否かが、取締役の善管注意義務違反の有無の判断において、1つの指標として考慮される可能性は高い。

グループガバナンス

(1) 会社法上の親会社の子会社管理の責任

　前記のとおり、2006年5月1日施行の会社法のもとにおいて、内部統制システムの基本方針の内容として、「当該株式会社並びにその親会社及び子会社から成る企業集団における業務の適正を確保するための体制」(旧会社法施行規則第100条第1項第5号) が規定され、連結ベースで内部統制システムの基本方針を決定するべきことが明確化された。しかしながら、親会社が子会社に対し、なんらかの法的な管理責任を負うものかについては、伝統的に、わが国においては子会社であっても独立した会社と同じく経営されるべきであるとの考え方が根強かったこともあり、必ずしも明確ではなかった[15]。

　裁判例においても、親会社取締役の子会社管理責任について、特段の事情 (たとえば、親会社取締役が子会社に違法行為を直接指図をするなど、実質的に子会社の意思決定を支配したと評価しうる場合等) がない限り、責任を負わないとした裁判例 (東京地判平13.1.25判例時報1760号144頁。野村證券米国孫会社事件判決) が存在した。

　しかしながら、平成26年改正会社法に関する法制審議会会社法制部会での審議においては、親会社取締役の子会社の監督義務の明文化が議論され、結論としてかかる明文化は見送られたものの、当該議論の過程において、現行会社法の解釈としても、親会社の取締役は子会社の業務について監督する

---

[15] たとえば、大隅 (1993) 106頁参照。また、内部統制システムの基本方針の決定義務も、内部統制システムの整備自体が義務づけるものではなく、当該株式会社の性質・規模等をふまえて、内部統制システムを整備しないという決定をしても、決定義務 (会社法第348条第4項) に違反するものではないと解されており (相澤ほか (2006) 334頁)、直ちに、親会社の子会社管理責任の根拠とはならないとの見方も可能であった。

べき義務を有することを前提とした見解が多く示された[16]。そして、会社法制部会の最終回（第24回）における岩原部会長の総括コメントにおいても、「当部会では、親会社取締役会による子会社の監督の職務についても、活発に御議論を頂きました。監督の職務の範囲の不明確性への御懸念などから、新たな明文の規定を設けることにこそ至りませんでしたが、当部会における御議論を通じて、そのような監督の職務があることについての解釈上の疑義は、相当程度払拭されたのではないかと思われます」と述べられた。

　このようなことから、親会社取締役が子会社の業務に関して責任を負う場面を前記平成13年東京地裁判決のように限定する解釈論は妥当せず、親会社取締役が、子会社管理に関して一定の善管注意義務を負っていること自体は、もはや否定しがたいと考えられる。

　したがって、会社法のもとにおいて、親会社取締役は、自社グループにとって合理的な子会社管理体制を構築することが、自らの取締役の善管注意義務として求められると考えるべきである。一口に子会社といっても、その態様（事業内容、規模、組織体制、親会社の議決権比率その他の株主構成、国内子会社か海外子会社か、上場会社か否か等）はさまざまであるから、親会社が子会社にどこまで踏み込んだ管理を及ぼすか（すなわち、いかなる子会社管理体制を構築するべきか）については、子会社の特性に応じて自ずと差異があり、取締役に広い裁量が認められると考えられる。しかしながら、子会社の

16　法制審議会会社法制部会第17回会議議事録19頁〔田中亘幹事発言〕、同23頁〔前田雅弘委員発言〕、同28頁〔岩原紳作部会長発言〕、第20回会議議事録20頁〔杉村豊誠委員発言〕、同21頁〔伊藤雅人委員発言〕、同25頁〔藤田友敬幹事発言〕等。たとえば、第17回会議議事録23頁〔前田雅弘委員発言〕は、「現行法の下でも、親会社取締役は、親会社の最善の利益になるように子会社株式を管理しなければいけない、そして、子会社株式の管理の中に子会社の業務に対する監督が含まれる、ここまでは、恐らくは異論のないところではないかと私は理解しておりました」としており、第20回会議議事録25頁〔藤田友敬幹事発言〕は、本文記載の野村證券米国孫会社事件判決（東京地判平13.1.25）に関して、「会社を超えてはいかなる監視義務もないのだというふうな解釈をした裁判例が現にかつてありました。東京地判平成13年1月25日ですが、今後も、裁判になれば、被告は、当然こういう主張をするでしょう。そういう解釈は、今の会社法ではもう生きていないのだと、持株会社化が進んだ今日、そういう解釈論はそのまま維持されていないのだということは、確認されたほうがいい気がします」としている。

図表3－6　子会社管理のための一般的な方策

① **親会社における子会社会社管理のための体制整備**
・担当部署等の設置（子会社管理は、内部監査部門、経営企画部、総務部等が担当する場合と、グループ会社管理部などの専門部署が担当する場合がある）
・子会社（関係会社）管理規程などの社内規程の制定

② **グループ共通の経営方針等の作成とグループ内への周知**
・グループ全体（自社および子会社）に適用される経営理念、企業理念、経営方針、経営戦略、行動規範、倫理規程、リスク管理方針、コンプライアンス基本方針、コンプライアンス・マニュアルなど

③ **子会社の指導・教育・支援**
・親会社による子会社の役員・使用人等に対する継続的な教育・研修の実施
・親会社によるグループ会社への経営・業務指導（経営委任契約の締結）
・親会社または特定の子会社による子会社の共通業務または間接業務（経理、広報、予算管理、法務、人事管理、IT等）の提供[17]

④ **グループ全体の情報の共有・管理**
・親会社に対する子会社の業務執行状況・財務状況・法令遵守状況等の定期的またはすみやかな報告の義務づけ
・親会社経営幹部とグループ各社社長との定期的な会合（グループ経営委員会・経営連絡会等）・グループコンプライアンス委員会等の開催
・内部通報制度のグループ全体への適用

⑤ **子会社の意思決定への関与**
・子会社の経営上の重要事項の親会社への事前通知または親会社の事前承認（事前協議）の義務づけ

⑥ **グループ全体のモニタリング**
・子会社の役員等を兼任する親会社の役員・使用人による子会社の経営・業務の監督
・親会社の内部監査部門等による子会社の監査
・親会社監査役による子会社の実査、親会社の監査役と子会社の監査役の情報共有（グループ監査役会の設置等）、親会社の監査役と親会社・子会社の内部監査部門・会計監査人等との連携など

第3章　銀行グループのコーポレート・ガバナンス　315

性質や規模等に応じた合理的な子会社管理体制を構築していない場合、親会社の取締役は、善管注意義務違反に問われる可能性があることになる[18]。

子会社管理のための実務上の一般的な方策は、図表3 - 6に記載のとおりである。

もっとも、子会社における一定の協力を要する事項について、会社法上は、親会社がこれを子会社に強制する法的な手段はない。すなわち、親会社は子会社の取締役に対する法的な指揮命令権を有するものではなく、子会社取締役も法的に当然にこれに従う義務を負うわけではないからである（仮に、少数株主権の保護の要請が存在しない完全親子会社間における場合を除き[19]、親会社に有利であるが子会社に不利な親会社取締役の指図については、子会社にとって不合理である限り、これを拒絶しなければ、子会社取締役は、自らが子会社に対して負っている善管注意義務または忠実義務の違反となる可能性がある）。

もっとも、グループ内のある子会社の不祥事がグループ全体の信用失墜を招くなど、企業の内部統制・コンプライアンスのあり方がグループ単位で評

17　現行銀行法のもとでは、持株会社が行うことができる業務は、「子会社の経営管理を行うこと並びにこれに附帯する業務」に限定されており（銀行法第52条の21）、持株会社自身が業務執行を担うことは認められておらず、グループ全体の資金運用や共通システムの管理など、グループ内の各エンティティにおいて共通・重複する業務を持株会社が行うことはできない。この点、2015年12月22日に金融審議会「金融グループを巡る制度のあり方に関するワーキング・グループ」が取りまとめた「金融グループを巡る制度のあり方に関するワーキング・グループ報告〜金融グループを巡る制度のあり方について〜」は、グループ内の共通・重複業務を持株会社が統括的・一元的に実施することが、グループ全体の一体的・効率的な経営管理に資すると考えられる業務であって、たとえば、持株会社の取締役会等に、「社外の視点」を取り入れるなどの工夫も行いながら、グループ全体に対する実効的な監督機能の発揮が確保されるのであれば、持株会社が業務執行を担うことを許容していくことが考えられるとしている。また、同ワーキング・グループ報告は、グループ傘下の複数の銀行からグループ共通業務を特定の傘下の子会社に集約する場合、委託元である各子銀行は、それぞれが別個に、委託先の管理業務を負うことになり（銀行法第12条の2）、グループ内の業務集約に際して、大きな負担が生じることになる可能性があると指摘し、委託元である各子銀行それぞれに重複して委託先の管理を求めるのではなく、グループ全体の経営管理を担う持株会社による一元的な管理に委ねることを許容することが適当と考えられるとしている。

18　相澤ほか（2006）334頁、坂本（2015）237頁。

19　ただし、完全親子会社間における場合であっても、親会社の指示に従った結果、子会社を債務超過に陥れる等して、子会社債権者を害した場合、第三者に対する責任（会社法第429条等）が問題とされる可能性はある（岩原（2015）50頁）。

価される時代において、連結ベースのグループ内内部統制の構築は、親会社のみならず子会社にとっても経営上の合理性を有するものである。したがって、合理的なグループ内内部統制の構築のための、親会社の子会社管理のための指揮命令については、子会社取締役としても、子会社にとっても合理的なものとして、これに応じることが期待されることになる（ただし、かかる会社法上の規律について、金融規制上、修正を加えるべきかの議論については後記(2)④参照）。また、実務上、子会社の協力義務等の根拠とするべく、親会社と子会社間において経営管理契約等の契約を締結し、親会社が子会社に対して助言・指導を行う旨等を規定するといった対応が行われる場合もある。

(2)　金融規制

　金融規制においては、かねてより、銀行持株会社等の子会社管理に関する規定が置かれており、親会社が子会社の管理に一定の義務を負うことを前提にするものが存在した。

①　銀　行　法

　銀行法においては、銀行持株会社について、その業務範囲は、子銀行など子会社の経営管理およびこれに付帯する事業に限定される（銀行法第52条の21第1項）。ここにいう「経営管理」としては、たとえば、銀行持株会社が株主権の行使を通じて子会社の取締役を選任し、子会社の業務について、銀行持株会社の方針をふまえた決定をさせることや、銀行持株会社の方針に沿って代表取締役が業務を行うよう取締役会に監督させること等により、実質的に銀行持株会社が子会社の業務を管理・監督することがあげられる[20]。なお、銀行持株会社が傘下にもつことができる子会社の範囲は、銀行、長期信用銀行、資金移動専門会社、保険会社、少額短期保険業者、信託専門会社、これらの外国会社、従属業務会社、記入関連業務会社、ベンチャービジネス会社、川下銀行持株会社、特例子会社対象会社等に限られる（同法第52条の23第1項各号、第52条の23の2第1項）。

第3章　銀行グループのコーポレート・ガバナンス　317

また、銀行持株会社は、その業務を営むにあたっては、その子会社である銀行の業務の健全かつ適切な運営の確保に努めなければならないとされている（銀行法第52条の21第2項）。

　そして、内閣総理大臣は、銀行持株会社の業務または銀行持株会社およびその子会社等の財産の状況に照らして、当該銀行持株会社の子会社である銀行の業務の健全かつ適切な運営を確保するため必要があると認めるときは、当該銀行持株会社に対し、当該銀行の経営の健全性を確保するための改善計画の提出を求め、かつ、監督上必要な措置を命ずることができるとされている（銀行法第52条の33第1項）。

　さらに、内閣総理大臣は、銀行持株会社が法令、定款もしくは法令に基づく内閣総理大臣の処分に違反したときまたは公益を害する行為をしたときは、当該銀行持株会社に対しその取締役、執行役、会計参与、監査役もしくは会計監査人の解任その他監督上必要な措置を命じ、もしくは当該銀行持株会社の認可を取り消し、または当該銀行持株会社の子会社である銀行に対しその業務の全部もしくは一部の停止を命ずることができるとされている（銀行法第52条の34第1項）。

　なお、前記のとおり、銀行持株会社の常務に従事する取締役（指名委員会等設置会社にあっては、執行役）は、内閣総理大臣の認可を受けた場合を除くほか、他の会社の常務に従事してはならないとされており（銀行法第52条の19）、銀行持株会社の取締役（執行役）が子会社の役員を兼務する場合にも適

20　木下（1999）171頁。なお、「金融グループを巡る制度のあり方に関するワーキング・グループ報告～金融グループを巡る制度のあり方について～」（脚注17参照）は、金融グループの経営管理としては、たとえば、
　・グループの経営方針の策定
　・グループの収益・リスクテイク方針、ならびに資本政策等の策定
　・グループの経営管理体制の構築・運用
　・グループのコンプライアンス体制の構築・運用と利益相反管理
　・グループの再建計画の策定・運用（特に、G-SIFIsの場合）
　などを行うことを求めていくことが適当と考えられるとしたうえ、現行法では、持株会社や、持株会社がない場合のグループの頂点の銀行について、これらの者が果たすべき金融グループにおける経営管理機能の内容についての明確な規定が置かれていないため、これらの者に対して、グループの経営管理として求められる機能を法令上明確にしておくことが適当と考えられるとしている。

用される。

② 金融持株会社に係る検査マニュアル

「金融持株会社に係る検査マニュアル」は、金融持株会社に対する検査に際し、金融持株会社グループにおいて構築されている内部管理態勢が、金融持株会社の子会社である金融機関の健全性等の確保の観点から、適切なものとなっているかを検証するための着眼点を整理した、検査官が金融持株会社に対して検査を実施する際に用いる手引書である。

「金融持株会社に係る検査マニュアル」における「グループ経営管理（ガバナンス）態勢の確認検査用チェックリスト」においては、図表3-7のとおり、金融持株会社における業務の健全性および適切性を確保するための「内部管理態勢」のチェック項目が定められている。

図表3-7　金融持株会社に係る検査マニュアル（2015年3月）（抜粋）

I	グループの経営方針等の策定	
	1.経営方針等の策定	
	①	【企業倫理の構築及び態勢整備】 取締役及び取締役会は、金融機関に求められる社会的責任と公共的使命等を柱とした企業倫理の構築をグループ経営上の重要課題として位置付け、それを具体的に担保するための態勢を整備しているか。
	②	【経営方針・経営計画等の整備・周知】 取締役会は、グループが目指す目標の達成に向けた経営方針を明確に定めているか。また、取締役会は、グループの経営方針に沿ったグループ全体の経営計画を明確に定め、これらを役職員及びグループ内会社に周知させているか。
	③	【戦略目標の整備・周知】 取締役会は、グループの経営方針に則り、代表取締役等に委任することなく、グループ全体の収益目標及びそれに向けたリスクテイクやグループ内の資源配分（資本配賦、人員配置等）等に関するグループ全体の戦略目標を明確に定め、役職員及びグループ内会社に周知させているか。 また、取締役会は、グループ内会社が策定した個別の戦略目標につい

第3章　銀行グループのコーポレート・ガバナンス　319

		て、グループの戦略目標と整合性がとれたものとなっていることを確認しているか。
	④	**【内部管理基本方針の整備・周知】** 取締役会は、グループの経営方針に則り、代表取締役等に委任することなく、業務の健全性・適切性を確保するための態勢の整備に係るグループの基本方針（以下「内部管理基本方針」という。）を定め、役職員及びグループ内会社に周知させているか。 また、取締役会は、グループ内会社が策定した個別の内部管理基本方針について、グループの内部管理基本方針と整合性がとれたものとなっていることを確認しているか。
	⑤	**【法令等遵守方針の整備・周知】** 取締役会は、グループの経営方針に則り、代表取締役等に委任することなく、法令等遵守態勢の整備に係るグループの基本方針（以下「法令等遵守方針」という。）を定め、役職員及びグループ内会社に周知させているか。 また、取締役会は、グループ内会社が策定した個別の法令等遵守方針について、グループの法令等遵守方針と整合性がとれたものとなっていることを確認しているか。
	⑥	**【リスク管理方針の整備・周知】** 取締役会は、グループの経営方針に則り、代表取締役等に委任することなく、リスク管理態勢の整備に係るグループの基本方針（以下「リスク管理方針」という。）を定め、役職員及びグループ内会社に周知させているか。 また、取締役会は、グループ内会社が策定した個別のリスク管理方針について、グループのリスク管理方針と整合性がとれたものとなっていることを確認しているか。

③　金融コングロマリット監督指針

　金融コングロマリット監督指針は、金融持株会社によるグループ企業監督に関する監督指針であり、コングロマリットの形態をとる金融機関に対し、金融監督行政はどのような視点に立って行うべきかを定めたものである。

　金融コングロマリット監督指針においては、グループの経営管理に関し、図表3−8の記載の定めがある。

なお、金融コングロマリット監督指針においては、「金融コングロマリットの態様は様々であり、グループが抱えるリスクの特性やリスクの波及過程も異なる。(中略) 本監督指針に記載されている監督上の評価項目の全てを各々の経営管理会社及びグループ内会社に一律に求めているものではない」「本監督指針の適用に当たっては、各評価項目の字義通りの対応が行われていない場合であっても、グループとしての対応がグループ内の金融機関の財務の健全性及び業務の適切性等の確保の観点から問題のない限り、不適切とするものではないことに留意し、機械的・画一的な運用に陥らないように配慮する必要がある」(同指針 I - 2(3)) として、各金融コングロマリットの実態に応じて柔軟に適用されるものとされている。

図表 3 - 8　金融コングロマリット監督指針 (2012年11月) (抜粋)

II - 1	経営管理	
	(1)	代表取締役、取締役及び取締役会
	①	経営管理会社の取締役 (以下「取締役」という。) は、グループ内の金融機関等の経営管理を的確、公正かつ効率的に遂行することができる知識及び経験を有し、かつ、十分な社会的信用を有する者であるか。
	④	取締役会は、グループが目指すべき全体像等に基づいた経営方針を明確に定めているか。更に、経営方針に沿った経営計画を明確に定め、それをグループ全体に周知しているか。また、その達成度合いを定期的に検証し必要に応じ見直しを行っているか。
	⑤	取締役及び取締役会は、法令等遵守に関し、誠実かつ率先垂範して取り組み、経営管理会社及びグループ全体の内部管理態勢の確立のため適切に機能を発揮しているか。
	⑥	取締役及び取締役会は、グループの業務・財務内容を把握し、グループの抱えるリスクの特性を十分理解した上で、リスクの状況を適切に把握しているか。また、リスク管理部門を軽視することが企業収益に重大な影響を与えることを十分認識し、リスク管理部門を重視しているか。特に担当取締役はグループにおけるリスクの所在及びリスクの種類を理解した上で、各種リスクの測定・モニタリング・管理等の手法について深い認識と理解を有しているか。
	⑧	取締役及び取締役会は、戦略に沿ってグループ全体の適切な経営資源

第3章　銀行グループのコーポレート・ガバナンス　321

		の配分を行い、かつ、それらの状況を機動的に管理し得る体制を整備しているか。
	⑨	取締役及び取締役会は、リスクに見合った資本政策の重要性を認識し、資本の充実に努め、グループとしての適切な資本の維持を図っているか。
	(3)	内部監査部門
	①	経営管理会社に、グループ全体の内部管理態勢を評価する内部監査部門（以下「内部監査部門」という。）が整備されているか。
	④	グループ内のリスクに的確に対応できるよう、法令等に抵触しない範囲で、必要に応じ、内部監査部門が、グループ内の金融機関の内部監査部門と協力して監査を実施できる体制を整備しているか。特に、グループ内の金融機関において重要なリスクにさらされている業務等がある場合、法令等に抵触しない範囲で、必要に応じ、内部監査部門が直接監査できる態勢を構築しているか。

Ⅱ－2－1　自己資本の適切性

	(1)	グループ内の金融機関の自己資本の適切性
	②	経営管理会社の取締役は、グループ内の金融機関の自己資本の充実の状況を的確に把握し、金融機関の業務の健全かつ適切な運営が確保されるよう、適切な方策を講じているか。

Ⅱ－2－2　リスク管理態勢

	①	経営管理会社の取締役会の承認によって、グループの戦略目標を踏まえ、想定される全ての主要なリスクを盛り込んだグループのリスク管理の方針を明確に定めているか。また、当該方針は定期的（少なくとも年1回）あるいは戦略目標の変更等必要に応じ随時見直されているか。
	②	経営管理会社のリスク管理の方針は役職員及びグループ内会社に周知され、グループ内の金融機関によって当該方針と整合的なリスク管理の方針が策定されているか。
	③	経営管理会社に、グループの規模、特性及びグループ内会社の業務内容等に応じ、グループに内在する各種リスクを管理するリスク管理部門が整備されているか。
	④	リスク管理部門は適時適切にグループが抱える各種リスクを把握し、経営管理会社の取締役に定期的に報告しているか。

	⑥	リスクモニタリングシステムの適切性を検証できる態勢となっているか。経営管理会社によるグループ全体のリスクの計測、監視、管理に資するよう、グループ内の金融機関のモニタリングシステムが統一されたものとなっているか。

Ⅱ－2－2－1　リスク管理共通編

	(4)	その他のリスクに対する管理態勢
	①	グループ内の金融機関が、他のグループ内会社等と共同で金融商品を開発する場合や、他のグループ内会社等の組成した金融商品の販売を行う場合などに想定されるリスクについて、経営管理会社の取締役及びそれに関わるグループ内会社の取締役が十分な認識を持ち、適切な対応を講じているか。また、顧客保護の観点から適切な説明態勢が整備されているか。
	②	経営管理会社は、グループ内の金融機関の業務の健全かつ適切な運営の確保に重大な影響を及ぼす可能性があるグループ内取引が行われないよう、必要かつ適切な措置を講じているか。
	③	グループ内に事業会社が含まれる場合（経営管理会社が事業会社である場合を含む）においては、経営管理会社は、事業会社が含まれることにより生じる各種リスクを適切に管理する態勢を構築しているか。

Ⅱ－3－1　コンプライアンス（法令等遵守）態勢

	(1)	経営管理会社によるコンプライアンス態勢の整備
	①	経営管理会社の取締役は、法令等遵守をグループ経営上の重要課題の一つとして位置付け、率先して経営管理会社及びグループ内会社の法令等遵守態勢の構築に取り組んでいるか。
	②	法令等遵守に係るグループの基本方針及び遵守基準が経営管理会社の取締役会において策定され、グループ内会社に周知徹底されているか。また、その内容は単に倫理規定に止まらず、具体的な行動指針や基準を示すものとなっているか。
	③	経営管理会社に、グループのコンプライアンスに関する事項を統括して管理する部門（以下「コンプライアンス統括部門」という。）を設置し、グループの或いはグループ内会社の法令等遵守態勢を適切に監視することとしているか。

Ⅱ－3－2　グループ内取引の適切性

	(1)	グループ内取引の適切性

第3章　銀行グループのコーポレート・ガバナンス　323

	①	グループ内の一部の会社の経営改善を目的として、グループ内の金融機関の業務の健全かつ適切な運営の確保に重大な影響を及ぼす可能性のあるグループ内取引が行われていないか。
	②	法令等に違反する、又は法令等の趣旨に鑑み不適切と判断されるような取引がグループ内会社間等で行われていないか。
	③	経営管理会社がグループ内の金融機関から受け取る配当、収入等については、当該金融機関の業務の健全かつ適切な運営を損なうようなものとなっていないか。
	④	グループ内取引が、グループ内の金融機関からの自己資本や利益の不適切な移転をもたらしていないか。
	⑦	グループ内取引が、自己資本その他の規制を回避するための手段として用いられていないか。
(2)		経営管理会社のグループ内取引管理態勢
	①	経営管理会社の取締役は、グループ内取引はグループ内の金融機関の業務の健全かつ適切な運営の確保に重大な影響を及ぼす可能性があることを認識した上で、そのリスクを特定し、適切に測定、監視、管理するための態勢を整備しているか。また、定量化し得ないリスクや異なる業態の金融機関等が経営統合等を行った場合のグループ内取引の潜在的な規模、量、複雑性の増大にも十分留意しているか。
	②	経営管理会社の取締役は、グループ内取引において、利益相反の可能性があることを十分に理解しているか。また、不健全なグループ内取引が行われる可能性があることを十分に理解し、グループ内取引に係る基本方針を明確に策定し、役職員及びグループ内会社に周知しているか。
	③	グループ内の金融機関の業務の適切性及び財務の健全性の確保に重大な影響を及ぼす可能性があるグループ内取引をグループ内会社等が行おうとする場合には、事前に経営管理会社の取締役会に協議するなどの規定を整備しているか。
Ⅱ-3-4		システムリスク管理態勢
	①	経営管理会社の取締役会は、コンピュータシステムのネットワーク化の進展等により、リスクが顕在化した場合、その影響が連鎖し、広域化・深刻化する傾向にあるなど、経営に重大な影響を与える可能性があるということを十分踏まえ、グループ全体のリスク管理態勢を整備しているか。

	②	経営管理会社においては、グループのシステムに係る戦略目標を定めているか。戦略目標には、情報技術革新を踏まえ、経営戦略の一環としてシステムを捉えるシステム戦略方針を含んでいるか。
	③	グループの戦略目標を踏まえた、グループのシステムリスク管理の方針が明確に定められているか。システムリスク管理の方針には、セキュリティポリシー（組織の情報資産を適切に保護するための基本方針）及び外部委託先に関する方針が含まれているか。
Ⅱ－3－5　危機管理体制		
	①	経営管理会社又はグループ内の金融機関においては、グループ内の一会社においてリスクが顕在化した場合、当該会社のみならず、グループ内の一部又はグループ全体に損害が生じる可能性があることが十分に認識され、これに的確に対応できるための体制が整備されているか。
	②	危機対応を的確に行うためのグループのコンティンジェンシープランが整備されているか。また、コンティンジェンシープランには、グループ内の報告・伝達体制について明確にされているか。
Ⅱ－3－6　増資		
	(1)	基本的な経営姿勢
	①	経営管理会社の取締役会（以下「取締役会」という。）は、経営管理会社又はグループ内会社の第三者割当増資に関する法令等遵守の重要性を理解し、決定権限や責任の所在の明確化を含むグループ全体の態勢整備を行っているか。
	②	取締役会は、単に規則の制定、通知の発出等にとどまらず、グループ内会社の役職員への周知・徹底を確実に図ることとしているか。また、実効性ある監視・牽制機能を構築しているか。
Ⅱ－3－7　顧客情報保護		
	①	グループ内で顧客情報の相互利用を行う場合、グループとして統一的かつ具体的な取り扱い基準を定めた上で、グループ内会社の役職員に周知徹底しているか。

④　金融規制と会社法の規律との関係

前記(1)に記載のとおり、かつては、会社法のもとで、親会社が子会社に対してなんらかの法的な管理責任を負うものかについては、必ずしも明確では

なかったことから、金融規制において、親会社が子会社の管理に一定の義務を負うことを前提にするものが存在することについては、会社法の考え方とは必ずしも調和するものとはいえないといった指摘がなされていた[21]。

しかしながら、現在においては、会社法のもとにおいても、親会社取締役は、自社グループにとって合理的な子会社管理体制を構築することが、自らの取締役の善管注意義務として求められると考えられており、かかる見解に立てば、銀行法、金融持株会社に係る検査マニュアルおよび金融コングロマリット監督指針における子会社管理に関する定めは、基本的には、会社法の解釈の修正ではなく、これを補完ないし具体化するものと位置づけられる[22]。

もっとも、同時に、金融規制によって金融持株会社に求められる子会社管理は、会社法により求められる親会社取締役の注意義務を超えた部分もあり、子会社の利益と相反する可能性を含んでいるとの指摘がある。たとえば、金融コングロマリット監督指針には「取締役及び取締役会は、戦略に沿ってグループ全体の適切な経営資源の配分を行い、かつ、それらの状況を機動的に管理し得る体制を整備しているか」との定めがあるが（前掲図表3-8参照）、グループ全体での適切な資源配分は、当然に子会社間での、場合によっては持株会社と子会社との間での利益相反の問題が生じうると指摘されている[23]。

そして、会社法の規律のもとでは、親会社は、子会社に対する指揮命令権を法的には有していないために、金融規制上の要請に必ずしも応えられない懸念がある一方、子会社側では、子会社の取締役は、あくまで子会社に対して善管注意義務・忠実義務を負っていることから、グループ全体にとって有利であっても子会社単体にとって不利益な親会社の指揮命令に応じることは、子会社取締役の善管注意義務・忠実義務違反の問題を生じかねない。このようなことから、近時、金融規制上、グループ利益の価値最大化の観点か

21　前田（2006）46頁。
22　岩原（2011）428頁。
23　岩原（2015）47頁。

ら、法人単位の利益最大化を原則とする会社法上の規律に一定の修正を加える
べきかが議論されており[24]、帰趨が注目される。

24　金融審議会「金融グループを巡る制度のあり方に関するワーキング・グループ」（第
1回会合は2015年5月19日）は、「金融グループの業務の多様化・国際化の進展等の環
境変化を踏まえ、金融グループを巡る制度のあり方等について検討を行うこと」との諮
問を受けて設置されたものであるところ、同ワーキング・グループにおいては、グルー
プガバナンスのあり方について、金融規制の観点から、会社法の規律にいかなる介入を
すべきか、またすることが可能かといったことが審議された。そして、2015年12月22日
に取りまとめられた「金融グループを巡る制度のあり方に関するワーキング・グループ
報告～金融グループを巡る制度のあり方について」は、「株主としての権限行使とは別
に、持株会社が子銀行に対して指揮命令を行い得ることを制度的に担保する必要はない
か。その上で、当該指揮命令に子銀行の取締役が従った場合には、当該取締役には任務
懈怠責任が生じないこととする必要がないか」「こうした問題を回避するための方策と
して、経営委任契約を活用することが考えられるが、契約の有効性に問題はないか」等
の指摘があるとしたうえ、これらの点については、金融グループについてのみ、通常の
事業会社とは異なる規律を及ぼすだけの特別なニーズ・要請があるか否かといった視点
に加え、持株会社とその傘下の子銀行とでは法人格を異にすることや、子銀行の少数株
主や債権者が存在すること、一定の部分に特則を設けた場合に会社法の体系全体との間
で整合性を確保できるか等にも十分留意し、引き続き検討を深めていくことが適当と考
えられるとしている。

第3章　銀行グループのコーポレート・ガバナンス　327

5 2つのコード

(1) 成長戦略としてのコーポレート・ガバナンス

2013年6月に政府が公表した「日本再興戦略2013―JAPAN is BACK―」において、「企業経営者に大胆な新陳代謝や新たな起業を促し、それを後押しするため、設備投資促進策や新事業の創出を従来の発想を超えたスピードと規模感で大胆かつ強力に推進する。加えて、株主等が企業経営者の前向きな取組を積極的に後押しするようコーポレートガバナンスを見直し、日本企業を国際競争に勝てる体質に変革する」との内容が持ち込まれ、わが国の成長戦略として、コーポレート・ガバナンス改革が掲げられて以降、政府の旗振りのもと、わが国の上場会社のコーポレート・ガバナンス改革が矢継ぎ早に行われた。

「コーポレート・ガバナンス」は、一般的には、経営者を規律する仕組みとして理解されるところ、リスクの回避・抑制や不祥事の防止等の観点から、法令等遵守体制を含む社内管理体制をどのように確立するかという側面と、企業の繁栄・競争力の強化等の観点から、経営の効率性や業績向上のための仕組みづくりをどのように行うかという側面の、両面を有している。近時、前者を「守りのガバナンス」、後者を「攻めのガバナンス」を呼ぶことも多いが、従来は、前者の守りの側面が強調されており、後者については、経営者の自由裁量による領域という意識が強かったと思われる。

しかしながら、過去20年を超える期間、日本の株式市場は長期にわたり低迷しており、その原因は、日本企業のROEやROAが他国企業と比較して著しく低いことに現れているように、日本企業が国際競争力やシェアを失い収益性（すなわち、稼ぐ力）を低下させているためではないかと考えられるとともに、日本企業の収益性が低いことの大きな要因は、コーポレート・ガバ

328

ナンスの脆弱性にあるのではないか、との危機感が醸成された。具体的には、たとえば、わが国の上場会社においては、株式の持合いが行われているために、株主による経営監視が機能していないのではないか、また、社内取締役がほとんどであるために、経営トップを頂点とする業務執行ラインの上限関係が取締役会に持ち込まれ、取締役会による経営への実効的な監督が行われていないのではないか、その結果、業績低迷期にも経営トップが交代しないといった役員人事の非効率が生じており[25]、役員報酬も中長期的な業績連動の色彩が弱いために、日本企業の収益性が低い1つの原因となっているのではないか、といったことが問題とされたのである。

　2014年6月に政府が公表した「『日本再興戦略』改訂2014」においては、「日本企業の「稼ぐ力」、すなわち中長期的な収益性・生産性を高め、その果実を広く国民（家計）に均てんさせるには何が必要か。まずは、コーポレートガバナンスの強化により、経営者のマインドを変革し、グローバル水準のROEの達成等を一つの目安に、グローバル競争に打ち勝つ攻めの経営判断を後押しする仕組みを強化していくことが重要である。特に、数年ぶりの好決算を実現した企業については、内部留保を貯め込むのではなく、新規の設備投資や、大胆な事業再編、M&Aなどに積極的に活用していくことが期待される」「今後は、企業に対するコーポレートガバナンスを発揮させる環境を更に前進させ、企業の「稼ぐ力」の向上を具体的に進める段階に来た。これまでの取組を踏まえて、各企業が、社外取締役の積極的な活用を具体的に経営戦略の進化に結びつけていくとともに、長期的にどのような価値創造を行い、どのようにして「稼ぐ力」を強化してグローバル競争に打ち勝とうとしているのか、その方針を明確に指し示し、投資家との対話を積極化していく必要がある」「こうした一連の取組を実行していくことで、企業収益の更

25　1986〜2005年のわが国の上場会社を対象とした実証研究によれば、日本の上場企業の社長交代の理由として、業績の悪化、製品開発の失敗等の懲罰的な理由によるものは少なく、前任社長の健康上の理由、年齢、長期政権化などの非懲罰的な理由によるものが多かった。また、業績の悪化は社長交代には簡単には結びついておらず、業績が悪化した企業で経営者を交代させるようなメカニズムが存在しないとも指摘されている（久保（2010）89頁、94頁以下）。

なる拡大が実現し、雇用機会の拡大、賃金の上昇、配当の増加という様々な
チャネルを通じて、脱デフレの果実が最終的に国民に還元される、真の好循
環が実現することとなる」として、コーポレート・ガバナンス改革がわが国
の成長戦略として意図されるところが明確に述べられている。

　企業価値向上を目的とした「攻めのガバナンス」のための経営者への規律
づけが、国家戦略として議論されていることは、近時のコーポレート・ガバ
ナンスをめぐる新たな潮流を象徴するものといえる。

　そして、このような成長戦略としてのコーポレート・ガバナンス改革を具
体化するものとして、以下に述べる2つのコードがある。

(2)　コーポレートガバナンス・コード

　「『日本再興戦略』改訂2014」においては、成長戦略としてのコーポレー
ト・ガバナンス改革の一環として、「東京証券取引所と金融庁を共同事務局
とする有識者会議において、秋頃までを目途に基本的な考え方を取りまと
め、東京証券取引所が、来年の株主総会のシーズンに間に合うよう新たに
「コーポレートガバナンス・コード」を策定することを支援する」との施策
が盛り込まれた。

　これを受けて、2014年8月、金融庁・東京証券取引所を共同事務局とす
る「コーポレートガバナンス・コードの策定に関する有識者会議」が設置さ
れ、同有識者会議における議論をふまえて、2014年12月17日、コーポレート
ガバナンス・コードの策定に関する基本的な考え方が「コーポレートガバナ
ンス・コード原案～会社の持続的な成長と中長期的な企業価値の向上のため
に～」（以下「コーポレートガバナンス・コード原案」という）として取りまと
められた。そして、東京証券取引所は、コーポレートガバナンス・コード原
案の内容をふまえて関連する上場規則等の改正を行い、2015年6月1日、上
場会社へのコーポレートガバナンス・コードの適用が開始された。

　近時、上場会社のコーポレート・ガバナンスは、制定法（ハード・ロー）
である会社法における規律に加えて、証券取引所規則（ソフト・ロー）によ

330

る上乗せするルールを定められる傾向が強まっているが、コーポレートガバナンス・コードもその1つとして位置づけられる。

①　コンプライ・オア・エクスプレイン

コーポレートガバナンス・コードは、法令とは異なり、法的拘束力を有する規範ではなく、その実施にあたっては、いわゆる「コンプライ・オア・エクスプレイン」（原則を実施するか、実施しない場合には、その理由を説明するか）の手法が採用されている。

すなわち、同コードは、ベストプラクティスとして示される73の原則（基本原則・原則・補充原則）によって構成されているが、適用対象となる上場会社は、自社の個別事情に照らして実施することが適切でないと考える原則があれば、それを「実施しない理由」を説明することにより、一部の原則を実施しないことが想定されている。

②　プリンシプルベース・アプローチ

コーポレートガバナンス・コードのもう1つの特徴は、「プリンシプルベース・アプローチ」の採用である。

コーポレートガバナンス・コード原案の序文では、「本コード（原案）において示される規範は、基本原則、原則、補充原則から構成されているが、それらの履行の態様は、例えば、会社の業種、規模、事業特性、機関設計、会社を取り巻く環境等によって様々に異なり得る。本コード（原案）に定める各原則の適用の仕方は、それぞれの会社が自らの置かれた状況に応じて工夫すべきものである」とされているとおり、実効的なコーポレート・ガバナンスに唯一絶対の解はなく、各社の歴史や社風等をふまえた多様な取組みが考えられる。

このことをふまえて、コーポレートガバナンス・コードにおいては「プリンシプルベース・アプローチ」が採用されており、その意義について、コーポレートガバナンス・コード原案序文は、「一見、抽象的で大掴みな原則（プリンシプル）について、関係者がその趣旨・精神を確認し、互いに共有し

た上で、各自、自らの活動が、形式的な文言・記載ではなく、その趣旨・精神に照らして真に適切か否かを判断することにある。このため、本コード（原案）で使用されている用語についても、法令のように厳格な定義を置くのではなく、まずは株主等のステークホルダーに対する説明責任等を負うそれぞれの会社が、本コード（原案）の趣旨・精神に照らして、適切に解釈することが想定されている」と規定している。すなわち、明確性の高い規範による法令等のルールベース・アプローチ（細則主義）とは異なり、個別事情に応じた柔軟な解釈の余地を認めることで、各社が形式的かつ画一的にコーポレートガバナンス・コードの各原則を遵守することを求めるのではなく、自社の実情をふまえた主体的かつ積極的な取組みを促しているといえる。

③　「攻めのガバナンス」とコーポレートガバナンス・コード

　コーポレートガバナンス・コード原案の序文において、「コーポレートガバナンス」とは、会社が、株主をはじめ顧客・従業員・地域社会等の立場をふまえたうえで、透明・公正かつ迅速・果断な意思決定を行うための仕組みを意味すると定義されている。ここで、「迅速・果断な意思決定を行うための仕組み」とされている点に、経営者の攻めの経営判断を後押しして「稼ぐ力」を取り戻させるための「攻めのガバナンス」の強化が意図されていることが表れている。

　この趣旨は、コーポレートガバナンス・コード原案序文において、「会社においてガバナンスに関する機能が十分に働かないような状況が生じれば、経営の意思決定過程の合理性が確保されなくなり、経営陣が、結果責任を問われることを懸念して、自ずとリスク回避的な方向に偏るおそれもある。こうした状況の発生こそが会社としての果断な意思決定や事業活動に対する阻害要因となるものであり、本コード（原案）では、会社に対してガバナンスに関する適切な規律を求めることにより、経営陣をこうした制約から解放し、健全な企業家精神を発揮しつつ経営手腕を振るえるような環境を整えることを狙いとしている」とされている点にも、明確に示されている。

　なお、コーポレートガバナンス・コードは、欧州・アジアを中心に各国で

広く採用されているコーポレート・ガバナンスを規律する規範であり、厳格な法規範ではなく、「プリンシプルベース・アプローチ」や「コンプライ・オア・エクスプレイン」の手法を採用している点でも共通している。もっとも、諸外国においては、経営陣による過度のリスクテイクを防止することに主眼が置かれているのに対し、わが国においては、経営陣が迅速・果断な意思決定を行うことを後押しすることが強調されている点において、真逆の方向性が志向されているともいえる。もっとも、実効的なコーポレート・ガバナンスを実現することの目的は、「健全な起業家精神の発揮を促す」ことであり、最終的な目的は異ならないとの見方も可能である[26]。

④　コーポレートガバナンス・コードの内容

コーポレートガバナンス・コード原案序文においては、「本コード（原案）は、実効的なコーポレートガバナンスの実現に資する主要な原則を取りまとめたもの」であるとされているが、その内容は、コーポレートガバナンス・コードの内容としては、OECD（経済協力開発機構）の「コーポレートガバナンスに関する諸原則」（1999年制定・2004年改訂）のほか、各国のコーポレートガバナンス・コードも参照しつつ策定されている。

具体的には、(i)株主の権利・平等性の確保、(ii)株主以外のステークホルダーとの適切な協働、(iii)適切な情報開示と透明性の確保、(iv)取締役会等の責務、(v)株主との対話の5つの章に分けて、それぞれ基本原則・原則・補充原則を規定している。

コーポレートガバナンス・コードには、合計で73の原則（基本原則・原則・補充原則）が存在するが、このうち、一定の事項を開示することを求める原則の内容は、図表3－9のとおりである。コーポレートガバナンス・コードに含まれるテーマは多岐にわたるが、このうち、政策保有株式および指名・報酬に関する方針・手続について若干解説を行う。

26　油布・中野（2015）20頁。

第3章　銀行グループのコーポレート・ガバナンス　333

図表3－9　コーポレートガバナンス・コードの開示を要する11原則

原則	内容
原則1－4	【原則1－4．いわゆる政策保有株式】 　上場会社がいわゆる政策保有株式として上場株式を保有する場合には、政策保有に関する方針を開示すべきである。また、毎年、取締役会で主要な政策保有についてそのリターンとリスクなどをふまえた中長期的な経済合理性や将来の見通しを検証し、これを反映した保有のねらい・合理性について具体的な説明を行うべきである。 　上場会社は、政策保有株式に係る議決権の行使について、適切な対応を確保するための基準を策定・開示すべきである。
原則1－7	【原則1－7．関連当事者間の取引】 　上場会社がその役員や主要株主等との取引（関連当事者間の取引）を行う場合には、そうした取引が会社や株主共同の利益を害することのないよう、また、そうした懸念を惹起することのないよう、取締役会は、あらかじめ、取引の重要性やその性質に応じた適切な手続を定めてその枠組みを開示するとともに、その手続を踏まえた監視（取引の承認を含む）を行うべきである。
原則3－1	【原則3－1．情報開示の充実】 　上場会社は、法令に基づく開示を適切に行うことに加え、会社の意思決定の透明性・公正性を確保し、実効的なコーポレートガバナンスを実現するとの観点から、（本コードの各原則において開示を求めている事項のほか、以下の事項について開示し、主体的な情報発信を行うべきである。 　（i）　会社の目指すところ（経営理念等）や経営戦略、経営計画 　（ii）　本コードのそれぞれの原則を踏まえた、コーポレートガバナンスに関する基本的な考え方と基本方針 　（iii）　取締役会が経営陣幹部・取締役の報酬を決定するに当たっての方針と手続 　（iv）　取締役会が経営陣幹部の選任と取締役・監査役候補の指名を行うに当たっての方針と手続 　（v）　取締役会が上記(iv)を踏まえて経営陣幹部の選任と取締役・監査役候補の指名を行う際の、個々の選任・指名についての説明
補充原則4－1①	4－1①　取締役会は、取締役会自身として何を判断・決定し、何を経営陣に委ねるのかに関連して、経営陣に対する委任の範囲

334

	を明確に定め、その概要を開示すべきである。
原則 4 - 8	【原則 4 - 8．独立社外取締役の有効な活用】 　独立社外取締役は会社の持続的な成長と中長期的な企業価値の向上に寄与するように役割・責務を果たすべきであり、上場会社はそのような資質を十分に備えた独立社外取締役を少なくとも 2 名以上選任すべきである。 　また、業種・規模・事業特性・機関設計・会社をとりまく環境等を総合的に勘案して、自主的な判断により、少なくとも 3 分の 1 以上の独立社外取締役を選任することが必要と考える上場会社は、上記にかかわらず、そのための取組み方針を開示すべきである。
原則 4 - 9	【原則 4 - 9．独立社外取締役の独立性判断基準及び資質】 　取締役会は、金融商品取引所が定める独立性基準を踏まえ、独立社外取締役となる者の独立性をその実質面において担保することに主眼を置いた独立性判断基準を策定・開示すべきである。また、取締役会は、取締役会における率直・活発で建設的な検討への貢献が期待できる人物を独立社外取締役の候補者として選定するよう努めるべきである。
補充原則 4 - 11①	4 - 11①　取締役会は、取締役会の全体としての知識・経験・能力のバランス、多様性及び規模に関する考え方を定め、取締役の選任に関する方針・手続と併せて開示すべきである。
補充原則 4 - 11②	4 - 11②　社外取締役・社外監査役をはじめ、取締役・監査役は、その役割・責務を適切に果たすために必要となる時間・労力を取締役・監査役の業務に振り向けるべきである。こうした観点から、例えば、取締役・監査役が他の上場会社の役員を兼任する場合には、その数は合理的な範囲にとどめるべきであり、上場会社は、その兼任状況を毎年開示すべきである。
補充原則 4 - 11③	4 - 11③　取締役会は、毎年、各取締役の自己評価なども参考にしつつ、取締役会全体の実効性について分析・評価を行い、その結果の概要を開示すべきである。
補充原則 4 - 14②	4 - 14②　上場会社は、取締役・監査役に対するトレーニングの方針について開示を行うべきである。
原則 5 - 1	【原則 5 - 1．株主との建設的な対話に関する方針】 　上場会社は、株主からの対話（面談）の申込みに対しては、会社の持続的な成長と中長期的な企業価値の向上に資するよう、合理的な範囲で前向きに対応すべきである。取締役会は、株主との

第 3 章　銀行グループのコーポレート・ガバナンス　335

	建設的な対話を促進するための体制整備・取組みに関する方針を検討・承認し、開示すべきである。
補充原則 5-1②	5-1②　株主との建設的な対話を促進するための方針には、少なくとも以下の点を記載すべきである。 （ⅰ）　株主との対話全般について、下記(ⅱ)～(ⅴ)に記載する事項を含めその統括を行い、建設的な対話が実現するように目配りを行う経営陣または取締役の指定 （ⅱ）　対話を補助する社内のIR担当、経営企画、総務、財務、経理、法務部門等の有機的な連携のための方策 （ⅲ）　個別面談以外の対話の手段（例えば、投資家説明会やIR活動）の充実に関する取組み （ⅳ）　対話において把握された株主の意見・懸念の経営陣幹部や取締役会に対する適切かつ効果的なフィードバックのための方策 （ⅴ）　対話に際してのインサイダー情報の管理に関する方策

政策保有株式

　原則1-4は、いわゆる政策保有株式として上場株式を保有する場合に、(ⅰ)政策保有に関する方針を開示し、(ⅱ)取締役会で、毎年、経済合理性等について検証し、保有（政策目的）のねらいと合理性について具体的な説明を対外的に行い、(ⅲ)政策保有株式に係る議決権行使について方針・基準を策定し開示することを求めている。

　本原則は、2014年5月23日に自由民主党・日本経済再生本部が公表した「日本再生ビジョン」において、「株式持ち合い」に関して、「株式持ち合いや銀行等金融機関などによる株式保有は、長らくわが国における企業経営から緊張感を奪い、産業の新陳代謝が停滞する一因となってきた」といった問題意識が示され、コーポレートガバナンス・コードに「株式持ち合い」に関する記載をすることが考えられる旨明記されたことなどもふまえ、規定されたものである。

　具体的には、政策保有株式については、株主・投資家側から、(ⅰ)利益率・資本効率の低下や（株価変動リスクを抱えることに伴う）財務の不安定化のおそれといった経済合理性に関する懸念や、(ⅱ)株主総会における株主権行使を

通じた監視機能の形骸化し、いわゆる「議決権の空洞化」を招くおそれがあるといった議決権行使に関する懸念等が指摘されてきた。本原則は、これらの懸念をふまえて、政策保有株式の保有を直ちに縮小を求めるということではなく、政策保有に関する「開示」を強化することで、上場会社と市場との対話を通じた合理的な解決策を見出すことに主眼が置かれている[27]。

コーポレートガバナンス・コードにおいて、「政策保有株式」という用語の定義は置かれておらず、上場株式のうちどのようなものが「政策保有株式」に該当するかは、各社の合理的な判断に委ねられているが、本原則にいう「政策保有株式」は、いわゆる株式の持合いのケースには限定されておらず、一方の上場会社が他方の上場会社の株式を一方的に保有するのみのケースも射程に含まれている。また、原則の文言上は、「上場会社がいわゆる政策保有株式として上場株式を保有する場合」に適用があるとされているが、「コーポレートガバナンス・コードの策定に関する有識者会議」における議論では、プリンシプルベース・アプローチのもと、上場している銀行持株会社については、単体のみならず、非上場の子銀行のほうで保有されている政策保有株式も含めた対応が求められると整理されている。

指名・報酬に関する方針・手続

原則 3 − 1 (iii)・(iv)は、「取締役会が経営陣幹部・取締役の報酬を決定するに当たっての方針と手続」および「取締役会が経営陣幹部の選任と取締役・監査役候補の指名を行うに当たっての方針と手続」を開示することを求めている。

また、このほかにも、補充原則 4 − 3 ①は、経営陣幹部の選任や解任について、公正かつ透明性の高い手続に従い、適切に実行すべきものとし、補充原則 4 − 10①は、経営陣幹部・取締役の指名・報酬などについて独立社外取締役の適切な関与・助言を得るべきとしている。

従来、わが国において役員人事については、社長・会長といった経営トップの専権事項とされている例が多く、役員報酬についても、株主総会決議の

27　油布ほか（2015）51頁、52頁。

第 3 章　銀行グループのコーポレート・ガバナンス　337

枠内での具体的決定は取締役会決議により社長に一任されることが多かった。このため、海外投資家から、わが国の役員の指名・報酬の決定プロセスが不透明であるとの批判があるとともに、前記のとおり、このことによって生じる業績低迷期にも経営トップが交代しないといった役員人事の非効率が、役員報酬も中長期的な業績連動の色彩が弱いこととも相まって、日本企業の収益性が低い1つの原因となっているのではないかとの問題意識が存在した。このことをふまえ、コーポレートガバナンス・コードにおいては、随所で、経営陣の人事・報酬の決定手続における取締役会の役割への言及がなされているとともに、経営陣幹部や取締役の人事および報酬について、取締役会による決定に係る方針・手続の策定・開示を要するものとされ、また、独立社外取締役の関与等を含めた公正かつ透明性の高い手続による決定が求められており、指名・報酬の決定プロセスの透明性・公正性の確保が求められている。

なお、わが国の役員報酬において中長期的な業績連動の色彩が弱いとされる点については、原則4-2において「経営陣の報酬については、中長期的な会社の業績や潜在的リスクを反映させ、健全な企業家精神の発揮に資するようなインセンティブ付けを行うべきである」とされているほか、補充原則4-2①において、「経営陣の報酬は、持続的な成長に向けた健全なインセンティブの1つとして機能するよう、中長期的な業績と連動する報酬の割合や、現金報酬と自社株報酬との割合を適切に設定すべきである」とされており、中長期の業績連動に向けた適切なインセンティブとなるべき報酬設計を行うことを求める原則が設けられている。

(3) 日本版スチュワードシップ・コード

① 日本版スチュワードシップ・コードの策定の経緯

コーポレートガバナンス・コードの策定の前年である2014年2月、「「責任ある機関投資家」の諸原則〈日本版スチュワードシップ・コード〉」(以下

「日本版スチュワードシップ・コード」という）が策定・公表されている。

　日本版スチュワードシップ・コードは、わが国において株主による経営監視が有効に機能していないとの問題意識をふまえ、機関投資家が、建設的な対話を通じて投資先企業の中長期的な成長を促し、適切に受託責任を果たすための原則であり、機関投資家を名宛人とするものである。これは、2013年6月に閣議決定された「日本再興戦略」において、「機関投資家が、対話を通じて企業の中長期的な成長を促すなど、受託者責任を果たすための原則（日本版スチュワードシップ・コード）について検討し、取りまとめる」との施策が持ち込まれたことをふまえて、金融庁に設置された「日本版スチュワードシップ・コードに関する有識者会議」によって策定されたものである。

　「日本版」との名称が用いられているとおり、日本版スチュワードシップ・コードは、英国版スチュワードシップ・コードを原型として策定されたものである。英国版スチュワードシップ・コードは、FRC（ファイナンシャル・レポーティング・カウンシル。イギリス財務報告評議会）から公表された機関投資家向けの規範であり、世界金融危機（リーマンショック）の発生を契機として、機関投資家が本当に受託者責任を果たしていたのかとの問題意識から、機関投資家による投資先企業に対する関与のあり方について議論が行われ、資産運用者である機関投資家と企業との間のエンゲージメントの質を促進し、株主への長期のリターンの改善を補助する目的で、2010年に策定されたものである。なお、スチュワードシップという概念は、中世のイギリスで荘園領主に雇われてその地所を管理する財産管理人をスチュワード（Steward）と呼んでいたことに由来するものであり、機関投資家について、顧客（受益者）からその財産の管理運営を委託されている者との位置づけで用いられている。

　日本版スチュワードシップ・コードについては、受入状況を可視化するため、同コードを受け入れる機関投資家に対し、「コードを受け入れる旨」（受入れ表明）およびスチュワードシップ責任を果たすための方針など「コードの各原則に基づく公表項目」（実施しない原則がある場合には、その理由の説明を含む）を自らのウェブサイトで公表することを求めている。そして、

第3章　銀行グループのコーポレート・ガバナンス　339

GPIF（年金積立金管理運用独立行政法人）や生命保険会社も含め、多くの機関投資家等が受入れを表明しており、3カ月ごとに、同コードの受入れを表明した機関投資家のリストが金融庁のウェブサイトにおいて公表されている。

② 「プリンシプルベース・アプローチ」と「コンプライ・オア・エクスプレイン」

日本版スチュワードシップ・コードは、コーポレートガバナンス・コードと同様、「プリンシプルベース・アプローチ」と「コンプライ・オア・エクスプレイン」の手法が採用されている。

すなわち、日本版スチュワードシップ・コードは、機関投資家がとるべき行動について、皆が共通して守るべき最低限の規律について詳細に規定する「ルールベース・アプローチ」（細則主義）ではなく、機関投資家が各々の置かれた状況に応じて、他と差別化を図るべく創意工夫をすることで、自らのスチュワードシップ責任をその実質において適切に果たすことができるよう、いわゆる「プリンシプルベース・アプローチ」（原則主義）が採用されている。

また、日本版スチュワードシップ・コードは、法的拘束力を有する規範（法令）ではなく、コードの趣旨に賛同し、これを受け入れる用意のある機関投資家に対して、その表明を期待するものであり、そのうえで、いわゆる「コンプライ・オア・エクスプレイン」（原則を実施するか、実施しない場合には、その理由を説明するか）の手法が採用されている。

③ 日本版スチュワードシップ・コードの内容

日本版スチュワードシップ・コードは、機関投資家が、顧客・受益者と投資先企業の双方を視野に入れ、「責任ある機関投資家」として「スチュワードシップ責任」を果たすにあたり有用と考えられる諸原則を定めるものとされている。

そして、「スチュワードシップ責任」とは、機関投資家が、投資先企業やその事業環境等に関する深い理解に基づく建設的な「目的をもった対話」

（エンゲージメント）などを通じて、当該企業の企業価値の向上や持続的成長を促すことにより、「顧客・受益者」（最終受益者を含む。以下同じ）の中長期的な投資リターンの拡大を図る責任を意味するとされている。そして、「スチュワードシップ責任」を果たすための機関投資家の活動は、「スチュワードシップ活動」と称されている。「スチュワードシップ活動」として、株主としての株主総会における議決権の行使は重要な要素ではあるものの、これのみを意味するものと理解すべきではなく、機関投資家が、投資先企業の持続的成長に向けて「スチュワードシップ責任」を適切に果たすため、当該企業の状況を適切に把握することや、これをふまえて当該企業と建設的な「目的をもった対話」（エンゲージメント）を行うことなどを含む、幅広い活動を指すものであるとされている。

　以上の定義および原則4において「機関投資家は、投資先企業との建設的な「目的を持った対話」を通じて、投資先企業と認識の共有を図るとともに、問題の改善に努めるべきである」との内容が掲げられているとおり、日本版スチュワードシップ・コードは、機関投資家が投資先企業との建設的な「目的を持った対話」を行うことによって、投資先企業の中長期的な持続的成長が図られることが意図されている。この趣旨は、日本版スチュワードシップ・コードの原則4の指針4－1において、「機関投資家は、中長期的視点から投資先企業の企業価値及び資本効率を高め、その持続的成長を促すことを目的とした対話を、投資先企業との間で建設的に行うことを通じて、当該企業と認識の共有を図るよう努めるべきである。なお、投資先企業の状況や当該企業との対話の内容等を踏まえ、当該企業の企業価値が毀損されるおそれがあると考えられる場合には、より十分な説明を求めるなど、投資先企業と更なる認識の共有を図るとともに、問題の改善に努めるべきである」として、その趣旨が明確にされている。

　日本版スチュワードシップ・コードは、7つの「原則」から構成されている（図表3－10参照）。また、この7つの原則のもとに、各原則ごとの具体的解釈指針や説明が付されており、コードの理解に資するための工夫がなされている。

第3章　銀行グループのコーポレート・ガバナンス　341

図表3－10　日本版スチュワードシップ・コード

> 　投資先企業の持続的成長を促し、顧客・受益者の中長期的な投資リターンの拡大を図るために、
> 1．機関投資家は、スチュワードシップ責任を果たすための明確な方針を策定し、これを公表すべきである。
> 2．機関投資家は、スチュワードシップ責任を果たす上で管理すべき利益相反について、明確な方針を策定し、これを公表すべきである。
> 3．機関投資家は、投資先企業の持続的成長に向けてスチュワードシップ責任を適切に果たすため、当該企業の状況を的確に把握すべきである。
> 4．機関投資家は、投資先企業との建設的な「目的を持った対話」を通じて、投資先企業と認識の共有を図るとともに、問題の改善に努めるべきである。
> 5．機関投資家は、議決権の行使と行使結果の公表について明確な方針を持つとともに、議決権行使の方針については、単に形式的な判断基準にとどまるのではなく、投資先企業の持続的成長に資するものとなるよう工夫すべきである。
> 6．機関投資家は、議決権の行使も含め、スチュワードシップ責任をどのように果たしているのかについて、原則として、顧客・受益者に対して定期的に報告を行うべきである。
> 7．機関投資家は、投資先企業の持続的成長に資するよう、投資先企業やその事業環境等に関する深い理解に基づき、当該企業との対話やスチュワードシップ活動に伴う判断を適切に行うための実力を備えるべきである。

(4)　2つのコードの関係

　コーポレートガバナンス・コードとスチュワードシップ・コードは、いずれも、会社の持続的な成長と中長期的な企業価値の向上を目的とする点で共通しており、いわば「車の両輪」として相互に機能し、結果として、会社の持続的な成長と中長期的な企業価値の向上に資することが想定されている。

　この趣旨は、コーポレートガバナンス・コード原案の序文において、「市場においてコーポレートガバナンスの改善を最も強く期待しているのは、通常、ガバナンスの改善が実を結ぶまで待つことができる中長期保有の株主であり、こうした株主は、市場の短期主義化が懸念される昨今においても、会社にとって重要なパートナーとなり得る存在である。本コード（原案）は、

会社が、各原則の趣旨・精神を踏まえ、自らのガバナンス上の課題の有無を検討し、自律的に対応することを求めるものであるが、このような会社の取組みは、スチュワードシップ・コードに基づくこうした株主（機関投資家）と会社との間の建設的な「目的を持った対話」によって、更なる充実を図ることが可能である。その意味において、本コード（原案）とスチュワードシップ・コードとは、いわば「車の両輪」であり、両者が適切に相まって実効的なコーポレートガバナンスが実現されることが期待される」（コーポレートガバナンス・コード原案序文 8 項）として記載されている。

【第 3 章の参考文献】

相澤哲（2005）『一問一答　新・会社法』商事法務

相澤哲・石井裕介（2006）「株式会社以外の機関」別冊商事法務300号、30－42頁

相澤哲ほか編著（2006）『論点解説　新・会社法』商事法務

岩原紳作（2011）「銀行持株会社による子会社管理に関する銀行法と会社法の交錯」『門口正人判事退官記念　新しい時代の民事司法』商事法務

岩原紳作（2015）「銀行持株会社によるグループガバナンス―銀行法と会社法の交錯(3)―」『企業法の現代的課題―正井章筰先生古稀記念』成文堂

江頭憲治郎（2015）『株式会社法　第 6 版』有斐閣

大隅健一郎（1993）「会社の親子関係と取締役の責任」『商事法研究(下)』有斐閣

柿崎環（2005）『内部統制の法的研究』日本評論社

木下信行（1999）『解説　改正銀行法』日本経済新聞社

久保克行（2010）『コーポレート・ガバナンス　経営者の交代と報酬はどうあるべきか』日本経済新聞出版社

小山嘉昭（2012）『詳解　銀行法〔全訂版〕』金融財政事情研究会

坂本三郎編著（2015）『一問一答平成26年改正会社法〔第 2 版〕』商事法務

田中亘（2002）「取締役の責任軽減・代表訴訟」ジュリスト1220号、31－37頁

野村修也（2006）「内部統制への企業の対応と責任」企業会計58巻 5 号、98－103頁

法務省パブコメ（2015年 2 月 6 日）法務省「会社法の改正に伴う会社更生法施行令及び会社法施行規則等の改正に関する意見募集の結果について」（平成27年 2 月 6 日）

前田重行（2006）「持株会社における子会社の支配と管理―契約による指揮権の確保―」『金融持株会社におけるコーポレート・ガバナンス』金融法務研究会事務局

油布志行・中野常道（2015）「コーポレートガバナンス・コード（原案）について」ジュリスト1484号、18-23頁
油布志行ほか（2015）「『コーポレートガバナンス・コード原案』の解説〔Ⅱ〕」旬刊商事法務2063号、51-57頁

第4章

グローバル金融規制と
グループ経営

グローバル金融規制の流れを鳥瞰する

(1) 3つの潮流

銀行を中心とする金融規制は、「グローバル化」「規制目的の多様化」「グループベースでの監督」の3つのベクトルから示すことが可能である。図表4－1は、金融規制の流れの全体像を鳥瞰したものである。

図表4－1 グローバル金融規制の流れ

	国内規制中心 （～1980年）	グローバル規制へ転換 （1990～2008年）	グローバル規制の深化 （2009年～）
背景	国内における 信用創造機能の安定化	レベル・プレイング・ フィールド 金融国際化への対応	リーマンショックに よる国際的負の連鎖 への反省
目的	個別預金取扱金融機関 の健全性の確保	各国の銀行健全性規制 の標準化・高度化	規制範囲の拡大・厳格化 金融システムの安定化
監督	各国当局	各国当局、 バーゼル委（BCBS）	各国当局、 BCBS、FSB、 IAIS、IOSCO
手法	各国内独自の 自己資本比率規制	BIS規制 （自己資本比率規制）	BIS規制（資本・流動性） G-SIFIs規制（資本ほか）
対象	単体中心	銀行グループ連結中心	金融グループ全体への より深く広範な監督

個別金融機関の健全性確保（ミクロプルーデンス）

マクロプルーデンス

（注） BCBS = Basel Committee for Banking Supervision（銀行監督）、FSB = Financial Stability Board（金融監督全体の統括組織）、IAIS = International Association of Insurance Supervisors（保険監督）、IOSCO = International Organization of Securities Commissions（証券監督）
（出所） 筆者作成

規制のグローバル化とは、国際的に統一された規制の内容がより詳細により幅広くなっていくことである。1980年前後まで各国内で完結していた規制が、その後バーゼル合意による国際統一自己資本比率基準が設けられ、リーマンショック後に金融規制のグローバル化が急激に進む流れである。これに応じて、図表4－1の「監督」の部分にある登場人物も国際機関が格段に深く関与するかたちとなったのがわかる。

　規制目的の多様化とは、個別金融機関の健全性に重きを置いた「ミクロプルーデンス」に加え、グローバル金融システムの安定性を求める「マクロプルーデンス」が重視されてきた変化を指している。

　最後のグループベースでの監督とは、以前から連結ベースでの自己資本比率規制等の財務規制は存在していたが、金融グループのグローバル化、複雑化、相互連関性増加などの環境変化をふまえ、グループ全体としてのガバナンスをはじめ、破綻処理についても、巨大金融グループの破綻処理を粛々と進めるための枠組みを策定しつつあることである。

　以下、これら3つの金融規制の潮流について詳しくみていこう。

(2)　規制のグローバル化

　金融規制は1980年頃まで国内規制に限られていた。規制の目的は、各国の状況に応じて、金融機関の健全性を維持、監視するためのものでしかなかった。しかし、1985年にアメリカが国内金融機関に厳しい自己資本比率のルールを導入した頃、邦銀が緩い規制のもと低金利で海外貸出を増加させる状況にあり、アメリカなどは各国規制の差異による競争条件の優劣を問題視した。また、日米間の貿易不均衡や、日本企業の競争力向上、さらにはロックフェラーセンター買収などに象徴される海外でのオーバープレゼンスも対日強硬姿勢を促した。

　1986年、アメリカとイギリスは国際的な自己資本比率規制の必要性を訴える共同提案を行い、その後バーゼル銀行規制監督委員会（現在のバーゼル銀行監督委員会）を国際的な銀行規制の議論の場として選んだ。これがバー

第4章　グローバル金融規制とグループ経営　347

ゼルというスイスの中堅都市が国際的金融規制の中心となったきっかけである。それ以前の同委員会は、国際決済銀行（BIS = Bank for International Settlement）の本部内に1975年設置されて以降、各国金融当局者が悩みや意見を交換するサロン的組織でしかなかった。1987年に「自己資本の測定と基準に関する国際的統一化への提言」が同委員会から出され、1988年に国際的に統一された自己資本比率規制すなわち「バーゼル合意」がなされ、国際的な規制上の競争条件を一致させる「レベル・プレイング・フィールド」が確認された（BIS本部は（図表4－2））。

　この規制グローバル化の流れがさらに加速したのが2009年4月にロンドンで行われたG20サミットである。2008年9月のリーマンショックの反省から、金融システムの安定化を図るためにグローバルに規制の枠組みを見直す必要性が重要な議題であった。

　この会合で、グローバルな金融安定化を図る最高機関として金融安定化理事会（FSB = Financial Stability Board）が組織された。以前のバーゼル等と同様にサロン的な金融安定化フォーラム（FSF = Financial Stability Forum）がこの前身であるが、G20サミットに対する最高諮問機関として権威づけられた。FSBの傘下に、銀行、保険、証券などの国際的監督組織がつくかた

図表4－2　バーゼル銀行監督委員会が設置されている国際決済銀行本部

（出所）　筆者撮影

ちとなっている。これがグローバル金融規制の強化に向かう大号砲となり、次節で説明する「バーゼルⅢ」をはじめとする規制強化の流れがつくられた。

(3) 規制目的の多様化

　次に、規制目的の多様化である。プルーデンス政策は、金融機関の健全性を維持するための政策である。すでに述べたとおり、金融監督は個別金融機関の健全性に着目したミクロプルーデンスと金融システム全体の健全性に係るマクロプルーデンスに大別される。規制目的の多様化はミクロ中心の監督からマクロを含めた監督への変化が大きいのであるが、ミクロプルーデンスの内容の変化も見逃せない。

　バーゼルⅡからバーゼルⅢへのレジームチェンジにより、国際的に統一された銀行監督の数値的なガイダンスが格段に増加した。銀行の健全性の基本的尺度は（リスクベースでの）自己資本比率であることに変わりはない。しかし、その内容について重層的な数値基準が設けられたほか、リスクウェイトが不要なレバレッジ比率による規制が加わった。これは、証券化商品などのリスクウェイトが（高格付を背景として）低く評価されたにもかかわらず、世界的金融危機の際に巨額の損失をきたすなど、リスクウェイトに対する信頼性が揺らいだことが主な動機となっている（詳しくは2(1)「ミクロプルーデンスとしてのバーゼルⅢ」参照）。

　このほか、資金繰りの安定性を求める流動性カバレッジ比率（LCR = Liquidity Coverage Ratio）や安定調達比率（NSFR = Net Stable Funding Ratio）などの指標の遵守が新設された。これは規制の多様化とグローバル化の双方を企図されている。

　マクロプルーデンスの重要性については、さらに意識が高まっている。リーマン・ブラザーズという個別金融機関の破綻が、世界の金融市場ばかりでなく世界経済に大きな影響をもたらした経験をふまえ、金融システム全体の安定性を確保する政策の必要性に焦点が当てられるようになったためである。

第4章　グローバル金融規制とグループ経営　349

このため、経営状態の悪化がグローバル金融システムに影響を及ぼしうるプレーヤーを特定し、特定された金融機関に対して他の金融機関より厳しい健全性維持のための要求を行うほか、セーフティネットに寄りかかるようなモラルハザードに対処するために、システミックリスクを回避しながら破綻処理を行うための条件整備に取り組んでいる。これらについての詳細は後述する。

(4) グループベースでの監督

第1章で取り上げたアメリカのGLB法に代表される規制緩和により、銀行を中核とする金融グループの経営は複雑性や取引規模が高まっている。リーマンショックを機に、各国および国際的な監督・規制機関は一斉にグループベースでの規制・監督の整備へと舵を切った。アメリカでは、業態によって監督者が異なりグループ全体の経営状態の掌握ができなかった反省をふまえ、FRBが大規模金融機関の監督を一元的に行う体制へと移行した。

2012年にはバーゼル銀行監督委員会が、「実効的な銀行監督のためのコアとなる諸原則」いわゆるバーゼル・コア・プリンシパルを改訂し、その原則12において「銀行監督の重要な要素は、監督当局が、銀行グループが各国で行う業務すべての側面を適切に監督し、必要に応じ健全性に関する基準を適用し、銀行グループを連結ベースで監督することである」としている。

2013年には、FSBがリスク・アペタイト報告書を発行し、金融システムに重要な影響を及ぼす金融機関について、グループとして許容できるリスクの水準について、経営陣が対話、理解、評価することが可能となるグループ横断的な枠組みの確保を求めている。

このほか、2015年7月には同委員会から「銀行のためのコーポレートガバナンスの諸原則」が正式に発表され、その原則5において、持株会社などの親会社の取締役会がグループ全体の責任を有し、業務およびリスクに照らし適切で明確なガバナンスの仕組みを確保すべき趣旨がうたい込まれている。以下、簡潔にそのエッセンスについて紹介しよう。

「銀行のためのコーポレートガバナンスの諸原則」（筆者訳、抜粋）

原則5「グループ構造のガバナンス」

◆グループの親会社の取締役会が、グループとその各主体の構造、ビジネスならびにリスクに適切で明確なガバナンスの枠組みを確立し履行するための責任を負い、かつその組織構造およびその組織に係るリスクを認識・理解すべきである。

○親会社の取締役会は、銀行全体およびその子会社等双方に影響するリスクや問題を認知し、独立した法的およびガバナンス上の責任を重視しながら、子会社の取締役会に対して適切な監督を行うべきである。そのために、以下を確立すべきである。

・子会社の複雑さや重要性に応じた明確な役割、責任を含むガバナンスの枠組み

・グループ、子会社が直面しうる重大なリスクをふまえた取締役会と経営態勢

・ガバナンス構造およびリスクマネジメントのための仕組みに係る評価

・グループ内の利益相反を察知し対応することが可能なガバナンス

・グループポリシーや利害に照らして一貫性の担保される新組織の承認の枠組み

○子会社の取締役会と経営陣は、各主体およびグループのリスク管理に資する仕組みを確保し、グループポリシーとの整合性を認識すべきである。

○親会社の取締役は、グループ内における不透明性を排除し全体と各主体とのポリシー整合性を確保することに努めるべきである。そのうえで、適切に監督者とのコミュニケーションを図るべきである。

（出所）　バーゼル銀行監督委員会

第4章　グローバル金融規制とグループ経営　351

グローバル規制の全体像1
——ミクロプルーデンス

(1) ミクロプルーデンスとしてのバーゼルⅢ

　本節ではごく簡単に、グローバルなミクロプルーデンスの中核をなす「バーゼルⅢ」について解説する。バーゼルⅢの財務的な規制は、3つの柱をもっている。1つは、銀行の自己資本比率規制の質的量的な充実、2つ目は、レバレッジ比率（自己資本の総資産に対する比率）の導入、3つ目は安定的な流動性調達比率の導入である。3分野にわたる規制のなかでは、自己資本比率規制がやはり最も重要である。

① 自己資本比率規制

　バーゼルⅢの自己資本比率規制の特徴は、自己資本の質と量の充実であり、また「リスク資産」の計算方法の変更（リスク資産がより大きくなる）である。自己資本のなかで普通株式等Tier 1資本、あるいはコア・Tier 1資本ともいわれる「狭義の中核的自己資本」を重視することとなった。

　普通株式等Tier 1資本（以下「CET1比率（Common Equity Tier 1 Ratio）」という）は株主資本のうち優先株式は除かれる。したがって、普通株式により調達した資本、利益の蓄積による内部留保が基本となる。これに、いくつかの調整が加わる。株式などの保有有価証券の含み損益（評価差額という）については税率を控除したうえでこの資本に反映される。一方でバランスシートの資産に計上されている無形資産など、銀行が破綻したときに価値を失うような性格の資産はあらかじめ資本から控除される。きわめて厳しい規制である。

　このCET1部分に含まれない優先株式等は、「狭義以外の中核的自己資本」あるいは「その他Tier 1資本（以下「AT1（＝Additional Tier 1）という）」

となり、CET1とAT1の合計が中核的自己資本である「Tier 1 資本」となる。さらに、劣後債といわれる預金等の債務よりも先に損失を吸収できる債務も資本に加えることができるが、これが補完的自己資本「Tier 2」といわれるものである。

バーゼルⅢにおいて要求される最低自己資本比率は、CET1比率は4.5％、Tier 1 が 6 ％、自己資本全体で 8 ％がミニマムとなる。しかし、このミニマムの水準に加算される要素が 2 つある。 1 つが「資本保全バッファー」といわれるもので、上記 3 つの必要最低限の水準に2.5％が上乗せされる。この上乗せ分が充足されないと、配当や役員賞与がフルには支払えなくなる。もう 1 つのバッファーは、景気が過熱するときに導入される可能性のあるカウンターシクリカル・バッファーで、最大で2.5％の上乗せとなる。これは景気やバブルの状況によって水準が異なる。

こうした規制の変化は影響が大きいとみられたため、激変緩和措置として段階的に導入されることとなった。このようすを図示したのが図表 4 － 3 で

図表 4 － 3　バーゼルⅢの自己資本比率規制の導入プロセス

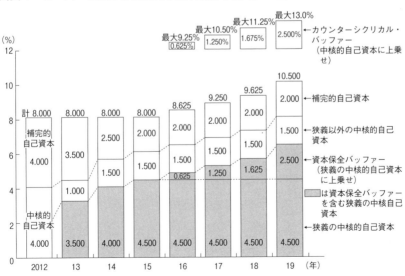

（出所）バーゼル銀行監督委員会文書に基づき筆者作成

第 4 章　グローバル金融規制とグループ経営　353

ある。

なお、この自己資本比率の所要水準については、次節で解説するマクロプルーデンスの視点からの求めにより、グローバル金融システムに重要な影響を与える銀行に対してはより高い水準が必要となる点をあわせてみておく必要がある。

②　レバレッジ比率規制

次にレバレッジ比率規制である。自己資本比率の分母がリスクに応じたリスクアセットの合計額であったのに対し、レバレッジ比率はリスクには関係なく総資産を用いる。まさに原始的な自己資本比率規制への先祖返りである。

そもそもこの財務規制が導入された背景は、リスクウェイトへの不信感である。リーマンショックのなか多額の損失を発生させたCDOなど証券化商品は格付が最上級（AAA格）のものが多く、リスクウェイトは20％とかなり低かった。このため、リスクウェイトが不適切な水準であっても、レバレッジ比率によって縛っておけば大丈夫ということである。レバレッジ規制は2018年より導入され、Tier 1 資本を総資産の3％以上もつべきとされている。

レバレッジ比率の逆数は、レバレッジ倍率である。なお、アメリカでは、2010年に成立した「ドッド・フランク金融規制改革法」のもと総資産が500億ドル以上の銀行を対象にバーゼルⅢ以上に厳しいレバレッジ比率を要求している。具体的には、レバレッジ比率を銀行で6％以上、持株会社連結は5％以上とする決定をした。

これに加え、G-SIBsに認定されるようなシステミックリスクを抱える巨大銀行に関してはさらに追加的なサーチャージが課せられ、JPモルガンなどは4％もの追加賦課も提案されている。

こうしたアメリカの状況にかんがみると、バーゼルという国際的な基準に関しても現行暫定的に定められた3％という水準から将来的に引き上げられる可能性はある。

なお、このレバレッジの考え方は、次節のマクロプルーデンスのなかで紹

介される「総損失吸収能力（TLAC）」においても関連してくるので留意されたい。

③　流動性比率規制

流動性比率規制は、流動性カバレッジ比率（LCR ＝ Liquidity Coverage Ratio）と安定調達比率（NSFR ＝ Net Stable Funding Ratio）から構成される。ともに金融市場が混乱したときの調達の安定性に備えるものである（図表4－4）。

LCRは、30日間資金調達ができない状況においても十分な支払能力を得られるよう処分が容易な流動資産を保有する義務である。所要比率は、2015年に60％、その後10％ずつ上がり、2019年に100％となる。図表4－4のとおり、分子には処分により現金が確保しやすい資産が含まれている。

NSFRは、銀行が継続的に保有する貸出等の資産に対し、安定的な調達源が確保されているかを測る指標である。分子に含まれる安定的な調達とは、自己資本や長期負債である。この規制も100％以上を維持することが求められる。

日本の銀行に関しては、潤沢で余りある預金による安定的な調達ができており、諸外国の銀行に比べればこれらの流動性比率の達成は困難ではないと思われるが、欧州の銀行は貸出が預金を上回る状況であり、本格的な導入ま

図表4－4　バーゼルⅢの流動性比率規制の算定式

LCR＝（質の高い流動資産～現金、中央銀行預金、ソブリン（高流動性）、国債（自国通貨）、株式、社債）／（30日間超のキャッシュアウトフロー～預金流出、負債性調達）

NSFR＝（安定調達額～Tier1＆2、優先株、流動性預金、1年超定期預金）／（要求調達額～ソブリン、有価証券全般（株式や国債を含む）、貸出）

（出所）　バーゼル銀行監督委員会文書に基づき筆者作成

第4章　グローバル金融規制とグループ経営　355

図表 4 - 5　バーゼルⅢの財務規制のまとめ

主要規制項目	自己資本	レバレッジ	流動性
規制対象	コア Tier1比率（X） Tier 1 比率（Y） 自己資本比率（Z）	レバレッジ比率	短期資金繰り指標 ＝ LCR（Liquidity Coverage Ratio） 長期資金繰り指標＝ NSFR（Net Stable Funding Ratio）
充足基準	X ≧ 4.5％、Y ≧ 6.0％、Z≧8.0% （資本保全バッファー含め、各、7％、8.5％、10.5%）	3％以上	それぞれ100％以上
規制導入時期	2013年 1 月から導入ずみ	2018年 1 月より本格導入	LCRは2015年 1 月段階的導入 NSFRは2018年 1 月本格導入
経過期間	2019年 1 月までは移行期間	2013年 1 月より試行期間	LCRは2019年 1 月本格導入

（出所）　バーゼル銀行監督委員会文書に基づき筆者作成

でに調達構造の変化が求められよう。

　参考までにバーゼルⅢの財務規制のまとめをしておく（図表 4 - 5）。

⑵　バーゼルⅢの検討事項

①　リスクアセット改革

　バーゼルⅢの解説の最後に、リスクアセット改革についても触れておく。欧米を中心とする監督者たちは、リスクベースの自己資本比率算定上で最も重要な所要資本算定上の「リスクの掛け目」にいっそうの改善余地があるこ

図表 4 − 6　リスクアセット改革の俯瞰図

（出所）　IIF 資料などに基づき筆者作成

とを、2010年12月のバーゼルⅢ市中協議文書が公表されて以降も指摘してきた。

　リスクアセット改革は、信用リスク、市場リスク、オペレーショナルリスクの3分野において網羅的に行われてきた。この全体観をまとめたものが図表 4 − 6 であるが、市場リスクおよびオペレーショナルリスク（図中のオペリスク）についてはほぼ不確定要因はない。

②　信用リスク計測方法に係る改革

　このなかでも銀行のリスクアセットの大宗を占めるのが、信用リスクの分野である。したがって、全 4 項目すべてが銀行に最も大きく影響するものとみられる。

　第一に、図表中の①と②に該当する信用リスク計測方法に関連する改革で

ある。国際的に活動する多くの銀行は、自らの計測方法に基づき所要資本を算出する「内部格付手法（IRB = Internal Rating Based Approach）」を用いている。しかし、バーゼル銀行監督委員会が実施したフィールドテストの結果、銀行間で計測結果に大きなばらつきがあることが露顕した。このため、内部格付手法を採用する場合においても、最低限維持すべき所要資本の水準について従来以上に厳格化を求めることとなった。

　他方、わが国では地方銀行の多くが採用している「標準的手法（SA = Standardized Approach）」についても、外部格付機関の格付に依存する従来の方法論に批判が集まり、外部格付から独立した計測方法が提案されることとなった。

　この2つの事案は密接にリンクしている。なぜならば、内部格付手法の計測結果がいかなるものであれ、標準的手法のもとで再計算された所要資本の一定割合が最低所要資本となるためである。

　また、いずれの手法にも影響を及ぼすのが、③のソブリンリスクの見直しである。ギリシャ危機におけるギリシャ国債のヘアカットなどを背景に、欧州の議会や当局を中心として、ソブリンリスクについて財政状態などをもとに計測すべきではないかといった声があがっている。従来はOECD加盟国でなおかつ自国通貨建ての政府債務に関しては各国当局の裁量に基づきリスクウェイトがゼロとなっている。これが大きく方針転換されれば、銀行の自己資本比率ばかりでなく、銀行の投資行動の変化を通じ各国の国際管理政策にも影響を及ぼしかねない。本稿執筆時点（2016年3月）においては決着がみられていないが、予断は許されないポイントである。

③　市場リスクの範囲に係る見直し

　図表中の信用リスクの最後の項目である「④IRRBB」とはバンキング勘定（銀行勘定）の金利リスクを示す「Interest Rate Risk in the Banking Book」の略称である。たとえば、銀行が総資産100兆円のうち自国の超長期国債を100兆円保有していたとする。これがトレーディング勘定（特定取引勘定）で保有されていれば、金利リスクが計測され所要資本（つまりリスク

358

アセット）が生じる。しかし、全額をバンキング勘定で保有している場合、リスクアセットはゼロとなる。

　金利リスクは何も国債保有の問題だけではなく、銀行の調達サイドと運用サイドの期間ギャップ、あるいはデリバティブ等のオフバランスを含めた金利リスクすべてに係る問題である。したがって、調達サイドが期間の短いあるいは要求払い預金のように期間に定めのない預金に依存する一方で、固定金利での住宅ローンなど長期間固定される金利での運用が多い場合は、金利上昇のリスクを負うこととなる。

　そもそも、バーゼル規制は3つの柱から構成されており、銀行が最も重要視するのが第1の柱「最低所要資本」、つまり自己資本比率規制である。第2の柱「銀行監督」は第1の柱で網羅できない、上記のIRRBBや信用リスクの集中などが対象となる。最後の第3の柱「開示」は、ディスクロージャーの充実による市場からの規律づけをねらいとしている。このうち、銀行業界はIRRBBにつき従来どおり第2の柱での運用を主張している。

　元来、銀行の本来的機能であり社会的使命の一部は、流動性転換機能や資

図表4－7　バーゼル規制におけるリスクベース自己資本比率の流れ

銀行が抱えるリスク		バーゼルⅠ	バーゼルⅠ二次規制	バーゼルⅡ	バーゼル2.5	バーゼルⅢ	バーゼル3.5？
信用リスク	バンキング勘定	自己資本比率規制	自己資本比率規制	自己資本比率規制	自己資本比率規制	自己資本比率規制	自己資本比率規制
	トレーディング勘定			自己資本比率規制	自己資本比率規制	自己資本比率規制	自己資本比率規制
市場リスク	バンキング勘定						自己資本比率規制？？？
	トレーディング勘定		自己資本比率規制	自己資本比率規制	自己資本比率規制	自己資本比率規制	自己資本比率規制
オペレーショナルリスク			自己資本比率規制	自己資本比率規制	自己資本比率規制	自己資本比率規制	自己資本比率規制

（出所）　石山嘉英・野﨑浩成『グローバル金融システムの苦悩と挑戦―新規制は危機を抑止できるか』きんざい（2014年）

産転換機能である。すなわち、不定期での引出しニーズを抱える預金者と、安定した長期資金の融通を望む借り手の仲介を行うことで、社会的な便益を提供している。長期貸出金はもとより国債を含む保有有価証券の一部は満期までの保有を明示的にあるいは暗示的に企図した運用資産である。このため、銀行のゴーイングコンサーンを前提とする限りにおいては、市場金利による「値洗い」を念頭に置いた金利リスクのリスクアセット化はなじまない、とする主張も理解はできる。

しかし、バーゼル規制の歴史的進展の過程を振り返ると、IRRBBは第1の柱へと移行する必然性が感じられる。図表4－7をみると、バーゼル規制の歴史的な流れについて、銀行が抱える多様なリスクがどういった経過を経て自己資本比率規制に取り込まれてきたかを鳥瞰することができる。

IRRBBをめぐる市中協議文書[1]においては、リスク計測方法に関する複数のアプローチと監督方法が示されている。

1　2015年6月8日付市中協議文書（a consultative document on the risk management, capital treatment and supervision of interest rate risk in the banking book）においては、第1の柱への反映と従来どおりの第2の柱における監督の両論併記とされている。

3 グローバル規制の全体像２
——マクロプルーデンス

(1) G-SIFIsの認定

　FSBは、個別の金融機関が金融市場全体に及ぼす重大な影響（システミック・リスク）を予防ないしは影響度の低減を図るマクロプルーデンス政策をG20から付託されている。

　これに向けての重要かつ具体的な施策が「グローバルな金融システムに重要な影響を及ぼす金融機関（G-SIFIs）」を特定し、こうした巨大金融機関が市場に与える影響を排除するための条件設定である。

　G-SIFIsは業態別に分かれている。銀行についてはバーゼルがG-SIBs（Global Systemically Important Banks）、保険はIAISがG-SIIs（Global Systemically Important Insurers）の認定を行うための方法論を定め、個社名を列挙したリストを公表している。また、銀行にも保険にも属さない金融機関についてもNBNI（Non-Bank Non-Insurance）-SIFIsとして認定するための方法論が策定されている。ちなみに日本からはメガバンク３社がG-SIBsに指定されたが、2015年11月の公表時点では、日本の保険会社はG-SIIsに入っていない。なお、G-SIFIsリストは、過年度における経営・財務状況などをもとに毎年見直される。このため毎年、リストから外れるあるいは新たに加わる金融機関、（所要資本などが異なる）カテゴリーの区分変更などがありうる。

　マクロプルーデンスを考えるうえで非常に重要な文書が、2011年10月にFSBから発表された。これが「金融機関の実効的な破綻処理の枠組みの主要な特性」であり、グローバルの金融システミックリスクを発生させないためのインフラ整備を各国に求めることとなった。その主なねらいは、G-SIFIsのような巨大金融機関がセーフティネットに寄りかかることで生じ

第４章　グローバル金融規制とグループ経営　361

る、TBTF（Too-Big-To-Fail）によるモラルハザードを排除する仕組みづくりである。あわせて、納税者の資金を投入しないための政策のフレームワークが示された。

　G-SIFIsに求められるのは「システミックリスクに対する予防的措置」、つまり破綻しにくくするための仕組みと、「システミックリスクを回避する破綻処理の戦略」すなわちグローバル金融市場に影響を及ぼさない破綻の仕組みの2点である。

(2)　システミックリスクに対する予防的措置

　「破綻しにくくするための仕組み」として、G-SIBsに追加的な自己資本比率の上積み（「資本サーチャージ」）が課せられた。具体的な上積み水準に関しては図表4−8をご覧いただきたい。次節で詳しく述べるが、最も重視される「CET1比率（普通株等Tier1比率）」は通常の銀行で7％であるが、

図表4−8　G-SIBsのリスト（2015年11月現在）

バケット	資本サーチャージ	金融機関名
5	3.5%	なし
4	2.5%	HSBC、JP Morgan Chase
3	2.0%	Barclays、BNP Paribas、Citi、Deutsche
2	1.5%	三菱UFJフィナンシャル・グループ、Bank of America、Credit Suisse、Goldman Sachs、Morgan Stanley
1	1.0%	みずほフィナンシャルグループ、三井住友フィナンシャルグループ、中国銀行、中国農業銀行、中国工商銀行、ING Bank、BNY Mellon、BPCE、Credit Agricole、Nordea、Royal Bank of Scotland、Santander、Societe Generale、Standard Chartered、Unicredit、State Street、UBS、Wells Fargo

（出所）　FSBリリースに基づき筆者作成

362

三菱UFJで+1.5%の8.5%、みずほおよび三井住友は+1%の8%が充足すべき水準である。バケット4に区分されているHSBCなどは7%+2.5%の9.5%が求められる。

では、各国のG-SIBs認定を受けている銀行の現状のCET1比率について比較してみよう。

日本の3グループに関してはいずれも10%を上回り、2019年の完全施行を待たずに、所要の水準を大幅に上回る自己資本比率を達成できていることが確認できる。

もちろん、リスクアセットに係る改革の影響がどのようなインパクトになるかは不透明であるが、ここにリストアップされている銀行の自己資本比率運営が厳しくなる状況となれば、他の多くの銀行はそれ以上の影響を受けるところも少なからず出てくることは容易に予想されるため、マクロ経済への影響に配慮した規制デザインに落ち着く可能性が高いだろう（図表4－9）。

図表4－9　G-SIBsのCET1比率（完全施行ベース、2014年度末現在）

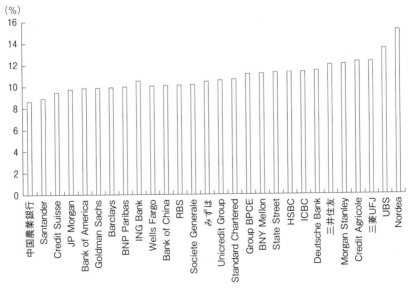

（出所）　各会社資料に基づき筆者作成

第4章　グローバル金融規制とグループ経営　363

(3)　システミックリスクを回避する破綻処理の戦略

　次に、市場に影響を及ぼさない破綻の仕組みについてである。リーマン・ブラザーズのように影響力のある金融機関が破綻するとマクロ経済に多大な影響を及ぼす。これが銀行の特徴である「負の外部性」である。こうした事態を防ぐために、公的資金投入による救済が行われる。これをベイルアウト（Bail-out）という。

　このため、影響力のある金融機関の経営者は、TBTFのモラルハザードを抱えながらリスクテイクに励む。こうした負の外部性を公的資金のような外部からのサポートではなく、自己解決させる仕組みづくりが、この方策である。具体的には、銀行の抱える損失処理を、株主や債権者など内部のステークホルダーに負担させる仕組みである。つまり、負の外部性の「内部化」である。これを、ベイルアウトに対応した言葉として、俗に「ベイルイン」と呼ぶ。経営危機が起きたときに、秩序立った破綻処理を行える体制を整備することにより、経営者のモラルハザードを抑制することがねらいである。

　破綻した場合の損失を納税者ではなく内部で吸収できる条件を定量化するために、FSBは総損失吸収能力（TLAC = Total Loss Absorbing Capacity）という概念をつくった。一義的には株主資本がここに含まれる。このほか、ベイルインが求められるような経営危機の状態にあっては債権者に元本の削減、株式転換などを要求できる負債などがTLACに含まれる。求められる水準はリスクアセットの16〜20％以上、レバレッジベースについても総資産の6％以上という指針が示されている。導入時期は2019年でバーゼルⅢの完全施行と同時期となる。なお、TLACの計算上、通常であればCET1に含まれる資本保全バッファー（2.5％）と資本サーチャージ（1〜2.5％）部分については控除される。

　ここで各国における法制度の差異についても述べよう。アメリカでは、従来、連邦預金保険公社（FDIC）にOLA（秩序立った清算権限、Orderly

Liquidation Authority）が付与されており、チャプターイレブン（連邦倒産法第11章）などの法的整理の前段階で、一定の条件（No Creditor Worse-off、法的整理時より債権者が不利益を被らないこと）のもとで裁判所の介在なく株主や債権者に対する損失負担を決定できる立て付けとなっていた。2010年成立したドッド・フランク法により、この権限が証券や保険など銀行以外の金融機関にも行使できることとなった。こうした法令に基づき当局の権限において債権者に損失負担を求めることを「法的ベイルイン」という。

　日本では、憲法で保障される財産権などの事情もあり、預金保険機構などが裁判所の関与なく債権者に損失負担を求めることができない。このため、銀行が発行する社債などの発行要項に破産法令に基づかない債権者の損失負担を規定する「契約上のベイルイン」が基本となった。2011年のFSBの方針を受け、日本では預金保険法第126条が新設され、金融システムに重大な影響を及ぼす事態における対応について、銀行、保険、証券まで対象範囲が拡大された。同条は、「我が国の金融市場その他の金融システムの著しい混乱が生ずるおそれがある場合に、金融危機対応会議の議を経て、内閣総理大臣が、金融機関に対して、その財務状況等に照らし、法126条の2第1項1号又は2号に定める措置を講じる」ものとされている。この認定を「特定認定」という。このうち「特定1号措置」は、債務超過でないことを前提に、資本注入や資金援助が受けられるものとなっている。一方、「特定2号措置」はベイルイン事由となる。ベイルイン事由になると、デリバティブや短期金融市場取引などの保全を行えるとともに、デリバティブ契約の早期解約条項の発動停止を命じることができる。つまり、特定認定された金融機関の経営リスクが、金融システムに伝播する危険性を排除できる枠組みを整えたわけである。そのうえで、上記のTLACで定義されたような資本や債券により破綻時の損失を吸収させるものである。既述の契約上のベイルインについては、この特定2号措置がトリガーイベントとなる。

　ここまで述べると、契約上のベイルインが付帯された債務しかTLACに計上できないこととなり、日本の銀行に不利な印象をもつだろう。しかし、このルール上は、持株会社が発行した社債（ただし残存期間が1年以上のもの

第4章　グローバル金融規制とグループ経営　365

に限る）であればベイルイン条項がなくともTLACに含まれることとなっているため、市中協議文書公表以前に懸念されていたような邦銀が不利な状況に陥ることとはならなかった。さらに、日本の預金保険制度の強靭性にかんがみ、2.5％以上（16％でTLACが決定すれば2.5％、それ以上となれば加算される）に相当するTLACのボーナスが付与された。筆者の計算では、日本のメガバンクのTLACはおおむね30％前後と所要水準を大幅に上回るため、この規制による影響は限定的とみられる。

(4) 巨大金融グループの破綻処理の潮流

前節で述べたとおり、グローバル金融システムに重要な影響を及ぼす金融機関に対しては、秩序立った破綻処理の確保するための方策が各国の当局にも各金融機関にも求められている。こうしたなかで、破綻処理の枠組みとして世界的に統一的な方向性が固まりつつあるのが、持株会社グループの破綻処理の方法論である。

こうしたグループの破綻処理戦略としては2つの代表的な方法がある。1つはSPE（Single Point of Entry）といわれるもので、もう1つはMPE（Multiple Point of Entry）というものである。SPEは、単一の破綻処理当局が、当該グループの頂点にある持株会社等に対してのみ破綻処理権限を行使するものである。一方でMPEでは、複数の破綻処理当局が連携し、金融グループ内の複数の異なる会社に対し破綻処理権限を行使するものとなっている。

SPEは頂点会社1社のみが破綻処理対象となることで、シンプルかつ複数の国をまたいだ処理を行う必要がなくなる。また、持株会社など頂点企業に損失吸収力があれば、傘下の銀行等のオペレーティング会社を破綻処理させずにビジネスを継続することが可能となる。他方で、MPEは法的にも業務的にも国や地域によって異なる環境での処理となり、各当局の機動的な連携や法的な手当が求められる。

こうした事情もあり、FSBは2014年11月に開かれたG20サミットに対する

報告書「金融機関の実効的な破綻処理の枠組みの主要な特性を導入するに向けて」のなかで、SPEによる破綻処理戦略が望ましいと結論づけている。すでに、アメリカやイギリスなどはこうした方式による破綻処理が前提の制度設計となっている。

前節で説明したTLACが持株会社レベルで求められる点も、こうしたSPE戦略をふまえた考え方といえるだろう。つまり、損失処理が持株会社で行われる前提であれば、損失吸収能力は持株会社において確保されるべきであるということである。

【第4章の参考文献】

石山嘉英・野﨑浩成（2014）『グローバル金融システムの苦悩と挑戦』金融財政事情研究会

木下信行（2011）『金融行政の現実と理論』金融財政事情研究会

白川俊介（2006）「バーゼルⅡが求めるリスク管理の高度化と金融行政のあり方」『週刊金融財政事情』2006年5月22日号

野﨑浩成（2015）『トップアナリストがナビする金融のしくみと理論』同文舘出版

藤田勉・野﨑浩成（2011）『バーゼルⅢは日本の金融機関をどう変えるか』日本経済新聞社

Basel Committee on Banking Supervision (2006) "Basel II: International Convergence of Capital Measurement and Capital Standards: A Revised Framework - Comprehensive Version," Bank for International Settlements

Basel Committee on Banking Supervision (2009) "Revisions to the Basel II market risk framework," Bank for International Settlements

Basel Committee on Banking Supervision (2010) "A global regulatory framework for more resilient banks and banking systems," Bank for International Settlements

Decamps, J., J. Rochet and B. Roger (2004) "The Three Pillars of Basel II: Optimizing the mix," *Journal of Financial Intermediation* 13, pp.132-155

Financial Services Authority (2009) "The Turner Review: a regulatory response to the global banking crisis," http://www.fsa.gov.uk/pubs/other/turner_review.pdf

第5章

銀　　　行

1 事業構造

(1) 銀行の概要

① 金融機関のなかでの銀行

　金融に係る業務を行う企業や組織は、きわめて多い。近年では、クラウドファンディングのように一般事業会社がインターネットを通じて直接投資を募るケースも増えている。このほかにも商社は金融機関とはいえないが、分野によっては銀行などと競い合っている。商社の仕事は、商品やサービスの仲介である。仲介を行う過程において、商社にとっての買い手や売り手の資金の過不足が発生する。購入代金入金までにある程度の期間が置かれる場合には、納入業者が当座の資金の手当に困ることもある。こうした資金の過不足は銀行が資金の融通を行うことで対応できるが、商社にも資金を融通する機能がある。これを商社金融という。商社は海外における大型プロジェクトにはリスクの取り手と資金の出し手が必要となる。こういったときにも、銀行をはじめとする金融機関と協調、時には競合しながら金融に係る業務に携わる。

　このように、金融業を業務の主体としていないプレーヤーも金融に携わることもあるが、金融機関というのは金融を専門とする企業や組織のことを一般的には指す。ここでいう金融業務とは、資金の運用および調達、送金や決済、信用の保証、金融商品の仲介、リスクの引受け（死亡による遺族の補償は生命保険、自動車事故などに備える損害保険など）などを指している。

　タイプ別に金融機関を分類すると、図表5-1のように、預金取扱金融機関、証券会社等、保険会社、消費者金融会社、資産運用会社、その他金融会社に分かれる。一般的には、消費者金融会社やその他金融会社が「ノンバン

図表5－1　金融機関の種類

種類	預金取扱金融機関	証券会社等	保険会社	消費者金融	資産運用	その他
業態例	銀行、信用金庫、信用組合、労働金庫、農業協同組合等	証券会社、証券金融会社	生命保険、損害保険	消費者金融専業、割賦販売、クレジットカード	投資信託、投資顧問、その他運用委託	リース、ファクタリング、信用保証専業、短資会社
預金	○	×	×	×	×	×
貸出	○	○	○	○	×	○
決済	○	△	×	△	×	△
外国為替	○	×	×	×	×	×
信用保証	○	△	△	○	×	△
投資信託販売	○	○	×	×	×	×
保険販売	○	○	○	×	×	×
クレジットカード	○	×	×	○	×	×
運用委託・管理	△（信託銀行）	×	×	×	○	×
その他信託業務	△（信託銀行）	×	×	×	×	×
その他金融業務	△	△	△	△	△	○

(注)　○は主要業務、△は業務範囲が限られる。
(出所)　野﨑浩成『トップアナリストがナビする金融の「しくみ」と「理論」』同文舘出版（2015）

ク」といわれるが、最近の世界の潮流では、預金取扱金融機関以外をすべてノンバンクと総称することが多くなっている。この図表によりおおむね主な機能別の違いが理解できる。

②　銀行の文化的背景

銀行は、このなかで最も私たちになじみがある、預金取扱金融機関のなか

の1つのカテゴリーである。預金取扱金融機関は、銀行のほか信用金庫などの協同組織金融機関から構成される。銀行と証券会社などの業態との事業特性差は伝統的な業務背景から起因しており、これが経営的カルチャーの差異にまで及んでいる。

銀行は預金を受け入れ貸出で運用し、その利鞘で商売する「ストックビジネス」である。これが、俗にいわれる「畑で種まきをして収穫を待つ農耕文化」を形成している。一方、証券会社をはじめとする金融商品取扱業者は、金融商品を左から右へ仲介する「フロービジネス」が中心である。これが銀行を農耕文化とすれば、証券会社は狩猟文化として対比できる背景となっている。

また、銀行は貸出や債券などリターンの上限が限られているのに対し、証券会社がその業のなかで中心に取り扱ってきた株式は値上り（あるいは値下り）に限度がない特徴もある。このため、銀行は回収可能性の最大化に注目し、これが保守性の意識を無意識のうちに強める一方で、証券会社は金融商品の価格変動性に注目し、リスクを追求する意識を強める風土となっている。こうしたビジネスの態様の違いが、各組織で働く人々の精神構造に作用し、組織としてのカラーが変わっているものと解釈できる。

③　銀行業務の機能特性

銀行の重要な役割の1つが、金融仲介機能である。この仲介機能は、情報生産、リスク負担、資産転換の3つの機能に細分化できる。情報生産とは、リスクを分析したうえでリスクに応じた収益水準を推定しこれを付加価値とするものである。銀行が貸出先を審査し、リスクに応じた金利で資金供給することである。

リスク負担機能は、資金の出し手と資金の取り手の間のリスクを遮断する役割を指している。銀行貸出でいえば貸出リスクを預金者から遮断し、銀行が損失を負担する。投資信託を販売あるいは株式売買の仲介や媒介を行うようなときには資金の出し手である投資家と投資対象との間のリスクの遮断がないため、証券会社の顧客取引における主要業務ではこうした機能は含まれ

ない。

　資産転換機能[1]には、余裕資金の機動的使用ニーズと定められた期日まで
の資金借入ニーズとを同時充足させる流動性転換機能と、小口の資金を集め
多額の貸出資金にかえる狭義資産転換機能の2つの意味がある。流動性転換
機能は、銀行が預金者に対しては預金の即時支払を、貸出先には期日まで資
金返済を迫らないことを約束することによる利便性である。また、小口の預
金を数多く集めて、大口の資金調達ニーズを充足させるのも銀行の機能であ
り、これも資産転換機能である。社債を発行し、小口の投資家に細かく販売
することもこれに類似するが、最終的な資金の取り手と出し手の間のリスク
の遮断がない点で間接金融とは根本的に異なる（図表5-2）。

　信用創造機能は、銀行が預金と貸出の業務を繰り返し行うことにより、世
の中に貨幣を流通させる役割である。銀行が最初に預金を預かり（これを本
源的預金という）、その一部を準備預金として日本銀行に預け、残りを貸出に
回す。貸出された資金は経済活動を通じ預金として戻ってくる。この繰り返

図表5-2　金融機能の内容

		機能の内容	銀行の例	その他の例
金融仲介機能	情報生産機能	リスクを分析・モニタリング	貸出審査と監視、回収	保険会社の引受審査
	リスク負担機能	リスクを吸収し遮断	貸倒れ損失を負担	保険契約による補償
	資産転換機能	流動性転換とリスク分散化	預金の即時払出し	有価証券による小口化
信用創造機能		預金・貸出の連鎖による乗数化	預金の大半を貸出で供給	―
決済機能		支払手段の提供	預金口座振替や送金	クレジットカード

（出所）　野﨑浩成『トップアナリストがナビする金融の「しくみ」と「理論」』同文舘出版
　　　　（2015）

1　一般的な解説書等では、流動性転換機能と資産転換機能を分別して説明しているもの
　もあるが、両者は大きなくくりのなかでは資産転換機能に集約できるため、本書では流
　動性転換機能を資産転換機能の1つとして扱っている。

第5章　銀　　行　373

しが、より大きな資金を世の中に供給する機能をかたちづくっている。

決済機能は、銀行振込み、公共料金の預金口座からの自動振替え、クレジットカードの決済と銀行口座からの引落し、デビットカードの使用による銀行口座からの直接の物品の購入、海外への送金などさまざまな種類がある。なお、資金の移動を銀行では「為替」という。国内における送金などの資金移動は内国為替、海外とのやりとりは外国為替という。資金の移動はなくとも、日本円とドルの交換のような取引も外国為替の範疇に入る。

(2) 銀行の分類

① 商業銀行

預金取扱金融機関は、金融庁の認可を得て預金（ゆうちょ銀行や農業協同組合などの場合は貯金という）を受け入れることが許されている金融機関を指す。大別すれば、銀行と協同組織金融機関とから構成される。

銀行法に基づく銀行を「普通銀行」といい、普通銀行はさらに大手銀行（金融庁は主要銀行という呼称を用いている）、地方銀行、第二地方銀行に分かれる。都市銀行などの大手銀行と地方銀行の法的な区別はないが、監督官庁である金融庁では、監督局監督一課が大手銀行を、監督二課が地方銀行などをおおむね所管している。

定性的には、大都市を中心に広くネットワークを有する銀行を大手銀行、いずれかの都道府県に営業地盤を有する銀行が地方銀行である。また、全国地方銀行協会に加盟している銀行を地方銀行、かつての相互銀行から普通銀行へ転換し第二地方銀行協会に加盟している銀行を第二地方銀行と呼ぶ。もともと中小零細企業への資金供給を旨として無尽会社が転換してできたのが相互銀行で、これが1989年から金融機関の合併及び転換に関する法律（昭和43年法律第86号）に基づき相次いで普通銀行に転換したものが現在の第二地方銀行協会加盟行である。

一般に大手銀行といった場合は都市銀行および信託銀行を指す。かつては

374

日本興業銀行（現みずほ銀行）、日本長期信用銀行（現新生銀行）、日本債券信用銀行（現あおぞら銀行）と3つの長期信用銀行も主要銀行に名を連ねていたが、新生銀行やあおぞら銀行の普通銀行転換により長期信用銀行は姿を消してしまった。なお長期信用銀行とは長期信用銀行法に基づく銀行で、当局による長短金融分離政策が設立の背景となっている。預金を調達源とする普通銀行は短期の融資を担い、金融債という中長期的な調達を主とする長期信用銀行は長期の産業金融を担当することで過度な競争を抑えてきたが、1993年の金融制度改革法を発端とする業際規制の緩和やデリバティブなど金融技術の革新もあり、こうした政策は形骸化してしまった。

②　協同組織預金取扱金融機関

協同組織形態の小規模金融機関の源流は、信用金庫を含め「信用組合」である。その歴史は古く1890（明治23）年の信用組合法にさかのぼる。その後、さまざまな根拠法令の改正を経て1951年に信用金庫法が制定され、信用組合のなかでも規模の大きい機関が信用金庫となった。

信用金庫には、信金中央金庫という上部組織があり、信用金庫の資金運用のサポートを行うほか、集中決済機関としての役割を担い、また必要に応じて支援や指導を行うなど信用金庫を束ねる位置づけである。1951年に信用金庫の業務を支える全国信用金庫連合会が発足し、2000年に信金中央金庫に名称が変更された。

信用金庫は法改正により会員以外への貸出などが可能になったが、より協同組織としての色彩を残しているのが信用組合で、組合員からの預金受入れや貸付について厳しい制限を課せられている。信用組合も信用金庫同様に全国信用協同組合連合会といった上部組織がある。このほかにも労働金庫や農業協同組合、漁業協同組合などがそれぞれ異なった根拠法に基づき運営されている。

③　信託銀行

銀行法に基づいて設立されたなかでも、「金融機関の信託業務の兼営等に

第5章　銀　行　375

関する法律」（以下「兼営法」という）により信託業務を営む銀行を信託銀行という。兼営法での認可を得た銀行は「信託」を社名につけることが許されているが、銀行法で認可を得た会社が「銀行」を社名に含めることが求められるのに対し、信託銀行は社名に信託を含めることは任意である。このため、りそな銀行は兼営法での認可は得ているが信託という名称は冠していない。

　主要な信託銀行は、みずほ信託銀行、三菱UFJ信託銀行、三井住友信託銀行などであるが、他業態や外国金融機関がわが国で銀行事業を行う際は、兼営法での認可をとっていることが多い。

　信託業務の社会的な意義は、信頼ある第三者として財産の管理・運用、契約の執行などを担っている点にある。顧客である委託者から、資金、有価証券、不動産、特許権や著作権等知的財産権など、有形・無形を問わず価値ある資産を信託財産として、受託者である信託銀行が引き受け、信託契約の定めに従って管理・運用・処分する。

　信託銀行の業務は多岐にわたる。商業銀行が行う預金、貸出、為替、ならびに銀行業務に付随する各種業務に加え、信託銀行ならではの信託業務がある。信託業務は大きく分けて、資産の運用・管理業務、不動産関連業務、証券代行業務、相続関連業務がある。

　資産の運用・管理業務は、信託銀行自身が募集し運用も行う貸付信託や金銭信託などもあるが、現在ではこうした業務は銀行勘定における預金・貸出業務へと全面的に移行しつつある。その意味で現在の運用・管理の受託は年金基金からの運用の受託や投資信託などの他の資産運用会社の管理の受託などが主流となっている。

　最近特に注力しているのが、不動産関連業務である。一口に不動産関連といっても、不動産そのものの管理や賃貸などの運営を担う土地信託、不動産会社が行っているような不動産仲介、不動産事業を証券化する場合の受託業務など幅が広い。特に不動産仲介に関しては、（複数の都道府県で運営する場合には）国土交通大臣の認可が必要でかつ取扱いが可能な拠点数も当該認可において上限が定められる。このため、りそな銀行のように支店数が多くて

も不動産仲介を行える店舗が限られるなどの制約がある。

証券代行は、株主名簿の管理、名義書換えなど上場会社等の株式事務を発行会社にかわって行う業務である。信託銀行の一部ではこうした業務の効率化を図るため、証券代行を専業とする会社の買収や、当該業務を銀行から切り出して別会社化する動きも出てきている。

相続関連業務については、伝統的に遺言信託（一般的には「ゆいごん」と読まれるが信託業界では「いごん」と読む傾向がある）がその中心となっている。顧客から遺言書を引き受け、死亡時に遺言書の引き渡すのみのケースもあるが、信託銀行が推進しているのは、遺言書の執行までを信託契約に含める執行特約付遺言信託である。執行特約がついていれば、執行時の業務関与を通じてビジネス機会が広がる。たとえば、相続税支払のために相続財産に含まれる不動産の売却が必要となれば、不動産仲介の機会がもたらされるわけである。また、最近ではオーナー系の会社の事業承継における信託銀行の役割が注目されている。資産管理会社を含めた総合的な相続および事業の承継のパッケージを提案することで、相続のみならず法人取引の厚みも増すこととなる。

最後に信託銀行の財務的特徴を補足しておこう。商業銀行の業務は、投資信託販売などの付随業務や為替業務などの手数料ビジネスを除けば、主要業務は自己の勘定のなかで行われている。すなわち、貸出を実行して貸倒れが発生すれば、その損失は預金者ではなく銀行自らが負担することとなる。つまり「自己勘定」である。これに対し、一部の例外[2]を除き信託業務のほとんどは契約の委託者、すなわち顧客のリスクに基づくものである。つまり「他人勘定」である。したがって、商業銀行が係る資産と、信託銀行が係る資産（他人勘定である預り資産）を比較すると、後者のほうが自己のリスク量が相対的に少なくなる。また、こうした取引は手数料をベースとして行われるため、信託銀行の収益構造は手数料の構成比が高まる傾向にある。

2　貸付信託や金銭信託の商品のなかには、元本の損失を補てんする特約のついた信託契約がある。現在においては、こうした商品は銀行勘定において行う方向へ移行してしまっており、実態的には過去の遺物となっている。

第5章　銀　　行　377

④ 新形態銀行

　今世紀に入ってから、伝統的な預金取扱金融機関に加えて新しい種類の銀行が次々に設立されてきた。従来は参入障壁が高かった銀行業界ではあるが、規制緩和に伴い参入機会が生じてきたこと、インターネットやコンビニATMなど個人のライフスタイルの変化が背景となっている。

　また、スマートフォンの普及によるモバイルバンキングなど、店舗チャネルからバーチャルチャネルへの転換など、銀行業のあり方が変わりつつある。

　新規参入銀行の特徴は、非金融事業者による銀行進出である。バーチャル型とリアル型に大別される。インターネットをプラットフォームとした楽天などの事業者、ソニーのようにブランド力を生かして事業多角化を図る製造業によるネット銀行が1つのカテゴリーである。コンビニやスーパーなどの流通業界の店舗ネットワークを活用した銀行はもう1つのカテゴリーである。

　ネット専業銀行は、店舗運営コストが不要なこと、顧客が場所の移動なくネット上で取引を完了できる利便性があること、ネット事業とのシームレスな展開が可能なことなどさまざまなメリットが存在している。ネット銀行は海外で先行していたが、イギリスで設立されたエッグバンクが事業を軌道に乗せるのにかなりの時間を要した経験からも、必ずしも簡単に儲かるビジネスともいえないむずかしさがある。また同じネット銀行でもビジネスモデルが微妙に異なる。

　ネット銀行のモデルは大きく3つに分かれる。楽天銀行（楽天が、すでに設立されていたイーバンクを買い取ったもの）のように、楽天が得意とするB2C（事業者と個人）あるいはC2C（個人間）のネット上の商品やサービスの取引から派生する決済のニーズをてことして運営され、その延長線上でローン事業などの展開を行っているタイプが1つである。2つ目は、従来型の銀行が設立し、チャネルの多角化を図っているものがある。三井住友銀行が設立、ヤフージャパンが資本参加するなどの経緯を有するジャパンネット銀行が一例である。ただ、従来型の銀行が発足させた銀行でも、決済中心のジャパンネット銀行と異なり、住宅ローンを急速に伸ばしたSBIネット銀行（三

井住友信託銀行とSBIホールディングスの合弁事業）のように色彩が異なる例もある。3つ目が、ソニー銀行である。ソニーは伝統的な生命保険の販売モデルを根底から覆したコンサルテーション営業型のソニー生命で成功を収めたが、コンサルテーションを人の手をかけずにネット上で行うモデルで勝負している。MONEYKitというウェブサイト上のツールにより、運用商品からローンに至るまで、さまざまな金融商品を提供し、個人向けフルバンキングを効率的に運営している。

　次に、ネットのようなバーチャルの世界ではなく店舗というリアルの世界のチャネルを活用したのが流通系の銀行である。ただ、流通系の銀行といってもビジネスモデルがまったく異なっており、セブン銀行はATMにほぼ特化した営業を展開する一方、イオン銀行はショッピングモールなどで通常の銀行と同じような業務を担うモデルを採用している。

　セブン銀行は他の銀行と競合するのではなく共存共栄することを是としていて、他の銀行の顧客に対して利便性を向上するためのインフラになることをビジネスの中心に置いている。セブン銀行のATMを利用するときに基本的には顧客が手数料を支払うが、この手数料は利用した顧客が利用している口座をもっている銀行が受け取ることになっている。したがって、セブン－イレブンのATMで支払った手数料はセブン銀行を素通りして取引銀行に落ちることになる。その一方、取扱いのたびにセブン銀行はATMを利用した顧客の口座をもっている銀行から定額の手数料が支払われることとなっている。見た目には同じように感じられるかもしれないが、この部分がビジネスモデルの要である。銀行が戦略上の観点からコンビニATMの利用手数料を無料化するケースもあるが、これによる手数料の減収は取引銀行が被ることとなり、セブン銀行は引き続き当該銀行から手数料を受け取ることとなる。つまり、各銀行は戦略の柔軟性を担保しながらも、セブン銀行はこうした銀行の戦略の変化による収益への影響が出にくいかたちとなっているのである。セブン銀行は個人ローンも手がけるものの、事業の大きな柱はATM運営である。追加された海外送金の機能を含め効率的な経営ができることが、安定的な収益を享受する背景である。なお、セブン銀行はアメリカにおける

第5章　銀　　行　379

事業買収により成長機会を海外に求めている。

一方、イオン銀行はショッピングに訪れる顧客をターゲットに預金はもちろんのこと、住宅ローンや投信などの商品を提供している。イオン銀行は破綻した日本振興銀行の事業を買い取るなど、フルバンキング化を追求している。顧客が足を運びやすい立地もあって口座も預金も急速に積み上がった。今後のポイントは、調達した預金をどういうかたちで運用していくのかという点である。

⑤　ゆうちょ銀行

郵便貯金事業の創業は1875年にさかのぼり、2003年における日本郵政公社設立までは、旧郵政省などが抱える行政事業であった。その後、小泉内閣による郵政民営化の流れのなかで、旧郵政民営化法の施行（2006年）に基づき、2007年10月に持株会社である日本郵政株式会社のもとで設立された。事業としては、旧日本郵政公社から郵便貯金事業等を引き継ぎ、銀行法第4条第1項の免許を受けたものと法令上[3]みなされている（「みなし免許」という）。

同行の株式はその100％を日本郵政が保有してたが、郵政民営化法に基づき日本郵政が保有する株式をすべて売却することが義務づけられている。しかし、改正郵政民営化法においては、従来2017年9月末日までとされていた売却期限が修正され、現在では定められていない[4]。

株式は2015年11月4日、日本郵政、かんぽ生命保険の株式と同時に東京証券取引所に上場され、今後も段階的な日本郵政持分の売却が実施される見通しである。

現在は、普通銀行が認められている業務のうち限られた業務しか運営が認められていない。しかし、日本郵政の株式保有比率が半分以下となれば、新規事業に関しても認可でなく届出事項となるため、業務範囲が拡大される見通しである。2015年12月末時点において、認められている業務は各種預金受

3　郵政民営化法第98条1項に基づく。
4　経営状況、次条に規定する責務の履行への影響等を勘案しつつ、できる限り早期に処分する。

入業務、担保定額貯金ローン、為替業務、投資信託ならびに保険販売業務、クレジットカード業務、住宅ローン媒介業務、シンジケートローンへの参加などに限定されているほか、預入限度も1,000万円[5]となっている。

なお、内国為替業務は長年、全銀ネットへの接続がかなわなかったため民間銀行への送金業務ができなかったが、2009年1月に全銀ネット接続が開始され、一般銀行との送金取引が可能となった。

店舗網はわずかに234店舗（2015年12月末現在）にすぎないが、兄弟会社である日本郵便株式会社が抱える約2万店舗の郵便局を銀行代理店としているため、日本全国に稠密なネットワークを確保している。また、この代理店契約により、日本郵便の収益はゆうちょ銀行やかんぽ生命保険からの業務委託手数料に依存する部分が大きい。

ゆうちょ銀行の最大の課題は、収益性の向上である。株式上場により、株主利益をより意識せざるをえない状況となったが、ROAやROEなど収益性の代表的指標が他行比で見劣りする状況である。これは200兆円を超す資産が、業務的な制約条件のもと、国債などの安全資産に投資されていることが主因となっている。2007年の民営化当初は発足前の貯金が政府保証されたことから、法令上安全資産での運用が義務づけられたが、現在となっては政府保証部分（郵便貯金・簡易生命保険管理機構からの特別預金相当額）は全体の1割程度となってきており、資産運用に関する制約要因が実質的になくなってきている。

貸出についてはシンジケートローン参加などに限られるものの、従来は国債に投じていた資金をより期待リターンの高い投資へと再配分し、ポートフォリオ全体の効率的フロンティアを拡張させるため、「サテライトポートフォリオ」と呼ばれる内部管理上の勘定を立ち上げて、より機動的な運用体制を構築しつつある。

今後は、政府による間接持分（日本郵政の直接保有分）の処分に歩調をあわせながら、段階的に個人ローンなどの新しい分野への業務拡大が展望され

5　ただし、付利されない振替口座への預入限度は無制限。また、財産形成貯金は別枠で550万円まで。

る。しかし、処分の速度や新規業務のリスク管理・営業推進・商品企画など
の仕組みが確保されることが同時に求められること、郵便局など銀行業務知
識が希薄なチャネルの戦力化をいかに担保するかなど課題も多い。

⑥　政府系金融機関

　日本が1955年以降高度経済成長期を享受する政策的手当として、産業金融
のサポートの存在は無視できない。政府系金融機関は、政府が主たる出資者
として設立した特殊法人で、民間における資金不足あるいは民間では負担で
きない与信リスクなどを補完するための制度対応である。

　しかし、経済の成熟化、財政健全化などわが国における環境変化を背景と
して政府系金融機関の見直しが断行された。2001年には行政改革の一環とし
て「特殊法人等整理合理化計画」が閣議決定され、「民業補完」「政策コスト
最小化」「機関・業務の統合合理化」の原則が掲げられた。翌2002年の経済
財政諮問会議において、2008年までに政府系金融機関をあるべき姿に移行す
ること、8機関[6]の貸出残高について対GDP比率で半減以下とする方針が
決められた。

　さらに、2005年の経済財政諮問会議では「政策金融改革の基本方針」が決
定され、3つの分野（中小零細企業・個人の資金調達支援、国策上重要な海外資
源確保・国際競争力確保に不可欠な金融、円借款）に政策金融機能を限定し、
それ以外は撤退するとの強い意志が示された。この方針に基づき、日本政策
投資銀行と商工組合中央金庫は完全民営化、公営企業金融公庫は廃止とされ
た。

　しかし、2014年12月の閣議決定などにより、政府保有を時限的に2分の1
以上としたうえで、当分の間政府の持分を3分の1超とする決定を行い、小
泉政権下での完全民営化の方針からはトーンダウンした。商工組合中央金庫
に関してもすでに政府持分が5割を下回っている状況にかんがみ、当分の間
は現状維持の方針が確認された。

6　国民生活金融公庫、中小企業金融公庫、農林漁業金融公庫、公営企業金融公庫、沖縄
　振興開発公庫、日本政策投資銀行、国際協力銀行、商工組合中央金庫。

以上述べたように、政府系金融機関は高度経済成長期を支える政策的手当という位置づけから、小泉政権下における財政投融資改革と小さな政府への大転換に伴う大幅縮小の方針、そして現在に至る機能縮小方針からの修正という段階を経てきた。

　次に、主な政府系金融機関の役割や事業規模について触れておこう。

　日本政策金融公庫は、2008年10月設立され、国民生活金融公庫、農林漁業金融公庫、中小企業金融公庫の3つの政府系金融機関（一時的に国際協力銀行も統合されたが2012年には再び分離された）が業務統合してできた株式会社形態の特殊法人である。「日本公庫」と略称されている。預金受入業務は行っておらず、資金調達はもっぱら政府借入れや財投機関債・政府保証債などの債券による。貸出業務は統合された3つの機関の勘定により分別管理されており、国民生活事業（旧国民生活金融公庫）7兆1,261億円、農林水産事業（旧農林漁業金融公庫）2兆6,429億円、中小企業事業（旧中小企業金融公庫）6兆1,819億円（いずれも2015年3月末現在残高）などとなっており、これに金融安定化のための危機化対応資金として4兆8,567億円の貸出残高を加え貸出総額は19兆6,000億円と有力地方銀行を凌ぐ規模となっている。

　日本政策投資銀行は、1999年10月に発足し日本開発銀行と北海道東北開発公庫の事業を承継した。その後、政策金融改革により2008年に解散、新規設立の手続を踏み現在に至っている。資金調達の構造は日本政策金融公庫と同様に財政融資資金、政府保証債、財投機関債などによってまかなわれ、預金の受入れは行っていない。日本政策金融公庫が中小事業者やリテール向けなどに特化しているのに対し、日本政策投資銀行は規模の比較的大きい案件への関与が主である。民間金融機関と競合する分野も少なくないが、協働事業も数多くあり、特にインフラ関連のプロジェクトファイナンスや企業再生などにおけるDIPファイナンス[7]などにも他行と協調して業務にあたっている。投融資残高の実績は、2015年3月末現在で貸出13兆2,613億円、有価証券1兆8,879億円という事業規模である。今後も大手銀行や地域金融機関と

7　Debtor-In-Possessionファイナンス。法的整理により再建途上にある債務者向け融資であり、リスクはあるものの既存の債権者に優先する共益債権とされる。

の競合と協調が見通される。

　国際協力銀行は、1950年に日本輸出銀行（その後日本輸出入銀行）に源流をたどり、1999年に海外経済協力基金との統合により発足した。しかし、2008年には日本政策金融公庫と統合、その後2012年には同公庫から分離独立し、あらためて国際協力銀行として発足した。資金調達は前出の2社と同様に財政資金や債券発行によるものもあるが、大宗は「外国為替資金特別会計」つまり外貨準備高からの資金取入れによる点が特徴である。これは、海外における外貨での投融資が事業の中心であるため、政府が保有する米ドルを中心とする外貨の運用機関という位置づけにもなっていることを意味する。貸出規模は2015年3月末現在で14兆4,329億円であるが、このほか信用保証などの業務も担っている。伝統的な輸出入金融のほか、海外におけるインフラファイナンスにおける資金供給、M&Aでのブリッジローン提供など本邦企業の海外進出の多様化に伴い支援内容も範囲が広がっている。大手銀行とも協調関係にあり、過去のわかりやすい例としては、2012年6月における三井住友銀行、三井住友ファイナンス＆リース、住友商事によるRBS（ロイヤル・バンク・オブ・スコットランド）の航空機リース部門の買収である。総額73億ドルの大規模買収であったが、当時国際協力銀行が設定していたファシリティーを活用し総額約35億ドルの外貨供給を行った。邦銀の海外展開においては安定した外貨の確保がボトルネックとなることが少なくないが、このような国際協力銀行による外貨資金の協力はおおいにサポーティブに働いている。

　最後に住宅金融支援機構である。旧住宅金融公庫は1950年に設立されて以降、住宅購入資金の支援を長期間行ってきたが、2007年に政策金融改革により廃止された。この業務を住宅金融支援機構が引き継ぎ、「フラット35」をはじめとする商品はいまだに個人の住宅購入資金の手当としてニーズが大きい。旧公庫は住宅ローンを直接貸し出していたが、住宅金融支援機構への改組後は、一部の例外を除き証券化を前提とした住宅ローン債権の買取りを行う方式を用いている。たとえば主力商品であるフラット35では、35年固定金利という民間銀行にとっては金利リスクが大きい一方で、借り手にとっては

金利負担が変わらないメリットがあるローンを住宅金融支援機構が買い取ることでリスクを排除する形態となっている。住宅金融支援機構は、買い取った債権を証券化し、一般投資家へ販売することで機構の資金負担も軽減される仕組みである。このほか、融資保険業務、被災住宅関連の資金供給（直接融資）、などの業務を行っている。事業規模は住宅金融公庫から引き継いだ貸出債権を中心とする貸出残高が2015年3月末で13兆2,000億円、買取債権は11兆円などとなっている。銀行は公庫時代の代理貸付業務から債権譲渡を前提とする貸出および元利金支払のサービシング業務へと形式は変わったが、銀行の住宅ローンと競合する点は変わっていないため、民業圧迫という批判の声は改組前後で大きな変化はない印象である。

第5章　銀　　行　385

2 銀行の沿革

(1) 銀行の生い立ち

　わが国の銀行の源流を近世までさかのぼれば、江戸時代の両替商、具体的には呉服商の三井、海運の鴻池、交易の泉屋などが両替商を立ち上げ、公金運用などの一環として「金貸し」を始めたのが発端といえる。

　明治維新後、政府は殖産興業の一環として両替商の株式会社化を促し、銀行を中心とする財閥形成が始まった。1872（明治5）年には国立銀行条例が公布されて銀行券の発券特権が付与され、1878年には153の国立銀行、いわゆる第一銀行から始まる「ナンバーバンク」に免許が与えられた。またこの頃、発券業務以外の銀行業務を営む小規模の私立銀行も乱立された。1882年には日本銀行条例が公布され銀行券の発券を日本銀行に集中、1893年には銀行条例が施行され銀行に関しては大蔵大臣による許可制を敷くなど、現在に至る銀行行政の仕組みの基礎が確立された。なお、国立銀行は1899年に普通銀行への転換により消滅した。

　1927（昭和2）年になると当時の片岡大蔵大臣の失言をきっかけとした東京渡辺銀行の取付け事案を発端として、銀行預金取付け騒ぎが一気に拡大し昭和金融恐慌に至った。この事態収拾のためモラトリアム（支払猶予令）の措置がとられ、さらに、銀行条例にかわり銀行法が制定され、最低資本金の厳格化などにより銀行経営の健全化を促す一方、銀行合併の動きが活発化した。この時制定された銀行法は1982（昭和57）年に改正銀行法が登場するまでの期間、現在の銀行制度の礎としての役割を果たした。

　戦後になると財閥解体を経て徐々に銀行の「分業主義」が形成された。1948（昭和23）年には証券取引法第65条が制定され、銀行と証券の分離が明確となった。次いで、1952年には長期信用銀行法により長期金融を担う長期

信用銀行が誕生、同じ年、信託兼営関連法令により信託会社が信託銀行へと転換した。これらが銀証分離、そして長短分離政策である。この保護主義的な銀行行政の転換が図られたのが1980年代前半である。その後の自由化の流れについては、金融監督の節で詳しく述べる。

(2) 銀行数の推移

　預金取扱金融機関の数は2015年3月末現在で575機関（連合会等を含むと579機関）存在している。このうち、銀行は141、信用金庫は267、信用組合は154、労働金庫は13となっている。銀行は銀行法に基づき、協同組織は信用金庫法や中小企業等協同組合法に基づいて設立されていて、その目的や組織も多様である。大まかには銀行は営利、協同組織は非営利団体といえる。40年ほど前には約1,200もあったこれらの機関も、合併や破綻などにより半減した（図表5－3）。

　詳しく業態別の機関数をみると、顕著な傾向がある。都市銀行や信託銀行、長期信用銀行などが大手銀行であるが、その数は1980年から半減以下となっている。メガバンクの形成などが主な背景である。第二地方銀行（過去

図表5－3　預金取扱金融機関数の推移

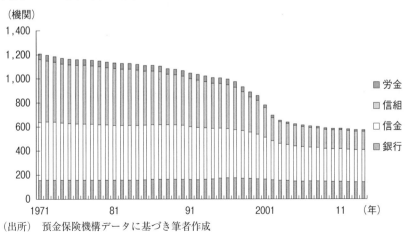

（出所）　預金保険機構データに基づき筆者作成

に相互銀行であったものが普通銀行に転換した銀行）、信用金庫、信用組合の各業態も大幅に数を減らしているのが確認できる。

しかし、地方銀行についてはまったく減っていない。グループ数というのは、持株会社を地方銀行同士で設立してグループを形成したものであるが、持株会社のもとでの合併は進んでいない（図表5－4）。

しかし、金融システムの構造をボリュームでみると、国内の貸出金の大手銀行のシェアは、わずか10行という少数にもかかわらず4割強を占めている。これは全体の金融機関のわずか2％にも満たない大手銀行が間接金融の半分近くを担っていることを示す。以下、個別業態ごとに解説していく。

1997～1999年にかけての金融危機の局面をきっかけに、一気に金融機関の再編が進んだ。特に2000年からの5年間は急激な再編ブームとなった。大手銀行の数は半減以上となり、グループベースでは70％減少となった。第二地方銀行は5割、信用金庫は4割強、信用組合に至っては7割近くも機関数が減少した。一方で、地方銀行に動きがないのはすでに述べたとおりである。

1つの理由は、こうした再編の背景である。多くの場合、再編は経営上の財務的な困難に直面した金融機関が生き残りを模索して選択した結果であった。財務上のゆとりがあれば、何も頭取の椅子が減るような再編に積極的になる必要もない、と考えられた印象がある。これに関連したもう1つの理由が、金融監督のダブルスタンダードである。過去2回にわたる金融危機の局

図表5－4　業態別預金取扱金融機関数の推移

	1980年	1990	2000	2014	（グループ数）
大手銀行	23	23	19	10	7
地方銀行	63	64	64	64	61
第二地方銀行	71	68	54	41	36
信用金庫	462	454	386	267	267
信用組合	483	414	265	154	154
合計	1,102	1,023	788	536	525

（出所）　預金保険機構データに基づき筆者作成

図表５−５　大手銀行の再編の歴史

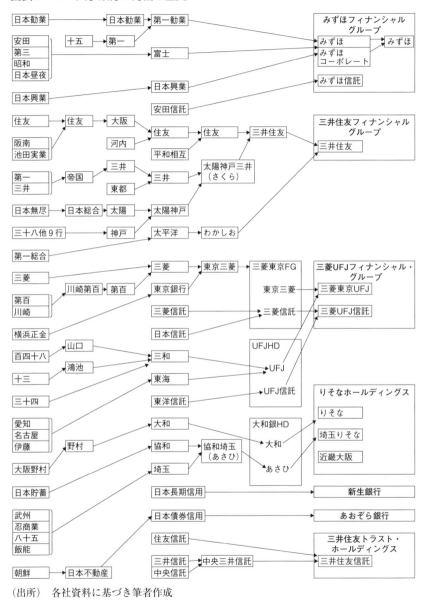

（出所）　各社資料に基づき筆者作成

面では、集中的に厳しい検査や監督に見舞われたのが大手銀行であった。

図表5－5は明治期までさかのぼる長期にわたる銀行の再編の経過をまとめたものである。いまだに、さらなる再編を予想する向きもあるが、こうした歴史をふまえると現状の大手のプレーヤーは最終形に近い印象がある。

(3)　株式時価総額が語る銀行の歴史

日本の株式市場における銀行の存在感を示す時価総額は、まさに波乱万丈の歴史である。図表5－6が示すとおり、時価総額および市場シェアともに非常に循環的である。時価総額のピークは、予想に違わずバブル期絶頂の1989年であるが、市場シェアのピークは1993年であった。日本では長い間、銀行は倒産しないという「銀行不倒神話」が根強く、銀行は最もストレスに強い産業の1つに数えられていた。このため、1991年のバブル経済崩壊後においても、時価総額の市場シェアは高水準が続いていた。

しかし、1994～1995年に「住専問題」が発生し、銀行の信用力は徐々に低下した。住専問題とは、バブル期において銀行が住宅専門金融会社（住専）3社を通じて行った不動産向け融資の焦付きが露呈し、住専の破綻処理に公的資金が使われたのである。この年、信用組合の破綻をきっかけに銀行の信用問題が浮上、預金の全額保護を宣言せざるをえない状況となった。この時期からは、銀行の「不倒神話」が崩壊し、金融不安は1997年における山一證券および北海道拓殖銀行の破綻、1998年の日本長期信用銀行や日本債券信用銀行など有力金融機関の破綻により最初のピークを迎える。

その後、2002年から2003年にかけての竹中ショック（竹中平蔵金融担当大臣による金融再生プログラムの実施）、りそな銀行救済などを経て、銀行セクターに対する市場の信認は目覚ましい回復を遂げた。これに2005年の小泉改革と呼ばれる大胆な規制改革への期待感が加わり、2006年に金融危機後はじめての時価総額および市場シェアのピークを迎えた（図表5－6）。

次にマクロ経済の動向と、銀行貸出や銀行時価総額の対比をみてみる。図表5－7、図表5－8は名目GDPと銀行貸出ならびに銀行時価総額の比率

390

図表5－6　日本の銀行時価総額（左軸）と時価総額の市場シェア（右軸）

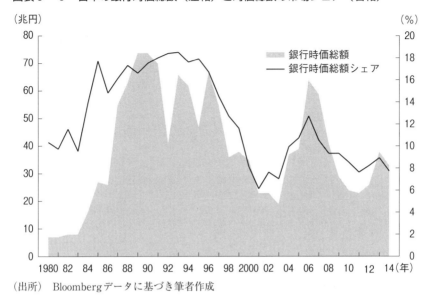

（出所）　Bloombergデータに基づき筆者作成

の推移である。銀行貸出／GDP比率は1989年のピーク時に128％に及んだ。現在の比率は景気回復のペースに歩調をあわせながら回復しているものの、89％にとどまっていることを考えると、バブル期における信用膨張の大きさをうかがい知ることができる。

　また、バブル創成から崩壊までの激変期を除いては、地価上昇率と銀行時価総額のGDP比は連動する傾向にある（図表5－9）。

　銀行の総資産は、預金残高の伸びを背景に増加傾向にある。しかし、貸出資金需要に乏しいため、貸出の増加が預金の増加に追いつかない。このため、銀行の総資産に占める貸出の割合は全体的に低下基調にあった。ただ、2012年頃から景気回復の効果も手伝い、総資産の増加を伴いながらも、貸出の比率はボトムアウトし始めている。この傾向は大手銀行で特に顕著である（図表5－10、図表5－11）。

図表5-7　GDP（左軸）と銀行貸出／GDP比率（右軸）

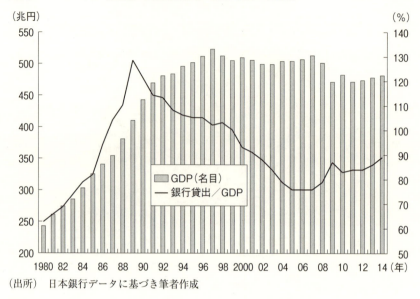

（出所）　日本銀行データに基づき筆者作成

図表5-8　GDP（左軸）と銀行時価総額／GDP比率（右軸）

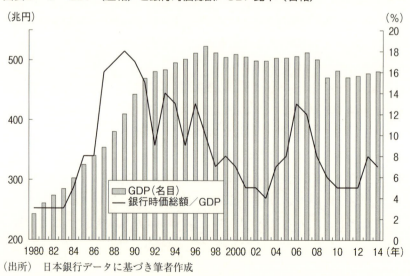

（出所）　日本銀行データに基づき筆者作成

図表5-9 地価上昇率と銀行時価総額／GDP比率の推移

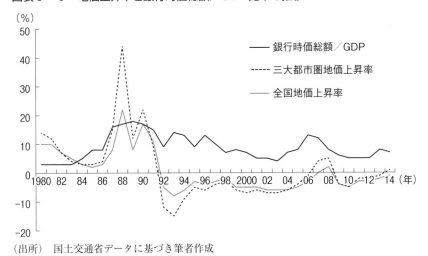

(出所) 国土交通省データに基づき筆者作成

図表5-10 総資産（左軸）と貸出比率（銀行全体）

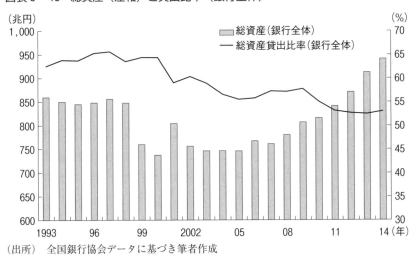

(出所) 全国銀行協会データに基づき筆者作成

第5章 銀 行 393

図表5－11　総資産（左軸）と貸出比率（大手銀行）

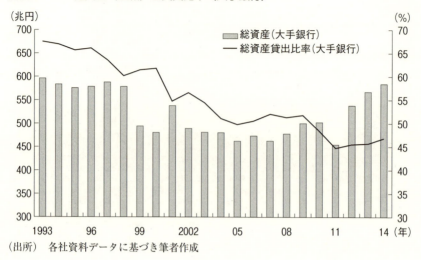

（出所）　各社資料データに基づき筆者作成

3 市場規模と遷移

(1) プレーヤーの全貌

日本での預金受入れの免許を金融庁から与えられている業態は、図表5－12のとおり多岐にわたる。金融持株会社が制度的に導入されて以降、メガバンクに加え地方銀行も再編に活用し、銀行持株会社の免許は2014年4月1日

図表5－12　預金取扱金融機関の全貌（2014年4月1日現在）

業態	機関数	備考
銀行持株会社	16	大手銀行グループ5社、日本郵政のほか、ふくおかフィナンシャルグループなど地方銀行系
都市銀行	4	みずほ銀行、三井住友銀行、三菱東京UFJ銀行、りそな銀行
信託銀行	16	三井住友信託銀行、みずほ信託銀行、三菱UFJ信託銀行など
地方銀行	64	複数の地方銀行が存在する都道府県は15
第二地方銀行	41	旧相互銀行
外国銀行	55	支店認可
その他銀行	16	ゆうちょ銀行、埼玉りそな銀行、新生銀行、あおぞら銀行、セブン銀行など
信用金庫	267	信用金庫267社のほか、信金中央金庫
労働金庫	13	労働金庫13社のほか、労働金庫連合会
信用組合	154	信用組合154社のほか、全国信用協同組合連合会
信用農業・漁業協同組合連合会	64	連合会組織の下に農業協同組合（JA）、このほか農林中央金庫

（出所）　金融庁資料に基づき筆者作成

第5章　銀　行　395

現在、16機関に及ぶ。

　銀行として分類されるのは、外国銀行の支店を除き141で、都市銀行、地方銀行、第二地方銀行、その他に区分される。都市銀行の法的な根拠はないが、東京や大阪など6大都市またはそれに準ずる都市を本拠として、全国的にまたは数地方にまたがる広域的営業基盤をもつ銀行、という定義が古くから与えられており、金融監督の枠組みでも、すでに述べたとおり都市銀行等の大手銀行と地方銀行等はセクションが分かれている（銀行監督一課、銀行監督二課）。

　機関数では、信用金庫や信用組合などの協働組織系の金融機関の数は多いが、規模的にはそれぞれが小さいため、以下の図表の預金残高推移のとおり、都市銀行をはじめとする国内銀行が圧倒的なマーケットシェアを誇っている。

　特徴的な点は、外国銀行の存在感が希薄であることである。外からのプレーヤーにとって、日本のリテールバンキング市場で成功を果たすことのむずかしさを物語っている。このため、預金残高の積上がりのドライバーは一手に国内銀行が担っている。

(2)　市場シェア

　次にシェアをより細かい区分でみてみよう（図表5-13～図表5-15）。

　機関数の割には大手銀行のシェアの大きさが目立つが、それ以上にゆうちょ銀行の存在感の大きさが突出している。なお、大手銀行と地方銀行の預金の伸び率に大きな差はない。しかし、地方から都市部への若い世代の就労が多い傾向をふまえると、相続が発生する経過のなかで、預金が都市部に流入し、大手銀行や都市部の地方銀行のシェアが拡大する可能性も予想される。

　国内における貸出のシェアについても、大手銀行と地方銀行の存在感が圧倒的である。預金シェアで他を寄せつけないゆうちょ銀行は、与信業務の規制上の制約が大きいため、貸出がきわめて少額にとどまっている。

　店舗数では、郵便局チャネルを加えるとゆうちょ銀行が圧倒的である。

396

図表5-13　預金取扱金融機関別の国内預金残高

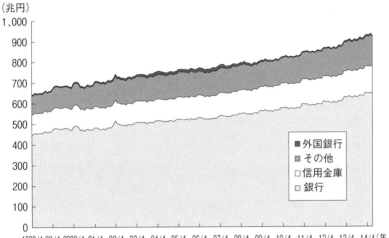

（出所）　日本銀行データに基づき筆者作成

図表5-14　国内預金シェア（2014年3月末）

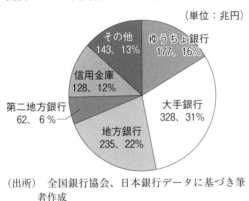

（出所）　全国銀行協会、日本銀行データに基づき筆者作成

　2015年に実施された日本郵政グループの上場を機に、こうしたグループ会社のチャネルをゆうちょ銀行がどう活用するか注目される（図表5-16）。
　次に主な銀行の主要経営指標を比較する。経営規模を示す指標では目立つものの、収益性指標では、ゆうちょ銀行の見劣りが顕著である（図表5-

第5章　銀　行　397

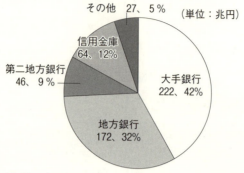

図表5－15　国内貸出シェア（2014年3月末）
（単位：兆円）

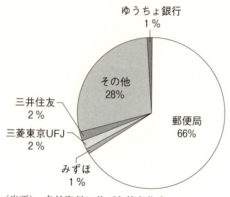

図表5－16　国内店舗数の状況
（2014年3月末現在）

（出所）　各社資料に基づき筆者作成

17)。

　最後に都道府県別の預金シェアである。都市部においては、大手銀行のシェアが大きく、地方では地方銀行ならびにゆうちょ銀行の存在感が大きい（図表5－18）。

図表 5 －17　主要計数の状況（2014年 3 月期）

（単位：十億円）

	ゆうちょ	みずほ	三菱東京UFJ	三井住友	りそな	三井住友信託	新生	あおぞら	合計
総資産	202,512.9	175,822.9	258,131.9	161,534.4	44,719.4	41,889.4	9,321.1	4,805.4	898,737.5
預金	176,612.8	101,811.3	160,308.5	108,045.5	37,695.8	29,223.5	5,850.4	3,009.7	622,557.4
株主資本	9,498.3	6,457.3	13,056.1	7,279.2	1,817.2	2,105.4	657.7	515.3	41,386.4
当期利益	354.7	688.4	984.8	835.4	220.6	137.7	41.4	42.3	3,305.3
株主資本利益率	3.73%	10.66%	7.54%	11.48%	12.14%	6.54%	6.29%	8.21%	7.99%
総資産利益率	0.18%	0.39%	0.38%	0.52%	0.49%	0.33%	0.44%	0.88%	0.37%
店舗数	234	523	768	521	378	122	29	20	2,595
うち国内	234	501	731	505	378	118	29	20	2,516
（郵便局数）	23,981	NA	NA	NA	NA	NA	NA	NA	NA
職員数	12,922	27,903	37,488	24,212	12,800	10,343	1,931	1,549	129,148

（出所）　各社資料に基づき筆者作成

図表 5 − 18　預金の都道府県別シェア（2013年 3 月末）

	大手銀行		地方銀行		第二地銀		信用金庫	
	残高	シェア	残高	シェア	残高	シェア	残高	シェア
北海道	2,378	7	5,108	16	7,169	22	6,639	20
青森	59	1	3,900	57	45	1	752	11
秋田	47	1	3,387	58	54	1	258	4
山形	62	1	2,875	41	1,032	15	458	6
岩手	98	1	3,809	45	1,012	12	756	9
宮城	1,919	12	7,954	48	1,235	7	991	6
福島	391	3	4,990	38	1,336	10	1,533	12
群馬	753	5	5,374	37	821	6	2,370	16
栃木	784	6	4,580	35	2,040	16	1,128	9
茨城	1,125	6	8,779	45	324	2	1,561	8
埼玉	20,018	43	4,815	10	1,605	3	6,569	14
千葉	9,455	24	11,764	30	3,979	10	2,403	6
東京	204,150	77	9,515	4	4,435	2	19,330	7
神奈川	22,073	35	12,212	20	2,113	3	8,292	13
新潟	643	4	6,432	39	1,203	7	1,420	9
山梨	355	6	2,346	40	0	0	726	12
長野	665	4	5,387	33	954	6	2,374	14
静岡	2,420	8	10,399	34	331	1	7,014	23
岐阜	764	5	5,972	36	117	1	3,272	20
愛知	21,463	33	4,382	7	7,000	11	14,116	21
三重	791	6	5,121	37	1,420	10	1,186	9
富山	315	3	3,607	40	880	10	1,161	13
石川	635	7	3,910	44	30	0	1,282	15
福井	186	3	2,448	37	372	6	1,133	17
滋賀	288	3	3,882	40	950	10	1,130	12
京都	5,197	22	6,188	26	258	1	6,626	28
大阪	46,820	55	9,033	11	3,025	4	7,338	9
奈良	2,263	21	3,827	35	110	1	1,217	11
和歌山	827	10	2,862	34	174	2	1,030	12
兵庫	14,779	35	2,509	6	3,136	7	7,962	19
鳥取	60	2	1,990	53	57	2	367	10
島根	29	1	1,933	42	285	6	405	9
岡山	1,054	8	5,058	36	1,079	8	1,607	12
広島	2,161	10	6,929	31	2,675	12	2,245	10
山口	355	4	4,185	41	969	10	934	9
徳島	262	4	2,822	42	1,185	18	284	4
香川	712	8	3,248	36	1,052	12	646	7
愛媛	422	4	4,428	41	1,652	15	860	8
高知	104	2	1,562	30	875	17	759	14
福岡	3,365	11	15,902	51	601	2	1,602	5
佐賀	135	3	1,889	40	206	4	306	6
長崎	239	3	4,133	55	212	3	175	2
熊本	571	6	3,717	38	1,250	13	670	7
大分	198	3	2,857	41	491	7	587	8
宮崎	83	2	2,145	40	530	10	462	9
鹿児島	304	4	3,154	37	633	7	869	10
沖縄	80	1	3,389	58	580	10	151	3
全国	371,853	34	236,704	22	61,492	6	124,953	12

（出所）　金融ジャーナルに基づき筆者作成

（単位：残高＝十億円、シェア＝％）

信用組合		労働金庫		農協		ゆうちょ		合計	
残高	シェア	残高	シェア	残高	シェア	残高	シェア	残高	シェア
602	2	875	3	3,090	9	6,745	21	32,606	100
179	3	139	2	480	7	1,296	19	6,850	100
74	1	138	2	750	13	1,109	19	5,816	100
187	3	309	4	917	13	1,210	17	7,050	100
51	1	279	3	969	11	1,456	17	8,429	100
254	2	356	2	1,248	8	2,601	16	16,556	100
511	4	391	3	1,558	12	2,496	19	13,206	100
661	5	469	3	1,383	10	2,593	18	14,424	100
168	1	226	2	1,558	12	2,644	20	13,127	100
1,132	6	789	4	1,569	8	4,157	21	19,436	100
293	1	444	1	3,884	8	9,142	20	46,771	100
489	1	456	1	2,360	6	7,847	20	38,755	100
2,570	1	1,805	1	3,440	1	18,454	7	263,698	100
304	0	971	2	5,759	9	10,829	17	62,553	100
886	5	727	4	2,127	13	3,037	18	16,475	100
622	11	58	1	595	10	1,155	20	5,857	100
872	5	551	3	2,866	17	2,767	17	16,436	100
69	0	972	3	4,735	16	4,382	14	30,321	100
562	3	199	1	2,866	17	2,668	16	16,420	100
616	1	853	1	7,372	11	10,200	15	66,002	100
50	0	359	3	2,144	16	2,601	19	13,671	100
145	2	232	3	1,284	14	1,492	16	9,116	100
54	1	230	3	1,110	13	1,578	18	8,831	100
103	2	226	3	824	13	1,240	19	6,531	100
190	2	166	2	1,400	14	1,706	18	9,712	100
187	1	272	1	1,196	5	3,658	16	23,582	100
2,073	2	756	1	4,356	5	12,212	14	85,614	100
78	1	98	1	1,331	12	2,097	19	11,020	100
72	1	222	3	1,508	18	1,661	20	8,355	100
1,149	3	430	1	5,054	12	7,717	18	42,736	100
0	0	98	3	477	13	698	19	3,748	100
23	1	145	3	882	19	914	20	4,616	100
366	3	216	2	1,653	12	2,868	21	13,899	100
958	4	409	2	2,502	11	4,230	19	22,109	100
93	1	234	2	1,218	12	2,138	21	10,126	100
0	0	121	2	800	12	1,286	19	6,759	100
124	1	151	2	1,566	17	1,577	17	9,076	100
5	0	178	2	1,640	15	1,724	16	10,908	100
51	1	161	3	864	16	867	17	5,243	100
386	1	386	1	2,588	8	6,131	20	30,961	100
155	3	150	3	833	18	1,057	22	4,731	100
222	3	174	2	650	9	1,776	23	7,581	100
126	1	244	3	948	10	2,217	23	9,743	100
340	5	311	4	642	9	1,581	23	7,007	100
14	0	240	4	735	14	1,131	21	5,340	100
236	3	194	2	1,203	14	2,037	24	8,628	100
0	0	221	4	759	13	658	11	5,837	100
18,302	2	17,628	2	89,692	8	165,640	15	1,086,263	100

4　主要プレーヤーとその成長力

(1) これまでの利益回復はマイナス面の削減

　近年、銀行業界の当期利益は着実に改善している。しかし、残念ながら銀行が成長している印象は乏しい。なぜならば、ここまでの利益改善は、過去に計上したマイナス要因の削減にすぎないからである。図表5－19、図表5－20はROAとROEの遷移を示しているが、断続的にマイナス水域に入っていた過去に比べると、最近は利益水準の安定性が認められる。

　当期利益を左右してきたのは本業収益ではなく、不良債権処理損失や株価下落による損失処理である。特に前者に関しては、金融危機時に多額の不良債権損失負担が赤字を拡大させる一方、不良債権処理の進展とともに引当金戻入により利益水準が押し上げられた。図表5－21は、大手銀行のROEの

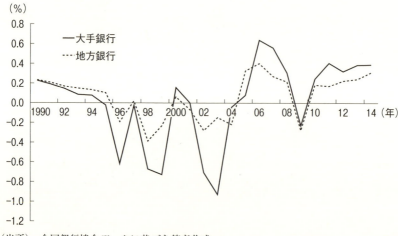

図表5－19　ROA推移

（出所）　全国銀行協会データに基づき筆者作成

図表5－20　ROE推移

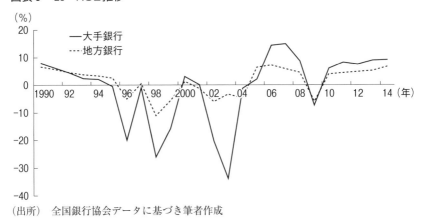

（出所）　全国銀行協会データに基づき筆者作成

図表5－21　大手銀行のROE（左軸）と与信コスト（右軸、逆目盛）

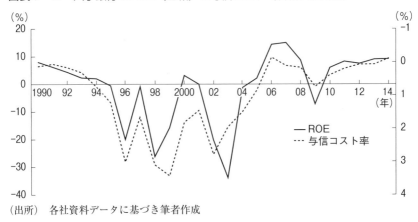

（出所）　各社資料データに基づき筆者作成

水準と与信コスト率（不良債権損失を貸出残高で割ったもの）の推移を対比させたものであるが、与信コストの水準がROEに大きな影響を与えていることが検証できる。

　このように過去において当期利益を左右してきた資産の質の問題は、2003年以降大幅に解消された。銀行の政策保有株式は、図表5－22のように激減したが、今後さらにコーポレートガバナンス・コードの効果も手伝い保有株式の圧縮が進めば、長年の問題の出口がみえてくる。図表5－23の不良債権

第5章　銀　　行　403

図表5-22 大手銀行の株式保有（取得原価ベース）

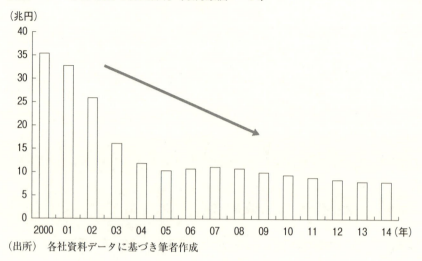

（出所） 各社資料データに基づき筆者作成

図表5-23 不良債権残高の推移

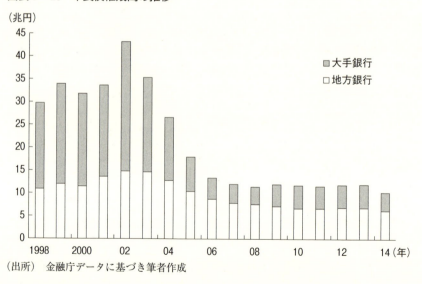

（出所） 金融庁データに基づき筆者作成

についても、もはや経営上の大きなリスクではない。

(2) 利益成長の阻害要因

　現状の大手銀行の資産構成をみてみると、国債を中心とした債券（国内債のみ）が15％、現金・預け金（日銀当座預金が大宗）が16％と3割強が安全資産で占められている。預金の受入れに手数料などによる制限を加えない限りは、資産効率改善には貸出の比率を引き上げるほかはない（図表5－24）。

　しかし、預貸率（貸出を預金残高で割った比率）の推移をみると、長期的な低下傾向が止まっていない。これは預金が順調に増加を続ける一方で、企業が利益の蓄積によりキャッシュリッチになり、借入れの必要性が低下していることが第一の理由である。また、デフレ経済が続き、前向きな資金需要が減少したこともう1つの理由である。このため、限られた資金需要に銀行が過当競争で臨み、利鞘が悪化している（図表5－25、図表5－26）。

　資金利益は、大手銀行の業務粗利益の65％程度、地方銀行の同85％を占めている。貸出残高そのものは伸びているものの、利鞘の低下が大きい。これ

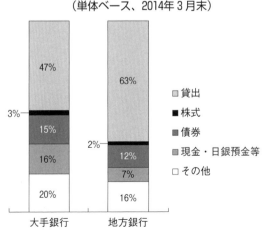

図表5－24　銀行の資産構成
（単体ベース、2014年3月末）

（出所）　全国銀行協会データに基づき筆者作成

図表 5-25　預貸率の推移

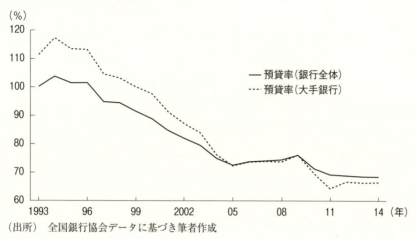

（出所）　全国銀行協会データに基づき筆者作成

図表 5-26　預貸金利鞘

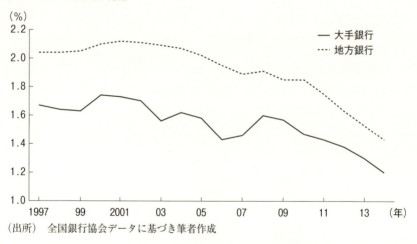

（出所）　全国銀行協会データに基づき筆者作成

に加え、長期金利低下も著しく、保有債券の利息収支も下方圧力を受け続けてきた。地方銀行は個人、中小企業向けの比率が高いため、利鞘の水準は常に大手銀行より高い。しかし、最近の利鞘の低下速度は大手銀行を上回っており、住宅ローンをめぐるし烈な金利競争の影響が印象づけられる（図表5-27）。2016年2月より日本銀行の当座預金の一部にマイナス金利を適用

図表5-27 銀行貸出平残（左軸）、同増加率（右軸）

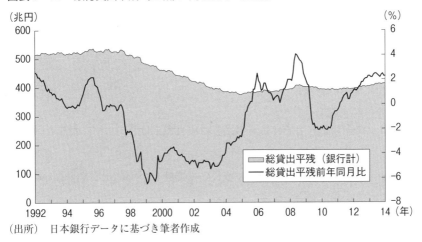

（出所）　日本銀行データに基づき筆者作成

図表5-28 粗利益に占める手数料の比率

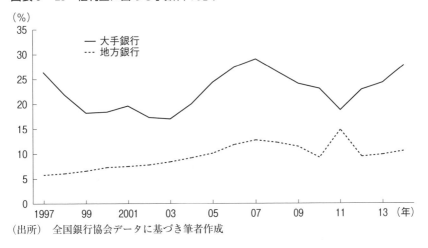

（出所）　全国銀行協会データに基づき筆者作成

する金融政策がスタートし、短期・長期を問わず金利低下はさらに著しくなった。このため、資金利益はいっそう悪化する見通しとなっている。

　資金利益の成長がむずかしければ、手数料収益の増強という選択もある。役務取引等利益（手数料収益）は資産効率を高めるうえでも重要な要素であるが、大手銀行の手数料収益の比率が地方銀行を大きく上回る。これは、手

数料収益のなかに信託報酬が含まれるほか、大手銀行は国内外の法人取引関係手数料収益が大きく、投信等の販売が大きいことなどがあげられる。現状は、大手銀行と地方銀行の差は開く一方である（図表5－28）。

(3) 今後の成長ドライバー

では、この低金利下では日本の銀行に成長機会はないのか。たしかに銀行株を取引している投資家は、成長性についておおむね明るい見通しを抱いていないのも事実である。しかし、厳しい環境のなかにおいても、多くの銀行がさまざまな成長機会を模索している。

メガバンクをはじめとする大手銀行は、海外ビジネス、グループ会社機能、法人および個人向けソリューションビジネスなどに成長機会を見出そうとしている。一方で、地方銀行は取引先情報の活用によるビジネスマッチングをてことした貸出機会の発掘や、大手銀行同様に少子高齢化などをビジネス機会ととらえたソリューション提供に成長機会を求めている。

それでは、メガバンクを中心に具体的な成長ドライバーについて検証していこう。第一に海外貸出である。図表5－29は、過去15年間にわたる海外貸

図表5－29　メガバンクの海外貸出

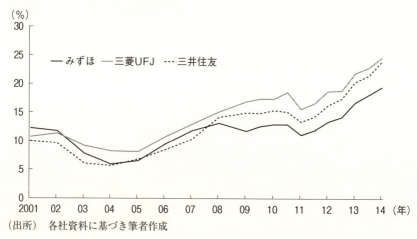

（出所）　各社資料に基づき筆者作成

出(海外子会社を除く)の推移を示している。

特に2011年以降については、バーゼルⅢ成立までの不透明感が払拭されたこと、海外における競争相手のなかに資本や流動性に懸念をきたすところが出始めたこと、そして円安の効果もあり、円ベースでの貸出は大幅に増加した。円ベースでは毎年15～30%程度の増加であり、ドルベースでも10～20%程度の年率増加を果たしていることは、国内貸出の低調さを相殺して余りある実績となった。

今後についても、回復した信用力を武器に安定的な外貨調達を行っていくことが可能とは見込まれるが、やはり安定性のある資金調達は預金である。海外における銀行の買収などのほかは、キャッシュ・マネジメント・サービス(CMS)の機能強化による法人預金の取込みなどに取り組む必要がある。また、海外ビジネスに関しても、貸出を目的ではなく手段として位置づけ、手数料ビジネスの機会を拡大していくことが安定的な成長をねらううえでは必要不可欠であろう。

次に、グループ機能の充実である。図表5-30は、メガバンクの連結当期利益と持株会社傘下に抱える子銀行の当期利益との差分の推移を示してい

図表5-30 大手銀行の「連単差(注)」

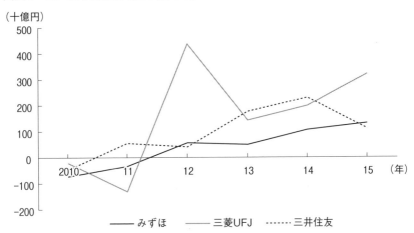

(注) 連単差=連結当期利益と傘下銀行当期利益の差分
(出所) 各社資料に基づき筆者作成

る。この差分は「連単差」と呼ばれている。

　三菱UFJの2012年3月期（モルガン・スタンレーの負のれん計上）や三井住友の2014年3月期（自己株の減損処理に係る連結調整）のように、会計上のテクニカルな要因で連単差がふくらんでいる点を考慮しても、全体的に銀行以外のグループ会社の稼ぎが連結利益に貢献していることがわかる。特に、図表5－31で表されている三菱UFJの連結当期利益の構成要素の変化をつぶさに観察すると、銀行の利益貢献が減る一方で、その他の部分が全体の利益水準を底上げしているのがわかる。

　この背景には、3つの要因が考えられる。第一には、タイにおけるアユタヤ銀行の買収に象徴されるようなM&Aの効果である。第二として、海外グループ会社や国内証券会社などの業績回復がある。さらに第三の要因としては、上記に重なる部分もあるがグループの連携強化によるシナジーの向上である。

　各行は着実に資本基盤を充実させてきており、M&Aやグループ会社の資産拡大を含めた資本の負担を十分にまかなえる体力がついている。さらに、本書冒頭でも議論した新規業務への参入などを通じた成長機会の拡大余地は十分にある。

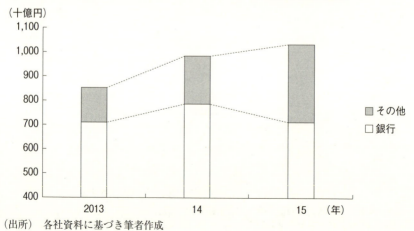

図表5－31　三菱UFJフィナンシャル・グループの連結当期利益構成

（出所）　各社資料に基づき筆者作成

5 法規制と監督

(1) 法規制および銀行監督の歴史

　銀行業を規制する法律の内容については第2章に譲り、ここでは銀行をめぐる規制・監督の歴史を概観する。

　銀行規制の源流は、大蔵大臣による許可制を定めた1893（明治26）年の銀行条例までさかのぼり、1927（昭和2）年に昭和金融恐慌をきっかけに銀行法が制定された点はすでに述べた。また、1948（昭和23）年には証券取引法第65条により銀証分離政策が、1952（昭和27）年には長期信用銀行法により銀行の長短分離政策が構築され、これが保護主義的な銀行および金融行政を色濃く反映したものであったといえる。

　この当時は分業体制を厳格に運営することにより、それぞれの分野に特化したプレーヤーの保護と、護送船団方式と呼ばれた弱い銀行に歩調をあわせる銀行行政が維持された。これは、1975（昭和50）年の大蔵省「三局合意[8]」にも象徴される。

(2) 自由化への進展

　しかし、大企業を中心とした企業金融の市場化、金利選好の多様化に、アメリカにおける預金金利自由化の流れが加わり、法人・個人を問わず金融ニーズの高度化・多様化を背景に、金融自由化に迫られた。これに加えて、

8　三局合意とは、銀行系海外現地法人のプライマリー市場における活動に制約を課した行政指導で、大蔵省銀行局、国際金融局、証券局の合意に基づくもの。正式には三局指導という。1975〜1993年に存続し、旧証券取引法第65条とともに長期にわたり銀行・証券の業際を仕切ってきた。

第5章　銀　　行　411

日本の金融市場自由化を促すアメリカからの政治的圧力[9]が金融自由化の流れを加速させた。

初期段階における自由化の対象には、預金金利、短期金融市場（無担コール、円建てBA、CP導入など）、外為取引（実需原則撤廃など）、銀行による証券業務（公共債ディーリングなど）、先物取引を含めたデリバティブ業務などが含まれるほか、東京オフショア市場開設やユーロ円取引開始など、インフラ面の整備など幅広い分野が網羅されている（図表5-32）。

自由化がもたらすのは、一義的に、経済を支える金融システムの効率性向上である。金融システム効率性向上には、2つの側面がある。銀行業界全体にとってプラスの側面は、金融機能の多角化による収益機会増加である。国債など公共債のディーリング解禁[10]や外為取引の自由化は「2つのコクサ

図表5-32 初期段階におけるわが国金融自由化の全体像

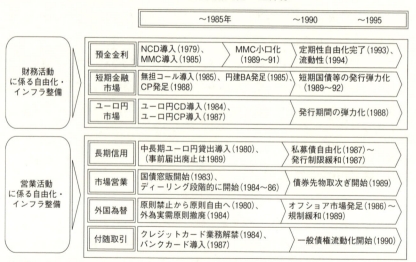

（出所）筆者作成

---

9 中曽根・レーガン首脳会談に基づき創設された日米共同円ドルレート、金融・資本市場問題特別会合（通称「日米円ドル委員会」）は1984年に、日本の金融・資本市場の自由化と外国金融機関によるアクセス確保などを求める報告書が発表された。なお、先物為替の実需原則撤廃やCD規制緩和などは同委員会発足と同時に発表されている。

図表 5 － 33　金融規制自由化の歴史

年	規制環境	成長戦略
1983	（アメリカで預金金利自由化完了）	―
1984	日米円ドル委員会（金融自由化・国際化）、先物実需原則撤廃	―
1985	国債等ディーリング解禁	「2つのコクサイ化（国際化と国債化）」証券業務・国際業務へ参入
1986	東京オフショア市場開設（ユーロ円等による融資弾力化）	―
1988	バーゼル合意	―
1989	適債基準緩和（事業会社等の社債発行）	プライマリーマーケットへの銀行ビジネスの拡大
1990	不動産融資総量規制	―
1991	金融制度調査会（保険・証券・銀行の相互参入を方向づけ）	―
1992	銀行・証券の子会社を通じた相互参入に係る法改正	業態別子会社を通じた証券業界への参入
1993	バーゼル規制導入	―
1994	預金金利自由化の完了	―
1995	証券子会社設立	―
1996	金融ビッグバン構想	―
1997	金融持株会社解禁	グループ総合力を充実させた金融コングロマリット化
1998	投資信託の銀行窓口販売解禁	「貯蓄から投資へ」の流れを進める金融商品販売の拡充
1999	銀行による社債発行解禁	―
2001	保険商品（住宅関連の火災保険など一部商品）の銀行窓販	―
2002	保険商品の銀行窓販開始の商品拡大	―
2004	証券仲介（外債・株式等の銀行窓口での仲介）解禁	証券子会社の活用などグループ機能の向上
2005	ペイオフ全面解禁	銀行財務健全化をふまえ再び成長戦略強化
2007	保険商品の銀行窓販の全面解禁	個人向け金融商品販売のフルライン化
2012	住宅ローン利用者への金融商品販売など規制緩和	顧客への総合的相談機能強化へ

（出所）　金融庁資料などに基づき筆者作成

第5章　銀　　行　413

イ化（国際化と国債化）」と呼ばれ、現在に至る海外戦略や証券戦略の基盤となった。銀行のビジネスが信用リスク追求一辺倒から、金利リスクなどの市場性リスクを収益化する事業モデルを含む構造変化をもたらした。

　もう1つの側面は、分業体制の消滅による競争激化である。競争は優勝劣敗を促す。長短分離政策からの脱却は、高度経済成長期の産業金融を支えたエリート集団たる長期信用銀行の存在意義を希薄化した。ユーロ円インパクトローンの登場と、デリバティブ取引台頭による金利スワップなどの利用が多くの銀行の長期資金融通を可能とし、長期信用銀行の優位性は損なわれたのである。

　預金金利も段階的に自由化され、1979年に譲渡性預金（NCD）、1985年に市場金利連動型定期預金（MMC）や大口定期預金など自由金利定期預金の裾野が広がったほか、1994年には普通預金を含め、すべての預金金利が自由化された。

　主な規制緩和の歴史を図表5-33にまとめた。この流れからうかがえるのが、銀行を中心とする金融コングロマリット化への制度的な追い風である。

　1996年、当時の橋本内閣は金融ビッグバン構想を打ち出し、自由化のアクセルが踏まれた。1997年には金融コングロマリットのプラットフォームともいえる「金融持株会社」の設立が解禁された。金融持株会社のもとでは、銀行はもちろんのこと、証券会社、クレジットカード会社、消費者金融会社、資産運用会社などさまざまな金融機能が集結可能となった。

　また、銀行の業務範囲が拡大し、投資信託、保険、外国債券、仕組債（デリバティブ内蔵の債券）、株式などが銀行窓口で買えるようになった。なお、投資信託や保険は銀行が直接、金融商品の生産者（資産運用会社や保険会社）から仕入れて販売できるが、外国債券、仕組債、株式などは証券会社からの代理として仲介しているかたちとなっている。

10　1970年代後半から始まった国債の大量発行により、それまでの引受シンジケート団による引受発行方式では引き受ける銀行の負担が過大となったため引受けが成立しない休債に追い込まれる事態も発生した。このため、市場における市中消化を促し、国債流通市場の整備を行う必要性に迫られ、国債発行・流通に係る改革が進められることとなった。

(3) 預金保険制度からみる銀行監督の進展

　預金保険とその関連法令の歴史は日本の金融危機をなぞるものである。図表5-34に預金保険の歴史をまとめた。

　右側にある「付保額」というのは、預金者1人当り1つの銀行にある預金口座の最高保障額である。1971年までは500万円の預金は100万円までしか預金保険でカバーされなかったため、預けた先の銀行が破綻すると400万円が返ってこない危険性が高い状況だった。現在ではこの付保額は1,000万円まで引き上げられている（図表5-34）。

　この歴史を俯瞰すると、預金保険が果たした金融危機における役割とその重要性を知ることができる。1995年6月には一部信用組合の破綻があり、銀行に対する不安感の拡大を防ぐため「ペイオフ凍結」の措置がとられた。ペイオフとは、銀行が破綻した際に銀行の資産と負債の内容を精査し、預金者に対し分配を行うものである。預金保険の付保額までは保障されるが、それを超える金額については銀行の資産が不足する場合にカットされることとなる。ペイオフ凍結は、預金者の不安を防ぐねらいがあった。

　1998年と1999年には大手の銀行を中心に公的資金が投入されたが、この資金は預金保険機構（同機構が管理運営する整理回収機構を含む）が資金供給したものである。その後も、2003年にりそな銀行への多額の公的資金注入が実施された。余談だが、りそな銀行が取り入れた公的資金残高はピークで3兆1,280億円という想像を絶する金額にのぼったが、2015年に返済が完了した。

　特に重要な転換点は、1999年3月における公的資金注入であり、預金保険機構の「金融早期健全化勘定」から拠出された。これをきっかけに市場の不安が解消された。2003年5月におけるりそな救済も同様である。りそなへの大規模な公的資金注入は2003年6月に実施されたが、その前後から株価は急騰した。政府による金融システム安定化の行動が、市場の安心感をもたらした証拠である。公的資金を供給する勘定は、すべて預金保険機構に存在しており、その立て付けは、基本的には預金保険料によりまかなわれるが、銀行

第5章　銀　　行　415

図表5－34　預金保険の歴史

年／月	イベント	付保額
1956／7	金融制度調査会が発足。預金者保護制度の検討を開始	—
70／7	金融制度調査会が預金保険制度の創設を決定	—
71／4	預金保険法が公布、施行	—
71／7	同法に基づき預金保険機構を創設	100万円
74／6	保険金支払限度額を引上げ	300万円
86／5	預金保険制度を改正：①資金援助方式の導入、②仮払金制度の導入、③保険金支払限度額を増額、④保険料率を引上げ、⑤労働金庫の預金保険制度への加入、など	1,000万円
95／6	信用組合破綻などを背景に一時的にペイオフ凍結を決定	1,000万円
95／12	金融制度調査会、①2001年4月までペイオフの実施を延期、②破綻処理財源確保のための保険料率（一般・特別保険料率設定）などを決定	1,000万円
	住専処理に6,850億円の公的資金投入を決定	1,000万円
96／4	一般保険料率を引き上げ	1,000万円
96／6	預金保険制度を改正：①2001年4月までペイオフの実施を延期、②ペイオフコストを超える資金援助の財源として特別保険料（＝0.036％）を徴収、③破綻信組の受け皿金融機関として整理回収銀行を創設	1,000万円
97／11	北海道拓殖銀行破綻。山一證券破綻	1,000万円
97／12	預金保険制度を改正：経営が悪化した金融機関を合併する場合に資金を援助する制度を創設（1999年3月廃止）	1,000万円
98／2	預金保険法改正・金融機能安定化緊急措置法成立：①金融機関への資本注入を審査する金融危機管理審査委員会を設置、②「特例業務基金」として政府が7兆円の国債を交付、③整理回収銀行に一般金融機関の受け皿銀行機能を付与	1,000万円
98／3	金融危機管理審査委員会、大手行など21行に対して初の公的資金による資本注入（1兆8,156億円）を実施	1,000万円
98／6	金融監督庁が発足	1,000万円
98／10	預金保険法改正・金融機能再生法・金融機能早期健全化法成立：①金融整理管財人業務、特別公的管理業務を追加、②「金融再生勘定（18兆円）」と「金融機能早期健全化勘定（25兆円）」を設置	1,000万円

98/12	金融再生委員会が発足	1,000万円
99/ 3	金融再生委員会、大手15行に早期健全化勘定から7兆4,592億円の資本を注入	1,000万円
99/ 9	全国出納長会が、総務省および大蔵省に対し、ペイオフ解禁に向けた配慮についての要望書を提出	1,000万円
99/10	全国知事会が、総務省および大蔵省に対し、ペイオフ解禁に向けた配慮についての要望書を提出	1,000万円
99/12	ペイオフについて金融審議会答申。ペイオフ方式よりも資金援助方式による金融機関の破綻処理を優先させる、などの方針を明記	1,000万円
	政府与党が2002年4月までペイオフ解禁の1年延期を決定	1,000万円
2000/ 4	信金・信組に対する検査・監督権限を都道府県から金融監督庁へ移管	1,000万円
00/ 5	「預金保険法等の一部を改正する法律」成立：①2002年3月まで預金を全額保護、②流動性預金は2003年3月まで全額保護、③システミックリスクへの対応、④公金預金等も預金保険の対象とする、など	1,000万円
00/ 7	金融監督庁と大蔵省金融企画局を統合した金融庁が発足	1,000万円
01/ 1	金融再生委員会を金融庁に統合	1,000万円
01/ 3	総務省が「地方公共団体におけるペイオフ解禁への対応方策研究会」取りまとめを作成	1,000万円
02/ 4	ペイオフ一部解禁（定期性預金のみ）	1,000万円
02/ 9	竹中金融担当大臣就任	1,000万円
02/10	竹中グループが銀行の脆弱さと体質強化の必要性を指摘	1,000万円
02/11	金融再生プログラム発表	1,000万円
	政府与党が2003年4月から2005年4月までペイオフ解禁の2年延期を決定	1,000万円
03/ 5	りそな銀行、預金保険法第102条1号措置により実質国有化	1,000万円
03/11	足利銀行、預金保険法第102条3号措置により国有化	1,000万円
05/ 4	ペイオフ全面解禁	1,000万円

（出所）　預金保険機構公表資料に基づき筆者作成

第5章　銀　　行　417

の経営的な負担の限界を超える部分は政府が補助することと法令上規定されている。

このような金融危機と並行して、銀行監督の強化が急速に進んだ。1996年、バブル後の負の遺産の処理の反省から、不良債権問題の早期解決や銀行の財務状況の透明性確保などを眼目とした金融関連三法が成立した。これにより、銀行が自らの貸出などの資産内容について責任をもって精査し、必要な引当（貸出の将来的な焦付きリスクに対する備えのための準備金）を行う枠組みとなる「自己査定制度」が1997年度から導入された。また自己資本比率規制の根拠となる早期是正措置が同時に導入された。

その後、1999年には「金融検査マニュアル」が導入され、銀行の自己査定の正確性やリスク管理態勢等の運営状況をチェックする目的で実施されてきた金融検査における検査官の指針とされた。しかし、検査を受ける立場にある銀行にとって、このマニュアルが自己査定やリスク管理を行う際のバイブル的な役割を果たすこととなる。

さらに、2002年には当時の竹中平蔵金融担当大臣指揮のもと、金融再生プログラムが実施された。このプログラムに基づき、主要な銀行への特別検査が実施され踏み込んだチェックが行われた結果、大口倒産が急増した。こうしたかたちで、銀行監督上のモニタリングは、銀行からの報告をベースとしたオフサイトに加え、すでに述べた特別な検査や通常のオンサイトの金融検査のなかで、個別取引の詳細な内容まで踏み込んだ精査が行われた。過去に実行した貸出が、仮に銀行の自己査定で「正常先」に区分されていても、金融検査のなかで「要管理先」や「破綻懸念先」などの不良債権のカテゴリーに査定区分の格下げが行われれば、銀行の決算に影響を与えるばかりか、融資にかかわった担当者に対する社内評価への影響を心配する行員が出てきてもおかしくはない。このため、マニュアルやそれに応じた厳しい金融検査が銀行の与信姿勢を保守的にしたという指摘もある[11]。

このため、2013年9月、金融庁は「平成25事務年度監督方針」を発表し、「金融行政においては、規制だけで対応しようとすると規制の歪みや過剰規制を招き、実体経済にも悪影響を及ぼしかねないこともふまえ、金融機関の

自己規律の向上と監督当局の監督能力の向上を前提に、中長期的に規制コストを低減させつつより質の高い監督行政を目指していく」とうたっている。同時に発表された金融検査の運営などを示した「平成25事務年度　金融モニタリング基本方針」でも「小口の資産査定については、金融機関において、引当等の管理態勢が整備され有効に機能していれば、その判断を極力尊重」とある。これまで締めつけすぎていたため、与信行為の制約を背負った銀行がリスクテイク意欲を減退させていった部分の軌道修正を図ろうとする意図がここから読み取れる。つまり、日本が行き過ぎた規制厳格化からの調整局面に入ったと考えられる。こうした方針は2014年以降も引き継がれ、より本質的な銀行リスクのモニタリングを行う一方で、銀行の情報生産機能の回復を促すねらいが明らかである。

11　2008年のリーマンショック後に、当時の亀井静香郵政・金融担当大臣の指揮のもと、中小企業金融円滑化法が時限立法として施行された（2回の期限延長後、2013年3月終了）。同法は中小企業貸出の返済猶予等に応じる貸し手の努力義務を強いるものであり、本質的に銀行の与信姿勢を積極化させる効果はなかったと考えられる。

第5章　銀　　行　419

銀行の業務と機能

(1) 店頭を中心とした基本業務

　本章冒頭で説明したとおり、銀行は「金融仲介機能」「信用創造機能」「決済機能」の３つが主要な機能を備え、金融仲介機能は「情報生産機能」「リスク負担機能」「資産転換機能（流動性転換機能を含む）」の３つに整理できる。これらの機能は、経済が円滑に運営されていくために必要不可欠なものである。そのため、銀行は私企業であるとともに、社会インフラとしての性格も備えている。銀行経営者は銀行を「公器」と呼ぶことがある。つまり、銀行は民間企業として利益を追求するばかりでなく、経済活動を支える血液の流れを隅々まで滞りなく伝える循環器という公共性を認識した言葉である。本節では、これらの機能を詳しく解説する。

　銀行の業務は、銀行法に列挙されており、列挙されていない業務を行うことはできない（他業禁止）。業務範囲としては、「固有業務」「付随業務」「他業証券業」「法定他業」に大別される。固有業務（銀行法第10条第１項）は、預金の受入れや融資、為替などの基本業務から構成されており、付随業務（同条第２項）には、債務保証、投資目的としての有価証券の売買、デリバティブ、手形引受け、社債の募集・委託、貸金庫などが列挙されている。他業証券業とは、投資信託の販売など金融商品取引法に定められる一定の業務を指しており、法定他業とは、信託併営法等の法令により定められている業務を表している。法令上の定めから離れ、日常的に接することのできる銀行業務から紹介しよう。

　銀行の店頭を訪れるとATMコーナーがあり、来店客が立って対応する「ハイカウンター」と座って応対される「ローカウンター」がある。また、銀行によっては「プレミアムサロン」のような個室を用意し、特別な取引案

件や銀行にとって重要度の高い顧客への対応にあたっている。ハイカウンターは主に簡単な業務を取り扱っており、ATMで対応できない預金や振込み、税金や公共料金の支払などがこの窓口で取り扱われる。ローカウンターやプレミアムサロンでは、ローンなどの融資業務、投資信託や保険の相談や販売、外国為替その他相談業務が行われている。また、銀行の営業担当者（外回りや渉外などと呼ばれる）は、重要個人顧客への対応や法人取引に従事している。

業務内容は、貸出、預金、金融商品販売、内国為替、外国為替、代理業務、その他業務に分けられる。このうち、聞きなれない内国為替とは振込みなどを示す。また、代理業務というのは他社から委託された業務を代理で行うもので、税金や公共料金の収納、住宅金融支援機構（旧住宅金融公庫）の代理貸付業務などが含まれる。その他業務には、貸金庫やセーフティボックス、夜間金庫などの昔からの業務もあるが、最近は法人顧客の商売を手助けする「ビジネスマッチング」なども登場している。これは、複数の取引先の販売と購入のニーズをマッチングすることで、販路を開拓したい会社と質の高い商品を仕入れたい会社の双方にとって喜ばれる手数料ビジネスである。

(2) 本部を中心とした業務

一般顧客にはみえない部分の業務もある。本部には、市場部門といわれる金融市場を相手にした業務部門がある。ニュース番組で、多くのモニター画面が備えられたデスクに向かってトレーダーやディーラーと呼ばれるスタッフが電話やパソコンに向かう姿が映し出される。これがディーリングルームといわれるフロアである。ここでは、外国為替取引や国債の売買などが行われている。細かい話であるが、こうしたフロアのことを証券会社の場合は「トレーディングルーム」、銀行の場合は「ディーリングルーム」、スタッフのことを前者はトレーダー、後者はディーラーと一般的に呼ぶ。銀行が市場取引を行う場合、自己勘定で短期的な売買を繰り返すトレーディング勘定（特定取引勘定）とそれ以外の取引はバンキング勘定（銀行勘定）で行われ

第5章 銀 行 421

る。預金や貸出はもちろん、国債売買の多くもバンキング勘定で行われるのが通常である。トレーディング勘定が主体であればトレーディングでもよいのだが、銀行では実態的にバンキング勘定での取引が多く、あえてディーリングという言葉が用いられている。

　以上説明したように、銀行は人と人との間で預金・貸出などの資金融通、金融商品の販売、送金による資金の受渡し、他の当事者のために行う代理業務など多彩な仲介的役割を果たしているほか、市場を相手にした業務も行っている。さらに、ビジネスマッチングのように情報の仲介を行うことで、銀行が抱える情報を付加価値に変える新たな役割も担っている。

(3)　銀行業務の経済学的機能1——情報の非対称性の解消

　銀行が担う金融仲介機能に情報の非対称性の問題を解消する力がある。中小企業が事業のための資金が必要な場合、最も簡単な方法は社長自らが自分のお金を会社に貸すことである。なぜなら、借り手である会社と貸し手である社長の間に情報の非対称性は存在しないからである。社長は会社の状況を熟知し、自らの資金を投じて回収できる可能性が高いか低いかの判断が容易にできる。一方、社外の人間がお金を貸すのは容易ではない。財務内容や事業計画など会社から情報を入手したうえで判断するだろうが、そもそもこの情報が正しい情報か虚偽かの判断はつかない。銀行はこのような情報の非対称性を解消する能力を備えることにより、貸出を行う。

　借り手の情報を収集し、貸出を実施した後も常に新しい情報を入手・管理するような銀行の活動を「情報生産活動」という。銀行が貸出を行ったことのない新規取引先に対して、貸出を行うまでのプロセスを考える。貸出を行ううえで最も重要な手続は審査である。貸出を行う審査を与信審査という。

　審査を行うには適切かつ十分な情報を集める必要がある。取引先担当は会社から決算書などの基礎的財務データをもらう。また、帝国データバンクなどの外部の信用調査機関からの情報を買い取る場合もある。その会社が取引を行っている会社がその銀行の取引先であれば、取引実態の調査のための情

報を他の支店などから得る。支店長など取引先担当以外の責任者が社長と面談し、経営者の人となりを把握する。こうした努力の積重ねで審査に必要な情報を得る。

　ここで集めた情報をもとに稟議書を作成する。稟議書は審査における承認手続書類である。審査は支店長が承認を行って稟議書が決裁になることもあれば、金額等の多寡により本部の審査部門（融資部など）に回付されて承認を得てはじめて決裁になることもある。金額的にも銀行の経営上重要な案件については、常務会や専務会というさらに上層部での承認が必要なことも少なからずある。

　貸出が実行された後も情報生産活動は続く。貸出が無事に返済されなければ、「焦付き」となり銀行は損失を負担することになる。したがって、常に監視（モニタリング）が必要である。不動産などの担保がない場合、貸倒れが発生すると銀行は貸出した資金の回収が困難となる。このため、返済期日まで期間を残している場合においても、貸出先の業況に危険な兆しがみられれば担保を差し出すように要請する交渉が必要となる。このように、審査に伴い多くの手数をかける。これが審査費用である。また、モニタリングに伴うコストを監視費用という。これらの情報生産活動に伴うコスト負担が「情報生産費用」と呼ばれる

　情報生産費用は、過去の経験やノウハウなどから減らすことが可能である。卓越した審査能力があれば情報生産費用を削減し、銀行の収益を増やすことができる。情報の非対称性を解消するためにかかる情報清算費用は、アマチュアの会社や人よりもプロフェッショナルである銀行のほうが少額ですむのは自明である。さらに、多くの貸出を手がけることにより、2つの経済効果をもたらす。1つは規模の経済で、多くの取引を限られた人数で行うことにより、1件の貸出当りのコストが安くなるのである。もう1つは前に述べた大数の法則である。貸出の件数が多ければ、一部の貸出で焦付きが出ても全体の収益で解消可能である。これらすべてが、情報の非対称性を効率よく解消することによる銀行の金融仲介機能の付加価値である。

　エージェンシーコストは、モニタリングコスト（監視費用）、ボンディン

グコスト（保証費用）、レジデュアルロス（残余損失）の３つの要素から構成
される。では、銀行は情報の非対称性に伴うエージェンシーコストをどう減
らすのかについて個別にみていこう。

　モニタリングコストについては、貸出先から決算情報などの情報提供を求
めることは当然として、取引先担当が日常的に会社とのコミュニケーション
を密にする、社長と支店長などトップ同士の信頼関係を厚くする、などによ
り減少させることが可能である。また、決算の計数ばかりでなく、定性的な
こと（たとえば社長が頻繁に不動産投資を行っているようだ、など）をノウハウ
として蓄積して「予兆判断」を効果的かつ効率的に行える体制を有していれ
ば、仕組みとしてモニタリングコストを抑制することができる。

　ボンディングコストは貸出先に約束を守らせることに伴うコストである。
伝統的には、社長個人に会社の借入れの連帯保証人になってもらうことが多
い。これを中小企業の代表者保証という。会社の事業が失敗すれば、社長個
人の財産も銀行にもっていかれ、最悪自己破産に陥ってしまう。このため、
銀行への返済を一生懸命に行うこととなる。蛇足ではあるが、この代表者
保証の慣行が日本のベンチャー企業が育たない理由としてあげられている。
事業の失敗が個人に降りかかってしまうため、リスクをとって事業を立ち上
げる人々のマインドを冷やしてしまうということである。このほか、貸出の
契約書に特約条項（コベナンツという）をつけることがある。他の債権者に
担保を提供してはいけない（担保提供制限条項、ネガティブ・プレッジともい
う）、財務計数が一定水準を下回るあるいは上回ってはいけない（財務制限条
項、抵触時には早期の返済や担保提供が求められる）などがコベナンツに含ま
れる。

(4)　銀行業務の経済学的機能２——信用創造

　当座預金や普通預金、決済預金など満期日のないいわゆる要求払い預金
は、銀行機能の心臓部分である。銀行は預金取引を通じ、資金決済を行うと
ともに、受け入れた預金を源泉として貸付を行う。貸出あるいは融資は、

貸す相手を信用して貸すことから、信用供与あるいは与信という。また、預金をもとに貸出を行いながら経済に資金を供給することを「信用創造」という。この決済機能と信用創造機能が、銀行の基本的かつ主要な役割である。

銀行が預金で預かったお金は、一部を日本銀行の準備預金に積んだうえで、貸出に振り向ける。この準備預金は、法令に基づき定められた預金準備率に応じて預金の一部を日本銀行に預けなければならない。これは、銀行が預金をすべて貸出などに振り向けてしまった結果、急な預金の引出しに対応する手元資金がなくなってしまうリスクを抑制するためにつくられた制度である。

貸出は、住宅ローンや企業の営業資金として使われるが、こうした資金は住宅ローンであれば不動産業者、法人であれば商品の仕入代金を受け取った供給者の手もとに入ることになり、これが再び預金として銀行に行き、上記プロセスを何度も繰り返す。これが世の中にお金が回る仕組みである。

銀行が預金を預かりこれをもとに資金を貸し出す。そして貸し出された資金は、さまざまな経済活動を通じて再び預金として銀行に預けられる。こうした循環を繰り返していくなかで貨幣供給が増大していくこととなる。この循環を無限に繰り返すと、最初に預かった預金の何十倍もの資金が経済に供給されることとなる。これを信用創造における「乗数効果」といい、信用創造のプロセスを通じて経済に行きわたった貨幣供給の本源的預金に対する倍率を「貨幣乗数」あるいは「信用乗数」という。

(5)　銀行業務の経済学的機能３——流動性転換機能

銀行預金が、他の一般企業が調達する資金と異なる点は、「流動性の転換」にある。普通預金などの要求払い預金ばかりでなく、たとえ定期預金であっても、中途解約に伴う利息の減額を条件として、解約の申出に応じるのが実際の慣行である。預金者は必要に応じいつでも資金を引き出すことができる。

銀行から資金を借り入れる側はどうか。銀行が、預金の引出しの依頼が増えているのですぐにお金を返済してほしいといわれても、借りた側は困る。

第5章　銀　　行　425

このため、借り手は返済期日まで返済義務を負わない。これを法律上「期限の利益」と呼ぶ（民法第136条）。この借り手の権利は、破産などの特定事由（同法第137条）が生じない限り、喪失されない。

　これら2つの状況を考えると、銀行は預金者からの資金と借り手への資金の流れの間に立って、預金の早期引出のリスクを負っていることがわかる。これは銀行以外には背負えないリスクである。この資金の仲介機能が「流動性転換機能」である。銀行がこの機能を有しているがゆえ、経済活動がスムーズに運ぶ。資金が余っている人（資金余剰部門）と不足している人（資金不足部門）をつなぐ流動性転換機能がなければ、資金余剰部門である預金者は、必要に応じて現金を引き出す予備的動機を充足することができなくなり、現金のまま所有し続けるしかない。そうなると、資金が必要な人にお金が回らなくなる。したがって、銀行の流動性転換機能を維持することは経済のメカニズムにきわめて重要である。ちなみに、流動性転換機能は大数の法則を前提としている。現金を引き出す人が同時に多数現れる確率が低いという前提である。

(6)　金融構造の変革への銀行の役割

　個人の金融資産の構造を預貯金依存型から投資性商品への多様化を図るためには、銀行の貢献は不可欠である。個人金融資産の過半を現金および預貯金が占めている現状は個人のリスク回避志向だけではなく個人が銀行になじんだユーザーであることを示しているからである。このため、銀行が個人の投資教育・金融教育を進め金融に関する考え方を啓蒙し、投資商品へと誘うことは非常に合理性が高い（図表5－35）。

　事実、1998年に銀行での窓口販売（窓販）が解禁された投資信託は、7年足らずで投信販売のチャネルとして証券会社を追い越すまでになった。2002年に銀行窓販が解禁された年金保険なども貯蓄性の高い保険商品として銀行の主力商品に育ってきた。さらに、2004年末には株式・外債・仕組債（デリバティブ付債券）などの証券会社が扱う商品を銀行が仲介する「証券仲介業」

図表5－35　株式投資信託の販路別純資産額残高推移

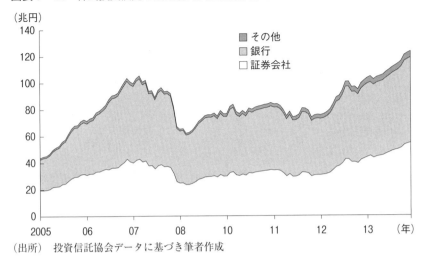

（出所）　投資信託協会データに基づき筆者作成

が解禁された。政府は規制緩和を伴いながら個人金融資産の構造変革をもたらすことにより、市場メカニズムが産業構造に果たす役割を拡大するとともに、最終的には銀行の信用リスク集中を軽減していくねらいがある。

　銀行が金融商品をすべて網羅し、個人顧客に対する位置づけが大きく変わるきっかけとなるのが、保険商品の銀行窓販全面解禁である。保険業界からの抵抗もあったが、2007年中には全面的に自由化された。これにより銀行は金融商品小売店として商品がフルラインアップすることとなった（いわゆる「ワンストップショップ化」）。これに銀行法改正（2005年）に伴う銀行代理店の規制緩和が加わり、さらに、銀行の営業時間の規制も緩和され原則自由化された。これは銀行だけではなく金融という切り口から、よりユーザーの利便性を考え同時に貯蓄から投資の流れを後押ししたいというねらいがある。

　これにより保険業界は従来の販売チャネルを含む営業体制を抜本的に見直す必要に迫られる。銀行をディストリビューションチャネルとする機会の登場により、保険会社の経営の方向性も大きく方向転換する可能性が出てきた。銀行は従来多くのファイナンシャル・プランナーを養成し、投信、保険、外貨預金などのリスク性のある投資商品の販売を支えてきた。しかし、

保険商品の完全自由化は貯蓄性の高い商品ばかりではなく保障性商品を含め大きく取扱範囲が広がるため、銀行の営業スタッフがライフプランナー兼ファイナンシャル・プランナーとして人生設計すべてのアドバイスを行う可能性が出てきている。

　今後は銀行も貯蓄性以外の商品を含めた営業のあり方に、大きな意識変革を迫られることになるだろう。ただし、ここでうまく意識変革を進めた銀行は金融商品の強力なディストリビューターとしての地位を築いていくのではないか。この点に関しては最終章でさらに議論したい。ただし、金融商品取引法によるユーザー保護の点も重要である。銀行は貸出という武器を握っているだけに独占禁止法で禁止されている優越的地位の濫用につながるような「圧力販売」に対しては歯止めが必要ではある。しかし、適正に運用されれば、「人生まるごと相談チャネル」としての銀行の地位が確立されるかもしれない。

親・兄弟会社とのシナジー

(1) グループ内連携の意義

　本章冒頭で金融機関業態別の一覧を紹介したが、メガバンクはすでに保険会社を除くすべての機能をグループ内に置くこととなった。しかし、グループ内に異なる機能を有する会社を置くことによる連携効果がなければ、付加価値がないばかりでなく、むしろ弊害すら指摘されている。たとえば、内部金融の問題である。グループ内における資金融通には市場原理が働かないため、資源配分の効率性が低下するほか、市場規律も機能しなくなるという点である。

　では、現実問題としてグループ内でのシナジーは実現できているだろうか。この点に関しては、メガバンク3グループに焦点を当てて、具体的な事業のあり方を検証してみよう。なお、収益の構成やガバナンスの点については第1章を参照されたい。

(2) メガバンク別の戦略

① みずほフィナンシャルグループ

　以前は、傘下にみずほ銀行とみずほコーポレート銀行の2つの商業銀行を抱えるなど、組織としての効率性やガバナンス、連携体制などで問題が指摘されていたが、大改革により組織体制が一変され、3グループのなかでも最も先進的なガバナンス体制を採用しているとの評価も聞かれるようになった。

　グループ会社のなかでも、グループ連携の中心は銀行、信託、証券であり、異なる顧客セグメントに対し「銀・信・証」のシームレスなサービスを

提供する体制づくりに腐心してきた。2015年３月末現在、銀・信・証の共同店舗は31店舗、銀・証の共同店舗は150店舗、銀・信の共同店舗は４店舗などとなっている。

　会社が公表している協働事例を取り上げよう。オーナー経営者による上場企業が、将来の相続と海外におけるビジネス展開という２つの経営課題を抱えていたケースである。銀行は海外進出のためのノウハウ提供や販路拡大のためのビジネスマッチングのソリューションを提供する一方で、証券と信託は相続対策に取り組んだ。オーナー一族の資産管理会社に着眼し、この会社の保有資産である株式や不動産をキャッシュ化するなどの選択肢を供給することで相続に備える提案を行う。一方で、証券はアドバイザリー契約を締結し自社株TOBスキームによる株式処分を行うことで保有株式の拡散を防ぐ一方、信託は同じくアドバイザリー契約のもとで不動産売却に係る仲介をアレンジした。共通の顧客のさまざまなニーズに対し、グループ力を駆使したケースといえる。

　また、大企業を中心としたコーポレートファイナンスに対応すべく、メガバンクのなかでも早い段階から銀行と証券の兼職者である「ダブルハット」の体制を充実させ、資本市場による調達やM&Aに係る銀行ニーズと証券ニーズにセットで対処できる組織としてきた。

　また、各グループ会社の役職員によるオフサイト・ミーティングの機会をつくり、それぞれが抱える業務上の課題を出し合い共有化するような試みも始まっている点は興味深い。

②　三菱UFJフィナンシャル・グループ

　メガバンク３グループのなかで（2015年12月時点において）、商業銀行の頭取が持株会社の社長を兼務している唯一のグループである。最大の顧客基盤を有するだけではなく、グループ経営戦略を考えるうえで銀行が中心的な役割を果たしてきているのがわかる。このグループのグループ戦略は、銀行を中心軸に置いたグループ会社とのシナジーの実現に力点が置かれている。

　もう１つの特徴は、モルガン・スタンレーとの関係である。約20％の株式

持分を維持しながら持分法適用会社としているが、持分を劇的に増やすあるいは減らすような可能性はきわめて低く、一定の距離感を維持しながら、ビジネス上の協働分野を充実させる Win-Win の関係を今後も貫くものと見込まれる。事実、グローバルなネットワークなどで三菱 UFJ モルガン・スタンレー証券の機能的な補完がきわめて有効に働いている。このため、非日系 M&A 案件においても、モルガン・スタンレーがアレンジし銀行がブリッジローンなどの機動的な資金調達の機能提供を行う案件が数多く実現している。

リテール向けに関しては、銀行、信託、証券の共同店舗である「MUFG プラザ」を他のメガバンクに先駆けて展開させた。2015年3月末現在、27の MUFG プラザと20のプライベート・バンキング・オフィスを構えている。個人の相続、中小企業の資産承継について、銀行と信託が協働している点は、みずほと同様である。

一方、大企業向けにはコーポレート・バンキングとインベストメント・バンキングを表す「CIB モデル」を「グローバル CIB モデル」へと進化させ、海外におけるグループ会社、証券、信託、モルガン・スタンレーなどの機能を存分に活用した体制へと強化に取り組んでいる。他のメガバンクに比べても、海外において確固たる地位を築いている MUFG ユニオンバンクや、新たに傘下に組み入れたタイのアユタヤ銀行（Krungsri）などの現地でリテール預金にアクセスできる点は大きく、まだまだグループとしてのシナジーの潜在性は小さくない。

③　三井住友フィナンシャルグループ

グループ戦略を考えるうえで、シナジーを実現して獲得したグループとしての利益を外部流出させないという信念がうかがい知れるグループである。主要な金融機能を有するグループ会社の持分は一部を除きほとんどが100％である。このため、少数株主への利益流出はない。例外としては、三井住友ファイナンス＆リース（持分60％）と三井住友カード（同66％）であるが、前者は住商リースとの再編、後者は NTT ドコモとの協働という背景があるためである。

もう1つの特徴は、他のメガバンクが銀行・証券・信託という柱となる子会社を持株会社が直接支配している体制となっているが、このグループはSMBC日興証券を三井住友銀行の子会社としている点があげられる。技術的背景としては、シティグループから日興証券を買収する際にキャッシュによる取得を行ったため、資金調達の効率性からこういった組織となっているものと推察される。

　このグループのシナジーの源泉の中核は、銀行と証券の連携である。同社は長きにわたり大和証券と良好な関係を保ってきた。法人向け合弁事業への再編はこうした関係の象徴である。しかし、2009年に大和証券との合弁事業を解消することとなり、その後日興証券を買収したことで証券ビジネスの位置づけが大きく変化した。過去大和証券が手がけた三井住友銀行の法人顧客の案件が、今後もSMBC日興証券へと移行する可能性があるため、銀行と証券のシナジーについてはさらに増加する余地を秘めている。

　また、プロミスを100％子会社にした後社名変更し、SMBCコンシューマーファイナンスとなった。プロミスのブランドはすでに定着しているため残したが、この社名変更は新たなシナジーを生み出すこととなった。近年増加している地方銀行による無担保消費者ローンへの取組みである。一部の金融機関では、専業消費者金融会社による保証を敬遠するところもあるようである。これは過去の「サラ金」のイメージに起因している部分が大きい。しかし、社名を変更したことで銀行系の保証会社としての活躍の機会が増加したようだ。

8 将来展望と課題

(1) グループ運営の課題

　銀行のグループ経営には、いくつかの留意すべき点と期待が並存している。まず、課題について整理しよう。

　第一に、利益相反である。過去にアメリカにおいて、シティグループが資産運用会社をレッグメイソン社に売却したことがあった。この1つの背景が利益相反の排除である。リテール顧客などに銀行店舗において金融商品を案内する際に、グループ内にある資産運用会社の投資信託などの運用商品に軸足を置いた説明や推奨が行われる可能性がある。これは、規制緩和によりワンストップショップ化が実現したいま、古くて新しい問題である。運用提案の独立性をいかに担保するかは、コンプライアンス上もガバナンス上も常に配慮すべきテーマである。

　第二に、預金保険などのセーフティネットの享受者である銀行と、その他の事業を営むグループ会社とのリスク管理上の問題とフリーライドの問題である。他のグループ会社が抱えるリスクが銀行に波及することによる金融システムへの悪影響は、銀行と証券の垣根を定めたグラス・スティーガル法にさかのぼる旧来からの問題である。また、流動性転換機能という銀行独自の社会的機能を保護するためのセーフティネットは銀行にとっての公共財的な恩典である。こうした公共財にフリーライドして、他の業種での業務を行うことは不公平な競争を生じることとなる。この論点は第1章においても詳しく議論した。

　第三に、グローバルな新しい金融規制の潮流である。2014年11月に金融安定化理事会（FSB）が発表した報告書において、いわゆる「SPOE」あるいは「SPE」と呼ばれる破綻処理戦略を望ましい破綻処理アプローチである

第5章　銀　　行　433

と結論づけている点は、第6章で述べた。つまり、単一の当局が、グループの頂点にある持株会社等に対してのみ破綻処理権限を行使するアプローチである。このためTLAC（これも同章にて述べた損失吸収能力）についても、持株会社にその確保を求めている。これは銀行のグループ財務戦略にもかかわってくる規制の変化である。

(2) グループ運営への期待

一方で、期待すべき展望もある。それはまさに第1章で述べた新規事業である。時代の変化とともにライフスタイルも変わり、銀行業務のあり方にも変化が求められる。現在わが国では、事業会社が銀行を保有する場合には、銀行法で定められている他業禁止規定を当該グループ全体に適用されることはない。しかし、銀行がもととなる金融グループに関しては、限定列挙された業務以外への参入ができない。この部分の見直しを行うことで、銀行を中核とするグループの事業の拡張性とそれに伴う成長が期待できる。

第一に、アメリカのFHCが付随業務として認められている「ファインダー業務」が日本でも認められることとなれば、銀行グループの運営会社がスポンサーを務めるバーチャル・モールなどにおいて、銀行顧客ばかりでなく、より幅広いユーザーに対して財やサービスの売買機会という利便性を提供できる。それと同時に、銀行グループやそれに協調する他の金融機関や一般事業体の参画によるビジネス機会の拡大が期待できる。これにより金融事業に攻勢を強めつつあるネット事業者など他の業態との競争条件の劣位が緩和される。

第二に、フィンテックなどの決済やビッグデータなどに関連したビジネスのなかで、現行の銀行法では他業に認定される可能性のある金融関連事業の取込みの可能性が展望できる。現状、銀行が手を組みつつあるフィンテック事業は銀行法で列挙されている範囲内にとどまっているが、業務範囲外ではあるものの近接する分野への進出が可能となる期待がもてる。

第三に、その他の事業についてもより柔軟な行政的な対応が期待できる。

従属業務会社への収入依存度規制やオペレーティングリース、不動産関連事業など可能性の多寡の程度はあるものの、外部環境の変化に応じて、銀行グループが手がける業務範囲が拡大する展望が開ける期待がもてる。

さらに銀行代理店に関する規制が緩和されれば、コンビニへの業務委託など銀行のチャネル戦略そのものが大胆に変化することもありうるだろう。

【第5章の参考文献】

翁百合（2010）『金融危機とプルーデンス政策』日本経済新聞社

佐藤隆文（2000）『わが国における金融破綻処理制度の変遷』大蔵省金融財政研究所

野﨑浩成（2008）『銀行〔第2版〕』日本経済新聞社

野﨑浩成（2010）『銀行の罪と罰―ガバナンスと規制のバランスを求めて』蒼天社出版

野﨑浩成（2015）『トップアナリストがナビする金融のしくみと理論』同文舘出版

証券会社

事業構造

　証券会社の主たる業務は商品別に株式、公社債、投資信託、デリバティブに係るものに分けられ、業務方法別に、(i)自己売買―ディーリング業務、(ii)委託売買―ブローカー業務、(iii)引受け―アンダーライティング業務、(iv)募集―セリング業務に大別される。日本においては、証券会社は第一種金融商品取引業（有価証券関連業に該当するもの）を行う者を指し、個人向け証券業務、法人向け証券業務、アセットマネジメント業務の3つがある。本章では2つの業務を取り上げ、アセットマネジメントについては、第8章、第9章で取り扱う。

主要プレーヤーと業績動向

(1) 証券業界の小史

　1990年代後半まで、日本の証券会社の特徴は、(i)株式ブローカー業務を中核とした事業展開、(ii)四大証券（野村、大和、日興、山一）による寡占体制、であった。1990年代後半以降、証券不況の深刻化、金融自由化、金融機関による証券業務の業務範囲の段階的な撤廃、を背景に、日本の証券業界の構造は大きく変化した。変化のポイントは特定分野に強みをもつ会社が日本の証券市場に参入したことであり、具体的には、(i)大手銀行の証券業務への参入と中堅証券会社の買収、(ii)インターネット技術を活用した個人向けオンライン証券会社の参入、(iii)投資銀行業務に注力する外資系証券会社の台頭、などの動きが顕著であった。これに対し、独立系証券会社はビジネスモデルの変革を漸次進めたものの、その動きは比較的緩やかであった。

　しかし、グローバル金融危機後、日本の証券会社のビジネスモデルは変化し始めつつある。独立系を選んだ野村HD、大和グループ本社は2012年頃からビジネスモデルを転換し、市況の変動に比較的影響を受けにくい安定的収益の拡大を志向し、一定の成果を出し始めている。

　また、(i)の動きは加速しており、銀行系は銀行との業務の一体化を進め、自行の顧客基盤に対する業務提案の幅を拡充し、収益機会の拡大を進めている（「銀証連携ビジネス」の推進）。地方銀行も独自の動きを行い、証券プラットフォームを提供する証券会社との連携や運用会社を設立する事例などが出始めた。

(2) 業界シェア

　証券会社の基礎的収益力を示す預り資産残高を比較すると、図表6－1のとおり、独立系証券会社の市場シェアが高い。しかし、法人向け証券業務の1つである投資銀行分野に注目すると、独立系証券会社と銀行グループの収益シェアは拮抗している（図表6－2）。その中身に違いがあり、株式関連の投資銀行（Equity Capital Markets）ビジネスでは独立系証券会社が相対的に強く、債券関連の投資銀行（DCM：Debt Capital Markets）やシンジケートローンの分野では銀行グループが相対的に強い。M&Aのアドバイザーでは、従来は独立系証券会社が圧倒的に強かったが、銀行系証券会社のシェアが高まりつつある。

(3) 業績動向

　次に、証券会社の業績をみていこう。図表6－3は株式市況と証券会社の業績推移を示したものである。日本の証券会社の業績は市況との連動性が強

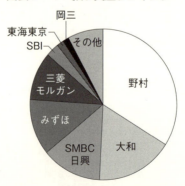

図表6－1　預り資産ランキング

（注）　2015/3期、日系大手証券会社20社に対する構成比。
（出所）　会社資料に基づき筆者作成

図表 6 − 2 　日本の投資銀行の収益シェア
　　　　　　（2015年）

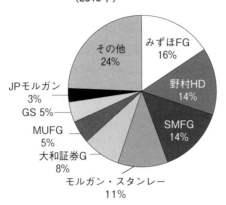

（注）　日本市場のみ、手数料ベース、
　　　　ECM、DCM、M&A、ローンの合計。
（出所）　トムソンロイター

図表 6 − 3 　株式市況と証券会社の業績推移

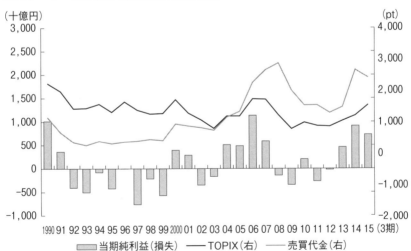

（注）　売買代金は 1 部、 1 日平均。
（出所）　日本証券業協会、日本取引所グループ

い市況産業であることがわかる。2000年頃までは数年に一度やってくる市場の活況期に収益水準を大きく高め、内部留保を拡大し、その後は軟調な市場環境を耐えるというパターンであった。経済全体が右肩上がりであれば、この戦略は悪くはない。しかし、経済成長が期待できないならば、この事業戦略は持続可能ではない。

このため、最近では、日本の証券各社は、個人向け業務において資産形成型ビジネスを強化し、法人向け業務においてはトレーディングスタイルの変更（自己勘定取引の縮小）とアドバイザリービジネスの強化を進めており、収益構造の変化を進めている。業績と市場環境との連動性はやや低下しつつある。

図表6-4はリテール部門と国内ホールセール部門の利益動向をみたものである。特徴は、(i)全体としてみれば、リテール部門とホールセール部門の利益は類似した動きをしているが、利益の変動はリテール部門よりもホールセール部門のほうが大きいこと、(ii)ホールセール分野の利益が伸び悩んでいること、である。(ii)について、2014年度までのデータでみると、ホール

図表6-4　セグメント業績の推移

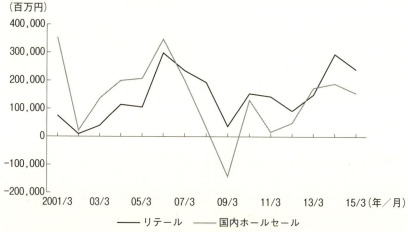

（注）　野村HD（セグメント利益、SEC基準）、大和証券グループ本社（経常利益、日本基準）の合計。野村HDはホールセール部門から海外部門を控除した推計値。
（出所）　会社資料に基づき筆者作成

セールの利益水準はピーク（ITバブルやリーマンショック前）の半分である一方、リテールは2000年代でも高い水準であることがわかる。背景には、(i)ホールセール部門において、競合が激しく、手数料率が持続的に低下していること、(ii)トレーディング部門でのリスクコントロールを従来よりも抑制していることがある。

個人向け証券ビジネス（リテール部門）

　まず、リテール部門の懐事情（資金循環）を確認する。図表6-5は家計の貸借対照表とその内訳を時系列でみたものである。家計部門（家計部門には自営業者を含む）の正味資産の特徴は、(ⅰ)2013年は1990年代前半とほぼ同水準であること、(ⅱ)構造面では資産の流動化が進んでいること（有形非生産資産つまり土地が減少傾向で推移し、金融資産のなかでは現金・預金が一貫して増加傾向にある）、(ⅲ)循環面（正味資産の変動）は株式や投資信託などの証券価格の変動による影響が大きいこと、である。なかでも、(ⅱ)について家計部門が土地や株式などのリスクアセットを保有したがらない傾向は特質すべきであり、有形非生産資産の水準は1980年代前半の水準、株式の水準は1990年代前半の水準にとどまっている。

図表6-5　家計部門の貸借対照表の推移

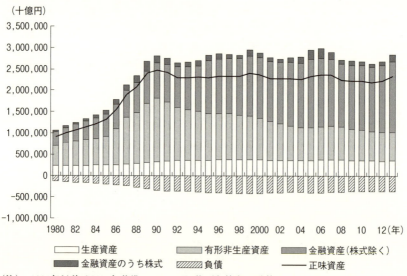

（注）　1994年以前は2000年基準・93SNAに基づき筆者が試算。
（出所）　内閣府

444

図表6－6　家計の金融資産の推移

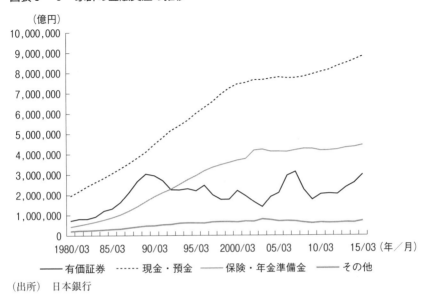

(出所)　日本銀行

　次に、金融資産のみに注目すると図表6－6のようになる。資金循環勘定に基づくと、金融資産の合計は1,717兆円（2015年6月末）。大きい順に、現金・預金は893兆円（構成比52％）、保険・年金準備金は444兆円（同25.8％）、株式・出資金182兆円（10.6％）、投資信託98兆円（5.7％）、債券26兆円（1.5％）、である。時系列の特徴としては、(i)金融資産の成長率は時間の経過とともに鈍化、(ii)現金・預金の水準が高まり続けていること、(iii)保険・年金準備金は2000年代前半まで拡大が続いたが、それ以降、横ばいとなっていること、(iv)証券業の対象といえる投資信託、債券、株式・出資金は1990年までは増加したが、それ以降は上下動を繰り返しながらも、レンジでの推移となっていること、が指摘できる。特に、(i)について、10年ごとの年間成長率（年度ごとの年平均成長率）をみると、1980年代10.6％増、1990年代3.2％増、2000年代0.8％増、2010年度以降0.3％増（2010～2014年度）と、金融資産の蓄積ペースが減速している。
　次に、販売スタイルに注目すると、リテール営業は対面営業方式と非対面

営業方式とに区分できる。対面営業は店舗で営業員が証券取引の注文を受け付ける伝統的な営業方式であり、主にインターネットを利用し、PCやスマートフォンで取引する方式が非対面方式である。

対面営業方式では、証券会社は手数料の中身を変化させようとしている。従来、証券会社は投資信託や株式の販売・売買手数料（「商品ありき」のブローカーモデル）を重視していた。しかし、顧客資産の預り残高の拡大を目指す資産管理型営業（アドバイザー型モデル）に軸足を移している。資産管理型営業を重視する動きは、1990年代以降何度かあったが、2013年以降はその取組みが顕著である。背景には、世界的な運用難、高齢化に伴う相続ニーズの高まり、団塊世代の大量退職に伴う退職金運用ニーズの発生、個人投資家の金融リテラシーの高まり、アメリカでの成功事例を活用したいという証券会社側の戦略、がある。その成果が出ており、専門運用者による投資一任勘定[1]は4兆7,000億円（2015年6月末、日本投資顧問業協会調べ）まで拡大し、資産管理型証券業務が現実のものとなってきた。

また、銀行販売や仲介チャネルの台頭やインターネット取引が普及し、競争環境が変化している。リテール証券業務における銀行の存在感は高まっており、特に投資信託の銀行窓販解禁（1998年）の影響が大きい。投信残高[2]に占める販売シェアは（2015年9月時点）は、証券会社（48.4％）、銀行等（48.3％）、直販（投資信託会社）（3.1％）である。

非対面チャネルは規制の緩和、硬直的な有価証券取引税制、技術革新を背景に拡大が続く分野である。2000年以降、特に株式取引の分野において、急速に存在感を高め、個人全体の株式売買代金に占めるオンライン証券の割合は94％（2015年3月期）である。背景には証券業の免許制から登録制への移行（1998年）、株式売買委託手数料の完全自由化（1999年）、IT革命の進展、事業者による新しいサービスの提供があった。プロダクトでは株式取引、外国為替証拠金取引（FX）、差金決済取引（CFD）において、変化が顕著である。これらのプロダクトを利用するのが、機関投資家並みのトレーディン

1　投資一任契約資産におけるラップ口座を利用する顧客との契約状況。
2　契約型公募・私募投資信託合計の販売態別純資産残高に対する構成比。

グ環境で、高頻度取引を行うというデイトレーダーという新しい投資家層である。この投資家を主要な顧客とするオンライン証券会社はローコストオペレーションを徹底した薄利多売型のビジネスを確立したといえる。

4　法人向け証券ビジネス（ホールセール部門）

　法人向け証券ビジネスは投資銀行部門やホールセール部門という名称が多い。主な機能は法人の資金運用、資金調達、財務助言提供であり、（狭義の）投資銀行（インベストメントバンキング）部門と市場（キャピタルマーケッツ）部門に分けることが多い。前者は債券、株式、M&Aアドバイザリーなどを事業法人向けに提供する部門であり、後者は、大口の投資家である機関投資家向けのサービスまたはトレーディング業務を行う部門である。プレーヤーとしては国内の証券会社に加え、グローバルソリューションをもった外資系、財務アドバイザリーに特化したブティック型のプレーヤーもいる。企業活動のグローバル化を背景に証券会社の法人ビジネスはグローバルに広がっている。

(1)　ホールセール部門の収益動向

　図表6−7は大手投資銀行のホールセール部門の純収益の推移をみたものである。ポイントは、収益額貢献度という観点からはマーケッツ部門の構成比が高いこと、マーケッツ部門の変動が大きいこと、投資銀行の水準は安定していること、である。利益率は開示のないことが多いが、マーケッツ部門よりも、投資銀行部門のほうが高いことが多い。
　次に、日本のホールセール部門についてである。図表6−8はデータの開示がある3社の日本ホールセール部門の（収益ではなく）利益の動向をみたものである。日本では投資銀行部門に比べ、マーケッツ部門利益の構成が大きいことがわかる。理由は日本の投資銀行の市場規模がグローバルにみて小さいこと、グローバル市場で日本の投資銀行のポジションが高くないことが指摘できる。
　日本の投資銀行にとって、短期的にはM&A関連収益に期待できる。日

図表6-7　グローバル大手投資銀行の純収益推移

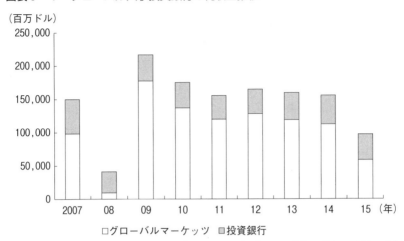

（注）　JPモルガン、GS、CITIグループ、バンク・オブ・アメリカ、ドイツ銀行、モルガン・スタンレー、バークレイズ、UBSの8社を合計した。
（出所）　各社資料に基づき筆者作成

図表6-8　日本ホールセール部門の利益の動向

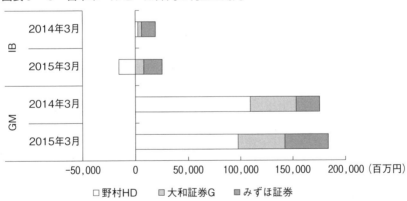

（注）　GM：グローバルマーケッツ、IB：グローバル投資銀行。
（出所）　各社資料に基づき筆者作成

本企業がグローバル化、多角化を進めるなか、M&Aの事業機会は多い。一方、中長期的には国内戦略と海外戦略を両面で進める必要がある。しかし、

第6章　証券会社　449

ハードルが高い。国内では、日本の投資銀行市場は拡大しているものの、日本の企業金融は直接金融の割合が高く、そのペースは緩やかである。また、海外では欧米での事業展開を本格化させ、トップラインクロスをねらう戦略もあるが、人材確保やシステム構築など基盤の強化にはM&Aを含む長期にわたる巨額の投資が必要であり、現実的にはむずかしい。また、アジアの投資銀行市場はまだ黎明期であり、拡大には時間が必要である。

日本の証券会社のホールセールビジネスは主に日本企業向けのビジネスを行っている。このため、日本の企業金融の状況をみておこう。

日本企業の資金調達（金融負債）の合計（図表6-9）は866兆円（2015年6月末）である。大きい順に、借入れ349兆円（構成比40.3%）、株式・出資金162兆円（同18.7%）、企業間・貿易信用160兆円（18.5%）、株式以外の証券70兆円（8.1%）、である。たしかに、日本の企業金融においては、間接金融のウェイトが高い。しかし、日本はすでに経済成熟国であり、間接金融のウェイトは低下基調にある。

図表6-9　企業負債の推移

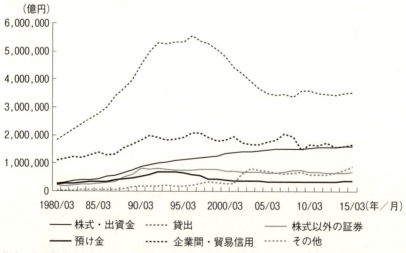

（注）　金融負債のデータは、内訳項目を含め、簿価、額面ベースの計数を使用している。
（出所）　日本銀行

このようななかで、日本法人企業から金融機関へのリクエストとしては、借入れや増資、社債という資金の「量」へのニーズよりも、ROE向上のためのバランスシートの再構成やM&Aなどの助言機能とそれに付随する資金調達手段の提供へのニーズが高まっている。

(2) 狭義の投資銀行業務（グローバル投資銀行）の市場動向

　狭義の投資銀行業務についてである。トムソンロイター社によると、図表6－10はグローバル投資銀行の手数料トレンドをみたものである。2008年以降、再び増加傾向に転じ、2015年も高水準を実現した。2015年では、地域別でみると、アメリカの構成比は5割を超え、次いで欧州が2割弱、日本を除くアジア太平洋州が1割強、日本が4％、プロダクト別では、株式、債券、M&A、ローンが2～3割でほぼ同じ構成比となっている。

　日本の証券会社にとっては、日本の投資銀行の手数料はグローバルの1割程度にすぎず、市場規模が小さいことが問題である。図表6－11はグローバル投資銀行の手数料ランキングをみたものである。マザーマーケットである

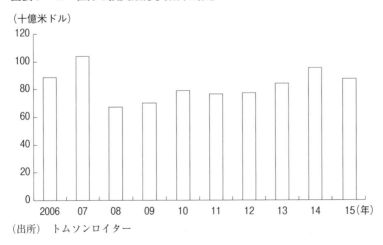

図表6－10　世界の投資銀行手数料の推移

（出所）　トムソンロイター

図表6−11　世界の投資銀行の収益シェア（2015年）

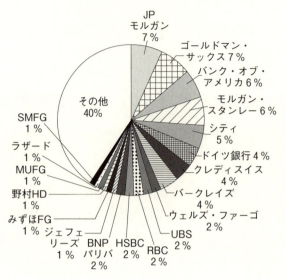

(注)　手数料ベース、ECM、DCM、M&A、ローンの合計。
(出所)　トムソンロイター

日本市場の市場規模が小さいため、日本の金融機関のランキングは15番以下である。

(3) 市場部門（グローバルマーケッツ）の動向

　市場部門はすでに発行されている株式や債券などの有価証券の取引に関連する部門である。図表6−12は投資銀行のグローバルマーケッツ部門の合計値とプロダクト別の内訳の推移をみたものである。マーケット部門の収益は、相場環境によって大きく異なる。連続したデータが取得できる2007年以降をみると、FICC（債券、為替、商品関連）の収益水準が2009年以降低下傾向にあり、一方、株式の収入は安定している。
　もっとも、全体としてみれば、大手のポジショニングはあまり変わっていない。その背景には株式、債券、為替、コモディティ、証券化商品、デリバ

図表6-12　グローバル大手投資銀行の純収益推移

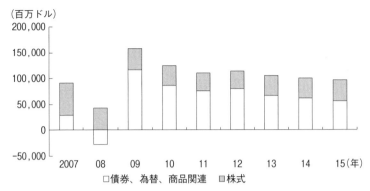

（注）　JPモルガン、GS、CITIグループ、バンク・オブ・アメリカ、ドイツ銀行、モルガン・スタンレー、バークレイズ、UBSの8社を合計した。
（出所）　Bloomberg

ティブなどプロダクトの多様化、取引執行の複雑化・高度化・電子化・グローバル化、リスク管理の高度化、顧客である機関投資家のグローバル化と巨大化、がある。この結果、市場部門は装置産業化し、巨大なITシステムを維持・更新し続ける体力のあるプレーヤーのみが行えるビジネスとなっている。

　しかし、最近ではグローバルな資本規制・業務規制強化を背景に欧州の投資銀行は従来以上にビジネス領域の選択と集中を進めている。このため、今後、業界ポジションに変化が生じる可能性がある。

　なお、日本の証券会社の市場部門は限られた経営資源のなかで、日本を中心としたローカル市場または、特定プロダクトに焦点を絞ってビジネスを行っていることが多く、グローバルプレーヤーとの比較において市場シェアは必ずしも高くない。

5 法規制と監督

(1) 法 規 制

① 銀行本体に対する法規制

銀 行 法

銀行法上、銀行本体は、有価証券関連業（金融商品取引法第28条第8項）のうち、(ア)付随業務（銀行法第10条第2項）、または(イ)他業証券業務（同法第11条第2号）として認められるものに限り行うことができる。

(ア)付随業務として行われる有価証券関連業とは、銀行法第10条第2項第2・4～7・16・17号で列挙された業務その他の業務[3]を意味する。具体的には、図表6-13のようなものがあげられる。

(イ)他業証券業務として行われる有価証券関連業とは、金融商品取引法第33条第2項各号に掲げる有価証券または取引について、同項各号に定める行為を行う業務（(ア)付随業務を除く）を意味する（銀行法第11条第2号）。

金融商品取引法

他方、金融商品取引法第33条は、その第1項本文において金融機関に有価証券関連業を禁じており、いわゆる銀証分離を定めた規定となっている。もっとも、同条は、銀・証分離の原則に2つの例外を設けている。

1つ目は、金融商品取引法第33条第1項ただし書の例外であり、他の法律の定めるところにより投資の目的をもって有価証券の売買もしくは有価証券

3　銀行法第10条第2項各号は例示列挙であるから、付随業務の範囲はそれらに限定されない。ただし、有価証券関連業に当たる業務は、後述する金融商品取引法第33条第1項ただし書または同条第2項の例外に該当しない限り、（銀行法上の付随業務に該当するか否かを論じるまでもなく）同項本文の銀証分離の原則によって禁じられることとなる。

454

関連デリバティブ取引を行う場合（図表6-13(a)に該当）または信託契約に基づいて信託をする者の計算において有価証券の売買もしくは有価証券関連デリバティブ取引を行う場合は金融機関が行うことができるとされている。なお、この例外の場合は、そもそも金融商品取引法の業規制の対象外となる。

2つ目は、金融商品取引法第33条第2項の例外であり、同項柱書の「書面取次ぎ行為」（図表6-13(b)に該当）および同項各号に掲げる行為（(ア)付随業務にも(イ)他業証券業務にも該当しえ、銀行法上は(ア)付随業務に該当しなかったものを(イ)他業証券業務として位置づけている）は金融機関が行うことができるとされている。これらの行為を行う場合、銀行は、内閣総理大臣の登録を受け、登録金融機関（金融商品取引法第2条第11項）として行う必要があり（同法第33条の2第1号・第2号）、金融商品取引法の各種行為規制が及ぶことになる[4]。具体的には、顧客に対する誠実義務（金融商品取引法第36条）、名義貸しの禁止（同法第36条の3）、金融商品取引契約の締結や勧誘に係る禁止行為（同法第38条）、損失補てん等の禁止（同法第39条）などの行為規制が及ぶ。

ここで留意すべきなのは、金融商品取引法上の（投資家保護の必要性の有無という観点からの）規制対象の区別と銀行法上の（固有業務との関連性の程度という観点からの）業務範囲の区別は必ずしも一致しておらず、(イ)他業証券業務は、すべて金融商品取引法の規制の対象であるが、(ア)付随業務のなかには、金融商品取引法の規制の対象外のものもあれば（図表6-13(a)など）、対象内のもの（図表6-13(a)以外）もあるという点である[5]。

(イ)他業証券業務としての金融商品取引法第33条第2項各号に掲げる行為の具体的な内容は、図表6-14のとおりである。

このように、銀行本体が行うことができる有価証券関連業は、自己運用として行うものや、勧誘を伴わない受け身的な書面取次ぎ行為、安全性の高い

---

4 登録金融機関は「金融商品取引業者等」に含まれるから（金融商品取引法第34条）、「金融商品取引業者」を名宛人とする金融商品取引法第35条の3以下の各種行為規制の対象となる。

5 なお、銀行法上の業務範囲の区別は、(ア)付随業務には特段の制限がない一方で、銀行業に必ずしも付随するわけではない(イ)他業証券業務には、固有業務の遂行を妨げない限度においてのみ行いうるとの制限があるという点に意義がある。

第6章　証券会社　455

図表 6 －13　付随業務としての有価証券関連業

	条文（銀行法）	内容
(a)	第10条第2項第2号	「投資の目的をもってするもの」（すなわち、取次ぎではない自己勘定投資として行われるもの）としての有価証券の売買または有価証券関連デリバティブ取引
(b)	同上	「書面取次ぎ行為」6 としての有価証券の売買または有価証券関連デリバティブ取引
(c)	同項第4号	「売出しの目的をもってするもの」を除く国債等の引受け（いわゆる国債等の残額引受け）または当該引受けに係る国債等の募集の取扱い
(d)	同項第5号、同条第6項	金銭債権7 の取得または譲渡（有価証券に該当するものについて、金融商品取引法第28条第8項第1号～第6号の金融商品取引業を行うこと、すなわち自己投資のみならず取次ぎ等の対顧客業務を行うことも含む）
(e)	同条第2項第5号の2	「売出しの目的をもってするもの」を除く特定社債等の引受けまたは当該引受けに係る特定社債等の募集の取扱い（(c)の行為の対象を拡大）
(f)	同項第5号の3	短期社債等の取得または譲渡（(d)の行為の対象を拡大）
(g)	同項第6号	有価証券の私募の取扱い
(h)	同項第7号	地方債または社債その他の債券の募集または管理の受託
(i)	同項第16号	有価証券関連店頭デリバティブ取引8 （(a)に掲げる業務に該当するものを除く）
(j)	同項第17号	有価証券関連店頭デリバティブ取引の媒介、取次ぎまたは代理

6　金融商品取引法第33条第2項により、当該注文に関する顧客に対する勧誘に基づき行われるものおよび当該金融機関が行う投資助言業務に関しその顧客から注文を受けて行われるものは除かれる。

7　銀行法施行規則第12条により、ここでいう金銭債権には、譲渡性預金の預金証書、コマーシャルペーパー、住宅抵当証書、貸付債権信託の受益権証書、抵当証券、商品投資受益権の受益権証書、外国の法人の発行する証券または証書で銀行業を営む者その他の金銭の貸付を業として行う者の貸付債権を信託する信託の受益権またはこれに類する権利を表示するもの、金融商品取引法第2条第20項に規定するデリバティブ取引（有価証券関連デリバティブ取引に該当するものを除く）に係る権利を表示する証券または証書、銀行法施行規則第13条の2の3に掲げる金融等デリバティブ取引に係る権利を表示する証券または証書が含まれることが明示されている。

図表 6 −14　金融商品取引法第33条第 2 項各号で例外として許容される行為

	対象となる有価証券・取引の内容	例外として許容される行為の内容	条文（金融商品取引法）
(k)	・安全性の高い公共債[9] ・金融機関の専門的な能力を生かすことが期待される特定社債等[10]	売買	第33条第 2 項第 1 号 第 2 条第 8 項第 1 号〜第 3 号
		引受け	同上 同項第 6 号
		売出し	同上 同項第 8 号
		募集もしくは売出しの取扱い	同上 同項第 9 号
(l)	投資信託の受益証券等[11]	売買	第33条第 2 項第 2 号 第 2 条第 8 項第 1 号〜第 3 号
		募集または私募の取扱い	同上 同項第 9 号
(m)	外国国債証券[12]	市場デリバティブ取引等	第33条第 2 項第 3 号イ
		私募の取扱い	同号ロ
		第一種金融取引業を行う金融商品取引業者の委託を受けて行う行為	同号ハ
(n)	上記(k)〜(m)以外の有価証券[13]	私募の取扱い	第33条第 2 項第 4 号イ
		第一種金融取引業を行う金融商品取引業者の委託を受けて行う行為	同号ロ
(o)	上記(k)に掲げる有価証券に係る店頭デリバティブ取引	店頭デリバティブ取引またはその媒介・取次ぎ・代理	第33条第 2 項第 5 号イ 第 2 条第 8 項第 4 号
	上記(l)〜(n)に掲げる有価証券に係る店頭デリバティブ取引のうち決済方法が差金の授受に限られているもの	店頭デリバティブ取引またはその媒介・取次ぎ・代理（50人以上の者を相手方として行う場合を除く）	第33条第 2 項第 5 号ロ 同上 金融商品取引法施行令第 15条の19
(p)	有価証券の売買および有価証券関連デリバティブ取引その他金融商品取引法施行令第15条の20で定める取引	有価証券等清算取次ぎ	第33条第 2 項第 6 号 金融商品取引法施行令第 15条の20

第 6 章　証券会社　457

一部の有価証券等の限定された対象についての業務、逆に対象が限定されないかわりに業務自体が私募の取扱い等一部に限定されたものなど、一定の範囲に制限されたものとなっている。

②　銀行の子会社としての証券会社に対する法規制

他方で、上記のように銀行本体の有価証券関連業の範囲を限定している銀証分離の原則（金融商品取引法第33条）は、銀行の子会社には及ばない（同法第33条の7）。

したがって、原則として、銀行の子会社としての証券会社も、そうでない証券会社と同様の規制のもとで有価証券関連業を行うことができる。

8　当該有価証券関連店頭デリバティブ取引に係る有価証券が（d）（脚注7参照）の金銭債権に該当するものおよび短期社債等以外のものである場合には、差金の授受によって決済されるものに限る（銀行法第10条第2項第16号カッコ書）。（j）についても同様である（同上）。

9　国債証券（金融商品取引法第2条第1項第1号）、地方債証券（同項第2号）、特別の法律により法人の発行する債権（同項第3号。政府が元本の償還および利息の支払について保証しているものならびに信用金庫法上の短期債および農林中央金庫法上の短期農林債に限る）、社債券（同項第5号。政府が元本の償還および利息の支払について保証しているものならびに社債等振替法上の短期社債およびこれに類するものとして政令で定めるものに限る）がこれに当たる（同法第33条第2項第1号）。

10　資産流動化法上の特定社債券（金融商品取引法第2条第1項第4号）、資産流動化法上の優先出資証券または新優先出資引受権を表示する証券（同項第8号）、短期投資法人債等（同項第11号、同法第33条第2項第1号）、貸付信託の受益証券（同法第2条第1項第12号）、資産流動化法上の特定目的信託の受益証券（同項第13号）、信託法上の受益証券発行信託の受益証券（同項第14号）、CP（同項第15号、同法第33条第2項第1号）、抵当証券法上の抵当証券（同法第2条第1項第16号）、外国証券のうち振替外債など（同項第17号、金融商品取引法施行令第15条の17第3項）、外国貸付債権信託の受益証券（同項第18号、金融商品取引法第二条に規定する定義に関する内閣府令第3条）、外国CD（譲渡性預金証書）（発行日から償還日までの期間が1年未満のものに限る）（同項第21号、金融商品取引法施行令第15条の17第4項）、第二項有価証券がこれに当たる（金融商品取引法第33条第2項第1号）。

11　金融商品取引法第2条第1項第10号・第11号に掲げる有価証券である。

12　金融商品取引法第2条第1項第17号に掲げる有価証券（外国または外国の者の発行する一定の種類の証券または証書であり、外国国債、外国地方債、外国法人の発行する社債の性質を有するもの、同株式および新株予約権の性質を有するもの等が含まれる）のうち同項第1号（国債証券）の性質を有するものである。

13　(k)～(m)に含まれない株式や社債等については、私募の取扱いや金融商品仲介業の範囲で行うことが認められていることになる。

主な例外は2つである。

1つ目は、銀行法に基づき、銀行が子会社[14]とすることができるのは、証券会社のなかでも証券専門会社[15]に限られるという点である（銀行法第16条の2第1項第3号）。これは、金融商品取引法により金融商品取引業者の業務範囲が一部に一般事業も含まれることにかんがみ、銀行が一般事業を営む会社を子会社化してしまうことになるのを防ぐ趣旨である[16]。

2つ目は、銀行が子会社を通じて有価証券関連業を営むことで生じうるさまざまな弊害を防止するための措置が求められるという点である（金融商品取引法第44条の3第1項、金融商品取引業等に関する内閣府令第153条）[17]。具体的には、図表6－15のような弊害防止措置をとること等が求められている。

このように、銀行の子会社としての証券会社は、一般的な証券会社と同様に有価証券関連業を行うことができることとされ、親銀行との関係で弊害が生じうる場面における法規制としても、画一的な銀証分離で対処するのではなく、それぞれの弊害に応じたきめ細かい弊害防止措置を遵守させることで対処する仕組みになっているといえる。

14　なお、このような「子会社」の該当性判断において実質的支配力基準は採用されていないものの、金融庁による監督においては子法人等および関連法人等にも事実上銀行法第16条の2の子会社規制が及ぶ（「金融商品取引業者等向けの総合的な監督指針」Ⅴ－3－3－1(3)）。

15　証券専門会社とは、金融商品取引業者のうち、有価証券関連業（金融商品取引法第28条第8項に規定する有価証券関連業）のほか、銀行法施行規則第17条の2第2項で定める業務をもっぱら営むものをいう（銀行法第16条の2第1項第3号）。

16　小山（2012）341頁。

17　なお、以下では、銀行が親法人等であり、証券会社が子会社である場合を想定して説明するが、弊害防止措置自体は、原則として、当該金融商品取引業者がその親法人等または子法人等と取引を行う場合一般に適用があるものである。

第6章　証券会社　459

図表 6 - 15　主な弊害防止措置の内容

条文（金融商品取引法、金融商品取引業等に関する内閣府令）	内容
法第44条の3第1項第1号、法同項第4号・令第153条第1項第1号	親銀行等が積極的に子会社としての証券会社を支援すること等を規制するためのアームズ・レングス・ルール[18]
法同項第2号、法同項第4号・令同項第2号	親銀行等による信用供与や資産の売買その他の取引を利用した抱き合わせ行為等の禁止[19]
法同項第4号・令同項第3号	親銀行等に対して借入金に係る債務を有する者が発行する有価証券の引受人となる場合であって、当該有価証券に係る手取金が当該債務の弁済に充てられることを知っているときにその旨を顧客に説明することなく当該有価証券を売却すること等の禁止
法同項第4号・令同項第4号	親銀行等が発行する有価証券の引受けに係る主幹事会社となることの禁止
法同項第4号・令同項第5号	いわゆるバック・ファイナンス（子会社たる証券会社による引受有価証券の売捌きを支援するために、当該有価証券の買い手となる顧客に対して親銀行等が貸付を行うこと）の禁止を意図した規制
法同項第4号・令同項第6号	引受有価証券の親銀行への販売規制
法同項第4号・第7号〜第9号	親子間の非公開情報の授受・利用の規制
法同項第4号・令同項第10号	親銀行等による優越的地位の濫用の禁止
法同項第4号・令同項第11号	当該証券会社が親銀行と別の法人であることの開示義務（誤認防止措置）

[18]　金融商品取引法第44条の3第1項第1号に規定されるアームズ・レングス・ルールは、金融商品取引において適用される通常のルールより厳格なルールであり、同項第4号・金融商品取引業等に関する内閣府令第153条第1項第1号に規定されるアームズ・レングス・ルールは、一般的取引に適用される通常のルールである。具体的には、後者は「通常の条件と著しく異なる」場合でなければ規制が及ばないところ、前者では「通常の条件と異なる」場合でも規制の対象になる。

[19]　金融商品取引法第44条の3第1項第2号に規定される抱き合わせ行為禁止規制は、信用供与と抱き合わせる場合に適用される通常のルールより厳格なルールであり、同項第4号・金融商品取引業等に関する内閣府令第153条第1項第2号に規定される抱き合わせ行為禁止規制は、資産の売買その他の取引と抱き合わせる場合に適用される通常のルールである。具体的には、後者は当該資産の売買その他の取引が「通常の取引の条件よりも有利な」場合でなければ規制が及ばないところ、前者では信用供与と抱き合わせたというだけで規制の対象になる。

(2)　監　　督

①　証券会社一般に対する監督

　まず、証券会社一般に対する監督の全体像としては、検査部局（証券取引
等監視委員会等）の「オンサイト」と監督部局の「オフサイト」の双方のモ
ニタリング手法を組み合わせる方法がとられている[20]。

　そして、監督部局は、定期的なオフサイト・モニタリング報告やそれに基
づくヒアリング等を通じて、問題があると認められる場合においては、必要
に応じて金融商品取引法第56条の2第1項の規定に基づく報告徴求を行い改
善を促す[21]。さらに、重大な問題が認められる場合は、同法第51条および第
52条の規定[22]に基づき、業務改善命令や監督上の処分を命ずることになる[23]。

②　銀行とその子会社としての証券会社に対する監督における
　　留意点

　銀行の子会社としての証券会社も、原則として一般の証券会社と同様の規
制に服し、監督手法も同様である。

　(1)でみたように、銀行の子会社としての証券会社と一般の証券会社との法
規制上の差異は主に親銀行との間の弊害防止措置にあるが、この点について
は、当該証券会社に対する監督のみならず、親銀行に対する監督上も特に留
意すべきこととされている[24]。すなわち、銀行が関係金融商品取引業者（子

---

[20]　「金融商品取引業者等向けの総合的な監督指針」（Ⅰ-1-1金融商品取引業者等の監
督の目的と監督部局の役割）。

[21]　「金融商品取引業者等向けの総合的な監督指針」（Ⅱ-5-1検査結果等への対応(2)オ
フサイト・モニタリング等に基づく報告徴求）。

[22]　銀行本体が登録金融機関として有価証券関連業務を営んでいる場合には、金融商品
取引法第51条の2に基づく業務改善命令および同法第52条の2に基づく監督上の処分の
対象となる。

[23]　「金融商品取引業者等向けの総合的な監督指針」（Ⅱ-5-2金商法第51条から第52条
の2第1項までの規定に基づく行政処分（業務改善命令、業務停止命令等））。

第6章　証券会社　461

会社としての証券会社を含む）との間において金融商品取引法第44条の３の規定により禁止されている行為に関与していないかという点は監督上の着眼点の１つとなっているし、銀行と関係金融商品取引業者との間で内部の管理および運営に関する業務が統合されることに関して銀行監督上、特に留意すべき点もあげられている。具体的には、統合される内部の管理および運営に関する業務について、銀行等が実質的な管理・監督を行わないまま関係金融商品取引業者へその遂行を任せる状態が生じることを防ぐため、銀行等における内部の管理および運営に関する業務を担当する役職員の権限・責任が明確化されているか、とりわけ担当役員については実効的な監督権限とともに取締役会等や監督当局に対する適切な報告・説明を行う権限が付与されているかといった点に留意して監督することとされている。

　このように、銀行とその子会社としての証券会社に対する監督としては、基本的に銀行とその子会社としての証券会社それぞれに対する独立した監督がなされつつも、親銀行側の監督においては、両者の業務の一部の統合に付随して内部管理上の問題が生じていないかといった視点からの監督もなされている。

24　「主要行等向けの総合的な監督指針」（Ⅴ－３－３－５銀行とその証券子会社等の関係）。

証券会社の展望と課題

　いままでも、そしてこれからもおそらく、日本の金融のメインストリームは間接金融である。しかし、緩やかではあるものの、直接金融の重要性が高まりつつある。つまり、直接金融の担い手である証券業界の活躍領域が拡大しつつある。もっとも、次のメインプレーヤーがだれになるかというのがまだみえない。しかし、候補者はいる。その筆頭は独立系証券会社と銀行グループの証券会社である。独立系証券会社は現在の総合証券会社もあれば、特定分野に焦点を絞ったブティック型もありうる。また、銀行グループではメガバンク系もあれば、地方銀行系もその候補者である。

　それぞれ課題が多い。独立系証券会社の強みは有価証券に関する高い知識（ソリューション力）であり、銀行グループの強みは強力な顧客基盤（フランチャイズ）である。これに対し、独立系証券会社の課題は顧客基盤であり、富裕層を中心とする顧客基盤のさらなる深耕と資産形成層の開拓、法人企業のアドバイザリー機能の高度化である。一方、銀行グループの課題は銀行業務と証券業務の相乗効果の追求である。各社の取組みに注目したい。

　最後に、本書のテーマである「銀行のグループ経営」についてである。結論的には、証券業務は日本の銀行グループが拡大可能な事業領域と考える。

　定量的な到達点として、簡単に海外との比較をする[25]。図表6－16は邦銀、グローバルバンクの利益に占める証券業務の構成比をみたものである。注目すべきは日本のメガバンクグループの証券業務の規模の小ささである。日本のメガバンクグループの業績に占める証券部門の構成比は1割以下（2015年3月期）にとどまっている。一方、グローバル金融機関の構成比は3

25　なお、ここでの議論は大枠のイメージをとらえるものである。各社の開示するセグメント情報は各社の内部区分に基づくものであり、厳密な意味での比較可能性に乏しく、定量的な比較がむずかしいためである。たとえば、邦銀の商業銀行セグメントのなかに、証券関連事業は数多くある。

図表6－16　グローバルバンクにおける証券事業の業績貢献

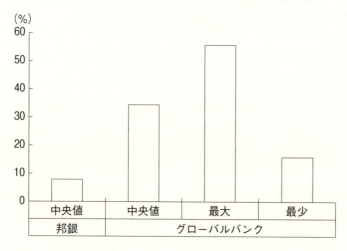

（注1）　邦銀は2014年度、グローバルバンクは2015年ベース。業務純益（グローバルバンクはセグメント利益または税前利益）に対する証券セグメントの比率。
（注2）　邦銀はMUFG、SMFG、みずほFG。黒字を確保したグローバルバンクが集計対象。JPモルガン、シティグループ、バンクオブアメリカ、バークレイズ、UBS、HSBC、BNPパリバが対象会社。
（出所）　会社資料、筆者作成

割超（2015年12月期、中央値）、少ない会社でも2割程度となっている。やや乱暴ではあるが、仮に、メガバンクの業績に占める証券業務の業績貢献度合いは倍増しても、特に違和感のある数字ではないだろう。たしかに、金融の構造が日本と他国では異なる。しかし、日本の証券各社との定量的な比較感においても、邦銀にとって証券事業はまだ拡大余力があるといえよう。

　また、前述のとおり、個人、法人向けとも日本の証券業界は独自の発展を行っており、いまだ成長過程にある。そもそも、個人、法人ビジネスとも銀行と証券業務との親和性は高く、すでに規制は段階的に緩和されている。このように考えると、経営資源が豊富なメガバンクグループが本格的に事業を拡大すると、個人、法人両面の証券分野において、メガバンクグループが市場をけん引するかたちで、日本の証券市場が拡大する可能性もあろう。

たしかに、メガバンクにとって、証券ビジネスへの取組みは取扱いがむず
かしい領域であろう。銀行業務と証券業務は収益の変動性や顧客のニーズが
大きく異なるからである。しかし、すでに、メガバンクグループはヒト、モ
ノ、カネの経営資源を証券事業に投下し、新しいチャレンジを進めている。
これに加え、さらに、銀行グループが証券業務を拡大するには、人事、組織
を従来以上に柔軟に組み替え、銀証連携を進める必要があるだろう。最近で
は、顧客セグメント別の経営体制を導入する事例も出ており、今後の動向に
注目したい。

　今後の日本の少子高齢化を考えると、個人向け、法人向けともに金融に期
待される機能は大きく変わるだろう。金融市場の市場規模は、母国の経済規
模に規定される。このため、日本の金融市場の大幅な拡大は期待しにくく、
市場におけるゲームのルールは「パイの取り合い」である。各社は顧客との
信頼や高いブランドイメージという「守るべき」と、機能を拡充して積極的
に「取るべき」ものの選別が求められるだろう。

【第6章の参考文献】

小山嘉昭（2012）『詳解　銀行法〔全訂版〕』金融財政事情研究会

第6章　証券会社　465

ノンバンク

事業構造

　ノンバンクは活動領域の固まっている銀行、保険、証券以外の、お金にまつわるあらゆるビジネスが対象とする会社である。ノンバンクの特徴は2つある。1つは事業会社としての自由度をもつということ、もう1つは行う業務によって程度が異なるが、金融機関として要求される規制があるということである。ここで、自由度の側面に注目すると、自社の自己資金（エクイティ）の範囲でリスクテイクを行い、社会のニーズを積極的に取り込むべく、自社の得意分野で業績を拡大することができる。一方、規制の側面に注目すると、業務は規制により制限され、経営の自由度に制約が生じる。ノンバンク経営のポイントは、この両者のバランスをとりながら、経営資源を最適な領域に配置し、持続的発展に向けた経営戦略を立案、実践することとなる。

　最近の日本のノンバンクは、(i)個人向けのクレジットカード市場が拡大していること、(ii)所得の二極化が進むなか、消費者金融のニーズが底堅いこと、(iii)耐久消費財の普及、所得水準の上昇を背景に個人向け販売金融（信販）ニーズの低下していること、(iv)企業向けでは設備投資の目的が能力増強・新製品開発から更新ニーズにシフトし、企業の内部留保が高まったため、リース市場が大きく縮小したこと、(v)顧客企業の金融サービスへのニーズが高度化するなか、オペレーティングリースの拡大やサービス事業の拡大を進めていること、などである。

　本書のテーマである「銀行のグループ経営」という視点で考えると、銀行グループのノンバンクは、グループの周辺領域で、既存顧客へのサービス機能の1つという位置づけである。しかし仮に、銀行グループが主体的にノンバンクビジネスを行い、最新の技術を活用し（たとえば、フィンテック）、新しい事業領域を創造できるならば、日本の銀行グループは新しい展開を迎えることになる。今後の動向に注目したい。

2　ノンバンクの概要

(1)　定　　義

　ここでは本章の議論の範囲を特定する。世銀の定義[1]に基づくと、Nonbanking financial institutions（NBFIs）はフルバンキングのライセンスをもっていないまたは一般から預金を獲得することができない金融機関と定義している。NBFIsが行っている事業は広く、代替的な金融サービス会社、投資、リスクプーリング、金融的なコンサルティング、ブローキング、マネートランスミッションおよびチェックキャッシングのような事業を行っている。

　これでは、取り扱う範囲が広すぎるので、本章では狭義のノンバンク（または金融会社（Finance company））は、「個人あるいは企業向けに信用供与する金融仲介機関」および銀行経営にとって重要と考える周辺領域までとする。ノンバンクは伝統的には、消費者金融会社、販売金融会社、事業金融会社の３タイプに分類されるが、実態的意味は薄れており、個人向け金融サービス会社（50％以上が消費者金融）と企業向け金融サービス会社（50％以上が事業金融）とに分類し、以下議論を進める。

　なお、日本標準産業分類に基づくと、本章で取り扱うノンバンクは金融、保険と不動産、物品賃貸業に分類されている（図表７−１）。

(2)　主要プレーヤー

　個人向け金融サービス会社は主として、消費者金融会社、クレジットカー

1　Global financial development report 2014 background key terms.

第7章　ノンバンク　469

図表 7 － 1　日本標準産業分類

業種区分	例示
金融業、保険業	—
銀行業	中央銀行と銀行業または信託業を営む預金取扱機関である銀行
協同組織金融業	主として組合員である中小企業者、農業者、漁業者や労働団体、協同組合等に対する金融上の便益を供する預金取扱機関
貸金業、クレジットカード業等非預金信用機関	—
貸金業	消費者、事業者向けに金銭の貸付または金銭の貸借の媒介を行う事業所
質屋	物品を質にとって一般庶民に資金を融通する事業所
クレジットカード業、割賦金融業	—
クレジットカード業	チケットまたはクレジットカードを発行し、会員に対して加盟店から物品などを購入することについてあっせんを行い、加盟店に対しては会員にかわって立替払いを行う事業所
割賦金融業	主として割賦販売等に伴う販売店の債権を担保としまたは買い取るなどにより、当該販売店に対して資金の供給を行う事業所
その他の非預金信用機関	政府関係金融機関、住宅専門金融業、証券金融業、他に分類されない非預金信用機関
金融商品取引業、商品先物取引業	資金取引の仲介を行う金融商品取引業、商品先物取引業、商品投資顧問業等を営む事業所
補助的金融業等	短資業、手形交換所、両替業、信用保証機関、信用保証再保険機関、預・貯金等保険機関、金融商品取引所、商品取引所、信託業、金融代理業
保険業（保険媒介代理業、保険サービス業を含む）	あらゆる形態の保険業を行う事業所、ならびに保険代理業、保険会社および保険契約者に対する保険サービスを提供する事業所
不動産業、物品賃貸業	—
不動産取引業	主として不動産の売買、交換または不動産の売買、貸借、交換の代理もしくは仲介を行う事業所
不動産賃貸業・管理業	主として不動産の賃貸または管理を行う事業所
物品賃貸業	主として産業用機械器具、事務用機械器具、自動車、スポーツ・娯楽用品、映画・演劇用品などの物品を賃貸する事業所

（出所）　総務省「日本標準産業分類（2013年10月改定）」に基づき筆者作成

図表7－2　ノンバンクと商業銀行の関係

(単位：億円)

		銀行グループ				独立系
		MUFG	SMFG	みずほFG	新生銀	
個人向け	クレジットカード	三菱UFJニコス（*） 180	三井住友カード（*） 421 セディナ（*） 11 ポケットカード（**） 43			クレディセゾン 437 イオンフィナンシャル 530 JCB 374 トヨタファイナンス 248
	信販	ジャックス（**） 120		オリコ（**） 207	アプラス（*） 51	丸井 201
	消費者金融専業	アコム（*） 147	SMBC-CF（*）　265		新生F（*） 168 シンキ（*） 10	アイフル −365
法人向け	総合リース	三菱UFJリース（**） 754 NECキャピタル（**） 47 （仮称）日本GE（*） NA	SMFL（*） 870	TCリース 607 芙蓉総合リース 265 興銀リース 190	昭和リース（*） 64	オリックス 3,440 日立キャピタル 356 JA三井リース 284 NTTファイナンス 172 リコーリース 164

（注1）　SMBC-CF：SMBCコンシューマーファイナンス、SMFL：三井住友ファイナンス＆リース、オリコ：オリエントコーポレーション、アプラス：アプラスフィナンシャル、新生F：新生フィナンシャル（*）、SMFLは（仮称）日本GEを2016年4月に子会社化する予定。

（注2）　親密先を便宜的に記しており、必ずしも支配・従属関係にあるわけではない。

（注3）　下段は経常利益、または税前利益。2014年度。丸井はクレジットカードセグメントの営業利益。

（注4）　（*）は子会社、（**）は関連会社。

（出所）　筆者作成

第7章　ノンバンク　471

ド会社、信販会社等、法人向け金融サービス会社は主として、総合リース会社、レンタル会社等、がある。図表7－2はこれを銀行グループとの関係をプロットしたものである。ポイントは2つである。1つは個人向け金融サービスでは銀行系と流通系が業界の主要プレーヤーということである。これは、流通系は商品サービスの引渡し・受取り、銀行はお金の支払・受取りにおいて顧客と関係をもっているためである。企業別では、利用シーンに近いところで顧客と接点をもっている企業が強い。流通系では販売と金融の一体的にサービスを行っている企業、銀行系では自社ブランドで展開している企業が強い。もう1つは、企業向け金融サービスでは銀行系が業界の主要プレーヤーということである。企業向けビジネスでは個人向けに比べて情報の非対称性が小さく、顧客との取引においては、サービスのよしあしよりも金利の低さが重視されることが多い。従来は、販売金融会社が一定の市場シェアをもっていた。しかし、顧客企業の資金ポジションが安定化するなか、メーカー系金融会社は、銀行系金融サービス会社の傘下に入ることが多くなった。現状では、親密銀行から安定的に資金調達が期待できる銀行系金融サービス会社が存在感をもっている。もっとも、それぞれの市場が「成長」から「成熟」に移行するなかで、市場の拡大ペースが鈍化し、競争の機軸はブランディングやコストシナジーからシェア争いへとシフトしている。

(3) 業績と株式市場での位置づけ

東京証券取引所は上場企業を33区分に分類するが、ここで該当するのは「その他金融」である。図表7－3はその他金融業の経常利益と時価総額構成比の推移を示したものである。業績の特徴は、(i)利益の変動が大きいこと（赤字に転落したこともあった）、(ii)利益水準のピークは2005年度で、直近はその7割程度にとどまっていること、である。時価総額を時系列でみると、1990年代半ば以降、消費者金融専業が上場し、業容拡大し、2005年12月にピークをつけた。その後、グレーゾーン金利を否定した最高裁判決以降、時価総額構成比は低下に転じ、2009年9月にボトム、その後、やや回復傾向に

図表7－3　その他金融の経常利益と時価総額構成比の推移

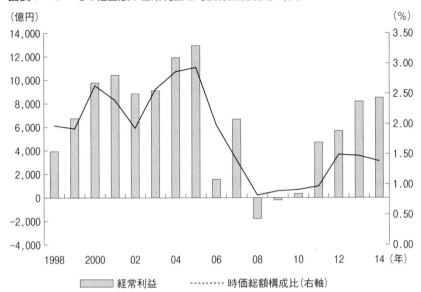

(注)　東証1部、各年度末で東証1部に上場し、その他金融業に区分されていたものを集計。時価総額構成比は東証1部の時価総額に対するその他金融業の構成比。
(出所)　東証、日本経済新聞社

図表7－4　その他金融業の時価総額の構成
（2016年2月末）

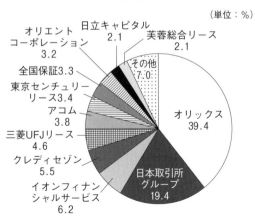

(注)　データは2016年2月末時点。
(出所)　Bloomberg

第7章　ノンバンク　473

ある。

　最近の時価総額構成比をみると、オリックス、日本取引所グループ、クレ
ディセゾン、イオンフィナンシャルのウェイト（浮動株調整ずみ）が大きい
（図表7‐4）。商業銀行の周辺分野で比較的新しいサービスを提供している
企業が多い。従来、金融サービス会社は金融に軸足を置いていたが、最近で
は、金融というよりサービス事業に力点を置く企業が出てきた。その背景は
低金利であり、金利ビジネスは収益性が低いためであろう。

個人向け金融サービス事業

　まず、個人向け金融サービス[2]についてである。市場規模については、残高ベースでみて、日本の販売信用は21兆円（2014年末）、個人ローン市場は9兆円（2014年度末）である（図表7－5）。

　販売信用は消費者の信用に基づいた契約のうち後払いで商品等を購入するもの、消費者金融（個人ローン）は消費者の信用に基づいた契約のうちお金を借り入れるものである。まず、販売信用ビジネスについてはクレジットカードショッピングとショッピングクレジットに大きく区分できる。

図表7－5　日本の個人向け金融サービス市場の市場規模　　　　（単位：億円）

	残高	時点
販売信用	219,489	2014年12月
クレジットカードショッピング	85,797	2014年12月
ショッピングクレジット	133,692	2015年3月
個人ローン市場	93,861	2015年3月
貸金業者	42,072	2015年3月
金融機関	51,790	2015年3月
（参考）　信用保証	45,899	2015年3月

（注）　金融機関の貸付に対する信用保証は無担保貸付（住宅向けを除く）のみ。
（出所）　日本銀行、金融庁、日本クレジット協会

---

[2]　消費者向け金融サービス分野では機能分化が進んでいる。本書では対象外とするが、保証ビジネスの拡大は特筆すべき動きである。たとえば、住宅ローン保証、消費者ローン保証、家賃保証などがある。事業者向け融資や住宅ローンなどの担保付大口融資保証は金融機関の系列の保証会社が行うことが多い。一方、無担保保証はそれぞれの分野に特化した保証会社が行うことが多い。後者のなかには上場する会社もある。

(1) 販売信用

　日本の販売信用ビジネスの特徴はクレジットカードが、信用供与というより、決済手段として利用されていること、国内ブランドと国際ブランドが乱立していること、電子決済に対する取組みが変化していること、クレジットカードの機能分化が未整備で、規模の経済を獲得できず、利益水準が低いこと、である。

　まず、クレジットカードショッピングについてである。クレジットカードショッピングは市場が成長しており、事業者にとっては魅力的な事業領域である。しかし、業績に関してはコストの面で課題が多い。

　まず、市場全体についてである。市場が成長しているのは、消費者の消費シーンの変化で、現金から電子決済（クレジットカード、電子マネー、デビットカード）にシフトしているためである。背景には、事業者の企業努力によるクレジットカード利用の促進（ロイヤリティプログラムの拡充、利用可能場所の拡大）、電子決済にフィットする電子商取引の拡大、がある。2015年の日本の消費に占める電子決済比率は16％にとどまり、他の主要国の3～5割と比べると、決済比率の低さが特徴的であり、クレジットカードショッピング市場は拡大の余地がある。

　次に、プレーヤーの取組みについてである。2014年における会社系統別取扱シェアは銀行系（41％）、商業系（34.5％）、信販系（15.5％）などとなっている（図表7-6）。全体としてみれば、業界のシェア変動はあまり大きくない。もっとも、業界には地殻変動の兆しはある。たとえば、2010年と2014年を比較すると、信販系が拡大（4.0％ポイント増）する一方、銀行系（-2.0％ポイント）、商業系（-1.2％ポイント）と減少した。その理由としては顧客の志向の変化がある。顧客がクレジットカードを利用する理由として、ロイヤリティプログラムの充実度合い、年会費の負担の大きさ、決済口座との親和性などがあり、このウェイトが、変化しているためである。

　一方、課題は収益性である。前述のとおり、クレジットカード市場自体は

図表7-6 クレジットカード業の会社系統別取扱高の推移

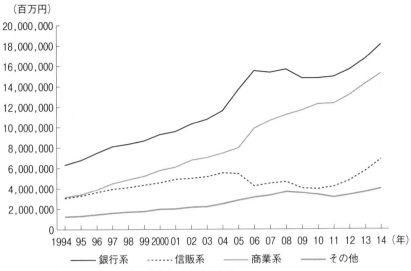

(注) 1997年2月以降、以前の数値と不連続がある。
(出所) 経済産業省

拡大している。しかし、収益性が低い理由は、(i)拡大している市場は加盟店手数料率が低い領域であること、(ii)加盟店およびクレジットカード利用者のニーズが詳細かつ多様なため、(iii)システムコストの負担が重いこと、(iv)事業者にとって顧客向けのロイヤリティプログラムのコスト負担が重いこと、(v)顧客の主なクレジットカード利用が決済目的であり、収益性の高い金利ビジネス（ショッピングリボやキャッシング）の拡大ペースが緩やかなこと、である。トップラインの拡大に比べ、利益の拡大ペースは比較的緩やかである。

これに対し、この課題に解決できたプレーヤーが事業を拡大している。たとえば、（銀行免許をもっているが）ATMの利用に応じて銀行等からATM受入手数料を得るビジネスモデルであるセブン銀行、電子商取引と一体運営することで顧客利便性を高めた楽天グループ、決済代行サービスを主軸に置くGMOペイメントゲートウエイなどの事業者が出てきた。さらには、アメリカを中心に海外ではインターネットやスマートフォンなど、新技術を活用した新しいプロダクトを生かした事業者が出始めている。家計の消費パターン

の変化により決済パターンは異なる。いまのところクレジットカード業界の大きな勢力図の変化はないが、今後の動きも目が離せない。

次に、ショッピングクレジットについてである。全体としては総合あっせん（クレジットカード）へとシフトしている。モノの分割払いであり、経済発展段階にある国ではニーズが強い。たとえば、アジアでの新興国では主力プロダクトである。一方、日本では高額消費がヒットするときに利用されることはあるが、全体としてはニーズが落ちている。かつては、テレビ、PC、貴金属、呉服などがあった。最近では、太陽光発電、携帯電話の分割払いがヒット商品である。

(2) 消費者金融

ここでは、消費者金融を取り上げる。消費者金融とは、消費者信用のうち、個人への金銭の貸付（小口融資）のことである。なかでも、貸金業業者、特に一般の個人に対する無担保での融資事業を中心とする貸金業の業態を指す。まず市場動向についてである。図表7-7は個人ローン市場の推移をみたものである。市場規模は、10兆5,000億円（1989年3月期）から、年平均成長率6％で成長し、ピークの24兆円（2006年3月期）に達した。その後、残高は12兆円（2015年3月期）に半減した。市場縮小のきっかけは多重債務問題の解決のための規制導入[3]であった。しかし、構造として、急拡大した消費者金融市場の飽和感があり、必要な調整であったのかもしれない。次に、プレーヤーをみると、市場の主力プレーヤーは1990年代前半までは銀

---

[3] 貸金業者向けの規制は強引な貸付や取立て、借金苦による自殺などが社会問題化し、社会的な要請を背景に、強化されてきた。象徴的な出来事としては、1948年の出資法（昭和23年6月23日法律195号）制定（制定当初の上限金利は年109.5％。その後段階的に引下げ）や貸金業者の登録制度、取立て行為規制、書面交付義務、43条のみなし弁済などを設定した1983年11月の貸金業法（昭和53年5月13日法律32号）（昭和58年11月）施行である。さらに、2006年には多重債務問題の深刻化を背景に貸金業規制法の改正が行われた。改正の内容は参入規制や行為規制の強化、過剰貸付抑制のための総量規制の導入（年収3分の1を超える借入れは原則禁止）、上限金利引下げなどの金利体系の見直し（上限金利は利息制限法の15～20％）が行われた。

行、信販会社、2000年半ばまでは消費者金融専業、2010年代前半から銀行というようにシフトしている。銀行は、住宅ローンに比べ、カードローンの取組みを抑制していたものの、近年、保証会社を活用し、ビジネスを拡大している。

さらに、収益性をみると、この市場はミドルリスクミドルリターン市場といえる。与信コスト控除後の収益性は高い。その理由は、貸付金利が高いためである。2015年3月末の消費者向け無担保ローン残高は4兆4,000億円、2,129万件、平均約定金利は15.1％である。業態別にみると、平均約定金利は消費者向け無担保貸金業者15.76％、クレジットカード14.77％、信販会社14.35％である。また、1件当りの平均貸付残高は消費者向け無担保貸金業者47万7,000円、クレジットカード21万9,000円、信販会社11万2,000円。消費者向け無担保貸金業者の貸付残高の金利構成は金利14％超16％以下（80.4％）、16％超18％以下（16.1％）である。

図表7－7　個人ローン市場の推移

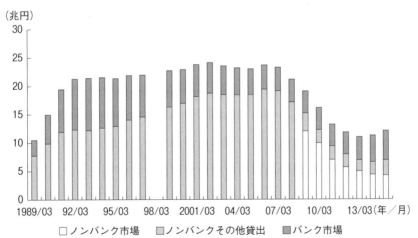

（注）　ノンバンク市場（日本貸金業協会統計、2009年3月期以前はデータがない）とは、日本貸金業協会に登録するノンバンク各社の営業貸付金残高（住宅向け貸付除く）、バンク市場（日本銀行統計）とは、国内銀行および信用金庫の個人向けカードローン残高。ノンバンクその他貸出は消費者向け無担保貸金業者、クレジットカード会社、信販会社の合計値からノンバンク市場を控除したもの。
（出所）　金融庁、日本銀行、日本貸金業協会

一方、課題は規制および日本の経済成熟度と人口動態である。規制については貸金業者と銀行の間の規制体系に差があること、消費者金融は所得の持続的な上昇を前提とするので、成熟し、労働人口が増えない国では量的な拡大が望みにくいことである。単純な貸出行為だけでは顧客のニーズをつかまえることはむずかしい。多様かつ移ろいやすい消費者のマインドをつかまえるような画期的なサービスが必要だろう。かつて消費者金融業者は、リボルビング方式での貸付、スコアリングモデルを活用した融資方式、独自の与信方式（無人受付機）、独特なマスマーケティング（TVCM、交通広告の活用）を行い、市場を創造した。いま、求められることは新しい仕組みだろう。

4　企業向け金融サービス事業

　次に、企業向け金融サービス業界の市場動向をみていく。最も全体を表している統計はリース事業協会加盟企業の営業債権残高とその内訳の動向である。2014年度でみると、資産残高では、「リース投資資産」8兆9,679億円（37％）が最も多く、次いで「営業貸付金」7兆6,740億円（32％）、「割賦債権」3兆4,306億円（14％）、「リース債権」2兆3,137億円（10％）、「賃貸資産」1兆5,900億円（7％）の順となった（図表7-8）。企業向け金融サービス会社はリースと貸付金の両方が主力事業であることがわかる。もっとも、貸出については単純な貸出というよりも、商業銀行とのすみ分けが可能なメザニンや船舶・航空機・不動産などのスペシャリティファイナンス向けローンなどである。

　このうち、リースはアメリカに源流をもつ金融の仕組みであり、企業が設備投資を拡大し、資金需要が旺盛な高度経済成長期に最もニーズのあるビジ

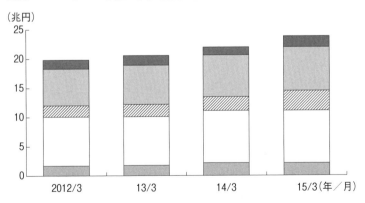

図表7-8　リース会社の資産残高の推移

（出所）　リース事業協会「リース産業の現況調査結果」

第7章　ノンバンク　481

ネスである。一方、成熟経済においては成長余地が小さい。リースは単純な金融に近いファイナンスリースとプロダクトの価値の見極めが必要なオペレーティングリースに大きく分けられる。

　リース事業協会のデータに基づくと（図表7－9）、リース比率は1990年代はほぼ一貫して上昇し、2002年度（10.25％）にピークをつけ、それ以降は低下し、最新のデータ（6.43％、2014年度）では、1980年代半ばの水準となった。このように、国内民間設備投資におけるリースの重要性は大きく低下している。その理由としては、主力業種であった情報機器の価格低下やダウンサイジング、企業の設備投資が内部留保の範囲で行われていること、リース会計基準の変更、税効果の目的利用されていた一部の高収益業界の業績低迷による需要の後退、商業銀行のリスクマインドの回復、低金利を背景にした、銀行との競合などを指摘できる。このため、国内リース比率がここから拡大するとはあまり期待しにくい。リース事業協会の「リース需要動向調査報告書（2015年版）」によると、リースを利用する理由は設備導入時に多額の資金が不要、事務管理の省力化が図れる、コストを容易に把握できるなどが多い。

　もっとも、リースの基本的な機能である、銀行借入れの困難な中小企業への与信機能および大企業にとっての固定資産管理サービス機能が損なわれたわけではないので、短期的な話をすれば、2010年度以降は景気の回復、設備投資の回復にあわせて一定の回復が見込まれる。今後は、リース業ならではのノウハウ、メリットが生かせるオペレーティングリースに力を入れる、固定資産管理サービスを高度化するなどの、銀行借入れとのさらなる差別化が必要となろう。また、新興国を中心に展開している日系海外現地法人の資金ニーズにどのように対応するかということも重要な課題である。

　このようななか、自社において蓄積した経営資源（物件価値の見極め力）を生かし、海外ビジネスや国内での高度金融サービスを提供する事例が増えてきた。図表7－10はリース事業協会がまとめた大手リース会社の連結取扱高をみたものである。注目すべきは国内リースは一進一退であるが、海外の成長率が高いことである。海外は航空機を中心とする輸送分野の拡大であ

図表7-9　民間設備投資とリース比率の推移

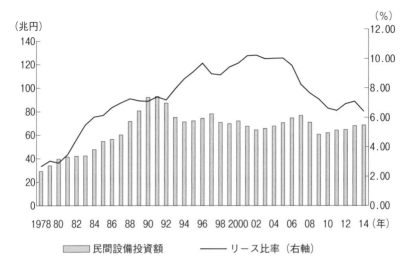

（注）　リース比率＝リース設備投資額÷民間設備投資額
（出所）　リース事業協会

図表7-10　大手リース会社の連結リース取扱高の推移

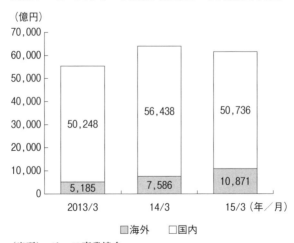

（出所）　リース事業協会

る。たとえば、世界の旅客需要の拡大、機材の小型化を背景に世界の航空機リース市場は今後も拡大が期待されている。同時に、日本の金融サービス会社が知見を有しており、比較的参入しやすい領域である。

　また、今後は医療やエネルギーなどその他のインフラ関連プロダクトへと拡大する余地もあろう。最後に、成功確率は下がるが、投資領域への拡大も1つだろう。ファンドとの競合となるが、これまでの知見を生かし、経験を積みながら、熟練した投資家へとシフトできるかどうかがポイントになる。

5 法規制と監督

(1) リース会社

① 法 規 制

銀行本体に対する法規制

　まず、銀行本体は、リース業務のうちファイナンス・リース業務等を「付随業務」（銀行法第10条第2項第18号・第19号）として行うことができる。ファイナンス・リースとは、「機械類その他の物件[4]を使用させる契約」であって、(i)中途解約不可（ノンキャンセラブル）[5]（同項第18号イ）、(ii)フルペイアウト[6]（同号ロ）、(iii)所有権移転外[7]（同号ハ）の3要件を満たすリース取引をいう。ファイナンス・リース業務等とは、このファイナンス・リース業務およびその代理または媒介業務である。

　リース業務のうち上記ファイナンス・リースの3要件を満たさないそれ以外のリース（オペレーティング・リース）業務については、銀行業務との親近性やリスクの同質性があるとはいえないから、他業禁止の観点から銀行本体

4　「機械類その他の物件」には、自動車や事務用機器、工作機械など、ほとんどすべての動産が含まれ、不動産も、建物については対象となる。一方、土地に関しては、文言上は含まれるものの、無限の経済的耐用年数を有し、フルペイアウトにならないことから、ファイナンス・リースには該当せず、土地を対象にする場合はオペレーティング・リースになると考えられている（家根田・小田（2015）84頁）。

5　ノンキャンセラブルの要件を満たせば、リースの全期間でリース料総額が支払われることとなり、貸付と同じく、リース物件の借り手が金銭債務の支払を行うという伝統的な銀行業務の信用リスクと同質であると認められるとの趣旨である。かかる趣旨から、「使用期間の中途において契約の解除をすることができない旨の定めがないものであつて、相手方が、当該契約に係る使用期間の中途において当該契約に基づく義務に違反し、又は当該契約を解除する場合において、未経過期間に係る使用料のおおむね全部を支払うこととされているもの」（銀行法施行規則第13条の2の4第1項）もこれに準じてノンキャンセラブルの要件を満たすものとされている。

第7章　ノンバンク　485

が営むことはできないとされている。

銀行の子会社としてのリース会社に対する法規制

他方で、銀行は、「金融関連業務」を営む会社としてリース会社をその子会社とすることができるところ（銀行法第16条の2第1項第11号、同条第2項第2号、銀行法施行規則第17条の3第2項第11号）、当該リース会社は、ファイナンス・リースのみならず、オペレーティング・リースも行うことができる。すなわち、銀行の子会社であるリース会社は、厳密には「機械類その他の物件を使用させる業務（金融庁長官が定める基準により主として法第10条第2項第18号に掲げる業務が行われる場合に限る）」を営む会社と定義されているところ（銀行法第16条の2第2項第2号、銀行法施行規則第17条の3第2項第11号）、「法第10条第2項第18号に掲げる業務」とは上記の3要件を満たすファイナンス・リース業務を意味しており、これを「金融庁長官が定める基準により主として」行っていればよいのであるから、逆にこれ以外のリース業務（「機械類その他の物件を使用させる業務」）すなわちオペレーティング・リース業務を従属的に行うことも認められるのである。どこまでが「主として」といえるのかという「金融庁長官が定める基準」については、リース業務等の

6　フルペイアウトとは、「使用期間において、リース物件の取得価額から当該リース物件の使用期間の満了の時において譲渡するとした場合に見込まれるその譲渡対価の額に相当する金額を控除した額及び固定資産税に相当する額、保険料その他当該リース物件を使用させるために必要となる付随費用として内閣府令で定める費用の合計額を対価として受領することを内容とするものであること」（銀行法第10条第2項第18号ロ）をいう。内閣府令で定める費用とは、「利子及び手数料の額」である（銀行法施行規則第13条の2の4第2項）。フルペイアウトの要件は、物件代金その他の費用が全額回収できれば貸付と同じ性質を有するといえるからであり、費用としてリース取引を行うために必要な銀行の資金調達コスト等（利子）や人件費や利益等（手数料）を回収することも認められる。

7　所有権移転外の要件を満たさないリース取引は、実質的に銀行からユーザーに対する物件の売買と同様の効果が生じるため、銀行業務との親近性、リスクの同質性が認められず、他業禁止の観点から認められないとの趣旨である（家根田・小田（2013a）76頁）。なお、所有権移転外の要件により、使用期間満了後は対象物件がリースアップ物件として銀行に戻されることになるが、これを売却することはリース業務と一体の業務または「その他付随業務」（銀行法第10条第2項柱書）として、更新・再リースすることも、対象物件の修繕義務等のユーザーの信用リスク以外の責任を負わない限り、「その他付随業務」として、それぞれ銀行本体も行うことができると解される（家根田・小田（2013a）77頁）。

収入の額の合計額に占めるファイナンス・リース業務による収入の額の合計が100分の50を下回らないというのが基本的な基準となっている[8]。

なお、リース業務については、特別の業法による法規制は存在しない。

② 監　督

リース会社一般に対する監督

リース業務については特別の業法が存在しないので、リース会社に対する監督としては、たとえば特定商取引法を所管する経済産業省が同法に関係する範囲でリース会社やその業界団体に対して適宜行政指導[9]や行政処分を行っているにとどまる。

銀行とその子会社としてのリース会社に対する監督における留意点

上記のようにリース会社に対しては特別の監督がなされているわけではないが、①法規制でみたように、銀行とその子会社としてのリース会社それぞれが営むことのできるリース業務の範囲には銀行法上の制限が存在するため、親銀行に対する監督においては、当該業務範囲に関する監督も行われている。具体的には、「不動産を対象としたリース契約に当たっては、融資と同様の形態（いわゆるファイナンスリース）に限ることとし、一般向け不動産業務等の子会社対象会社が営むことができる業務以外の業務を行っていないか」といった監督上の着眼点が特に明示されている[10, 11]。

8　「銀行法施行規則第17条の3第2項第3号及び第38号の規定に基づき銀行等の子会社が営むことのできる業務から除かれる業務等を定める件」（1998年金融監督庁・大蔵省告示第9号）第2条。なお、当該告示においては、分母に当たるリース業務等の収入の内容や、リース業務を営む会社がリース業務を営む他の会社を子会社としている場合における基準について、より詳細な規定があるが、ここでは割愛する。

9　「悪質な電話機等リース訪問販売への対応策について」（2005年12月6日経済産業省）等。

10　「主要行等向けの総合的な監督指針」（Ⅴ-3-3-1子会社等の業務の範囲(2)②リース業務）。

第7章　ノンバンク　487

(2) クレジットカード会社

① 法 規 制

銀行本体に対する法規制

まず、銀行本体は、クレジットカード業務（割賦販売法第2条第3項の「包括信用購入あっせん」）を「その他付随業務」（銀行法第10条第2項柱書）として行うことができるとされている[12]。

クレジットカード業務（包括信用購入あっせん）には、単純な包括形式のもの（割賦販売法第2条第3項第1号）と、クレジット等の上限金額と月々の支払額を決めて契約し、その範囲内であれば何度商品等を購入してもよいという支払方式のリボルビング方式（同項第2号）がある。単純な包括方式は、商品を購入するつど、支払代金回数が決められるのに対し、リボルビング方式は、購入商品の額や購入額の合計にかかわらず、毎月の支払額が一定であるところに違いがある[13]。

クレジットカード業務（包括信用購入あっせん）は、経済産業省に備える包括信用購入あっせん業者登録簿に登録を受けた法人でなければ、業として営んではならない（割賦販売法第31条本文）。

クレジットカード業務（包括信用購入あっせん）に対する規制や制限としては、包括信用購入あっせん関係受領契約等の締結時の書面交付義務（割

---

11 銀行の子会社としてのリース会社は、リース物件と同種の機械類その他の物件（中古のものに限る）の売買・管理業務も営むことができるところ（銀行法第16条の2第1項第11号、同条第2項第2号、銀行法施行規則第17条の3第2項第38号、「銀行法施行規則第17条の3第2項第3号及び第38号の規定に基づき銀行等の子会社が営むことのできる業務から除かれる業務等を定める件」（1998年金融監督庁・大蔵省告示第9号）第3条）、文言上かかる中古の同種物件がリースアップ物件そのものであることまでは求められていない。ただし、上記監督指針に照らせば、少なくともリースアップ物件以外の不動産の売買のうち、一般向け不動産業務（典型的には宅地建物取引業）に該当するようなものは認められないと考えられる（家根田・小田（2015）86頁）。

12 小山（2012）170、217頁。

13 梶村ほか（2012）186頁。

賦販売法第30条の2の3）、包括信用購入あっせん業者からの契約の解除等の制限（同法第30条の2の4）、包括信用購入あっせん業者からの契約の解除等に伴う損害賠償等の制限[14]（同法第30条の3）、抗弁権の接続[15]（同法第30条の4）、業務の運営に関する措置（情報管理、外部委託、苦情処理などに関する措置）を講じる義務（同法第30条の5の2）があげられる。

銀行の子会社としてのクレジットカード会社に対する法規制

次に、銀行は、「金融関連業務」を営む会社としてクレジットカード会社をその子会社とすることができる（銀行法第16条の2第1項第11号、同条第2項第2号、銀行法施行規則第17条の3第2項第7号）。

子会社としてのクレジットカード会社も、銀行本体がクレジットカード業務を営む場合と同様に、割賦販売法上、包括信用購入あっせん業者として扱われるので、法規制についても、上記で述べたものと同様である。

② 監　督

クレジットカード会社一般に対する監督

クレジットカード会社に対しては、経済産業省が、任意の事情聴取、報告徴収・物件提出命令（割賦販売法第40条第3項）、検査等からなる情報収集と、それを活用した監督上の措置（行政指導、行政処分）からなる監督を行っている[16]。

具体的な行政処分としては、改善命令（割賦販売法第30条の5の3、第33条の5）、カード等交付等禁止命令（同法第34条第1項）、登録取消し（同法第34条の2第1項・第2項）がある。

---

14 なお、この制限はリボルビング方式の場合には適用がない（割賦販売法第30条の3）。

15 抗弁権の接続とは、商品の購入者がクレジットカード会社から立替払分の支払の請求を受けたときに、販売店に対して生じている事由をもって、クレジットカード会社に対抗することができるというものである。たとえば、購入した商品の引渡しをまだ受けていない間にクレジットカード会社から請求があった場合、商品の購入者は、販売店に対して有している同時履行の抗弁権をクレジットカード会社に対しても主張して支払を拒むことができる。

16 「割賦販売法（後払分野）に基づく監督の基本方針」（2014年6月経済産業省商務情報政策局商取引監督課）Ⅰ−3監督の定義及び本基本方針の構成。

銀行本体がクレジットカード業務を営む場合も、クレジットカード会社が銀行の子会社となっている場合も、割賦販売法上の包括信用購入あっせん業者として、上記の経済産業省からの監督を受けることになる。

銀行とその子会社としてのクレジットカード会社に対する監督における留意点

銀行という側面に対しては金融庁が監督を行っているが、そこにおいてクレジットカード業務との関係でも重要になるのは、クレジットカード情報等（カード番号、有効期限等を含む個人情報）の管理である。すなわち、クレジットカード情報等は、情報が漏えいした場合、不正使用によるなりすまし購入など二次被害が発生する可能性が高いことから、厳格な管理が求められる[17]。管理にあたっては、銀行法施行規則、個人情報保護法、金融分野における個人情報保護に関するガイドライン[18]および金融分野における個人情報保護に関するガイドラインの安全管理措置等についての実務指針の規定に基づく適切な取扱いが確保される必要がある。

(3) 消費者金融

① 法 規 制

銀行本体に対する法規制

まず、銀行本体は、消費者金融業務（消費者との間における金銭消費貸借契約の締結）を「固有業務」（銀行法第10条第1項第2号「資金の貸付け」）として行うことができる。

銀行法に基づく業務に関する法規制はすでに述べたとおりであるが[19]、銀

17　「主要行等向けの総合的な監督指針」Ⅲ－3－3－3顧客等に関する情報管理態勢－1意義。

18　なお、クレジットカード業者という側面では、同様に、経済産業省が、「個人情報の保護に関する法律についての経済産業分野を対象とするガイドライン」および「経済産業分野のうち信用分野における個人情報保護ガイドライン」を定めている。

19　第2章7。

行の業務に係る禁止行為（銀行法第13条の3）や顧客の利益の保護のための体制整備（同法第13条の3の2）等が求められる。また、子会社等である信用保証会社の保証を付した融資に取り組む場合、当該子会社等の信用保証会社との取引が実質的に同社への支援となっており、銀行法第13条の2（いわゆるアームズ・レングス・ルール）に違反していないかという点も問題になる。ほかにも、消費者との間の取引一般に当てはまることではあるが、消費者金融に係る契約には消費者契約法の適用がある。

さらに、いわゆる提携ローンについては、割賦販売法上の「個別信用購入あっせん」に該当する場合があり、その場合は別途経済産業省への登録が必要になる（割賦販売法第35条の3の23）。提携ローンとは、資金ニーズのある個人を販売業者から紹介または取次ぎを受けて貸付を行う仕組みであり、典型例としては、銀行が住宅販売会社と提携して個人向けに住宅の購入資金を融資する住宅ローンがあげられる[20]。ここで、割賦販売法上の「個別信用購入あっせん」とは、「カード等を利用することなく、『特定の』販売業者が行う購入者への商品……の販売……を条件として、当該商品……の対価の全部又は一部に相当する金額の当該販売業者……への交付……をするとともに、当該購入者……からあらかじめ定められた時期までに当該金額を受領すること（当該購入者……が当該販売業者から商品……を購入する契約を締結し……た時から二月を超えない範囲内においてあらかじめ定められた時期までに受領することを除く）」（『　』は筆者）（同法第2条第4項）をいう。すなわち、提携ローンについても、銀行と販売業者との間の関係が上記「特定の」関係[21]にまで至っていれば、銀行にとっては「個別信用購入あっせん」に該当することになるのである。

銀行の子会社としての消費者金融に対する法規制

次に、銀行は、「金融関連業務」を営む会社として消費者金融会社をその子会社とすることができる（銀行法第16条の2第1項第11号、同条第2項第2

20　片岡・吉元（2010）103頁。
21　かかる「特定の」関係を基礎づける銀行と販売業者との間の密接な関連性の有無を判断する基準については、経済産業省（2009）47、48頁参照。

号、銀行法施行規則第17条の3第2項第2号）。

消費者金融会社が行う貸付は、銀行法ではなく貸金業法に基づくものであるから、貸金業法による法規制の対象となる。具体的には、登録制（貸金業法第3条以下）、利息、保証料等に係る制限等（同法第12条の8）やいわゆる総量規制（同法第13条〜第13条の4）などの契約内容にわたる制限、広告規制（同法第15条、第16条）や各種の書面交付義務（同法第16条の2〜第18条）などの行為規制などの法規制が存在する。

その他の点は、銀行本体が行う消費者金融と同様である。

② 監　督

消費者金融会社一般に対する監督

消費者金融会社一般に対しては、監督当局（貸金業者の営業所または事務所の所在範囲によって、国または都道府県）が、任意のヒアリング、事業報告書の提出（貸金業法第24条の6の9）、報告徴収および立入検査（同法第24条の6の10）、物件提出命令（同法第24条の6の11）等からなる情報収集と、それを活用した監督上の措置（行政指導、行政処分）からなる監督を行っている[22]。

具体的な行政処分としては、業務改善命令（貸金業法第24条の6の3）、業務停止命令（同法第24条の6の4）、登録取消し（同法第24条の6の5）等がある。

銀行とその子会社としての消費者金融会社に対する監督における留意点

銀行本体が営む消費者金融業務に対しては、金融庁等が銀行に対する監督の一環として監督を行っている。銀行本体が行う場合、銀行法に基づく貸付ではあるものの、消費者向けの貸付であることにもかんがみ、監督上は貸金業法との平仄をあわせることが意識されている[23]。具体的には、改正貸金業法の趣旨をふまえた適切な審査態勢等の構築として消費者が過剰な借入れを負わないようにすることが企図されていたり、回収・取立てや苦情処理の場

---

[22] 「貸金業者向けの総合的な監督指針」Ⅰ-1 貸金業者の監督に関する基本的考え方。

[23] 「主要行等向けの総合的な監督指針」Ⅲ-6-3 消費者向け貸付けを行う際の留意事項。

面において改正貸金業法の趣旨をふまえた対応をとるべきことが明示されていたりする。

　銀行の子会社としての消費者金融会社に対する監督としては、上記の消費者金融会社一般に対する監督と同様であり、業務範囲等について特段の監督上の着眼点が示されているわけではない。

ノンバンクビジネスの展望

　銀行グループにとってはノンバンクビジネスは周辺領域である。しかし、銀行グループの経営上重要なことの1つは、この周辺業務をいかに本業に取り込むかである。規制、行政の判断は過去とは大きく変化してきている。一般論として、日本における銀行グループのブランド力とノンバンクがもつ機能を組み合わせると、潜在的な拡大余地は大きい。すでに、メガバンクグループは企業向け金融サービス会社として親密リース会社を活用し、ビジネス範囲を拡大し始めている。具体的には、事業領域はファイナンスの形態では伝統的なリースからメザニンファイナンスやエクイティ投資、取扱種目は汎用的な機械設備から、物件の価値の見極めが必要な航空機、船舶、不動産、エネルギーなど高度なノウハウが必要なスペシャルティ分野である。一方、地方銀行系のリース会社は伝統的な機器リース事業中心が多いようである。しかし、伝統的な機器リースではビジネスの広がりが乏しい。地方銀行系のリース会社も自社内または他社との提携によりノウハウを蓄積し、既存顧客サービスの多様化、新規顧客への提案余地は多いだろう。もしそうでなければ、リース事業の選択と集中も検討課題となろう。
　金融グループ系金融サービス会社の強みは安定、低利な資金調達が可能なこと、親または親密銀行の顧客基盤にアクセスできること、弱みは経営上の自由度が他社に比べやや低下すること、である。もっとも、低い利鞘に甘んじているべきではない。いつまでも安い資金コスト、歴史的な資金コスト、与信コストという前提が続くとは限らない。ニッチで収益性の高い領域への進出、スケールメリットの追求を通じた損益分岐点比率の引下げが求められる。また、機動的かつ大胆な外部成長機会の追求を図れた企業が持続的に企業実態を拡大できるであろう。

【第7章の参考文献】

梶村太市ほか（2012）『新・割賦販売法〔初版〕』青林書院

片岡義広・吉元利行ほか（2010）『クレジット取引―改正割賦販売法の概要と実務対応―〔初版〕』青林書院

経済産業省商務情報政策局取引信用課（2009）「平成20年版　割賦販売法の解説」日本クレジット協会

小山嘉昭（2012）『詳解　銀行法〔全訂版〕』金融財政事情研究会

家根田正美・小田大輔（2013a）「〈実務相談　銀行法第18回〉銀行の業務範囲(4)付随業務②（ファイナンス・リース）」『金融法務事情』2013年1月10日1961号、73-77頁

家根田正美・小田大輔（2015）「〈実務相談　銀行法第40回〉銀行の子会社(9)各論⑦（金融関連業務を営む会社④（リース業務））」『金融法務事情』2015年4月10日2015号、83-86頁

投資運用・助言会社

1 事業構造

(1) 資産運用会社の事業と専門能力

　資産運用会社は、リスクのある運用に対する投資家のニーズに応えること
を事業とする。運用には必ずリスクを伴うので、その成果を事前に投資家に
約すことはできない。資産運用会社の顧客は、そうした不確実な運用成果を
受け入れるとともに、運用を行うことに対する対価として手数料を負担する。

　投資家は、資産運用会社のサービスを活用せずに、自らリスクをとった運
用を行うこともできる。たとえば銀行や生保会社のような機関投資家は、膨
大な金融資産のポートフォリオをもち、その多くを自ら運用している（イン
ハウス運用）。また、株式や債券の個別銘柄を自ら選んで投資する個人も多
い。それにもかかわらず、投資家が資産運用会社の顧客となり、対価を払っ
てそのサービスを利用する理由は何だろうか。それは本質的には、次のよう
な専門能力に対する期待があるからである。

・投資家の運用目的の達成に資する、優れたポートフォリオ構築・管理能力
　（手法）
・投資家自身では直接投資できない資産へのアクセス能力（投資対象）
・投資家自身で運用する資産について、その投資判断を支援する能力

　資産運用会社は、これらの能力をコアにして、投資顧問や投資信託の事業
を展開している。そしてその能力は、銀行のグループ経営においても重要性
を高めている。本章ではこうした資産運用会社について概観し、その将来展
望を検討することにしたい。

　本節ではまず、資産運用会社の事業の種類として、投資顧問と投資信託に
ついて、それぞれ整理しておく。

(2)　投資顧問とは

　投資顧問は、通常、特定の投資家に相対で提供するサービスであり、投資一任と投資助言の２つがある。両者はそれぞれ、金融商品取引法（金商法）における投資運用業の「投資一任契約に基づく運用業務」と、投資助言・代理業の「投資助言業務」（金商法において「投資顧問契約」とは、投資助言の契約を指す）であるが、資産運用会社の商号や慣例的にも、両者をまとめて「投資顧問」と呼ぶことが多いので、以下でもそれに倣うことにする。

　投資一任は、特定の顧客から投資判断を一任され、その投資判断をもとに、顧客にかわって運用を行う業務を指す。具体的には、信託銀行で管理される顧客の資産に対して運用指図を行うかたちをとる（売買発注は証券会社に対して行う）。投資一任は、歴史的には、特定の顧客に対してカスタマイズされた運用（単独運用）を提供するものであったが、後述するように、現在では合同運用もある。事業としての投資一任の主な顧客は、確定給付型の企業年金や公的年金である。資産運用会社は、潜在顧客に直接コンタクトしながら、セールス・マーケティング活動を行っている。

　これに対して投資助言は、顧客自身が行う投資判断に対して助言を行う業務であり、運用そのものは実施しない。実際の投資助言にはさまざまな形態があり、たとえば、株式の個別銘柄の評価情報を、レポート等を通じて個人向けに有償で提供するようなものもあるし、助言のとおりの運用指図が顧客（別の資産運用会社）において行われることが事前に了解されているような、投資一任に近いものもある（投資信託に対する助言などでみられる）。投資一任を行うには一定の要件があるため、投資助言に特化した会社も多い。

(3)　投資信託とは

　投資一任が、顧客ごとにカスタマイズされた単独運用の提供を中心とするのに対し、投資信託は、複数の投資家の資金をプールしたうえでの運用（合

同運用という）を基本とする。ただし、顧客資産の管理は信託銀行等によって行われ、資産運用会社が行うのは運用指図である点は、投資一任と同様である。投資信託の仕組みにおいて、資産運用会社は投信委託会社とも呼ばれる。

投資信託のうち、個人等の不特定かつ多数に提供される公募投信は、運用の内容や計算・開示規則などさまざまなレギュレーションに準拠して組成・提供される。また銀行、証券会社等の販売会社を経由した提供が一般的なので、資産運用会社としてのセールス・マーケティング活動は販売会社に対するものが中心となる。

公募投信のほかに、特定の投資家または少人数に対してのみ提供される私募投信がある。私募投信は、公募投信に比べて開示規制が緩く、外部監査を必要としないなどコスト面での優位性があり、特定の投資家ニーズにあわせた商品設計も容易である。金融法人の有価証券運用や、変額年金商品の投資対象、事業会社の余資運用等で活用されることが多い。また、公募投信や投資一任の口座から買い付けられるなど、他のファンド等を介して資金が入ることもある。

(4) 運用戦略と運用商品

投資顧問と投資信託は、いわば顧客のタイプに注目した事業の分類である。大まかには「不特定の個人投資家向けには公募投信、特定ないし少数の機関投資家向けには投資一任と私募投信」と考えてよい。

これに対して、資産運用会社のなかで行われる運用の内容に注目した分類もできる。ある決まった運用目標や方針のもとで、社内の業務プロセスが構築・運営され、そのための組織体制やシステム等が備えられているとき、それを1つの「運用戦略」と呼ぶ。

運用戦略は、公募投信や投資一任といった顧客への提供形態である商品とは区別して考えることが重要である。運用戦略がなければ商品はありえない。逆に、優れた運用戦略があれば、投資一任と公募投信など複数の形態で

提供することも可能である。どのような運用戦略を提供するか、そしてそれをどのように実現するかは、資産運用会社にとって商品レベルよりも高次で、長期の事業戦略の1つとなる。

運用戦略を構成する要素を列挙すると、以下のようになる。

・運用目標……投資家が求める運用の成果。特にリスクとリターンの目標。短期金利やインフレ率等を基準にした絶対リターン、投資家のもつ債務のリターン（年金等の場合）、TOPIX など特定のベンチマーク指数のリターンなど、多様な定義がありうる。

・投資対象資産……ポートフォリオに組み入れる可能性のある資産の種類。国内株式や海外ソブリン債、REIT などの特定資産に特化する運用か、複数のタイプの資産に投資するバランス型か、デリバティブを組み入れるかどうかなど。運用目標を達成するための手段であり、それに整合する投資対象資産が選ばれる。

・アクティブ／パッシブの区別……株式や債券の場合、市場インデックス（時価総額加重の投資指数）が存在することが多い。これを複製するような運用によって指数並みのリターンを提供するのがパッシブ運用であり、指数とは異なるポートフォリオをもち、超過収益（アルファと呼ばれる）の獲得を目指すものがアクティブ運用である。バランス型の運用戦略ならば、パッシブはあらかじめ定めた投資指数ごとの配分（政策資産配分、複合ベンチマークと呼ばれる）をリバランスによって維持するもの、アクティブは資産配分を動的に変更することでパッシブを上回る投資成果を目指すものである。

・収益源泉……収益源泉は、パッシブ運用ならば投資対象資産のもつリスク・プレミアム（ベータと呼ばれる）そのものである。これに対してアクティブ運用は、運用者の特別なスキルを必要とする。そのスキルがあるのかどうか、ない場合は、内部で時間をかけて開発するのか、それとも外部のマネジャーを活用するのかの判断が必要となる。

・プロセスと体制……運用目標を達成するために、運用部門で継続的に実施する業務であり、エコノミストやアナリストによる調査・分析、ポート

第8章 投資運用・助言会社 501

フォリオ・マネジャーによる投資判断、トレーダーによるトレーディングが含まれる。投資判断を、ポートフォリオ・マネジャーによる定性判断で行うか、計量モデルに依拠した定量判断で行うかによっても、プロセスと体制は大きく異なる。

資産運用会社にとって、こうした運用戦略の選択は重要な差別化源泉である。特定の運用戦略に特化して、その専門性を競争力の源泉とする資産運用会社もあるし、さまざまな運用戦略を擁して幅広い運用戦略を提供することで、幅広い投資家の多様なニーズを取り込もうとする資産運用会社もある。

2 業態の沿革

　日本において、今日のようなビジネスとしての資産運用には半世紀を超えるほどの歴史しかなく、銀行業や証券業に比べると短い。以下では、社会的な状況や規制面の変化と関連させながら、資産運用会社の沿革を確認していく。

(1) 黎明期～1980年代

　日本で、一般の投資家の資金をプールして投資する黎明期の試みとしては、大和証券の前身である藤本ビルブローカーが1937（昭和12）年に組成した「藤本有価証券投資組合」の試みや、野村證券が1941年に大蔵省認可を得て募集した投資信託が知られている。

　今日のような投資信託が法制面から確立したといえるのは、第二次世界大戦を経て1951年に施行された「証券投資信託法」（投信法）によってであろう。戦後の財閥解体によって株式の新しい買い手が必要になったことが同法制定の背景にあるとされる。当初は証券会社が自ら投信委託会社となっていたが、1959年には同法施行規則の改正により投信委託業務の分離が求められ、証券会社から独立するかたちで投信委託会社が設立されるようになった。

　その後、昭和40年証券不況の経験から改正法の制定がなされる（1966年）など、制度面の改善が加えられていった。投資信託の認知が一般に広がったのは1980年代だろう。1980年に登場した「中期国債ファンド」は投資信託市場の拡大に寄与し、また、好調な株式市場を背景に株式投資信託も人気を博した。

　投資顧問についての業法が制定されたのがこの頃で、1986年の投資顧問業法（「有価証券に係る投資顧問業の規則等に関する法律」）がそれである。これ以前にも、国内の大手証券会社が傘下に投資顧問会社を設立したり、投信委

第8章　投資運用・助言会社　503

託会社が限定されたかたちながら[1]投資顧問業を兼業することなども行われていた。また、株式の個別銘柄に関するレポートを会員向けに有償で発行するような、小規模な業者も多数存在していた。

投資顧問業法制定の背景として、当時は、投資顧問の看板を掲げる有力な仕手筋の存在が社会的な注目を集めており、また「投資ジャーナル事件」（雑誌媒体を通じた巨額の株式不正売買により、一般投資家が損害を被った）によって、一定の規制による投資家の保護が社会的に求められたことがあげられる。同法は登録制を原則とし、登録業者のなかから適格な業者に認可を与えて、投資一任業務を認めるルールとした。これにより、投資助言業者と投資一任業者が区別されるようになる。この業法施行に前後して、生保会社、大手銀行や有力地銀等が投資顧問会社を設立し、投資一任業者としての認可を得ていった。

この時期までの外資系の資産運用会社の日本参入も、注目に値する。主要な海外の運用会社や投資銀行グループ等が日本に拠点を開設しており、現在も資産運用を主力事業とする会社では、たとえば1969年にフィデリティ、1974年にシュローダー、1981年にピクテ、1982年にキャピタル・グループ、1983年にはモンタギュー・インベストメント・マネジメント（現インベスコ・アセット・マネジメント）が東京に拠点を開設している。1986年の投資顧問業法では、海外資本が国内で営業を行うことについての特別な制約はなく、1990年代にかけて多くの外資系が投資一任業務の認可を得ている。

投資信託については、1988年に大蔵省証券局に置かれた「投資信託研究会」が新規参入問題を取り上げ、翌1989年には外資系の参入に対する前向きな方向を示した。これを受け、投資信託委託業務の免許運用基準が緩和され、翌1990年には日本初の外資系投信委託会社が誕生している。

1　1984年の証券投資信託法の通達（昭和59年蔵証1535）により、投信運用会社は、認可によって海外の運用会社に対してのみ助言等を行えることになった。投資顧問業法では、投信委託会社による既存の投資顧問業は引き続き認められ、また同年の投信法の通達改正により、国内での投資顧問業が認められた。

504

⑵　1990年代の規制緩和

　1990年代は、投資一任業者にとってのビジネスが、事業法人や金融法人等を対象とした特定金銭信託を中心とするものから、年金積立金の運用受託（年金特金に対する運用指図）に移行していった時期である。

　厚生年金基金については、1990年4月にいわゆる「運用拡大」が始まり、それまで信託銀行と生保会社、農業協同組合連合会にしか認められていなかった厚生年金基金の運用に、投資顧問の参入が部分的ながら認められるようになった。当初、運用拡大は設立後8年以上の基金のみに認められ、運用拡大枠も「ニューマネー」（掛金）によるもののみ、かつ総額も総資産の3分の1までとされた。また、運用拡大部分については基金ごとに「安全資産5割以上、株式3割以下、外貨建資産3割以下、不動産2割以下」（「5・3・3・2規制」）が適用されるとともに、委託先の運用機関ごとにも5割以上の安全性資産の保有が求められた。その後、以下のような規制緩和がなされていった。

・運用拡大の認定要件の緩和・廃止（1995年に設立後8年を3年に緩和、1998年に廃止）

・運用拡大枠の上限の緩和・廃止（1994年にニューマネーとオールドマネーの区分を廃止して「総資産の3分の1」に緩和、1996年に3分の1から2分の1に拡大。1998年に、設立後3年以上の基金については上限枠を廃止）

・投資顧問の最小契約資産額規制の緩和・廃止（1993年に1億円、1997年に廃止）

・運用拡大部分について、運用機関ごとの資産配分規制の廃止（1995年。特化型の運用受託が可能となった）

・「5・3・3・2規制」の廃止（1997年）、運用拡大と従来運用の区分の廃止（1999年）

　その他の年金制度についても、公的年金としては年金福祉事業団（現年金積立金管理運用独立行政法人、GPIF）に対するLPS方式による運用参入のほ

第8章　投資運用・助言会社　505

図表8－1　1997年時点の銀行系投資一任会社の一覧

（単位：億円）

会社名	母体	業務開始	投資一任契約資産（1997年3月末）	うち年金以外の特定金銭信託
興銀エヌダブリュ・アセットマネジメント	日本興業銀行	'85/10	18,102	2,180
長銀投資顧問	日本長期信用銀行	'72/12	8,992	1,022
第一勧業投資顧問	第一勧業銀行	'85/ 7	7,305	3,101
東京三菱投信投資顧問	東京三菱銀行	'85/ 8	6,581	3,843
三和投資顧問	三和銀行	'85/ 6	6,307	2,635
農中投信投資顧問	農林中央金庫、全国共済農業協同組合連合会	'85/11	5,900	5,731
富士投信投資顧問	富士銀行	'85/ 7	5,557	1,926
さくら投資顧問	さくら銀行	'85/ 7	4,560	2,259
住銀投資顧問	住友銀行	'85/11	4,502	2,453
セントラル投資顧問	東海銀行	'85/ 8	2,348	1,581
あさひ投資顧問	あさひ銀行	'85/ 9	2,208	2,100
日債銀投資顧問	日本債券信用銀行	'86/ 9	2,185	1,336
住信投資顧問	住友信託銀行	'86/11	1,594	1,473
安田信投資顧問	安田信託銀行	'86/ 9	1,369	1,329
三信投資顧問	三井信託銀行	'86/10	1,222	1,191
全信連投資顧問	全国信用金庫連合会	'91/ 3	1,171	978
東洋投資顧問	東洋信託銀行	'86/ 6	1,088	1,028
ディーアンドシーキャピタルマネージメント	大和銀行	'86/ 1	994	745
ろうきん投資顧問	労働金庫連合会	'87/ 9	822	813
商中投資顧問	商工組合中央金庫	'88/ 2	791	757
浜銀投資顧問	横浜銀行	'86/10	572	469
南都投資顧問	南都銀行	'86/11	369	369

会社名	母体	業務開始	投資一任 契約資産 (1997年3月末)	うち年金以外 の特定金銭信 託
たくぎん投資顧問	北海道拓殖銀行	'85/ 9	311	227
ちばぎん投資顧問	千葉銀行	'86/ 3	307	270
常陽投資顧問	常陽銀行	'86/ 7	295	295
北銀投資顧問	北陸銀行	'86/10	288	258
福銀投資顧問	福岡銀行	'86/ 9	265	265
西銀投資顧問	西日本銀行	'86/10	248	238
静銀投資顧問	静岡銀行	'87/ 5	245	211
紀陽銀投資顧問	紀陽銀行	'88/ 6	243	243
中信投資顧問	中央信託銀行	'86/ 8	241	224
八十二投資顧問	八十二銀行	'86/ 5	241	188
ぐんぎん投資顧問	群馬銀行	'86/ 8	233	233
いよぎん投資顧問	伊予銀行	'86/10	229	208
中銀投資顧問	中国銀行	'88/ 2	227	227
道銀投資顧問	北海道銀行	'86/ 5	213	187
阿波銀投資顧問	阿波銀行	'88/ 6	212	201
第四投資顧問	第四銀行	'86/10	212	202
百十四投資顧問	百十四銀行	'86/11	212	212
ぎふしん投資顧問	岐阜信用金庫	'89/ 8	208	208
共立投資顧問	大垣共立銀行	'87/10	200	200
百五投資顧問	百五銀行	'86/10	200	200
菱信投資顧問	三菱信託銀行	'86/ 5	200	200
十六投資顧問	十六銀行	'87/ 4	152	152
シティ投資顧問	福岡シティ銀行	'86/ 8	132	132
池銀投資顧問	池田銀行	'87/ 5	131	131
共同投資顧問	大和證券、山口銀行、スルガ銀行、大阪銀行、北國銀行、親和銀行	'86/ 5	115	100

（出所）「投資顧問会社要覧　平成9年版」（日本証券投資顧問業協会）

第8章　投資運用・助言会社　507

か、国家公務員共済組合連合会、私学共済、NTT共済（当時）、また私的年金としては国民年金基金、適格退職年金の運用が、投資顧問会社に順次認められていった。

　当時の、主に銀行を設立母体とする投資一任業者の顔ぶれと、その契約資産の内訳を確認しよう。図表8-1は、1997年3月時点における各社の投資一任契約資産の内訳を示したものである。地銀を含む多くの金融機関が、投資顧問業法が施行された1980年代半ばに投資顧問会社を設立して投資一任業を営んでおり、当時の事業の中心は年金以外の特定金銭信託であった会社が多い。しかし運用受託額で大手の会社、たとえば興銀エヌダブリュ・アセットマネジメント（後のDIAMアセットマネジメント）、長銀投資顧問（後にUBSグループが資本参加し、現UBSグローバル・アセット・マネジメント）、第一勧業投資顧問（後のみずほ投信投資顧問）、東京三菱投信投資顧問（現三菱UFJ国際投信）、三和投資顧問（現MU投資顧問）などは、すでに年金向けの運用ビジネスの割合が高かった。

　1990年代の投資信託はどうだっただろうか。バブル崩壊後、株式市場の不振と資金流入の停滞により、投信は大幅な残高の減少に見舞われた。1989年12月におよそ46兆円のピークに達した株式投信の純資産額は、1997年12月には一時的に10兆円を割り込む水準に落ち込んでいる。現在とは異なり単位型投信が多かったため、投資元本以下で償還を迎えるファンドも相次いだ。

　この時期、投資信託を中心に、規制が緩和的なものに変えられていった。その後の影響が特に大きいものは2つある。その1つは1995年から実施された改革であり、投資顧問会社による投信委託業務の免許の取得が認められた。

　これにより、外資系の投信委託会社が増加するとともに、それまで同じ金融グループに属しながら別の法人形態だった2つの業態を合併・統合するケースがみられた。今日の大手の資産運用会社には、投資顧問と投信を兼業する会社が多い。また、ヘッジ目的以外のデリバティブ利用が解禁され、ブル・ベアファンドをはじめとする新しい商品性の投信が登場するなどした。

　2つ目は、1998年の「金融システム改革のための関係法律の整備等に関する法律」（金融システム改革法）によるものであり、以下のような変化が生じ

た。

・私募投信の導入（金融機関等、投資家を限定した柔軟かつ低コストの商品組成が可能となったほか、投資一任契約においても私募投信を組み入れることで実質的な合同運用が可能となった。なお、2000年11月に投資一任での合同運用も解禁）

・運用指図の外部委託の導入（従来は助言のみが認められていたが、一部または全部の一任を認めた）

・銀行等、金融機関における投信の窓口販売の導入

・販売手数料の自由化

・ラップ口座の導入（証券会社の専業制を見直し、届出により投資顧問業や投信委託業を営めることとした）

・公募投信に対するディスクロージャー制度の適用、外部監査の義務化

　この時期までの規制面での変化が、今日のような資産運用ビジネスの基礎的な環境を形成したといえるだろう。なお現在では、2007年施行の「金融商品取引法」が資産運用ビジネスに関する法規制の中心を担っている（5を参照）。

(3)　銀行系資産運用会社の変遷

　主要な銀行グループの資産運用会社は、事業環境の変化や金融再編によって合併、商号変更等を繰り返してきた経緯がある。図表8－2は、主要な銀行グループに属す資産運用会社の、直近までの変遷を追ったものである。

　早い例では、証券系投資顧問が1970年代までに設立されている一方、銀行系では1980年代半ばに設立された例が多い。その後、1990年代には兼業規制の廃止を受けた合併、2000年代には金融再編を受けた統合・再編が多くみられた。

　直近では、各社とも動きがある。みずほフィナンシャルグループは、みずほ投信投資顧問、新光投信、みずほ信託銀行の資産運用部門、第一生命との合弁であるDIAMアセットマネジメントの4社にまたがる統合の予定を発

第8章　投資運用・助言会社　509

図表 8 − 2　銀行系の資産運用会社の沿革

[みずほフィナンシャルグループ①]

[みずほフィナンシャルグループ②]

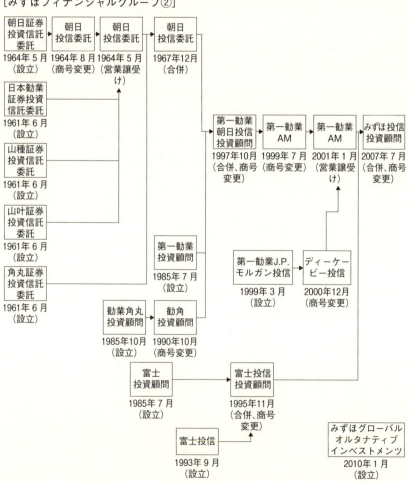

[みずほフィナンシャルグループ③]

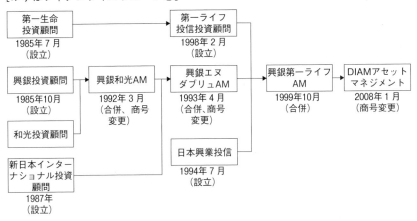

第8章 投資運用・助言会社

[三菱UFJフィナンシャル・グループ]

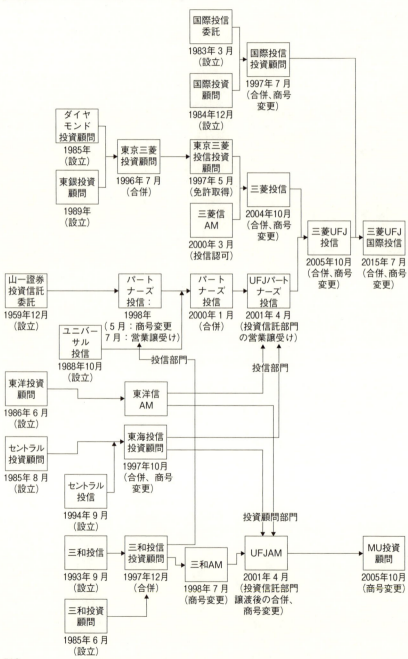

[りそなホールディングス]

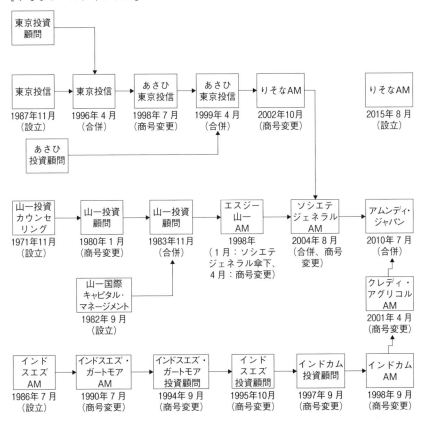

第8章 投資運用・助言会社

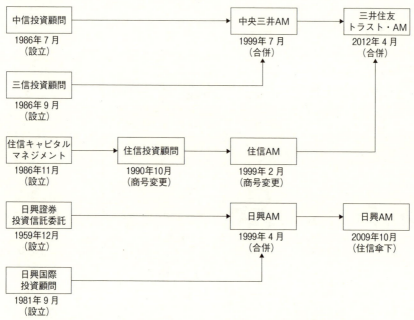

（出所） 投資信託協会、日本投資顧問業協会、各社資料に基づき野村総合研究所作成

表している。また、三菱UFJフィナンシャル・グループでは、2015年7月に国際投信投資顧問と三菱UFJ投信の合併が完了し、三菱UFJ国際投信としての営業が開始している。りそなホールディングスは、2015年8月に、投信委託業の新会社としてりそなアセットマネジメントを設立した。

　さらに、2015年には大手銀行による資産運用会社の設立や参入があった。ゆうちょ銀行は、三井住友信託銀行、野村ホールディングスとの業務提携により、投信委託会社としてJP投信を設立した。また横浜銀行も、三井住友信託銀行との合弁でスカイオーシャン・アセットマネジメントを設立した。千葉銀行も、投資顧問専業だったちばぎんアセットマネジメントにおいて、公募投信の委託業務を開始した。

3 市場規模と遷移

(1) プレーヤーの全貌

　事業としての資産運用にはさまざまな業態からの参入・兼業がなされており、また小資本でも事業が可能という特性もあることから、小規模な事業者の設立・登録・認可・廃業も多い。そのため、わが国の資産運用会社が何社あるかを明確に定義して把握するのはむずかしい。

　1つの試みとして、図表8－3に、広義に資産運用会社と考えうる会社（業者）の数をまとめた。まず、金融商品取引法の金融商品取引業者（2015年9月末で1,951社）のうち、投資運用業登録のある業者は332、投資助言・代理業登録のある業者は993、両者に登録を受けている業者は254ある。このうち投資運用業の登録業者には、株式や債券など市場性のある有価証券の運用

図表8－3　2015年9月末時点の投資運用業者・投資助言・代理業者の分類

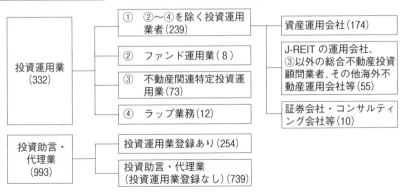

（注）（　）内は業者数。
（出所）金融庁資料、日本投資顧問業協会資料、投信協会資料、国土交通省資料に基づき野村総合研究所作成

第8章　投資運用・助言会社　515

を主に提供する会社のほかに、証券業が主たる事業と考えられる会社や、不動産やプライベート・エクイティなど市場性のない有価証券のファンドの運用を専門に行う会社が、多数含まれる。そこで、日本投資顧問業協会の資料に基づいて、主たる業が、(i)ファンド運用業（プライベート・エクイティファンドの運用会社など）、(ii)不動産関連特定投資運用業（不動産投資法人の運用会社）、(iii)ラップ業務（個人にラップ口座での運用等を提供する証券会社）に該当する会社を除くと、239社となる。

　ここからさらに、J-REIT（上場不動産投資法人）の運用会社など不動産を専業とする会社、および証券業や事業会社向けのコンサルティングが主たる事業とみられる会社を除くと、174社となる。これが、株式・債券等の市場性のある有価証券の運用サービスを専業で行う会社と考えられる。

　なお、そもそも投資運用業者以外で、投資家に運用サービスを提供する他の業態もある。たとえば、年金信託によって年金資産の運用を行ったり、金商法の特例（第33条の8）によって投資運用業を行う信託銀行等がある（登録を要しないので、図表8-3の登録業者には含まれない）。また、生保会社は団体年金の特別勘定によって、リスクのある運用を年金向けに提供している。本章では資産運用を専業とする会社を想定している。

(2)　市場規模の推移

　資産運用会社の市場規模は、運用資産の残高でみることが多い。

　まず投資顧問の残高推移について確認しよう。図表8-4は、投資一任契約の契約先別の残高の推移を示したものである。投資一任の主要な顧客セグメントは国内の公的年金と私的年金であり、直近ではそれぞれ56兆円、28兆円の運用受託がある。国内年金からの運用受託残高に占めるシェアを確認すると、2000年代前半にかけて、私的年金のシェアは6割を超えていた。これは、確定給付型企業年金の運用に投資顧問が参入し、バランス型の運用を中心に提供していた信託銀行や生保会社にかわって、主に特化型（国内株式のみ、海外債券のみといった特定資産クラスのみの運用）の運用マネジャーとし

図表 8 - 4　資産運用会社による投資一任契約の残高推移

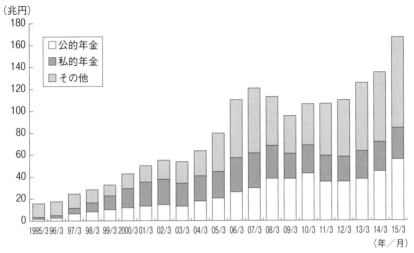

(注)　公的年金からは信託銀行会員の運用受託残高を除くベース。
(出所)　日本投資顧問業協会資料に基づき野村総合研究所作成

て資産運用会社の採用が広がったからである。しかし2000年代半ば以降は、GPIFをはじめとする公的年金の積立金の運用委託先として資産運用会社の採用が広がったため、私的年金のシェアは低下した。

　なお「その他」の区分も大きい。これには年金以外の法人や海外を含む他の資産運用会社からの運用受託、他社の投資信託の運用の再委託が含まれる。特に大きいのは、保険会社系の資産運用会社による、親会社などグループの保険会社の資産の運用受託であり、それらは必ずしも資産運用会社が競争的に運用受託を獲得したものではなく、報酬率も低廉であることが多い。

　次に投資信託の残高推移について、図表 8 - 5 で確認しよう。契約型の証券公募投信は、総額で約97兆円である。このうち追加型株式投信のシェアが2000年代から高まり、現在では約 8 割に達する。公社債投信のシェアは低下しており、現在では証券総合口座の滞留資金の投資先として使われるMRFを中心に、17兆円程度がある。

第 8 章　投資運用・助言会社　517

図表 8 − 5　公募投信の残高推移

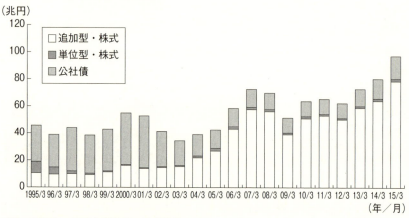

(注)　契約型・証券公募投信の残高推移。
(出所)　投資信託協会資料に基づき野村総合研究所作成

(3)　資金フローと時価変動の推移

　運用資産の時価残高の変動は、株式や債券など運用資産の時価変動と、投資家資金の流出入に分解できる。図表 8 − 6 は、機関投資家（投資一任と私募投信）およびリテール投資家（ETFを除く追加型株式投信）それぞれについて、運用資産残高の変化の要因分解を示したものである。

　機関投資家では、2000年代の中頃には資金流入による増加が毎年10兆〜20兆円程度あったが、リーマンショック後の2009年度以降は停滞が続いていた。2014年度には約12兆円の資金流入があり、これは特に金融法人向けと思われる私募投信と、公的年金からの運用受託が中心である。

　投資信託については、2000年代中頃には毎年10兆円ほどの資金流入があったものの、2008年度のリーマンショック時には一時的に7,000億円程度にまで落ち込んだ。その後は、毎年 2 兆〜 5 兆円程度のペースで流入があり、2014年度はNISA（少額投資非課税制度）の口座経由で公募投信を保有する投資家も多かったことにより、6.1兆円の純資金流入となった。ただし資金流

図表 8 - 6　資金フローと時価変動による要因分解

[機関投資家(投資一任＋私募投信)]

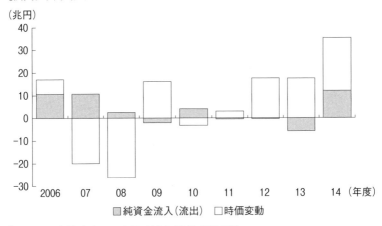

[リテール投資家(ETFを除く追加型株式投信)]

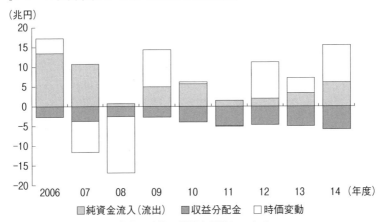

(注)　外資系信託銀行の事業譲渡等の影響を調整して表示。
(出所)　投資信託協会、日本投資顧問業協会資料、各社開示資料等に基づき野村総合研究所作成

入とは別に、近年は毎年5兆〜6兆円の収益分配金が発生している。これを考慮すると近年の資金流入は実質的にマイナス、2014年度でほぼ均衡という状況である。

　機関投資家、リテール投資家のどちらについても、リーマンショック後の

2009年度以降は、時価変動はおおむねプラスであった。特に2012年度以後の
アベノミクスによる円安・株高が資産運用会社の収益に与えたプラスの影響
は大きい。

4 主要プレーヤーとその成長力

(1) リテール・ビジネスと機関投資家ビジネスの特性

　資産運用会社の収益額の推移を図表8-7に示した。近年の収益額は増加傾向にあり、2014年度は過去最高となった。しかし図表8-6で示したように、それは投資家の資金流入というよりも、時価上昇によってもたらされたものと考えてよい。

　各社の収益構成は、資本タイプによって異なったものになっている。特に国内系と外資系の違いは大きく、国内系は公募投信、外資系は投資顧問での収益が大きい。国内系のなかでも、銀行系の資産運用会社は特に投資信託での収益が大きく、投資顧問の収益は2割程度でしかない（図表8-8）。

図表8-7　資産運用会社の収益額の推移

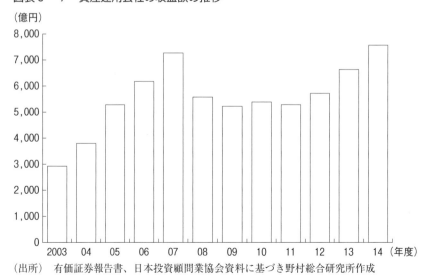

（出所）　有価証券報告書、日本投資顧問業協会資料に基づき野村総合研究所作成

図表 8 − 8　資本タイプ別の収益額構成（2014年度）

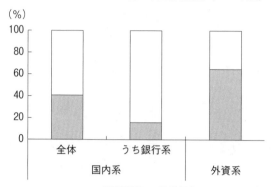

（出所）　有価証券報告書、日本投資顧問業協会資料、Fundmark DLデータに基づき野村総合研究所作成

図表 8 − 9　資本タイプ別の営業収益の構成（2014年度）

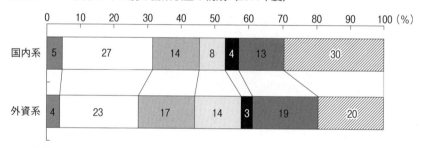

（出所）　有価証券報告書に基づき野村総合研究所作成

　利益率と収益構造についても確認しよう。図表 8 − 9 は国内系／外資系別に合算・集計した、2014年度の営業収益（販売会社に対して負担する代行報酬相当額を除く、ネットの収益額）の構成である。営業利益率は国内系で30％、外資系で20％であった。主要な費目の構成をみると、国内系、外資系ともに委託調査費が収益の 4 分の 1 程度を占めている。これは他の資産運用会社との再委託ないし助言契約に対する対価として、本邦の資産運用会社が負担する費用で、アドバイザリー・フィーとも呼ばれる。国内系の場合は外資系運

図表 8 - 10　公募投信（株式投信）と投資一任契約（年金）の残高ランキング

（単位：億円）

	会社名	資本タイプ	公募・株式投信残高（2015年9月末）		会社名	資本タイプ	年金運用受託残高（2015年9月末）
1	野村アセットマネジメント	国内系	162,859	1	ブラックロック・ジャパン	外資系	177,096
2	大和証券投資信託委託	国内系	104,662	2	ステート・ストリート・グローバル・アドバイザーズ	外資系	98,129
3	三菱UFJ国際投信	国内系	84,220	3	DIAMアセットマネジメント	国内系	78,371
4	日興アセットマネジメント	国内系	74,565	4	野村アセットマネジメント	国内系	71,804
5	三井住友トラスト・アセットマネジメント	国内系	33,974	5	東京海上アセットマネジメント	国内系	32,749
6	フィデリティ投信	外資系	30,427	6	ゴールドマン・サックス・アセット・マネジメント	外資系	30,378
7	新光投信	国内系	28,563	7	ニッセイアセットマネジメント	国内系	21,507
8	大和住銀投信投資顧問	国内系	24,718	8	ピムコジャパンリミテッド	外資系	20,852
9	DIAMアセットマネジメント	国内系	24,076	9	みずほ投信投資顧問	国内系	19,910
10	三井住友アセットマネジメント	国内系	22,931	10	MU投資顧問	国内系	16,186
11	ニッセイアセットマネジメント	国内系	19,001	11	大和住銀投信投資顧問	国内系	15,806
12	みずほ投信投資顧問	国内系	17,218	12	JPモルガン・アセット・マネジメント	外資系	15,098

第 8 章　投資運用・助言会社　523

13	ピクテ投信投資顧問	外資系	16,327	13	MFSインベストメント・マネジメント	外資系	14,992
14	岡三アセットマネジメント	国内系	13,584	14	ウエリントン・インターナショナル・マネージメント	外資系	13,601
15	アムンディ・ジャパン	外資系	12,794	15	三井住友アセットマネジメント	国内系	13,229

（出所）　Fundmark DLデータ、日本投資顧問業協会資料に基づき野村総合研究所作成

　用会社や海外の提携運用会社、外資系の場合は主に海外のグループ拠点をサブアドバイザーとしている。国内系では人件費を超えるアドバイザリー・フィーを負担していることになる。

　図表8−10は、公募投信（株式投信）と年金の運用受託額のランキングを示したものである。両者の顔ぶれは、かなり異なっている。公募投信では上位プレーヤーのほとんどが国内系であり、銀行系資産運用会社も多い。それに対して年金資産運用では、パッシブ運用が中心の会社を除いたとしても、多くの外資系が上位に含まれる。

　2つの事業の主要プレーヤーの違いは、それぞれに必要とされる競争力の源泉の違いが反映している。年金資産運用では運用のパフォーマンスやリスク管理など、優れた運用戦略をもつことが最大の差別化源泉であるのに対し、公募投信では、毎月分配など運用商品としての魅力度や、販社に対する手厚い販売支援などが差別化源泉であった。魅力ある商品を機動的に市場投入することも重要とされ、運用についてはサブアドバイザーを活用することで販売会社の期待ないし要請に応えてきた経緯がある。

⑵　今後の成長ドライバー

　投資家セグメントごとの特性を考えれば、全体としての収益機会が伸長すると考えられるのは公募投信、公的年金、金融法人の3つであろう。

公募投信は、これまで、相場や分配金の水準に応じて乗換えを推奨する、短期的な利殖のための投資対象として販売されてきた側面が強い。しかしながら近年、長期の資産形成のための制度（NISAや確定拠出年金）やサービス（証券会社等によるラップ口座など）が拡充されており、投資信託はそのための主要な投資対象と位置づけられている。また、従来的な窓口販売チャネルでも、販売手数料を意識した推奨などは減り、より顧客の利益に即した販売が行われるようになったとされる。顧客の長期的な資産形成と管理に資する商品ラインナップと、販社等とのリレーション確立が投信事業の成否を分けるだろう。

　公的年金では、最大手の機関投資家であるGPIFがその資産運用を高度化させており、他の共済組合等も、その動きに追随している。株式等のリスク性資産を増やし、オルタナティブ資産への投資や、ニッチな運用戦略・投資機会での採用も行われるようになった。資産運用会社にとっては、特定の分野であっても優れた運用戦略を擁していれば事業機会が開ける。ただし、先にみたようにこの分野は外資系運用会社が強い競争力を有している。また、成功報酬制の広がりも重要なトレンドであり、運用のパフォーマンスが収益に直結するようになっている。必ずしもすべての運用会社に等しく事業機会があるわけではない。

　銀行等の金融法人セグメントも収益機会がある。貸出需要が弱く、預証率が高くなった銀行の有価証券運用に対して、資産運用会社がサービスを提供する機会があり、一部の外資系運用会社を中心に、こうした金融法人向けの私募投信の残高が伸びている。投資対象としてはクレジット物を含む海外債券が選好されるので、こうした資産クラスの運用で強みのあることが重要だ。

5 法規制と監督

(1) 投資運用会社

① 法 規 制

銀行本体に対する法規制

まず、銀行本体は、金融商品取引法第33条の8第1項に基づき信託兼営金融機関がこれを行う場合を除いて、投資運用業[2]を行うことができない（同法第33条第1項本文）。同法第33条第1項本文は、いわゆる銀証分離の原則を定めた規定である。同じく当該規定において原則禁止とされている有価証券関連業については、すでに述べたような例外が認められているが[3]、投資運用業については、上記信託兼営金融機関の場合を除いて例外は認められていない[4]。

銀行の子会社としての投資運用会社に対する法規制

他方で、上記のように銀行本体による投資運用業を禁止している銀証分離の原則（金融商品取引法第33条）は、銀行の子会社には及ばないこととされている（同法第33条の7）。

したがって、銀行は、「金融関連業務」をもっぱら[5]営む会社として投資

---

[2] ここでいう「投資運用業」とは、金融商品取引法第28条第4項に規定される、投資法人資産運用業（法第2条第8項第12号イ）、投資一任業務（同号ロ）、投資信託委託業（同項第14号）、自己運用業（同項第15号）を意味する。このうち、自己運用業すなわちファンド運営については、第9章5で詳説する。

[3] 第6章5(1)①。

[4] 信託兼営金融機関については、金融商品取引法制定時以前から認可を受けて投資運用業の一部に相当する業務（投資一任業務）を行うことが認められていたという背景にかんがみ、例外とされている。信託兼営金融機関が投資運用業を行うためには、内閣総理大臣の登録を受ける必要がある（金融商品取引法第33条の8第1項、第33条の2柱書）。

526

図表 8 –11　投資運用会社の種類

条文（銀行法、銀行法施行規則、投資信託及び投資法人に関する法律、金融商品取引法）	投資運用会社の種類
規則第17条の 3 第 2 項第13号、法第 1 条の 3 第 2 項、投信法第 2 条第11項	投資信託委託会社[6]
規則同上、法第13条の 6 、投信法第 2 条第21項	資産運用会社[7]
規則同項第14号、法第13条第 3 号の 2 、金融商品取引法第 2 条第 8 項第12号ロ	投資一任契約に係る業務を営む会社
規則同項第14号の 2	有価証券、デリバティブ取引に係る権利、および金銭債権等に対する投資として、他人のため金銭その他の財産の運用（その指図を含む）を行う業務を営む会社

運用会社をその子会社とすることができる（銀行法第16条の 2 第 1 項第11号、同条第 2 項第 2 号、銀行法施行規則第17条の 3 第 2 項第13号・第14号・第14号の 2 ）。具体的には、図表 8 –11のような投資運用会社を子会社とすることができる。

　原則として、銀行の子会社としての投資運用会社も、そうでない投資運用会社と同様の規制のもとで投資運用業を行うことができる。まず、投資運用業を含む金融商品取引業一般に共通する法規制として、すでに述べた証券会社に対する法規制[8]と同様の規制が及ぶ。加えて、投資運用業に関する特則

5　厳密には、「従属業務又は金融関連業務を専ら営む会社」（銀行法第16条の 2 第 1 項第11号）であるので、従属業務や他の金融関連業務を兼務することは許される。

6　ここでいう「投資信託委託会社」とは、委託者指図型投資信託（投資信託及び投資法人に関する法律第 2 条第 1 項）の委託者である金融商品取引業者（金融商品取引法第 2 条第 9 項に規定する金融商品取引業者（同法第28条第 4 項に規定する投資運用業を行う者に限り、信託会社を除く）を意味する。

7　ここでいう「資産運用会社」とは、投資信託及び投資法人に関する法律第187条の登録を受けた投資法人の委託を受けてその資産の運用に係る業務を行う金融商品取引業者を意味する。

としては、忠実義務・善管注意義務（金融商品取引法第42条）、偽計等の禁止（同法第38条の2第1号）、損失補てんの約束の禁止（同条第2号）、投資運用業に関する禁止行為（同法第42条の2）、自己執行義務（運用権限の委託に対する制限）（同法第42条の3）、分別管理義務（同法第42条の4）、運用報告書の交付（同法第42条の7）などがある。

　他方で、銀行の子会社としての投資運用会社に対する法規制について特に留意すべき点としては、すでに述べた証券会社に対する法規制[9]と同様の一連の弊害防止措置がある。投資運用業に特有の弊害防止措置としては、図表8-12のようなものがあげられる。

図表8-12　投資運用業に特有の弊害防止措置

条文（金融商品取引法、金融商品取引業等に関する内閣府令）	内容
法第44条の3第1項第3号	親銀行等の利益を図るため、その行う投資運用業に関して運用の方針、運用財産の額もしくは市場の状況に照らして不必要な取引を行うことを内容とした運用を行うことの禁止
法同項第4号、令第153条第1項第12号	親銀行等による有価証券の発行について主幹事会社となる場合に、その募集等の条件に影響を及ぼすように、投資運用業務で作為的な相場の形成を目的とした行為を行うことの禁止
法同上、令同項第13号	親銀行等が有価証券の引受業務を行う場合に、当該有価証券の取得・買付けの申込みが予定額に達しないと見込まれる状況のもとで、投資運用会社が投資運用業でこれを援助するような行為を行うことの禁止

8　第6章5(1)②参照。
9　第6章5(1)②参照。

② 監　督

投資運用会社一般に対する監督

　まず、投資運用会社一般に対する監督の全体像としては、投資運用業を含む金融商品取引業一般に共通する監督手法として、すでに述べた証券会社に対する監督[10]と同様の枠組みで監督が行われる。

銀行とその子会社としての投資運用会社に対する監督における留意点

　銀行が子会社として投資運用会社を有する場合も、証券会社を有する場合[11]と同様、基本的に銀行とその子会社としての投資運用会社それぞれに対する独立した監督がなされつつも、弊害防止措置に関連して、親銀行側の監督において両者の業務の統合に付随して内部管理上の問題が生じていないかといった視点からの監督もなされている。

(2)　**投資助言会社**

①　法 規 制

銀行本体に対する法規制

　まず、銀行本体は、他業証券業務として、金融商品取引法第28条第6項に規定する投資助言業務（投資助言・代理業（同法第28条第3項）のうち、同法第2条第8項第11号に掲げる行為に係る業務）[12]を行うことができる（銀行法第11条第1号）。金融商品取引法第33条第1項本文銀証分離の原則は、「有価証券関連業又は投資運用業を行ってはならない」とするのみであり、銀行が投資助言業を行うことは禁じていない。銀行本体は、内閣総理大臣の登録を

10　第6章5(2)①参照。

11　第6章5(2)②参照。

12　銀行法第11条第1号には、投資顧問契約もしくは投資一任契約の締結の代理もしくは媒介（金融商品取引法第2条第8項第13号）が含まれていないが、これは当該業務が付随業務に含まれるためである（銀行法第10条第2項第8号、銀行法施行規則第13条第3号の2）。

第8章　投資運用・助言会社　529

受けて投資助言業を行うことができる（金融商品取引法第33条柱書）。

銀行の子会社としての投資助言会社に対する法規制

次に、銀行は、「金融関連業務」をもっぱら営む会社として投資助言会社をその子会社とすることができる（銀行法第16条の2第1項第11号、同条第2項第2号、銀行法施行規則第17条の3第2項第14号）[13]。

原則として、銀行の子会社としての投資助言会社も、そうでない投資助言会社と同様の規制のもとで投資運用業を行うことができる。まず、投資助言業を含む金融商品取引業一般に共通する法規制として、すでに述べた証券会社に対する法規制[14]と同様の規制が及ぶ。加えて、投資助言業務に関する特

図表8-13 投資助言業務に特有の弊害防止措置

条文（金融商品取引法、金融商品取引業等に関する内閣府令）	内容
法第44条の3第1項第3号	親銀行等の利益を図るため、投資助言業務に関して取引の方針、取引の額もしくは市場の状況に照らして不必要な取引を行うことを内容とした助言を行うことの禁止
法同項第4号、令第153条第1項第12号	親銀行等による有価証券の発行について主幹事会社となる場合に、その募集等の条件に影響を及ぼすように、投資助言業務で作為的な相場の形成を目的とした行為を行うことの禁止
法同上、令同項第13号	親銀行等が有価証券の引受業務を行う場合に、当該有価証券の取得・買付けの申込みが予定額に達しないと見込まれる状況のもとで、投資助言会社が投資助言業務でこれを援助するような行為を行うことの禁止

13　なお、投資顧問契約もしくは投資一任契約の締結の代理もしくは媒介を行う会社も同様にその子会社とすることができる（銀行法第16条の2第1項第11号、同条第2項第2号、銀行法施行規則第17条の3第2項第4号、金融商品取引法第2条第8項第13号）。

則としては、忠実義務・善管注意義務（金融商品取引法第41条）、偽計等の禁止（同法第38条の2第1号）、損失補てんの約束の禁止（同条第2号）、投資助言業務に関する禁止行為（同法第41条の2）などがある。

次に、銀行の子会社としての投資助言会社に対する法規制について特に留意すべき点としては、すでに述べた証券会社に対する法規制[15]と同様の一連の弊害防止措置がある。投資助言業務に特有の弊害防止措置としては、図表8－13のようなものがあげられる。

② 監　　督

投資助言会社一般に対する監督

まず、投資助言会社一般に対する監督の全体像としては、投資助言業を含む金融商品取引業一般に共通する監督手法として、すでに述べた証券会社に対する監督[16]と同様の枠組みで監督が行われる。

銀行とその子会社としての投資助言会社に対する監督における留意点

銀行が子会社として投資助言会社を有する場合も、証券会社を有する場合[17]と同様、基本的に銀行とその子会社としての投資助言会社それぞれに対する独立した監督がなされつつも、弊害防止措置に関連して、親銀行側の監督において両者の業務の統合に付随して内部管理上の問題が生じていないかといった視点からの監督もなされている。

また、業務の特殊性、投資家保護の観点から、投資助言の範囲は不動産、骨董品等は対象とせず、有価証券、金融商品としているかという点も、監督上の着眼点としてあげられている[18]。

14　第6章5(1)②参照。
15　第6章5(1)②参照。
16　第6章5(2)①参照。
17　第6章5(2)②参照。
18　主要行等向けの総合的な監督指針Ⅴ－3－3－1子会社等の業務の範囲。

第8章　投資運用・助言会社　531

6 業務の解説

(1) 資産運用会社の業務

　資産運用というビジネスモデルは、他の業態に比べて非常にシンプルである。基本的なバリュー・チェーンは、運用戦略を構築・運営し、具体的な商品として組成したものを、投資家や販売会社にセールスするというものである。業務の観点からみると、(i)フロントオフィス、(ii)ミドルオフィス、(iii)バックオフィス、(iv)セールス・マーケティング、(v)本社部門の5つに分けられることが多い。

(2) 主要部門の概要

　フロントオフィスは、運用戦略を実施する部門である。投資分析を行うリサーチと、リサーチをもとに投資判断とポートフォリオ構築を行うポートフォリオ・マネジャー、個別証券の売買執行を行うトレーダーからなる。さらに、外部のアドバイザーを活用した運用商品がある場合、アドバイザーの運用を国内の商品に組み入れるためのポートフォリオ・マネジャーもいる。計量的な手法による運用戦略がある場合には、クォンツと呼ばれる専門のチームがあることもある。大手の資産運用会社のフロントオフィスは、株式運用部、債券運用部など、投資対象とする資産ごとに分かれていることが多い。

　ミドルオフィスは、一般的には、フロントオフィスで運用されるファンド（口座）のパフォーマンス計測やその要因分解、運用のモニタリング、コンプライアンス・チェックなどを行っている。同様の業務はフロントオフィス内でも行うことが多いが、ミドルオフィスが行うことで、フロントを牽制す

る役割を負っている。

バックオフィスは、顧客資産の管理を行う信託銀行や、売買発注の相手方となる証券会社と連携して相互の整合性を確保しつつ、運用サービスを維持し続ける役割を担っている。たとえば、信託銀行との関係においては設定・解約など口座周りの管理や、日々の運用指図、キャッシュ管理などを行っている。また顧客向けの運用報告書やディスクローズ資料の作成、報酬額の算出、各種報告のためのデータ提供などの役割も担っている。

セールス・マーケティング部門は、運用のフロントに対して、セールスフロントなどと呼ばれる。公募投信の場合は、主として販売会社向けに、新規の取扱ファンドの提案や、勉強会等を通じた販売員の教育などのサポート業務を行う。また、年金等の機関投資家向けの営業としては、商品提案や投資開始後の運用報告、投資家向けセミナーの企画・運営などの業務が中心となる。年金向けに運用等のアドバイスを提供する年金コンサルタントに対する情報提供も必要である。このほかに、全社的な企画業務や、財務、人事、システム、コンプライアンス等に関連する業務を行う本社部門がある。

(3) 事業別・部門別のコスト分析

大手の資産運用会社は、投信と投資顧問を兼業していることが多い。前記(2)で示した各部門において、投信と投資顧問それぞれに関する業務を行っていることになる。たとえばフロントオフィスは、投資一任契約のある顧客口座の運用も、公募投信のファンドの運用も行うことになる。

投信と投資顧問を別の事業とみたとき、各部門のコストが2つの事業に対してどの程度のウェイトを占めるかをみてみよう。図表8-14は、大手の資産運用会社（いずれも公募投信と投資顧問を兼業）の協力のもとで入手した管理会計のデータをもとに、各部門のコストを、投信と投資顧問のそれぞれの事業に分類することで算出した事業別のコスト構成である。

2つの事業のコスト構成を比較すると、投資顧問はフロントで40％以上と、運用そのものが半分近いウェイトがあるのに対し、投信におけるフロン

第8章 投資運用・助言会社 533

図表8-14 資産運用会社の事業別コスト構成

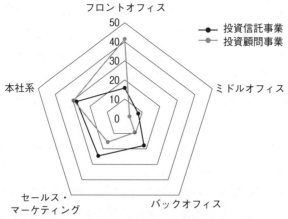

（注） 各社ごとに投信事業、投資顧問事業それぞれのコストを100％として部門別構成を算出し、中央値を表示している。
（出所） 野村総合研究所

トは20％に満たない。かわって、セールス・マーケティングやバックオフィスのコストが高くなっている。

　この違いは、両者の事業としての特性を明らかにしている。投資顧問は、資産運用会社のコア能力である運用そのものが重要であり、結果としてフロントオフィスのコストが相対的に高い。それに対して投信では、サブアドバイザリー形態のファンドが多いため運用自体には相対的にコストをかけずに提供されている。むしろ、販社とのリレーションを担うセールス・マーケティング部門や、約款や運用報告書、投信計理など規制上必要な対応をオペレーション面から担うバックオフィスのコストが大きくなる。

7 親・兄弟会社とのシナジー

　資産運用会社のもつ機能に注目すると、銀行グループが傘下に資産運用会社をもつ直接的な利点として、
・公募投信の委託会社として、自社で扱うリテール投資家向けの運用商品を組成・提供する機能
・銀行自身の有価証券運用の外部委託先として、その高度化に資するサービスの提供機能
の2つが考えうる。前者は販売会社と投信委託会社の関係であり、預金を圧縮して顧客資産でリスクのある運用を行うことで、報酬を得るモデルである。後者は機関投資家と運用委託先の関係であり、自らの有価証券ポートフォリオの運用を傘下の資産運用会社に委託することで、運用収益を得るモデルである。以下では、現状を確認しながら、これらのシナジーが機能する条件を検討していこう。

(1) 公募投信販売のチャネル特性

　投信委託会社と、系列の証券、銀行等の販売会社との関係は、元来非常に強固である。大手販社の取扱ファンドは、系列の運用会社が設定するものが中心であることが多く、その信託報酬のおよそ半分は代行報酬として販社の収益となる。また、1～3％程度の販売手数料を顧客に課すファンドも依然多い。大手投信委託会社は、歴史的な経緯もあり、親会社と緊密に連携しながらファンドを組成するなど、グループとしての投信事業の推進の一翼を担ってきた。

　証券会社と銀行では、取扱ファンドや販売姿勢の点でやや違いがみられる。図表8-15は、投信残高のファンドタイプ別の構成をチャネル別に比較したものである。銀行チャネルでは株式ファンドは少なく、外債や不動産、

第8章　投資運用・助言会社　535

図表 8 –15 投信販売残高構成（販売チャネル別・ファンドタイプ別）（2015年9月）

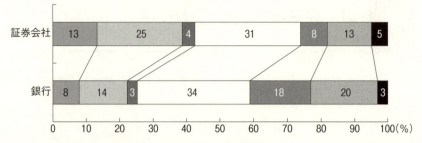

（出所） Fundmark DLデータに基づき野村総合研究所推定

図表 8 –16 販売チャネル別 残高構成の推移

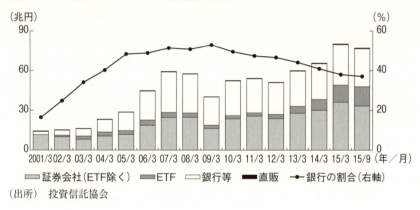

（出所） 投資信託協会

バランス型ファンドの比率が高い。外債ファンドは、ソブリン債や米国ハイイールド債など、預金に対する大きなスプレッドがある資産クラスで、毎月分配・高い分配金利回りといった特徴も備えていることから、預金からの誘導・販売が容易だった。また、REITに投資するファンドも分配金利回りを高位に維持しやすい特徴があり、株式ファンド等に比べて販売が容易だった。

また図表 8 –16は、販売チャネル別の公募株式投信残高の推移を示したものだ。1998年の銀行窓販解禁以降、銀行が販売した投信の残高は急速に伸び、一時は全体の5割を超えるまでになった。しかし、リーマンショック以

後は徐々にそのシェアを落とし、現在は4割に満たない。銀行は、預金から誘導したファンドで顧客が損失を被ると勧誘を抑制せざるをえず、販売額が停滞する傾向があるとされる。これは、証券チャネルがリーマンショック以後も比較的早期に投信販売を回復させたのと対照的である。ただし証券会社においても、積極的な販売姿勢を堅持するのは販売手数料を獲得するインセンティブが強く働いたからとされており、結果として販売額の割には全体の残高が伸長しない傾向があった。

(2) 販社のフィービジネス化がもたらす影響

この2年ほどの間に、NISAの創設やDC（確定拠出年金制度）の拡充など、個人に長期の資産形成を促す制度面の変化があり、今後も同様の趣旨の施策が予定されている。販社サイドでも、売買による手数料をとらないラップ口座のサービスを充実させるなど、顧客との利害をより一致させ、長期の資産形成に資することで収益を獲得する事業モデル（顧客資産残高に基づくフィービジネス）が広がりつつある。

こうした環境変化は、グループの販社と資産運用会社の関係にどのような変化をもたらすだろうか。大別して2つのシナリオが考えうる。1つは、「これまで販社が主導してきた新ファンドの企画・設定が減少するため、実際のファンド組成を受け持つ系列運用会社との関係が希薄になる」とのシナリオである。このシナリオどおりに進展すれば、販社は、系列関係によらず、長期の資産形成に優れた運用商品を自ら探索し、取り扱うようになるだろう（オープン・アーキテクチャーと呼ばれる）。もう1つのシナリオは、「販売手数料による収益は減少せざるをえないので、他の収益源泉である代行報酬や運用報酬の他社グループへの流出を避けるため、販社と系列運用会社の関係が従来よりも強固になる」とのシナリオである。

図表8-17は、資産運用会社を対象に行ったアンケート調査の結果から、どちらのシナリオの蓋然性が高いかを確認したものである。これによれば、後者のほうが圧倒的に確からしいシナリオと考えられている。長期の資産形

成を促す土壌ができつつあるなかで、従来ある系列関係がより強固になることが予想されるわけだ。

　販売会社と運用会社が、ともに資産形成のための運用商品の組成・販売においてシナジーを発揮することは、グループ経営において重要な観点である。しかし同時に、系列の資産運用会社が組成し、自社の顧客の資金が投入されるファンドが、真に顧客の資産形成に資する商品であるという合理的な説明が、販社には求められる。この説明として最もわかりやすいのがコストであり、実際、報酬率が低廉で長期保有に向いたパッシブファンドは増加している。こうしたファンドならば、系列運用会社の商品を採用することにも無理が少ないだろう。

　しかし、資産運用会社の観点からみると、パッシブ運用での差別化はむずかしい。コスト競争を突き詰めることは可能だが、アメリカでパッシブ・マネジャーが一部の大手運用会社に集約されたように、コストを抑えるにはファンドの規模の拡大が不可欠である。そこでむしろ、系列販売会社に採用されることを純粋な目的とするファンドが増加するのではないか。こうなると資産運用会社間の競争は期待できず、資産運用会社は系列銀行グループの一部門として、特徴のないファンドの組成・管理に特化していくことになるだろう。

　グループ全体として事業収益を追求するためには、資産運用会社は、親会

図表8-17　販売チャネル別　残高構成の推移

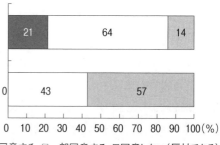

N=42　　■同意する　□一部同意する　□同意しない（反対である）

（出所）「資産運用会社の経営に関するアンケート調査」（2015年度）に基づき野村総合研究所作成

社以外のチャネルにも提供するに足る、特徴ある優れた運用商品をもつことが必要だ。このことは、ダイレクト・セールスを基本とする機関投資家向けのビジネスでは当然のことである。

(3) 金融法人の有価証券運用の外部委託ニーズ

　貸出需要の低迷が続き、金融法人、特に銀行の有価証券運用の重要性は以前にも増して高い。銀行は貸出以外の資産で、国債を中心とする有価証券運用をインハウスで行ってきた。この運用は、これまでは本業ではない「余資運用」と位置づけることが多く、投資回収の期間も短いため、従来、資産運用会社にとって大きな事業機会とはなっていなかった。

　しかし近年、資産運用会社を活用した外部委託が拡大している。私募投信を使って組成した運用戦略に銀行が投資をするという形態が多い。この外部委託は、(i)有価証券ポートフォリオの分散化、(ii)直接投資の場合に必要となる複雑なオペレーションの回避・簡素化、(iii)資産運用会社のもつ資本市場、個別銘柄に関する知見の入手など、複合的な目的で行われる。大手銀行では、単に運用成果だけでなく、インハウス運用の高度化を究極的な目標に据えるケースも多いとされる。この場合、委託先の運用会社での投資判断につ

図表8－18　私募投信の残高推移（資本タイプ別）

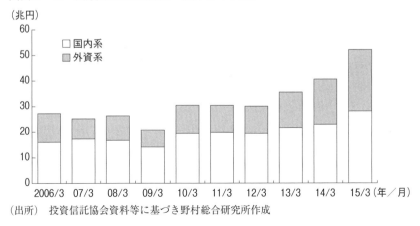

（出所）　投資信託協会資料等に基づき野村総合研究所作成

第8章　投資運用・助言会社　539

いての情報提供を求めたり、トレーニーの受入れを求めたりするケースもあるようだ。

このようなニーズに応えているのは、外資系運用会社が中心である。図表8-18は資本タイプ別の私募投信の残高推移であり、外資系運用会社は2015年3月までの3年で残高を倍に伸ばしている。個社別に確認すると、特に増加が大きいのは、海外クレジットを中心に高度な運用戦略やそのプロセスが評価されているいくつかの会社である。

グループ傘下に資産運用会社を擁する本邦の銀行は、本体の有価証券運用の外部委託においては、傘下の会社ではなく、運用能力に期待できる外資系運用会社が採用されているのが現状である。このようなねじれた状況では、銀行グループ内でシナジーが生まれているとは思われない。

将来展望と課題

　国内系の資産運用会社は二極化が進展するだろう。1つは、グループ販社向けに、安価なパッシブファンドやサブアドバイザーを活用したファンドの組成に特化していくモデルである。この場合、独自の運用戦略がないので、年金や金融法人のような機関投資家向けのビジネスでの成功はむずかしいだろう。

　もう1つは、競争力のある独自の運用戦略をもち、それを公募投信や年金等のさまざまな投資家に提供するモデルである。このような資産運用会社は、たとえば日本株の運用戦略を海外顧客向けに提供する事業にも、十分に可能性がある。

　銀行グループにおいて、大きなシナジーを期待できる資産運用会社のモデルが後者であることは明らかである。傘下の資産運用会社において、競争力のある運用戦略の開発にコミットし、グローバルな競争のなかで資産運用会社の事業を拡大していく長期的なグループ戦略が必要だ。

【第8章の参考文献】
一般社団法人投資信託協会（2002）『投資信託50年史／1951-2001』
大和証券投資信託委託（2010）『大和証券投資信託委託50年史』
野村證券（1976）『野村證券株式会社五十年史』
野村證券投資信託委託（1990）『三十年史』
三好秀和編著（2013）『ファンドマネジメント大全』同友館

（自己勘定）
投資・ファンド運営

1 事業構造

　銀行業務における自己勘定の投資・ファンド運営業務には、大きく分けて、ベンチャーキャピタル、地域再生ファンド、バイアウトファンドがある。また、2015年現在では、あまり規模は大きくないが、2000年代前半にバイアウトファンドの発展のきっかけになったものに、不良債権投資ファンドと事業再生ファンドがあるので、ここでは、不良債権投資ファンドと事業再生ファンドもバイアウトファンドに含めて論ずることとする。

　ベンチャーキャピタルファンド、地域再生ファンド、バイアウトファンドいずれのファンドにも共通することだが、銀行との関係は、銀行がファンドを運用する会社に出資をする場合と、ファンドそのものの組合員となってファンドへ投資するケースがある。前者の場合には、当然、銀行本体はファンドそのものの組合員となってファンドへの出資も行う。

(1) ベンチャーキャピタル

　ベンチャーキャピタルは、事業開始後間もない企業から、株式公開直前の企業までへの出資やメザニン投資を行い、株式公開や事業のM&Aによる売却によってキャピタルゲインを得る。ベンチャーキャピタルを運営する会社には、投資を担当（その後のモニタリングを含む）する部署や管理部署などがある。銀行系のベンチャーキャピタルの特徴は、銀行が保有する広範な融資先ネットワークを有効活用できる点にある。たとえば、投資しているベンチャー企業の製品やサービスを銀行の取引先に紹介したりすることも可能である。また、銀行の取引先企業の増資引受けを行う可能性もある。このような銀行とのネットワーク・情報交換を行うために、ベンチャーキャピタルや銀行本体にベンチャー企業に関する情報交換を専担とする部署があることもある。

544

投資から出口までの流れは次のようなものである。まず、ベンチャーキャ
ピタルが、ベンチャーキャピタルファンドを組成し、そのファンドへの投資
家を募る。2005年前後には、銀行系ベンチャーキャピタルも外部の一般投資
家からファンドへの投資を募る場合もあった。しかし、2015年現在のファン
ドへの出資者は、銀行本体と自社（ベンチャーキャピタル会社）に限定した、
いわゆる「2人組合」方式でファンドを組成しているケースが主流である。
投資先企業の発掘は、銀行からの紹介案件やベンチャーキャピタル独自の
ネットワークで、未来を担う成長企業を発掘する。その後、投資案件の審査
を行い、投資委員会などの判断を得たうえで投資を実行する。投資後は、そ
の企業が順調に成長するために、さまざまな成長支援案を提案する。こうし
た支援案のなかに、銀行系ならではの広範な取引先企業との引き合わせ（ビ
ジネスマッチング）や、銀行が保有するグループ企業の連携、たとえばシン
クタンクによるコンサルティングなどがある。

銀行本体とベンチャーキャピタル運営会社との関係は、銀行本体が運用会
社に40〜50％未満の出資を行い、銀行の連結子会社としている場合が多い[1]。

(2) 地域再生ファンド

地域再生ファンドは、特定の地域に特化して、その地域の経済活力に大き
な役割を果たす中小企業などに対して、中長期的な視点で投資を行い、再生
までの支援を行うものである。一般的に、以下に述べる3つの形態のファン
ド運用会社が運営する地域再生ファンドに対して、各地域の金融機関や政府
外郭団体が投資していることが多い。

ファンド運用会社には大きく3つの形態がある。1つ目が地方銀行主導型
である。これは、地方銀行が出資するファンド運用会社が、ファンドの運用
にあたり、地域の金融機関から債権等を買い取ったり、出資をしたりして再
生を行うものである。2つ目が独立系ファンド主導型で、この場合は、独立

---

1 2015年3月期の3メガバンクの状況。

第9章 （自己勘定）投資・ファンド運営 545

系のファンド運用会社がファンドを設立し、もっぱら地方銀行等の地域金融機関から紹介された案件の債権購入、出資、再生計画の策定・実行、人材派遣等を行う。3つ目がそれほど件数は多くないが公的機関主導型である。これは、地方自治体やその関連団体等の公的機関がファンドの設立、出資、さらに運用面で関与し、地方銀行等は主にそのファンドに対して債権売却を行う。なお、公的機関が関与した場合、認知度向上や債権者間の調整の円滑化、税制面の優遇措置や金融機関の債務者区分が引上げになる可能性などのメリットがある[2]。

(3) バイアウトファンド

バイアウトファンドは、一般に成熟企業・再成長企業の株式の50％以上を取得し、経営権をもって企業の成長を図るファンドである。投資先企業は、通常キャッシュフローを生んでいる企業が多く、買収にあたっては、レバレッジ（買収のための借入れ、LBOローン＝Leveraged Buy Outローン）をかけて買収する。

バイアウトファンドを運用する会社には、ファンド募集を行う部署、投資を担当（その後のモニタリングを含む）する部署、管理部署などがある。銀行系のバイアウトファンド運用会社の株主の特徴は、3メガバンクグループでは、みずほキャピタルパートナーズ以外、銀行グループの直接的な子会社になっている会社がなく、銀行はマイノリティーのかたちでバイアウトファンド運用会社に株式出資を行っていることである[3]。一方で、銀行はバイアウトファンドの組合員となり、ファンドへの投資は行っている。銀行本体がバイアウトファンドへ組合員として投資を行うことによって、銀行はファンドが買収を行う場合、買収のためのLBOローンを提供できる可能性が高まる。LBOローンは、一般に通常の貸出より金利が高く、また、アレン

2　松尾（2012）。
3　2015年3月期時点。

図表 9 - 1　主要な金融機関が出資している主なファンド運用会社
　　　　　　（2015年 3 月末）

業態	グループ 親企業名	出資比率 （％）	属性	出資先運用会社の社名
メガバンク	三井住友フィナンシャルグループ	40.0	ベンチャー	SMBCベンチャーキャピタル株式会社
		NA	バイアウト	ライジング・ジャパン・エクイティ株式会社
	三菱UFJフィナンシャル・グループ	41.2	ベンチャー	三菱UFJキャピタル株式会社
		50.0	バイアウト	丸の内キャピタル株式会社
	みずほフィナンシャルグループ	49.9	ベンチャー	みずほキャピタル株式会社
		100.0	バイアウト	みずほキャピタルパートナーズ株式会社
その他	りそなホールディングス	100.0	ベンチャー	りそなキャピタル株式会社
地方銀行	横浜銀行	100.0	ベンチャー・地域再生	横浜キャピタル株式会社
	千葉銀行	100.0	ベンチャー・地域再生	ちばぎんキャピタル株式会社
	静岡銀行	50.0	ベンチャー・地域再生	静岡キャピタル株式会社
	ふくおかフィナンシャルグループ	100.0	事業再生支援	ふくおか債権回収株式会社
	八十二銀行	41.0	ベンチャー・地域再生	八十二キャピタル株式会社
信用金庫	信金中央金庫	100.0	ベンチャー	信金キャピタル株式会社
	西武信用金庫	100.0	ベンチャー・地域再生	西武しんきんキャピタル株式会社

（出所）　各社有価証券報告書等に基づき筆者作成

第 9 章　（自己勘定）投資・ファンド運営　547

ジャーとしての手数料をアップフロントで稼げる可能性もあり、銀行にとっては収益性が高いビジネスである。また、ベンチャーキャピタルでみたような銀行が保有する広範なネットワークを有効活用できる点もある。

　主要な銀行グループが出資しているベンチャーキャピタル、地域再生、バイアウトファンドの各運用会社は、図表9−1のとおりである。

2　業態の沿革

(1)　ベンチャーキャピタル

　わが国のベンチャーキャピタルは、1963年に政府の特殊法である中小企業投資育成会社法によって設立された、東京中小企業投資育成、大阪中小企業投資育成、名古屋中小企業投資育成の3社がベンチャーキャピタルの草分け的存在であるといわれている。当時のベンチャーキャピタルは、企業が自己資金でベンチャー企業への投資運用する形態で行われ、ファンド形式は採用されていなかった。その後、民間では1982年に日本合同ファイナンス（現ジャフコ）がファンドの組成を行っており、1980年代の初めがファンド形式でのベンチャーキャピタルの草創期であったのではないかと思われる[4]。

　その後、1983年から1986年頃にかけて大手銀行や一部の地方銀行がベンチャーキャピタルを始める。ベンチャーキャピタルは投資先企業を3段階（または4段階）で考えていることが多い。第一段階は会社が設立されたばかりの黎明期で、まだ製品やサービスの構想段階で収益赤字というアーリーステージ（その前の段階をシード）、第二段階は製品やサービスは完成しているがまだ収益はついてきていないミドルステージ（またはエクスパンション）、第三段階は製品やサービスが軌道に乗り収益もついてきて上場目前というレイターステージである。当初の銀行系ベンチャーキャピタルの戦略は主としてレイターステージの企業へ分散投資を行うことであった。

　その後、1990年代後半にかけて、金融機関の系列に属さない独立系ベンチャーキャピタルが増加してくる。この背景には、IT技術の進化にあわせた新たなサービスの立ち上がりなどがあり、起業しやすくなったことなど

4　光定・白木（2014）。

第9章　（自己勘定）投資・ファンド運営　549

あったと思われる。こうした独立系ベンチャーキャピタルはアーリー・ミドルステージ（およびその前のシード）の企業への積極的投資と、1件当りの投資金額が大きく（集中投資）、投資先企業の経営に深く関与（ハンズオン）する傾向が強かった。1999年には赤字でも上場できるという東証マザーズが開設されるという話もあり、銀行系ベンチャーキャピタルも少しずつ、アーリーステージやミドルステージの企業への投資件数を増加させた。ただし、独立系のベンチャーキャピタルに比べると分散投資の傾向が強かった。

　その後、1990年代後半から2000年にかけてIT相場にけん引され、ベンチャー投資は拡大する。2001年以降ITバブル崩壊によってベンチャー投資は低迷するものの、2003年から2006年にかけて株式相場の回復とあわせて、ベンチャー投資は再拡大する。しかし、2007年以降の株式相場低迷・リーマンショックによって2009年までベンチャー投資は低迷する。この間に、いくつかの独立系ベンチャーキャピタルのなかには事業撤退を行ったところもあったが、銀行系ベンチャーキャピタルは規模こそ縮小したものの、投資業務は継続し続けた。2010年以降、株式市場の回復に歩調をあわせるかたちでベンチャー投資も回復傾向がみられる。また、山中伸弥教授がiPS細胞でノーベル賞を受賞したこともあり、2013年度にはバイオ・ヘルスケア系の企業への投資も増加している。銀行系ベンチャーキャピタルのなかには、これまでの小口・分散・ハンズオフ一辺倒から、大口投資に進出したり、ハンズオン型投資を行ったりするところも出てきている。

　また、2000年代後半からの流れとして、事業会社が自己資金によって自ら投資活動を行うためのベンチャーキャピタル（CVC = Corporate Venture Capital）が生まれてきている[5]。これは、自社の事業の周辺業務や将来拡大したい業務分野のベンチャー企業へ投資を行うもので、アーリーステージから投資を行っているケースが多い。

5　たとえば、リクルートインキュベーションパートナーズ（2006年設立）、NTTドコモ
　ベンチャーズ（2008年設立）など。

(2) 地域再生ファンド

　2000年初頭になると、大手金融機関の不良債権処理に道筋がみえてきて、次の不良債権処理の主役は地方銀行になるという見方が台頭してくる。2003年には産業再生機構が日本の産業の再生と信用秩序の維持を図る目的で設立される。同機構の支援対象は、有用な経営資源を有しながら過大な債務を負っている事業者とされ、事業の再生を支援するために、債権買取り、資金の貸付、債務保証、出資などを行った。同時期から、地域の経済活力に大きな役割を果たす中小企業の再生を目的とする地域再生ファンドが地方銀行などを主体に設立され始める[6]。これらの地域再生ファンド設立の背景は、地方銀行の不良債権を処理することにあった。その後、2009年に中小企業金融円滑化法が施行されたことにより、地方銀行の主な融資先である中小企業の不良債権処理は先送りされた。2013年に同法が期限切れになり、その前年（2012年）には地域における事業再生支援機能の強化を図るため、地域金融機関と中小企業基盤整備機構（中小機構）が連携し、出資や債権買取りの機能を有する事業再生ファンドの設立を促進することが盛り込まれた「中小企業金融円滑化法の最終延長を踏まえた中小企業の経営支援のための政策パッケージ」が策定されている。また、地方企業の再生を促進するために2009年にスタートした企業再生支援機構は、2014年に地域経済活性化支援機構（REVIC）へと商号を変更し、より地域再生を目的とした支援活動を行っている。同機構は、地域再生ファンドを地方銀行グループと共同設立したり、ファンドへの投資や、地方銀行に対する特定専門家の派遣などを行ったりしている。

6　たとえば、北海道企業再生ファンド、福岡銀行再生ファンド、埼玉企業リバイバルファンド、宮崎県中小企業等支援ファンド等は2003年設立である。

⑶　バイアウトファンド

　不良債権投資ファンドは、1990年代のバブル崩壊の煽りを受けて発生した銀行の不良債権（主として経営破綻企業や破綻懸念先向けの債権）を処理するために利用された。1997年頃に、サーベラス、ローンスター、ムーアキャピタルなどの主として外資系のファンドやゴールドマン・サックスやモルガン・スタンレーなどの外資系投資銀行が、日本の大手銀行のバランスシートに載っている一団の不良債権群を一括して廉価で買い取ることが行われた。この一括売却をバルクセールと呼んでいる。大手銀行はこれらの不良債権に対して償却をすませているため、廉価で売却をしても追加的な損失は発生せず、一方でバランスシートから不良債権が消滅するため、不良債権比率などが改善し、新たな投融資を行いやすくなるメリットのほうが大きかった。バルクセールで売却された不良債権はこれらの外資系不良債権投資ファンドや外資系投資銀行が1件ごとに回収を行い、多額の利益を計上した。

　こうした多額の利益を計上している動向をみた日系金融機関は、自らのグループ内や地方銀行など外部の金融機関が抱える不良債権を買い取り、その回収を行うサービサー会社を次々と立ち上げていった。1999年から2001年にかけてこの動きは加速されたが、その当時に設立された主なサービサーは図表9-2のとおりである。

　こうしたサービサーは一定の効果をあげる一方で、銀行のバランスシートにあった不良債権は徐々に減少傾向をみせ、投資対象が減少した結果、2000年代の中盤にはこれらの不良債権投資市場は縮小し、2005年には先行していた外資系ファンドの一部は不良債権市場から撤退していった。

　次のビジネスとして期待されていたのが、バイアウトファンドである。バイアウトファンドは、経営不振企業や経営が順調な企業の株式の50％以上（経営権）を取得し、その企業の事業再生（事業再生ファンド）やさらなる成長を行う（狭義のバイアウトファンド）ことによって利益をあげるファンドである。日本のバイアウトファンドのスタートになったのは、1997～1999年

図表 9 - 2　1999～2001年に設立されたサービサー

設立母体	社名	営業開始	主な回収対象債権
三井住友銀行グループ	さくら債権回収サービス	1999年 7 月	グループ内、外資系、地銀の法人向け債権など
	SMBCローン債権回収	1999年10月	グループ内の個人向け債権など
三和銀行など	フロンティア債権回収	2000年 4 月	三和銀行などのリテール債権など
みずほフィナンシャルグループ	総合債権回収	2000年10月	グループの法人向け債権など
東京三菱銀行	東京ダイヤモンド債権回収	2001年 1 月	グループの法人向け債権など
あさひ銀行	あさひ債権回収	2001年 2 月	あさひ銀行の住宅ローン債権など
あおぞら銀行	あおぞら債権回収	1999年 9 月	地銀など地域金融機関の不良債権
八十二銀行	やまびこ債権回収	2000年 8 月	八十二銀行の法人・個人向け債権

（出所）　日経金融新聞（2001年 4 月 6 日付）

にかけての国内独立系のファンド（アドバンテッジパートナーズ、MKSパートナーズ、ユニゾンキャピタル）のスタートであり、それと相前後して、1999年にリップルウッドや2003年にカーライルなどの外資系ファンドが参入してきた。こうしたバイアウトファンドの市場が拡大してきたのをみて、2002年から2003年にかけて日系金融機関もこの市場に参入してきた。日系金融機関が当初、主として投資対象としていたのは事業再生の可能性がある企業へのバイアウト投資である。2002～2003年頃に設立された主要な日系金融機関の関与する事業再生ファンドは図表 9 - 3 のとおりである。

　その後の事業再生型のバイアウトファンドは、「これまで個別企業の再生を後押ししてきた金融機関や投資家も、従来の枠組みに捉われず、企業間あるいは業種間の壁を取り払い、広範な経験と知識を駆使して、新しい事業

第 9 章　（自己勘定）投資・ファンド運営　553

図表9－3　2002〜2003年に設立された日系金融機関と関連する事業再生ファンド

	ファンド運用会社	ファンド設立	主な投資先
三井住友グループが関与	日本エンデバーファンド	2003年	谷本鉄鋼
ＵＦＪグループが関与	シナジー・キャピタル	2003年	国際自動車
みずほグループが関与	ベーシック・キャピタル・マネジメント	2003年	ナスステンレス
東京三菱銀行と人的つながりが深い	フェニックス・キャピタル	2002年	三菱自動車、市田、さくらや

（出所）　日経ビジネス2004/11/29号に基づき筆者作成

の再編及び再生に取り組む体制が必要となってきた[7]」ことから、リーマンショック後、3メガバンクを含む他の投資家も巻き込んだかたちで2010年に新たな事業再生ファンドが設立される。これが、Japan Industrial Solution（JIS）であり、みずほ銀行、三井住友銀行、三菱東京ＵＦＪ銀行が、それぞれ14.9％ずつ出資しており、ファンド総額は1,000億円（2013年11月現在）にのぼっている。

　一方で、2000年前後から、企業をさらに成長させるための狭義のバイアウトファンド市場も拡大してくる。みずほグループは、2000年にみずほキャピタルパートナーズを設立し、同社のMBOファンドやメザニンファンドを通じて成長資金の提供を行っている。ちなみに、MBOとはManagement Buy Outの略称であり、経営者とファンドが一緒になって投資先企業の株式を取得して、企業成長を図っていく買収手法である。このほかにも、みずほグループは、日本産業パートナーズ、ポラリス・キャピタル・グループなどと親密だといわれることが多い。

　三井住友フィナンシャルグループは、2000年代前半から大和証券エスエム

7　JISホームページより引用。http://www.jis.co.jp/01_objective.html

554

ビーシー・プリンシパル・インベストメンツを通じて中堅・中小企業の成長資金提供を行ってきた。しかし、2009年9月に大和証券との合弁解消になったことから、新規投資を停止していた。そこで、2010年にライジング・ジャパン・エクイティ株式会社を三井住友銀行傘下の日興コーディアル証券、住友商事、三井住友信託銀行らと共同設立し、潜在成長力のある中堅・中小企業へMBOを前提とした投資を行うファンドへ投資を行っている。さらに、2015年には、三井住友銀行は、三井物産や日本政策投資銀行と共同で各社が3分の1ずつ出資し合うかたちで、MSD企業投資株式会社を設立した。同社は、日本企業による日本企業のための投資事業会社として、企業の課題解決と成長実現を目指したファンド運用を行う。

　三菱UFJフィナンシャル・グループは2008年に三菱商事と共同で丸の内キャピタル株式会社を設立し、バイアウト投資を行っている。そのほかに関係が親密なファンドには、フェニックス・キャピタル株式会社などがあるといわれている。

3 市場規模と遷移

(1) ベンチャーキャピタル

　日本のベンチャーキャピタルによるベンチャー企業への投資額はおおむね株式市場の値動きと比例する関係がある。これは株式市況が活性化するとIPO市場も活性化し、それに伴いベンチャーキャピタルの投資姿勢も前向きになるためである。しかし、株式市場の活性化時に投資を行ったベンチャー企業は概してバリュエーションも高いことから、その後株式市場が調整したときに投資先企業の業績が改善していない場合は、その案件処理に時間を要することと、市場全体が活発でないという2つの理由によって、ベンチャー企業への投資額は減少する傾向がある。

　投資金額の過去10年の傾向は、2006年度に2,790億円のピークをつけ、その後、リーマンショックの翌年度まで低下を続け、2009年度に875億円とボトムを迎える。その後は回復傾向にあり、2013年度（2013年4月〜2014年3月）は1,818億円にまで回復している[8]。

(2) 地域再生ファンド

　地域再生ファンド全体の市場規模に関する統計的なデータはないが、地域先再生ファンドは各都道府県で2003年頃から設立され、一部の県を除きほぼすべての都道府県で設立されている。これらの地域再生ファンド設立の背景には、2(2)で述べたように地域金融機関の不良債権処理という目的があったが、2009年の中小企業金融円滑化法の施行により、ファンドによる処理は

8　一般財団法人ベンチャーエンタープライズセンター（2014）。

幾分低調となった[9]。その後、2013年に同法が期限切れとなったこと、および、2013年により地域再生を目的とした地域経済活性化支援機構（REVIC）がスタートしたこと、2014年の「日本再興戦略」（2014年6月24日閣議決定）において、地域の中堅企業等を核とした戦略産業の育成のために、中小機構が出資するファンドを活用した支援強化が求められたことなどから、今後、地域再生ファンドは新たなステージに入ると考えられる。

(3) バイアウトファンド

日系金融機関が関与するバイアウトファンド（不良債権投資、企業再生、純粋なバイアウト）全体の市場規模に関する統計的なデータはないが、この市場は1999年頃より立ち上がっている。2で述べたとおり、当初、1999～2001年は不良債権投資をメインとするサービサーがその大宗を占めていた。その後は、2002年から2003年にかけて企業再生を主たるターゲットとするファンドと狭義のバイアウトファンドが組成され、狭義のバイアウト関連の市場規模のほうが拡大する。この背景には、中小企業の後継者不足や、上場企業の上場維持コストが高まったことなどからMBOニーズが増加したことなどがある。その後のリーマンショックで、一時的に落ち込むものの、中堅・中小企業の海外進出サポートという新たなニーズと、以前からある中堅・中小企業の後継者問題や、上場企業の非公開化ニーズで、2015年現在、市場は徐々に拡大している傾向にあると思われる。

---

9 松尾（2012）。

第9章 （自己勘定）投資・ファンド運営 557

4 主要プレーヤーとその成長力

(1) ベンチャーキャピタル

① SMBCベンチャーキャピタル株式会社

SMBCベンチャーキャピタルは、三井住友銀行グループの広範な情報ネットワークと専門性の高いソリューション力を活用し、多角的な視点から投資先企業の成長・発展に貢献していくことで、ともに新しい価値を切り開いていくことに注力している。革新的な技術や優れた市場開拓力等を通じて新産業の創出・活性化をリードしていく高成長企業、および独自のノウハウ・創造的な経営で躍進する中堅・中小企業に対して、その発展ステージに応じた資金提供と企業価値向上をサポートしている。

ITなど従来のベンチャーキャピタルの投資領域にとどまらず、iPS細胞に代表される再生医療や農林漁業などの第一次産業など、社会的意義のある投資も積極的に行っている[10]。

② みずほキャピタル株式会社

1983年に設立され、その後、親銀行の再編・統合により2002年からみずほフィナンシャルグループにおける統合ベンチャーキャピタルとしてスタートしている。みずほフィナンシャルグループの主要金融関連会社の1社に位置づけられており、2015年3月末現在で投資先残高は237社で180億円、また新規株式上場した取引先数は累計798社にのぼり、本邦ベンチャーキャピタル業界においてトップクラスの実績とノウハウをもっている。

---

10 同社ホームページ：http://www.smbc-vc.co.jp/index.html

みずほキャピタルは、これまでのさまざまな投資活動を通じ蓄積された経験やノウハウと、みずほフィナンシャルグループの総合金融力、内外のネットワークをフルに活用し、投資ならびにコンサルティングを通じて、将来性豊かなベンチャー企業や中堅中小企業、また新たな事業の夢を実現したい起業家に対して、さらなる飛躍のための支援と育成を積極的に行っていく方針である[11]。みずほ銀行の全国的ネットワークと幅広い顧客基盤や本邦を代表する総合金融グループとしての強固なネットワーク（証券・信託・リース・シンクタンクなど）の活用を同社の強みの1つとしている。

③　三菱UFJキャピタル株式会社

「最高水準の商品・サービスを提供する「世界屈指の総合金融グループ」の創造をめざす三菱UFJフィナンシャルグループ」の一員として、High QualityのIPOソリューションの提供を行っている[12]。また、高度な専門性を有する人材を結集し、投資先企業の価値向上に取り組んでいる。一般的なベンチャーキャピタルファンドに加えて、2013年には、日本の大学等から将来有望な創薬基盤技術となりうる研究成果から、製薬会社の視点からみて画期的な創薬基盤技術に投資するOiDEファンドを第一三共株式会社と組んでスタートしている。同ファンドは、製薬会社出身の人間が運用に関与しているということと、エグジット（投資回収方法）として株式上場をねらわず、製薬パートナーへの株式または特許等の売却で投下資金の回収を図る方針がユニークである。

(2)　地域再生ファンド

1(2)で述べたように、地域再生ファンドには、地方金融機関が自らの子会社でファンド運用会社を設立し、地域再生ファンドを運営する地銀主導型

11　同社ホームページ：http://www.mizuho-vc.co.jp/
12　同社ホームページ：http://www.mucap.co.jp/

と、独立系ファンドが地域金融機関と提携しながらファンド運用会社を設立し、その独立系ファンド運用会社が主導する独立系ファンド主導型がある。地方銀行主導型の地方銀行子会社のファンド運用会社については図表9-1に掲げたとおりである。ここでは、独立系ファンド運用会社と国の関与する機構について述べる。

①　株式会社ジェイ・ウィル・パートナーズ

ジェイ・ウィル・パートナーズは、地方の金融機関と提携し、地域再生ファンドの設立者となって、地方を中心とした中堅・中小企業の再生・成長に期待した投資を行っている。投資後はハンズオンで（投資先企業に役職員を派遣し、既存の役職員の方々とともに）投資先企業の再生・成長を目指している。2003年に設立された独立系ファンドで、合計で約140件（総資産累計約4,400億円）の投資実績[13]がある。投資事例は、温泉旅館、シティーホテル等のホスピタリティー施設、観光バス会社、地方銀行、マンションデベロッパー、各種製造業、小売業、インテリア会社、食品会社、病院、シニア住宅等のヘルスケア施設など多岐にわたっている。

②　株式会社リサ・パートナーズ

独立系の債権売買に関するコンサルティング会社として1998年にスタートした同社は、2003年から地域再生ファンドを組成している。2011年にNECキャピタルソリューションの100％子会社となり、金融・不動産を核にした、次代を担う創造的な投資銀行を目指し活動している。そのなかの一環として、地方の金融機関と提携し、地域再生ファンドの設立者となって、地方企業の再生を行っている。

13　2014年11月現在。http://www.meti.go.jp/committee/kenkyukai/chiiki/chiiki_
　　sangyo/pdf/003_04_00.pdf

③ 株式会社ドーガン

独立系の株式会社ドーガンは、2004年8月の設立以来、地元九州に根づいた投資銀行業務を提供しようと、九州を中心とする中小企業へのM&Aあっせん、投資育成、成長支援業務、再生支援業務を行っており、そのなかで前記の業務を目的とするファンドの組成および運営業務を九州の金融機関と提携しながら行っている。現在は、九州域外の仕事を依頼されるケースも増える趨勢にあり、現在のメイン顧客である九州の地方企業とともにその営業エリアを広げながら成長していく方針である[14]。

④ 地域経済活性化支援機構（REVIC）[15]

地域経済の活性化を図り、あわせて、地域の信用秩序の基盤強化にも資するようにするため、有用な経営資源を有しながら過大な債務を負っている中小企業者その他の事業者の事業の再生の支援および地域経済の活性化に資する事業活動の支援を行うことを目的として2013年に企業再生支援機構から地域経済活性化支援機構（REVIC）に商号変更してスタートした。同機構の100％子会社であるREVICキャピタル株式会社を通じて、金融機関等の民間事業者と共同して、事業再生・地域活性化ファンドの運営を行うことも可能である。同機構は、2018年までの時限組織であり、再生ノウハウの移転を行い、機構の業務終了後も、地域金融機関による地域活性化への取組みが持続的に行われることを目的にしている。

⑤ 中小企業基盤整備機構（中小機構）[16]

中小企業に対する投資事業を行う民間機関等とともに投資ファンド（投資事業有限責任組合）を組成し、中小企業の資金調達の円滑化と踏み込んだ経営支援（ハンズオン支援）を通じて、ベンチャー企業や既存中小企業の新事

14　同社ホームページ：http://www.dogan.jp/
15　同機構ホームページ：http://www.revic.co.jp/
16　同機構ホームページ：http://www.smrj.go.jp/index.html

業展開の促進または中小企業の再生等を支援する国の機関である。ファンド
の運営（個別企業への投資等）は、各投資会社が行い、自らは行わない。大
半の地域再生ファンドが同機構からの出資を受けているといわれている。

(3) バイアウトファンド

① ライジング・ジャパン・エクイティ株式会社[17]

　三井住友フィナンシャルグループに近い同社は、本邦プライベート・エク
イティ業界で10年以上の経験をもったプロフェッショナルがコアメンバーと
して集結し、蓄積した数多くの経験・ノウハウをフル活用して投資先企業に
深くコミットしている。投資前の段階から現経営陣と会社の将来像を十分協
議し合意したうえで株主となり、経営陣・従業員と一緒に汗をかくことで、
目標実現に向けてフルサポートしている。

　提携先である国内金融機関や事業会社のネットワークや幅広い顧客基盤、
多様なサービス提供力等を活用し、投資先企業に対して金融面およびビジネ
ス面での手厚いサポートを提供しており、こうしたサポートの継続が同社の
成長を可能にするものと思われる。

② みずほキャピタルパートナーズ株式会社[18]

　みずほキャピタルパートナーズが関与するMBOファンドは、原則とし
て、50％超の普通株式を取得する。たとえば、上場企業の非公開化、事業承
継、大株主保有の株式売却や子会社・事業部門の独立等に対して、その資金
を提供し、投資実行後は投資先企業の経営改革をサポートし、IPO（株式上
場）によるエグジット（投資回収）等を基本方針としている。

　また、みずほキャピタルパートナーズが関与するメザニンファンドは、種

17　同社ホームページ：http://rje.jp/
18　同社ホームページ：http://www.mizuhobank.co.jp/mhcp/investment/index.html

類株式を中心に劣後ローン・劣後債により資金を提供している（原則、議決権なし）。自己資本の拡充、経営戦略の実行、事業承継や企業買収等に対して、その資金を提供し、投資実行後、投資先企業に蓄積された利益またはリファイナンスにより投資資金を回収することを基本方針としている。

このように、議決権を確保するMBOファンドと議決権を不要とするメザニンファンドの2つの長期性資金をもっていることは、同社の特徴の1つであり、多様なニーズにあわせた長期性資金の提供により今後の成長が可能になると思われる。

③ 丸の内キャピタル株式会社

丸の内キャピタルは、2008年4月に三菱商事および三菱UFJフィナンシャル・グループ（MUFG）の両社が共同で設立した企業投資ファンド運用会社である。三菱商事が有する幅広い事業ネットワーク・ノウハウと、MUFGの堅固で広範な顧客基盤・高い金融ソリューション力を組み合わせた企業価値向上策を提供し、投資先企業の経営陣と強く安定的な信頼関係を築くことで、投資先企業が本来有する潜在的な価値や力を実現することをミッションとしている[19]。

このような広範なネットワーク力は、今後の同社の成長をサポートする要素の1つである。

19　同社ホームページ：http://marunouchi-capital.com/corporate/index.html

5 法規制と監督

(1) ベンチャーキャピタル

① 法規制

銀行本体に対する法規制

まず、銀行本体は、銀行法第10条第2項第2号に基づき、「付随業務」として有価証券に対する（自己勘定）投資（「有価証券……の売買」で「投資の目的をもってするもの」）を行うことができる[20]。

しかし、その場合に銀行が取得しまたは保有できる国内の会社の議決権の数については、銀行法第16条の3に基づく制限がある（銀行等の出資制限）。具体的には、銀行（および銀行子会社のグループ）は（合算して）5％を超えて1つの会社の議決権を有することができない[21]。

したがって、このような出資制限のもとでは、銀行本体が、出資によりベンチャービジネス会社の経営に深くコミットして企業価値の向上を支援し、将来の高い配当やキャピタルゲインの獲得を目指すというベンチャーキャピタル業務を行うことには事実上の支障が大きいものと考えられる。

銀行の子会社としての投資運用会社に対する法規制

他方で、銀行は、「金融関連業務」をもっぱら営む会社としてベンチャーキャピタル会社をその子会社とすることができる（銀行法第16条の2第1項第11号、同条第2項第2号、銀行法施行規則第17条の3第2項第12号）。すなわち、「金融関連業務」に関する銀行法施行規則第17条の3第2項第12号は、

20　第6章5(1)①参照。

21　銀行持株会社とその子会社のグループの場合は、上限が15％までとなる（銀行法第52条の24）。詳細は、第2章6参照。

564

他の株式会社に対し、資金の貸付、社債の取得、新株予約権の取得、配当または売却益の取得を目的とする株式の取得、またはそれらの行為を行うことを目的とする組合契約または投資事業有限責任組合契約を締結することにより、その事業に必要な資金を供給する業務を「金融関連業務」の1つとしてあげており、これがベンチャーキャピタル業務に当たる[22]。

　この点、銀行が上記のベンチャーキャピタル会社を子会社とすることができるといっても、銀行等の出資制限は銀行とその子会社を合算したグループベースで取得または保有する議決権の数を制限している以上、そのままでは当該子会社が取得しまたは保有するベンチャービジネス会社の議決権の数も同様に制限されてしまう。そこで、銀行法第16条の3第7項は、上記のベンチャーキャピタル会社が、一定の要件を満たすベンチャービジネス会社[23]の議決権を取得または保有する場合、当該ベンチャーキャピタル会社[24]を「銀行の子会社に該当しないものとみなす」（すなわち、当該ベンチャーキャピタル会社が取得しまたは保有する議決権を合算対象から除外する）こととしている。ベンチャーキャピタル会社を介してこのような特例措置が設けられてい

---

[22]　なお、従来、銀行法施行規則第17条の3第2項第12号の業務には、金融商品取引法第2条第8項第7号および同項第15号のファンド運営業務（第9章5(2)①参照）は含まれず、特定子会社として当該第12号の業務およびその附帯業務しかできないベンチャーキャピタル会社は、ファンド運営業務を行えないとされてきた（金融庁パブコメ（2007年7月31日公表）636頁以下5番、金融庁パブコメ（2014年3月31日公表）5頁以下15番）。しかし、銀行法施行令第4条の2の2第2項第9号等の改正（2016年3月1日施行）による利益相反（具体的には、銀行等からの借入金の返済資金の調達を目的として、銀行等の子会社である特例業務届出者において、債務者が発行する有価証券等を原資とするファンドを設立し、当該ファンドの権利募集を行うといった行為（金融庁「規制の事前評価書（銀行等グループの利益相反管理体制の見直し）」（2015年11月20日公表）」2頁以下））管理体制の見直し後は、ベンチャーキャピタル会社も、銀行法施行規則第17条の3第2項第12号および同項第39号を根拠として、ファンド運営業務を行うことが可能とされている（金融庁パブコメ（2016年2月3日公表）145頁527番）。

[23]　一定の要件を満たすベンチャービジネス会社としては、具体的には、設立後10年以内の非上場の中小企業で、試験研究費その他新たな技術もしくは新たな経営組織の採用、市場の開拓または新たな事業の開始のために特別に支出される費用が総収入等に対して一定割合以上のものなどが規定されている（銀行法第16条の3第7項、第16条の2第1項第12号、銀行法施行規則第17条の2第6項）。

[24]　条文上は「特定子会社」とされているが、その意義は、本文で説明したベンチャーキャピタル業務およびこれに附帯する業務をもっぱら営む会社（銀行法第16条の2第1項第12号、銀行法施行規則第17条の2第13項、第17条の3第2項第12号）である。

るのは、今日、日本経済の活性化の鍵を握るとされるベンチャービジネス会社群に対し、一定の秩序づけを施しつつ、銀行による積極的な取組みを期待する意図があるためであると考えられている[25]、[26]。

ベンチャーキャピタル会社に対する法規制としては、ベンチャービジネス会社に対する上記のようないくつかの資金供給の態様に応じて、各種の業規制が問題になりうる。すなわち、資金の貸付を行う場合には、貸金業法による法規制の対象となるし[27]、投資事業有限責任組合契約等を締結して資金提供を行う場合には、金融商品取引法等による法規制の対象となる[28]。

② 監 督

ベンチャーキャピタル会社一般に対する監督

ベンチャーキャピタル会社一般に対しては、ベンチャービジネス会社に対する資金供給の態様に応じて適用のある業規制ごとに、それぞれの規制当局による監督が行われる。たとえば、資金の貸付を行う場合には、貸金業法に関して財務局または各都道府県による監督の対象となる[29]、投資事業有限責任組合契約等を締結して資金提供を行う場合には、当該組合に関し無限責任組合員等が金融商品取引法に基づく監督の対象となる。

25　小山（2012）354頁。

26　同趣旨の規制緩和として、平成25年銀行法改正により、(a)ベンチャービジネスファンドの平均運用期間の実態をふまえ、ベンチャービジネス会社の保有期間がそれまでの10年から15年に延長され（銀行法施行規則第17条の2第11項カッコ書の「処分基準日」参照）、(b)第二創業に取り組む会社もベンチャービジネス会社に含めるため、「設立の日」から一定期間経過前の者だけでなく、「新事業活動の開始の日」から一定期間経過前の者についても対象とすることとされ（銀行法第16条の2第1項第12号、銀行法施行規則第17条の2第6項各号参照）、(c)非研究分野のサービス業等の会社もベンチャービジネス会社に含めやすくするため、新たに「新事業活動従事者（新商品の開発又は生産、新役務の開発又は提供、商品の新たな生産又は販売の方式の導入、役務の新たな提供の方式の導入その他の新たな事業活動に従事する者であつて、研究者に該当しない者に限る）」に関する類型が設けられている（銀行法第16条の2第1項第12号、銀行法施行規則第17条の2第6項第2号参照）。

27　法規制の具体的な内容については、第7章5(3)①参照。

28　投資事業有限責任組合契約等を締結して資金提供を行う際には、無限責任組合員等となる場合と有限責任組合員等になる場合とがあるが、それぞれの場合における法規制の具体的な内容については、第9章5(2)①参照。

29　監督の具体的な内容については、第7章5(3)②参照。

銀行とその子会社としてのベンチャーキャピタル会社に対する監督における留意点

ベンチャーキャピタル会社を子会社として有する銀行に対する監督において特に問題になるのは、銀行等の出資制限との関係で、上述したようなベンチャービジネス会社に対するベンチャーキャピタル会社を介した出資の例外に係る要件を満たしているかという点である。当該要件は、「新事業活動」（銀行法施行規則第17条の2第6項第1号）などの評価的要素を含むものであり、形式的な判断はできない。この点について、金融庁は「いわゆるベンチャービジネス会社……が行う新事業活動とは、新事業分野開拓が可能となるような新商品の開発又は生産、新役務の開発又は提供、商品の新たな生産又は販売の方式の導入、役務の新たな提供の方式の導入その他の新たな事業活動を指し、研究開発を前提とした創業を行う業種のみならず、サービス業等の業種も対象となる。なお、その該当性の判断に当たっては、地域や業種が勘案されることとなるが、既に相当程度普及している技術・方式の導入等及び研究開発段階にとどまる事業については含まれないことに留意する」との着眼点を示している[30]。

(2) ファンド運営・投資

① 法 規 制

銀行本体に対する法規制

まず、銀行本体は、金融商品取引法第33条の8第1項に基づき信託兼営金融機関がこれを行う場合を除いて、投資運用業[31]を行うことができない（金融商品取引法第33条第1項本文）から、投資運用業に当たるファンドの自己運

30　主要行等向けの総合的な監督指針Ⅴ－3－4議決権の取得等の制限。

31　ここでいう「投資運用業」とは、金融商品取引法第28条第4項に規定される、投資法人資産運用業（金融商品取引法第2条第8項第12号イ）、投資一任業務（同号ロ）、投資信託委託業（同項第14号）、自己運用業（同項第15号）を意味する。このうち、自己運用業以外については、第8章ですでに述べた。

第9章　（自己勘定）投資・ファンド運営　567

用（同法第2条第8項第15号）も行うことができない（同法第33条第1項本文）。

　ただし、投資運用業の1つに当たるファンドの自己運用とは、投資事業有限責任組合の場合[32]、無限責任組合員となって、有限責任組合員より出資を受けた投資事業有限責任組合の財産に関して主として有価証券またはデリバティブ取引に係る権利に投資運用する行為である。他方で、有限責任組合員としてファンドに出資することは、第二項有価証券である集団投資スキーム持分（金融商品取引法第2条第2項第5号）の取得に該当するにすぎない。したがって、銀行本体が、有限責任組合員の立場で、これを（自己勘定）投資（「有価証券……の売買」で「投資の目的をもつてするもの」）として行うことは、銀行法第10条第2項第2号に基づく「付随業務」として認められる[33]。

　なお、銀行本体が、投資事業有限責任組合の有限責任組合員となり、組合財産として取得し、または所有する株式等[34]については、銀行等の出資制限に関する議決権の数の計算から除外することとされている（銀行法施行規則第1条の3第1項第3号[35、36]）。したがって、銀行本体が有限責任組合員として出資したファンドでも、銀行等の出資制限の範囲外で、ベンチャービジネス会社や、再生企業、バイアウト対象企業などの株式等を取得することができる。

32　民法上の組合を運営する業務執行組合員が当該組合の財産の運営を行う場合についても同じであるとされており（「「最近の投資事業組合を巡る事業環境の変化を反映した投資事業有限責任組合モデル契約書の作成」に関する報告書」5頁）、無限責任組合員の運用面に関する業規制は民法上の組合の業務執行組合員に関しても同様に当てはまる。

33　第6章5(1)①参照。

34　有限責任組合員が議決権を行使することができる場合および議決権の行使について有限責任組合員が投資事業有限責任組合の無限責任組合員に指図を行うことができる場合を除くとされている（銀行法施行規則第1条の3第1項第3号カッコ書）。

35　民法上の組合の場合にも、同様の除外規定がある（銀行法施行規則第1条の3第1項第4号）。

36　なお、従来は投資事業有限責任組合の有限責任組合員として取得した株式等であっても「当該株式等を所有することとなつた日から10年を超えて当該株式等を所有する場合」（改正前銀行法第1条の3第1項第3号カッコ書）には銀行等の出資規制の範囲内とされていたが、平成25年銀行法改正により、この投資期間10年要件が撤廃された（改正後銀行法第1条の3第1項第4号カッコ書）。この点、独占禁止法に基づく議決権取得・保有制限との関係については、第2章6(2)③参照。

銀行の子会社としてのファンド運営会社に対する法規制

　次に、上記のように銀行本体による投資運用業を禁止している銀・証分離の原則（金融商品取引法第33条）は、銀行の子会社には及ばないこととされている（同法第33条の7）。

　したがって、銀行は、「金融関連業務」をもっぱら営む会社としてファンド運営会社をその子会社とすることができる（銀行法第16条の2第1項第11号、同条第2項第2号、銀行法施行規則第17条の3第2項第4号、金融商品取引法第2条第8項第7号および同項第15号）。

　銀行の子会社としてのファンド運営会社がファンドを運営する場合も、通常のファンド運営会社と同様に金融商品取引法が適用される。

　まず、ファンド運営会社が無限責任組合員として自ら当該投資事業有限責任組合の持分の取得勧誘を行う場合、第二種金融商品取引業に該当することから（金融商品取引法第28条第2項第1号、第2条第8項第7号ヘ）、ファンド運営会社は、原則として、第二種金融商品取引業の登録を行う必要がある（同法第29条）。ただし、上記にかかわらず、㋐適格機関投資家等特例業務として自己私募を行う場合（同法第63条第1項第1号）または㋑無限責任組合員が、第二種金融商品取引業者に組合持分の取得勧誘を委託し、自らは取得勧誘行為をいっさい行わない場合[37]には、第二種金融商品取引業の登録を要しない[38]。

　次に、ファンド運営会社が無限責任組合員として有限責任組合員より出資を受けた投資事業有限責任組合の財産に関して主として有価証券またはデリバティブ取引に係る権利に投資運用する行為については、すでに述べたように自己運用業務として投資運用業に該当することから、無限責任組合員は、原則として、投資運用業の登録を行う必要がある（金融商品取引法第29条）。ただし、上記にかかわらず、㋒適格機関投資家等特例業務として自己運用を行う場合（同法第63条第1項第2号）または㋓無限責任組合員が、投資運用業者である金融商品取引業者等との間で投資一任契約を締結し、当該契約に基

37　金融庁パブコメ（2007年7月31日公表）58頁以下103-114番。

38　㋐の場合、適格機関投資家等特例業務の届出は必要である（金融商品取引法第63条第2項）。

づき、運用を行う権限の全部を委託する場合で、金融商品取引法第2条に規定する定義に関する内閣府令第16条第1項第10号の要件のすべてに該当する場合には、投資運用業の登録を要しない[39]。

また、行為規制としては、すでに述べた証券会社[40]や他の投資運用業[41]と同様の規制が及ぶ。この点、従来は、適格機関投資家等特例業務を行う者に関しては、虚偽説明、損失補てんの禁止を除いて行為規制も及ばないこととされていたが（改正前金融商品取引法第63条第4項）、平成27年金融商品取引法改正（2016年3月1日施行）により、適用される行為規制の範囲が大幅に広がっている。

具体的には、図表9－4の行為規制の対象となる（改正後金融商品取引法第63条第11項、第63条の4。ただし、相手方が特定投資家である場合の例外として、同法第45条）。

こうした行為規制の厳格化は、昨今の投資家被害の実態をふまえ、適格機関投資家等特例業務を行う者に関しても、登録の場合と同様の行為規制に関する規定を設けることが適当と考えられたことによる[42]。

最後に、銀行の子会社としてのファンド運営会社に対する法規制について特に留意すべき点としては、すでに述べた証券会社[43]や他の投資運用業[44]に対する法規制と同様の一連の弊害防止措置がある。

② 監　　督

ファンド運営会社一般に対する監督

まず、ファンド運営会社一般に対する監督の全体像としては、投資運用業

39　(ウ)の場合、適格機関投資家等特例業務の届出は必要である（金融商品取引法第63条第2項）。

40　第6章5(1)②参照。

41　第8章5(1)①参照。

42　「金融審議会 投資運用等に関するワーキング・グループ 報告～投資家の保護及び成長資金の円滑な供給を確保するためのプロ向けファンドをめぐる制度のあり方～（2015年1月28日）」4頁。

43　第6章5(1)②参照。

44　第8章5(1)①参照。

570

図表 9 − 4　特例業務届出者が適格機関投資家等特例業務を行う場合の主な行為規制

	条文（金融商品取引法、金融商品取引業等に関する内閣府令）	行為規制の内容
(a)	法第 1 節第 5 款	特定投資家への告知義務
(b)	法第36条第 1 項	顧客に対する誠実義務
(c)	法第36条の 3	名義貸しの禁止
(d)	法第37条	広告等の規制
(e)	法第37条の 3	契約締結前の書面の交付
(f)	法第37条の 4	契約締結時等の書面の交付
(g)	法第38条（第 1 号、第 2 号および第 8 号に係る部分に限る）	禁止行為
	・法第38条第 1 号	・虚偽説明の禁止
	・法同条第 2 号	・断片的判断の提供・確実であると誤解させるおそれのあることの告知による勧誘の禁止
	・法同条第 8 号・令第117条第 1 号	・契約締結前交付書面等の交付に関する説明義務に違反した契約の締結行為の禁止
	・法同上・令同条第 2 号	・虚偽表示などの禁止
	・法同上・令同条第 3 号	・特別利益の提供などの禁止
	・法同上・令同条第 4 号	・契約の締結または解約時における偽計・暴行・脅迫の禁止
	・法同上・令同条第 5 号	・債務の履行の拒否・不当遅延行為の禁止
	・法同上・令同条第 6 号	・顧客の金銭等の不正取得の禁止
	・法同上・令同条第 7 号　　　　等	・迷惑時間勧誘の禁止　　　　　　等
(h)	法第39条	損失補てん等の禁止
(i)	法第40条	適合性の原則等
(j)	法第40条の 3	分別管理が確保されていない場合の売買等の禁止

(k)	法第40条の3の2	金銭の流用が行われている場合の募集等の禁止
(l)	法第42条	忠実義務・善管注意義務
(m)	法第42条の2	投資運用業に関する禁止行為
(n)	法第42条の4	分別管理
(o)	法第42条の7	運用報告書の交付
(p)	法第63条の4	帳簿書類等の作成・保存、事業報告書の作成・当局への提出等

を含む金融商品取引業一般に共通する監督手法として、すでに述べた証券会社に対する監督[45]と同様の枠組みで監督が行われる。

　他方で、適格機関投資家等特例業務を行う者などそもそも金融商品取引業者に当たらない者に対しては、金融商品取引業者に関する検査などの規定の適用はない。もっとも、従前よりすでに、市場の公正性・透明性等を確保する観点から[46]、適格機関投資家等特例業務の届出者の自己運用に係る業務の状況に対する検査という形式で検査を行う規定は置かれていた（改正前金融商品取引法第63条第7項）。そして、2015年の金融商品取引法改正により、投資家保護の観点から、監督が強化され、自己運用に係る業務の状況に限定することなく、適格機関投資家等特例業務の届出者に対して検査を行うことができることが明確化されたうえで（改正後同法第63条の6）、適格機関投資家等特例業務の届出者が問題を起こした場合、業務の改善や停止・廃止をさせることができるようになっている（改正後同法第63条の5）。

銀行とその会社としてのファンド運営会社に対する監督における留意点

　銀行が子会社としてファンド運営会社を有する場合も、証券会社を有する場合[47]と同様、基本的に銀行とその子会社としてのファンド運営会社それぞれに対する独立した監督がなされつつも、弊害防止措置に関連して、親銀行

45　第6章5(2)①参照。
46　神田・黒沼・松尾（2014）864頁。
47　第6章5(2)②参照。

側の監督において両者の業務の統合に付随して内部管理上の問題が生じていないかといった視点からの監督もなされている。

6 業務の解説

(1) ベンチャーキャピタル

　ベンチャーキャピタルは、企業の創業間もない段階から株式公開までの期間に投資をするファンドである。経済産業省（2008）では、新しい技術、新しいビジネスモデルを中核とする新規事業により、急速な成長を目指すベンチャー企業（未公開企業）へ投資を行い、当該企業への人材派遣等を行うことで、企業価値を高め、最終的には株式市場での上場、または、他企業への売却を行うことで収益を得るファンドと定義されている。

(2) 地域再生ファンド

　地域再生ファンドは、その地域の地方銀行等から企業の貸付債権を買い取り、ファンドの運営者、地方銀行、その提携再生アドバイザー等が当該企業の再生アドバイス行う。その後、改善した企業のキャッシュフローやリファイナンスによって、貸付債権をファンドに返済することで、ファンドは投資資金を回収する。

　地域再生ファンドの特徴としては、1件当りの投資額は数千万〜2億、3億円と小規模であること、一部のファンドは株式等による出資もみられるが投資の主流は債権買取りであること、中小企業基盤整備機構が出資しているファンドがかなりの数にのぼっていることなどをあげることができる[48]。

---

[48] 松尾（2012）。

(3) バイアウトファンド

　バイアウトファンドは、比較的成熟した企業の原則としてマジョリティの株式を保有し、経営者と共同で株主になることで企業の成長目線・ベクトルをあわせて、3〜5年間、株式を保有し、その後エグジット（投資回収）するファンドである。投資ケースとしては、コアとなる技術力やブランドがあるなど競争力のある企業が設備投資などの追加資金を必要とする場合、投資先企業の事業承継ニーズや創業者利潤を顕在化させたい場合、上場企業が非公開化によって意思決定のスピードアップを図りたい場合、潜在的な収益力はあるものの親会社の事業戦略見直し等により十分な経営資源の配分を受けることがむずかしくなった子会社の場合（ノンコア事業の子会社）、競争力のある中堅・中小企業の海外進出にあたり新たな追加資金や人材サポートニーズを受けたい場合、などがある。

親・兄弟会社とのシナジー

(1) ベンチャーキャピタル

　ベンチャーキャピタルにおける親・兄弟会社とのシナジーはさまざまなものが考えられる。まず、親銀行にとっては、将来の融資先候補とあらかじめ接点をもつことが可能になる。起業したばかりの会社は、まだ実績に乏しく融資先としては審査が通らない可能性が高いが、事業の将来性があれば子会社のベンチャーキャピタルを通じて投資を行い、企業との関係構築を行うことができる。

　また、投資後は、投資先に対して、親・兄弟会社と連携しながら、シームレスな経営サポートができる。たとえば、長期資本政策の立案、株主構成の検討、株式上場の準備、ストックオプション制度の相談、経営全般の相談などは、ベンチャーキャピタル会社もできるが兄弟会社のコンサルティング会社、証券会社なども可能であろう。また、親・兄弟会社のネットワークを生かした優良案件の発掘能力、安定した資金調達力、投資先の価値向上に向けた経営支援体制等は、銀行系ベンチャーキャピタルならではの強みであろう。

　また、2(1)の沿革で述べたように、2008年のリーマンショック以降にいくつかの独立系ベンチャーキャピタルは事業撤退などを行ったが、銀行系ベンチャーキャピタルはつぶれる可能性は低く、投資される企業の側からしても安定感があると思われる。

　さらに、最近の動きでは、金融とITを融合したサービス（フィンテック）を行うという動きもあるので、親銀行とフィンテック分野でシナジーのあるベンチャー企業と関係を構築できる可能性もある。

(2) 地域再生ファンド

　地域再生ファンドに対する地方銀行の貸付債権の売却事例を参考にそれぞれの当事者にとってのメリットを考えてみる。たとえば、ある地方銀行が保有する過剰債務企業の債権額面1億円があり、その地方銀行はその債権に対して、引当金を0.4億円積んでいるとする。地方銀行はファンドに対してその債権を0.7億円で売却することによって、0.1億円の益を計上（－売却損0.3億円、引当金繰入れ＋0.4億円）し、バランスシートから一時的に当該企業への貸付債権を消すことができ、地方銀行の不良債権処理が進む。当該企業は再生計画のなかでファンドに対して0.1億円を返済し、その後再生アドバイスを受け再生が軌道に乗ったと判断されると、金融機関から0.7億円の新規融資（リファイナンス）を受け、ファンドに返済する。これによりファンドは0.1億円（当初の0.1億円＋リファイナンス0.7億円－初期投資額0.7億円）のリターンを得ることができる。さらに、ここで新規融資（リファイナンス）を行う金融機関が、当該貸付債権の売り手であった地方銀行と同一である場合、一時的な中断はあるものの、長期的な当該企業と地方銀行との関係は継続される。このように、単に過剰債務企業を銀行のバランスシートから切り離し、不良債権の圧縮を図るだけでなく、その後の取引関係の維持・継続も図る点で、リレーションシップ・バンキングの一環とされ、これも地方銀行にとってのメリットとなる[49]。

　こうした地域再生ファンドに対する地方銀行が果たせる役割としては、ファンド運用会社への出資、ファンドへの出資、ファンドへの人材派遣、ファンドへの案件紹介、ファンドと再生計画立案の協力、ファンドの債権回収（サービシング）業務の受託などをあげることができる。

　地方銀行が出資するファンド運用会社が、ファンドの運用にあたる場合は、メリットもある一方で、考慮しなければならないポイントも増加するの

49　松尾（2006）。

第9章　（自己勘定）投資・ファンド運営　577

で、注意を要する。まずメリットとしては、ファンド運用会社の収益の出資比率相当分が、当該地方銀行のものになるという点がある。一方で、考慮しなければならない点として、利益相反の問題がある。すなわち、貸付債権の売却価格設定が低ければ、ファンドの利益が拡大するが、地方銀行の損失は大きくなる。また、特定の金融機関の取引先案件にのみ偏重しないようファンドの公平性・公正性の確保も必要である。さらに、銀行との連結決算問題、真正売買の問題も考慮する必要がある。

(3) バイアウトファンド

　銀行グループ企業にとってのシナジーは、顧客に対してシームレスな経営サポートができるということである。すなわち、企業が直面するさまざまなニーズにあわせたファイナンスを実行できる体制をもつことで、さらなる成長を目指す企業の満足度を高めることが可能である。また、バイアウトは一般的に買収先のキャッシュフローを担保としたLBOローンを組んで、投資先企業の株式を取得するため、銀行本体のLBOローンビジネス拡大というシナジーがある。

　ファンドにとってのメリットは、銀行グループの広範な取引ネットワークを生かすことで潤沢な案件候補と接することができる。これは、ディールソーシング面で、有利に立つことにつながる。

8 将来展望と課題

(1) ベンチャーキャピタル

　日本のベンチャーキャピタルはファンド組成額でみて921億円（2013年度）と、アメリカの167.7億ドル（＝約２兆円、2013年)[50]と比較してGDPの差を考慮に入れても圧倒的に少ない。もちろん、その背景にあるベンチャーキャピタルへ投資する投資家層の違い（アメリカは年金基金や個人大富裕層が投資家になることが多い）、ベンチャーキャピタル会社の違い（アメリカは起業して成功した人がベンチャーキャピタリストになることもある）、ベンチャー企業の１件当り投資金額の少なさ[51]などが背景にあるとはいえ、潜在市場はそれなりに大きいと思われ、今後、拡大余地はあるだろう。

　また、銀行関連ベンチャーキャピタルについていうと、銀行規制改革によるメリットを受ける可能性がある。すなわち、現在（2015年９月）行われている金融審議会（首相の諮問機関）では、２つの議論が進められる見通しである。１つ目が、銀行規制を17年ぶりに転換させ、持株会社の傘下で新事業ができる可能性があることである。現在、銀行が持株会社の傘下に収めることができる子会社は、金融業務のみである。これに対して、世界では、金融とITの垣根が崩れ、スマートフォンなどを使った新しい金融サービスが急拡大しつつある。規制が緩和されれば、日本の金融機関もIT企業に出資し、楽天などと同じような電子モールを運営できる。銀行がモール利用者や出店企業のビッグデータを蓄積できれば、より幅広い顧客ニーズにあった金融商品サービスの提案も可能になるかもしれない。もう１つが、仮想通貨取引の利用者に安全網を設けることである。こうしたフィンテック[52]には、世

50　一般財団法人ベンチャーエンタープライズセンター（2014）。
51　詳細は、光定・白木（2014）149～151頁参照。

界で1兆円規模の投資が進んでいるが、日本は50億円程度にとどまるとされる。欧米の大手銀行がベンチャー企業の買収を加速させていることを考えると、日本での拡大余地は大きい[53]。たとえば、三井住友銀行は、2015年9月に、フィンテック技術のコンテストを開き、有力なベンチャー企業との提携を目指している[54]。

　また、大学ではさまざまな研究開発が行われ、商用化できる技術がある可能性がある。こうした技術を事業化させる目的で大学と提携したファンドの組成も可能である。アメリカでは、大学の近くにベンチャーキャピタルが集積しているのに対して、日本には技術とビジネスの両方に精通した人材が少ない。研究開発型の大学発ベンチャーは事業化まで5～10年かかる例が多く投資は敬遠されがちであるが、国もこうした実情への危機感から人材育成に動き始めている。文部科学省は「大学発新産業創出拠点プロジェクト（START）」を2012年度に始めている。民間のベンチャーキャピタルにいるキャピタリストを事業プロモーターとして認定し、大学がもつ技術シーズの目利きを任せ、研究者と一緒にビジネスプランを作成させる。そのうえで、審査を通ったプランには研究開発や試作の補助金を出すという政策である[55]。

　このように、日本のベンチャーキャピタル業界は、金融機関系列のみならず、全体として成長余地はあるとみられる。一方の課題であるが、資金の出し手に限界があるのが現在の課題であろう。アメリカのような年金基金や個人大富裕層があまり資金を出していない。また、ベンチャーキャピタル運用会社についていうと、アメリカでは、成功を収めた企業のトップマネジメント等が運用者となり、その広範なネットワークや知識・経験をフルに生かしてベンチャー企業を支援している。さらに、ベンチャー企業についていうと日本は、株式上場をさせることを優先して、もっとその企業を育て上げれば

52　「金融（Finance）」と「IT（Technology）」を組み合わせた造語。金融とITを融合した技術革新を指す。
53　日本経済新聞（2015年9月5日、朝刊5面）。
54　日本経済新聞（2015年9月5日、朝刊5面）。
55　日本経済新聞（2015年4月30日、朝刊17面）。

580

大きくなれる可能性をもっている企業でも、規模が小さいうちに上場してしまっている可能性が高い。こうした資金の出し手、運用者、ベンチャー企業がもつ課題を克服する必要があろう。

(2) 地域再生ファンド

2014年の「日本再興戦略」において、地域の中堅企業等を核とした戦略産業の育成は1つの政策になっている。このため、地域再生ファンドに求められる役割として、これまでの地方銀行の不良債権買取りおよび事業再生といった債権買取りのみならず、今後は成長を見込んだエクイティ性資金の供給も必要になる可能性がある。

一方で、地域経済だけでは規模・成長ともに限界がある可能性があり、圧倒的な消費地をもつ大都市といかに協働していくかが再生・成長の可否を判断するポイントの1つになり、そうしたアドバイスも地域再生ファンドに求められる可能性がある。

また、違う観点で地域再生ファンドの存在意義を考えた場合、ダブルボトムラインファンドを目指すという考え方もありうる。ダブルボトムラインとは「2つの収益」を意味し、1つ目の収益は金銭的リターン（ファースト・ボトムライン）であり、2つ目の収益が地域社会や環境への貢献（セカンド・ボトムライン）である。海外ではこうしたファンドが立ち上がっている[56]。たとえば、地域を活性化させるということを2つ目のボトムラインとして地域再生から地域活性化ファンドに進化させていくということも考えられる。

いずれにせよ、地域ごとに特性が異なるので、その地域特性に応じて地域再生ファンドの特色を出していくことが求められる可能性が高い。

---

[56] 詳細は、株式会社リサイクルワン（2012）参照。

(3) バイアウトファンド

　企業の長期性資金を確保するというニーズは、日本企業が成長を志向する
うえで今後も継続的に発生するものである。また、バイアウトファンドの企
業支援ノウハウは累積的に積み上がるものであり、こうしたノウハウが積み
上がることでファンドが提供できるバリューアップ手法は多様化するであろ
う。企業もファンドもこうしたノウハウ積上がりのメリットを享受すること
で成長することが可能である。

　さらに、8(1)で述べた銀行規制の改革を機に、新しい金融サービスを行う
企業を買収する可能性もある。そうした場合、これまでバイアウトファンド
で培ってきている企業買収ノウハウを生かすこともできるだろう。

　課題としては、マジョリティをファンドに渡してもよいと考える企業が少
ないことである。これに対して、ファンド各社は、一定のガバナンス体制を
構築できる場合には、マジョリティにこだわらない投資や、他のファンド・
投資先企業と共同でマジョリティを取得する投資にも対応したりするなどし
ている。また、メザニン投資のようなかたちで、議決権にこだわらない投資
手法を確保し、長期性資金を供給するファンドもできている。こうしたこと
で、マジョリティ譲渡に抵抗のある案件を取り込んで、案件の裾野を広げて
いけるかどうかが、今後のバイアウトファンドの成長の1つの鍵を握ってい
る。

【第9章の参考文献】

一般財団法人ベンチャーエンタープライズセンター（2014）『ベンチャー白書
　2014』一般財団法人ベンチャーエンタープライズセンター

株式会社リサイクルワン（2012）「平成24年度地域経済産業活性化対策調査」（地
　域ファンド創設検討調査）平成24年度経済産業省委託調査事業、http://www.
　meti.go.jp/meti_lib/report/2013fy/E002771.pdf

神田秀樹・黒沼悦郎・松尾直彦ほか（2014）『金融商品取引法コンメンタール第2
　巻　業規制〔初版〕　第28条―第66条の49』商事法務

経済産業省（2008）『ファンド事例研究会報告書』

小山嘉昭（2004）『詳解　銀行法〔全訂版〕』金融財政事情研究会

日本経済新聞（2015年9月5日、朝刊5面）

日本経済新聞（2015年4月30日、朝刊17面）

松尾順介（2006）「地域再生ファンドと地方金融機関の関係について」RIETI
　　Discussion Paper 06-J-045.

松尾順介（2012）「地域再生ファンドの取組と課題」日本証券経済研究所

光定洋介・白木信一郎（2014）『投資ファンドのすべて』金融財政事情研究会

各社ホームページ

事項索引

【数字・英字】

CAMEL評定 ･･････････････････････ 6
CET1比率 ･･････････････････ 352、362
Corporate Venture Capital ･････････ 550
GLB法 ･････････････････････････ 3、5
GPIF ･･･････････････････････････ 525
G-SIBs ･･････････ 29、41、95、361
G-SIFIs ･････････････････ 95、361
IRB ･･･････････････････････････ 358
IRRBB ･････････････････････････ 358
IT関連業務 ･･････････････ 187、190
LBOローン ･･････････････････････ 546
LCR ･･･････････････････････････ 355
MBO ･･･････････････････････････ 554
MPE（Multiple Point of Entry）
　････････････････････････････ 366
NBNI-SIFIs ･･････････････････････ 361
NSFR ･･････････････････････ 349、355
SA ････････････････････････････ 358
SOX法 ･･････････････････････････ 45
SPE（Single Point of Entry）････ 366
TBTF ･･･････････････ ⅰ、96、362
TCTF ･･･････････････････ ⅰ、96
TLAC ･･･････････････････ 97、364

【あ】

アームズ・レングス・ルール
　･･････････････ 205、460、491
アクティブ運用 ････････････････ 501
アルファ ･･････････････････････ 501
アルフィナンツ ･････････････････ 13
安定調達比率 ･･････････････ 349、355

【う】

ヴィッカーズレポート ･････････ 12

運用戦略 ･･････････････････････ 500

【え】

エージェンシーコスト ･････････ 423
エージェンシー問題 ･････････････ 98

【お】

大口信用供与等規制 ･･････････ 222
オープン・アーキテクチャー ･････ 537
オプトアウト ･･･････････････････ 93
オプトイン ･･････････････････････ 93
オペレーティング・リース ･･････ 485
親会社の子会社管理の責任 ･･････ 313
オンライン証券 ･･････････････････ 446

【か】

外国銀行代理業務 ･････････････ 246
外国子会社 ･･･････････････････ 181
カウンターシクリカル・バッ
　ファー ･･･････････････････ 353
貸金業規制法 ･････････････････ 478
合算関連法人等 ･･･････････････ 222
合算子法人等 ･････････････････ 222
合併 ････････････････････････ 269
ガバナンス ･･･････････････････ 91
株式交換 ･･･････････････････ 269
株主規制 ･･･････････････････ 253
貨幣乗数 ･･･････････････････ 425
為替取引 ･･･････････････････ 142
監査等委員会設置会社 ････････ 296
監査役設置会社 ･･･････････････ 297
関連法人等 ･･･････････ 162、178

【き】

企業向け金融サービス事業 ･･････ 481

議決権取得 …………………… 194、199
規模の経済 ………………………… 89
業態別子会社 ……………………… 14
共同株式移転 …………………… 269
協同組織預金取扱金融機関 ……… 375
業務範囲規制 …………………… 134
銀行議決権大量保有者 ………… 253
銀行業 …………………………… 123
銀行系証券会社 ………………… 440
銀行子会社 ……………………… 120
銀行主要株主 …………………… 256
銀行代理業 ……………………… 237
銀行代理業者 …………………… 120
銀行のためのコーポレートガバナ
　ンスの諸原則 ……………… 350
銀行法 …………………………… 118
銀行持株会社 ………… 121、169、262
銀商分離 …………………………… 4
銀証分離 …………………… 4、157、454
銀証連携ビジネス ……………… 439
金融安定化理事会（FSB）……… 348
金融関連業務 …… 174、182、486、564
金融関連三法 …………………… 418
金融グループを巡る制度のあり方
　に関するワーキング・グループ
　報告 …… 213、250、265、266、316、
　　　　　　318、327
金融検査マニュアル …………… 418
金融コングロマリット監督指針 … 320
金融再生プログラム …………… 418
金融資産 ………………………… 445
金融システム改革法 …………… 15
金融制度改革法 ………………… 14
金融ビッグバン構想 …………… 414
金融持株会社に係る検査マニュア
　ル ……………………………… 319
金融モニタリング基本方針 ……… 419

【く】
グラス・スティーガル法 ………… 4
グラム・リーチ・ブライリー法 … 3
グループ内内部統制 …………… 300
クレジットカード業務 ………… 488
クレジットカードショッピング … 475
グローバル投資銀行 …………… 451
グローバルマーケッツ ………… 452

【け】
経営管理 ………………………… 317
契約上のベイルイン …………… 365
欠格事由 ………………………… 285
決済業務等の高度化に関する
　ワーキング・グループ報告 … 151
兼職規制 ………………………… 290

【こ】
行為規制 ………………………… 570
公共性 …………………………… 118
公的資金 ………………………… 415
コーポレートガバナンス・コード
　……………………………… 330
子会社 …………………… 162、459
子会社規制 ……………………… 162
子会社対象会社 ………………… 176
子会社対象銀行等 ……………… 177
子会社の業務範囲 ……………… 171
子会社の認可 …………………… 176
個人向け金融サービス事業 ……… 475
個別信用購入あっせん ………… 491
子法人等 ………………… 162、178
固有業務 ………… 115、135、420
コングロマリット・ディスカウン
　ト ……………………………… 100
コングロマリット・プレミアム … 100
コンプライアンス・オフィサー … 298

事項索引　585

コンプライ・オア・エクスプレイ
ン ・・・・・・・・・・・・・・・・・・・・・・・・・ 331

【さ】
サービサー ・・・・・・・・・・・・・・・・・・・ 552
再編 ・・・・・・・・・・・・・・・・・・ 269、388
財務報告に係る内部統制 ・・・・・・・・ 310
産業再生機構 ・・・・・・・・・・・・・・・・・ 551
三局合意（指導）・・・・・・・・・・・・・・・ 411
参入規制 ・・・・・・・・・・・・・・・・・・・・・ 127

【し】
事業会社等による銀行主要株主認
　可申請 ・・・・・・・・・・・・・・・・・・・ 259
事業再生ファンド ・・・・・・・・・・・・・ 544
資金移動業 ・・・・・・・・・・・・・・・・・・・ 144
資金の貸付 ・・・・・・・・・・・・・・・・・・・ 142
自己運用業 ・・・・・・・・・・・・・・・・・・・ 526
自己勘定 ・・・・・・・・・・・・・・・・・・・・・ 568
自己勘定投資 ・・・・・・・・・・・ 456、564
自己査定制度 ・・・・・・・・・・・・・・・・・ 418
自己私募 ・・・・・・・・・・・・・・・・・・・・・ 569
資産運用会社 ・・・・・・・・・・・・・・・・・ 527
資産管理型営業 ・・・・・・・・・・・・・・・ 446
資産転換機能 ・・・・・・・・・・・ 373、420
システミックリスク ・・・・・・・・・・・・ 96
資本サーチャージ ・・・・・・ 97、362、364
指名委員会等設置会社 ・・・・・・・・・・ 296
従属業務 ・・・・・・・・・・・・・・・・・・・・・ 182
住宅ローン ・・・・・・・・・・・・・・・・・・・ 491
集団投資スキーム持分 ・・・・・・・・・・ 568
収入依存度規制 ・・・・・・・・・・・・・・・ 184
出資制限 ・・・・・・・・・・・・・・・ 194、564
出資法 ・・・・・・・・・・・・・・・・ 140、478
主要株主基準値 ・・・・・・・・・・・・・・・ 256
主要行等向けの総合的な監督指針
　・・・・・・・・・・・・・・・・・・・・・・・・・ 128
主要な企業結合事例 ・・・・・・・・・・・・ 274

商業銀行 ・・・・・・・・・・・・・・・・・・・・・ 374
証券専門会社 ・・・・・・・・・・・・・・・・・ 459
消費者金融 ・・・・・・・・・・・・・・・・・・・ 478
消費者金融業務 ・・・・・・・・・・・・・・・ 490
情報生産機能 ・・・・・・・・・・・ 419、420
情報生産機能の向上 ・・・・・・・・・・・・ 88
情報の非対称性 ・・・・・・・・・・・・・・・ 422
所属銀行制 ・・・・・・・・・・・・・・・・・・・ 244
ショッピングクレジット ・・・・・・・・ 475
書面取次ぎ行為 ・・・・・・・・・・・・・・・ 456
シングル・プレゼンス・ルール
　・・・・・・・・・・・・・・・・・・・・・・ 37、85
新形態銀行 ・・・・・・・・・・・・・・・・・・・ 378
信託銀行 ・・・・・・・・・・・・・・・・・・・・・ 375
信用供与等限度額 ・・・・・・・・・・・・・ 224
信用乗数 ・・・・・・・・・・・・・・・・・・・・・ 425
信用創造機能 ・・・・・・・ 373、420、425
信用の供与等 ・・・・・・・・・・・・・・・・・ 224

【せ】
政府系金融機関 ・・・・・・・・・・・・・・・ 382
セクション20子会社 ・・・・・・・・・・・・・ 4

【そ】
早期是正措置 ・・・・・・・・・・・・・・・・・ 418
総量規制 ・・・・・・・・・・・・・・・・・・・・・ 492
その他金融 ・・・・・・・・・・・・・・・・・・・ 472
その他の銀行業に付随する業務 ・・・ 154

【た】
タイミング規制 ・・・・・・・・・・・・・・・ 160
対面営業方式 ・・・・・・・・・・・・・・・・・ 445
代理モニタリング ・・・・・・・・・・・・・・ 97
抱き合わせ行為 ・・・・・・・・・・・・・・・ 460
他業禁止 ・・・・・・・・・・・・・・・・・・・・・ 420
他業禁止規定 ・・・・・・・・・・・・・・・・・ 434
他業証券業 ・・・・・・・・・・・・・・・・・・・ 420
他業証券業務 ・・・・・・・・・ 156、454、455

ダブルハット ……………………… 33

【ち】
地域銀行の再編 ………………… 269
地域経済活性化支援機構 ……… 551
地域再生ファンド ……544、545、574
チャイニーズウォール …………… 219
中小機構 ………………………… 551

【て】
提携ローン ……………………… 491
手形の割引 ……………………… 142
適格機関投資家等特例業務 …… 569
デリバティブ取引 ……………… 456

【と】
同一人 …………………………… 222
投資一任業務 …………………… 526
投資一任契約 …………………… 570
投資運用業 ………………526、567
投資運用業の弊害防止措置 …… 528
投資銀行 ………………………… 441
投資顧問 ………………………… 499
投資事業有限責任組合 ………… 568
投資助言業務 ……………529、530
投資信託 ………………………… 499
投資信託委託会社 ……………… 527
投資信託委託業 ………………… 526
投資ファンドによる銀行主要株主
　認可申請 ……………………… 261
投資法人資産運用業 …………… 526
登録金融機関 …………………… 455
特殊関係者 ……………………… 207
特定関係者 ……………………… 205
特定関連法人等 ………………… 179
特定子会社 ……………………… 565
特定子法人等 …………………… 179
特定出資会社 …………………… 179

ドッド・フランク金融規制改革法
　………………………………… 354
ドッド・フランク法 …………4、6
取締役の兼職規制 ……………… 263

【な】
内部格付手法 …………………… 358
内部管理態勢 …………………… 311
内部市場 ………………………… 98
内部統制システム ……………… 293

【に】
日米円ドル委員会 ……………… 412
日本版スチュワードシップ・コー
　ド ………………………338、339
認可金融機関（QPU）…………… 12

【は】
バーゼル・コア・プリンシパル … 350
バーゼルⅢ ……………………… 352
バーゼル合意 …………………… 348
バイアウトファンド … 544、546、575
バックオフィス ………………… 533
バック・ファイナンス ………… 460
パッシブ運用 …………………… 501
バルクセール …………………… 552
範囲の経済 ……………………… 89
バンカシュランス ……………… 13
ハンズオン ……………………… 560
販売信用ビジネス ……………… 475

【ひ】
非公開金融情報 ………………… 241
非対面営業方式 ………………… 445
標準的手法 ……………………… 358

【ふ】
ファイナンシャル・プランナー … 427

事項索引　587

ファイナンス・リース …………… 485
ファイヤーウォール規制 ………… 93
ファインダー業務 ……… i 、19、434
ファンドの自己運用 …………… 568
フィンテック（Fin Tech）
　………………… i 、147、434、579
ふくおかフィナンシャルグループ
　………………………………… 71
復代理 …………………………… 249
付随業務 …… 8、152、420、434、454
付随業務等 ……………………… 116
2つのコクサイ化 ……………… 412
普通株式等Tier1資本 …………… 352
不良債権 ………………………… 418
不良債権投資ファンド …… 544、552
プリンシプルベース・アプローチ
　………………………………… 331
フルペイアウト ………………… 485
フロントオフィス ……………… 532

【へ】
ペイオフ凍結 …………………… 415
弊害防止措置 …………… 459、530
ベイルイン ……………………… 364
ベータ …………………………… 501
ベンチャー・ビジネス会社 …… 197
ベンチャーキャピタル …… 544、574
ベンチャーキャピタル業務 …… 565
ベンチャービジネス会社 ……… 565

【ほ】
包括信用購入あっせん ………… 488
法定他業 ………………… 158、420
法的ベイルイン ………………… 365
ホームベースルール …………… 93
補完的業務 ……………………… 9
ボルカー条項 …………………… 7
本源的金融業務 ………………… 8

【ま】
マイナス金利 …………………… 406
マクファーデン法 ……………… 10
マクロプルーデンス …………… 347

【み】
ミクロプルーデンス …………… 347
みずほフィナンシャルグループ
　…………………………… 22、429
三井住友トラスト・ホールディン
　グス …………………………… 66
三井住友フィナンシャルグループ
　…………………………… 46、431
三菱UFJフィナンシャル・グルー
　プ ………………………… 33、430
ミドルオフィス ………………… 532
みなし議決権保有者 …………… 254
みなし銀行業 …………………… 125

【む】
無限責任組合員 ………………… 568

【め】
メザニン投資 …………………… 544
メザニンファンド ……………… 562
免許制 …………………………… 127

【や】
役員の適格性 …………………… 285

【ゆ】
優越的地位の濫用 ……………… 229
有限責任組合員 ………………… 568
融資先募集規制 ………………… 160
ゆうちょ銀行 …………………… 380
ユニバーサルバンク …………… 11

【よ】

預金取扱金融機関 ·················· 387
預金保険制度 ····················· 415

【り】

リーカネンレポート ················ 11
リース ··························· 481
リース会社の収入制限規制 ········ 189
リース業務 ······················ 485
利益相反管理態勢 ················· 214
利益相反取引 ····················· 292
リスクアペタイト・フレームワーク
·································· 31
リスク管理体制 ··················· 299
リスク負担機能 ············· 372、420
りそなホールディングス ··········· 61
リボルビング方式 ················· 488

流動性カバレッジ比率 ············· 355
流動性カバレッジ比率（LCR）··· 349
流動性転換機能 ············· 373、426
流動性比率規制 ··················· 355
リングフェンシング ················ 12

【れ】

レバレッジ ······················· 546
レバレッジ比率 ··················· 352
レバレッジ比率規制 ··············· 354
レベル・プレイング・フィールド
·································· 348

【わ】

ワンストップショッピング ········· 82
ワンストップショップ化 ·········· 427

事項索引　589

銀行のグループ経営
—— そのビジネスと法規制のすべて

平成28年5月23日　第1刷発行

編著者　野﨑浩成・江平　享
著　者　浦壁厚郎・加賀美有人・篠原孝典
　　　　白根　央・太子堂厚子・冨永喜太郎
　　　　丹羽孝一・光定洋介
発行者　小　田　　徹
印刷所　図書印刷株式会社

〒160-8520　東京都新宿区南元町19
発　行　所　一般社団法人 金融財政事情研究会
　　編集部　TEL 03(3355)2251　FAX 03(3357)7416
販　売　株式会社きんざい
　　販売受付　TEL 03(3358)2891　FAX 03(3358)0037
URL http://www.kinzai.jp/

・本書の内容の一部あるいは全部を無断で複写・複製・転訳載すること、および
　磁気または光記録媒体、コンピュータネットワーク上等へ入力することは、法
　律で認められた場合を除き、著作者および出版社の権利の侵害となります。
・落丁・乱丁本はお取替えいたします。定価はカバーに表示してあります。
ISBN978-4-322-12865-9